진화하는 언어

일러두기

- 본문의 각주는 모두 옮긴이 주다.
- 단행본, 신문은 《》 시, 노래, 영화, 프로그램은 〈 〉로 표기했다.
- 국내 번역 출간된 책은 한국어판 제목으로 표기했으며, 미출간 도서는 원어를 병기했다.
- 미국의 도량형 단위 마일, 피트는 국내에서 통용되는 킬로미터, 센티미터 단위로 변환했다.

유인원에서 사이보그까지, 언어는 어떻게 창조되고 진화했는가

모텐 H. 크리스티안센·닉 채터 지음 I 이혜경 옮김

THE
LANGUAGE GAME

진화하는 언어

whale books

차례

CHAPTER 1

언어는 제스처 게임이다

CHAPTER 2

언어의 찰나적 속성

CHAPTER 3

참을 수 없는 의미의 가벼움

CHAPTER 4

혼돈의 경계에 선 언어 질서

CHAPTER 5

언어는 생물학적으로 진화하지 않는다

CHAPTER 6

언어와 인류의 발자취

CHAPTER 7

무한하기에, 가장 아름다운 형태들

CHAPTER 8

뇌, 문화, 언어의 사이클

세상을 바꾼 우연한 발명

언어는 인간이 어떤 존재인지를 규정하는 본질적 요소다. 하지만 우리는 언어에 대해 좀처럼 깊이 생각해 보지 않는다. 외국에 있거나 뇌졸중으로 후유증이 생겨 언어를 제대로 사용하지 못할 때야 비로소 우리는 언어가 일상생활 곳곳에서 얼마나 중요한 역할을 하는지를 깨닫는다. 불가사의한 바이러스로 언어를 빼앗겼다고 상상해 보라. 현대 문명은 급속히 무정부 상태로 전락하고, 시민들은 정보 공백 상태에 빠져 어찌할 바를 모른 채 서로 협력하지도, 심지어는 논리적 판단도 내리지 못하게 될 것이다. 이번에는 선조들이 언어를 발전시키지 못했다면 진화의 시나리오가 어떻게 전개되었을지 한번 떠올려보라. 서로에게 정보와 기술을 쉽게 전달하고, 아이디어를 공유하며 계획을 세우고, 약속을 잡는 능력이 없었다면 우리의 선조인 현생 수렵 채집인들은 복잡한 사회는 고사하고 문화적, 기술적 정교함을 발전시킬 수도 없었을 것이다. 커다란 뇌를 갖는 것만으로는 충분하지 않다. 언어가 없을 때 사회가 얼마나 제한적일지를 알고 싶다면, 멀리 갈 것도 없이 보노보, 침팬지, 고릴라, 오랑우탄 같은 우리와 가까운 영장류 사촌들을 살펴보기만 해도 된다. 문화와 기술 영역에서 인간 사회와 유인원 공동체가 보여주는 격차가 언어라는 단일 요인에서만 비롯되는 것은 아니다.[1] 앞으로 살펴보겠지만 언어라는 인간의 발명품은 인간과 그 밖의 존재를 가르는 핵심 요인일 수 있다.

언어는 우리가 하는 모든 일 속에 깊이 뿌리내리고 있다. 그럼에도 풀기 어려운 수수께끼 같다. 그저 소음에 불과한 소리나 단순한 제스처로 어떻게 의미를 전달할 수 있는가? 언어를 구성하는 소리와 단어, 의미의 패턴은 무엇이고 어디에서 생겨나는가? 거의 모든 어린아이가 4살이면 자신의 모국어를 쉽게 숙달한다는 사실을 감안할 때, 언어의 작동 방식을 이해하는 문제가 많은 전문적인 언어 과학자들에게 왜 그다지도 엄청난 난제인가? 인간의 뇌는 대체 무엇이길래 언어를 가능하게 하는가? 왜 우리는 모두 같은 언어를 사용하지 않는가? 왜 침팬지는 말을 하지 못하는가? 기계는 언어를 이해할 수 있는가?

이러저러한 많은 질문에 명쾌한 답을 내리지 못하고 계속 답보 상태에 머물러 온 것은 뒤죽박죽처럼 보이는 일상 언어가 이상적인 언어의 희미한 그림자에 불과하며, 이상적인 언어 안에서라면 모든 단어가 확실한 의미를 지니고 잘 정의된 문법 규칙에 따라 배열될 것이라는 오해 때문이다. 그러나 이러한 전통적인 설명은 실제와 정반대다. 현실의 언어들은 순수하고 질서정연한 언어 체계가 조금 망가지면서 나타난 변이 형태들이 아니다. 실제로 그것들은 의사소통적 필요를 충족하는 효과적인 방법을 찾아 '즉흥적'으로 해결해야 하는 문제에 직면한다. 인간은 장난기 많고 은유적이며 창조적인 의사소통자다. 그러한 인간이 사용하는 단어는 오직 점진적인 과정을 통해서만 안정적인 의미를 획득한다. 따라서 문법의 비교적 견고한 규칙성은 출발점이 될 수 없다. 문법 규칙은 무수한 세대에 걸친 의사소통 상호작용의 '결과'이며, 언어적 패턴은 그 과정에서 점차 견고해진다. 현재 우리가 사용하는 언어의 명백한 무질서, 무규율, 불순함은 어떤 완벽한 이상이 훼손되어 나타난 것이 아니다. 그렇다기보다 당혹스러울 정도로 복잡한 상호작용의 패턴들이 중첩되어 만들어내는 언어라는 브리콜라주bricolage*는 무수한 대화가 빚어낸 역사적 산물이다. 오늘날의 정교한 언어 체계들 역시 그 과정에서 우연히 창조되었다. 언어 질서가 자생적으로 나타나는 과정은 생명 자체의 출현만큼이나 우리에게 놀라운 이야기를 선사한다.

　나와 이 책을 함께 쓴 닉은 언어가 일종의 제스처 게임과 같다고 주장한다. 즉 언어는 느슨하게 연결된 무한한 게임들의 집합과 같으며, 각각의 게임은 참가자의 상황에 따른 필요와 공유된

---

* 　'손재주'라고도 한다. 브리콜라주는 원래 프랑스어로 '손으로 하는 수리'라는 의미다. 이 용어는 프랑스 인류학자 클로드 레비스트로스Claude Lévi-Strauss가 《야생의 사고》에서 신화적 사고의 특징을 제시하기 위해 사용한 비유로, 바로 그 자리에 있는 소재를 임기응변으로 활용해 문화를 만드는 실천을 가리킨다.

역사에 의해 모양 지어진다. 제스처 게임에서처럼 언어는 그 순간에 '고안'되며 우리가 게임을 재개할 때마다 계속해서 혁신된다. 20세기 가장 영향력 있는 철학자라고 해도 손색이 없을 루드비히 비트겐슈타인Ludwig Wittgenstein은 우리가 의사소통 게임을 통해 언어를 사용하는 방식에서 의미가 생겨난다고 보았다. "망치!"라는 외침은 망치질을 시작하라거나 망치를 넘겨달라는 지시일 수 있다. 하지만 근처 지붕에서 망치가 떨어지니 주의하라는 경고일 수도 있고, 망치를 사 오라거나 잊지 말고 가져오라고 상기시키는 등 다른 무언가를 의미할 수도 있다. 그 외에도 상상할 수 있는 것이라면 무엇이든지, 이 한 마디로 표현할 수 있다. 망치 또는 망치질에 포함되는 것은 우리가 어떤 '언어게임'을 하고 있는지에 따라 달라질 것이다. 텐트를 치는 중이라면 망치는 나무에나 사용하기 편리한 돌일 수도 있다. 또한 집을 허무는 중이라면 대형 쇠망치가 좋은 망치지만, 귀금속을 조심스럽게 가공하려고 한다면 섬세한 조금chasing 망치가 제격일 것이다. 비트겐슈타인이 보기에 특정 의사소통 게임에서의 용도와 무관하게 '망치'의 의미를 묻는 것은 말이 되지 않는다. 어떤 단어의 의미는 우리가 대화에서 그 단어를 어떻게 사용하느냐에 좌우된다.[2]

이러한 관점에 따른다면, 언어 학습은 공동체 수준에서 이루어지는 일련의 무한한 제스처 게임에 참여하는 법을 학습하는 것과 같으며, 모든 새로운 게임은 과거에 이미 했던 게임들을 기반으로 이루어진다. 새로 태어난 언어 학습자들은 아무것도 없는 상태에서 새로 시작하는 것이 아니라 그들이 기억하기 전부터 이미 진행 중인 언어게임의 전통에 참여한다. 어린아이나 제2언어*를 학습한 성인이 게임에 참여하기 위해 해야 할 일은 게임을 시작하는 것뿐이다. 이러한 방법을 통해 그들은 구체적인 의사소통적 난제들을 하나씩 통달해 나간다. 결국 언어를 학습한다는 것은 능숙한 제스처 게임 선수가 되는 법을 배우는 일과 같다. 언어게임에 성공하기 위해서는 사람들과 일상적으로 주고받는 상호작용을 능숙하게 다룰 줄 알아야 한다. 즉 추상적인 문법 패턴의 체계를 반드시 학습해야 할 필요는 없다. 물리 법칙을 몰라도 테니스를 칠 수 있고 음악 이론을 몰라도 노래할 수 있듯이, 언어 규칙을 몰라도 대화할 수 있다. 이런 실질적인 의미에서 우리는 우리가 사용하는 언어에 대한 '지식 없이도' 아주 능숙하게, 또 아주 효과적으로 말할 수 있다.[3]

이 책에서 우리는 지금까지 우리가 언어에 대해 안다고 생각해 온 거의 모든 지식을 낱낱이 해부함으로써 언어를 이해할 수 있는 혁명적 관점의 개략적 윤곽을 제시하려고 한다. 언어적 의사소통이 금지된 제스처 게임이 어떻게 역설적이게도 언어가 작동하는 방식에 대한 깊은 통찰을 드러내는지를 살펴볼 것이다. 또한 인간의 뇌가 마치 언어가 장기 말이라도 되듯 어떻게 즉석에서 경이적일 정도로 빠르게 언어적 '수move'를 고안해 내는지, 인간이

---

* 모국어를 익힌 다음에 후천적으로 습득하는 언어를 가리킨다.

어떻게 '바로 그 순간에' 의미를 창조하는지, 언어의 풍부하고 복잡한 패턴들이 타고난 유전적 청사진이나 언어 본능이 아니라 과거에 행해진 게임의 축적된 층위들에서 어떻게 나타나는지 설명할 것이다. 더불어 언어가 어떻게 지속적으로 유동적인 상태에 있는지, 공통의 언어를 갖지 않은 사람들이 아무것도 없는 상태에서 그토록 놀랍도록 빠르게 새로운 언어를 만들어내는지 살펴볼 것이다. 또한 수도 없이 많은 언어가 어떻게 독자적으로 재창조될 수 있었는지를 볼 것이다. 언어게임은 여러 방향으로 발전할 수 있으며, 이러한 제한 없는 과정 덕분에 전 세계 곳곳에서 놀랄 만큼 다양한 언어가 출현했다. 언어의 창조는 그 자체로도 중요할 뿐만 아니라 진화의 본질 또한 변화시켰다. 언어가 있기에 인간의 문화가, 법과 종교가, 예술과 과학이, 경제와 정치가 가능해진다. 또한 인공지능이 인간의 실제 의사소통을 흉내 내기가 어려운 것은 언어의 즉흥적인 독창성 때문이라는 점도 보여줄 것이다. 이는 가까운 미래에 컴퓨터가 인간을 실제로 압도하게 될지 아닌지의 문제와 밀접한 관계가 있다.

우리는 지금부터 이 책을 통해 언어가 인류의 가장 위대한 업적일 수도 있다고 주장할 것이다. 하지만 언어는 특정한 개인의 눈부신 선견지명이나 계획의 산물이 아니라 연속적으로 의사소통 게임을 벌일 수 있는 인간만의 독특한 능력이 빚어낸 결과다. 우리가 바라는 것은 매일의 일상적인 상호작용에서 매 순간 제기되는 대화적 난제의 해법을 마련하는 것, 그것이 전부다. 하지만 시간이 지나고 대화를 통한 접촉이 여러 차례 반복되면서 의사소통 체계가 나타나기 시작한다. 결국 언어라는 인류의 가장 중요한 발명품은 무계획적이고 집합적인 우연의 산물이자 예상치 못한 결과다.

◉

이 책에서 우리는 한 번의 의사소통적 상호작용으로 언어가 어떻게 점진적으로 출현하는지를 살펴본다. 이 책의 구상은 함께 언어를 연구하며 보내온 30년에 걸쳐 서서히 생겨났다. 우리 두 사람은 에든버러대학교에서 만나 그곳의 인지과학센터에서 박사 학위를 받았다. 우리는 언어가 우리의 유전자에 새겨진 추상적인 수학적 원리들에 의해 작동한다고 보았던 당시 학계의 지배적인 관점에 회의적이었다. 그러한 공통점이 우리를 친하게 만든 여러 요인 중 하나였다. 다른 사람들처럼 우리도 법칙처럼 보이는 언어의 특징이 사실은 더 근본적인 원리의 부산물일지도 모르며, 만약 그렇다면 어떤 과정을 통해 그러한 법칙들이 생겨나는지를 연구하고 싶었다.

그동안 철학자 앤디 클라크Andy Clark와 벌인 토론을 비롯해 잊지 못할 많은 대화가 있었다. 특히 클라크와는 가위가 우리 손에 꼭 맞는 이유와 대중적인 선율이 따라부르기 쉬운 이유에서부터 언어가 진화해 온 방식에 이르기까지 광범위한 이야기를 나누었다. 또 한번은 학술 대회가 끝나고 느긋하게 산책하다가 언어의 복잡한 연쇄적 패턴이 축소(하나의 대리석 원석 덩어리를 쪼아 부분을 얻듯이)의 산물이라기보다 축조(다른 종류의 레고 블록들을 가지고 에펠탑을 만드는 것처럼)의 결과일 수도 있겠다는 사실을 깨달은 적도 있다. 그때를 기점으로 언어가 어떻게 습득되고 어떻게 변화하는지와 관련해서 우리가 기존에 가졌던 생각은 완전히 바뀌었다. 하지만 언어에서 패턴들이 연결되는 근본적인 방식이 시간 척도에 따라 달라진다는 사실을 우리가 인식하기 시작한 것은 그보다 훨씬 후였다. 이를테면 말은 순식간에 사라지지만 아이가 언어를 습득하는 데는 수년이 걸리며, 언어 자체가 형성되고 변화하기까지는 수백 년에서 수천 년이 걸린다. 우리가 이러한 생각들을 숙고하고 계속 만남을 이어가며 아이디어를 연결함에 따라, 퍼즐의 다른 조각들도 점차 제자리를 찾아 들어갔다.

언어 연구의 무게 중심은 지난 30년간 극적으로 변화해 왔으며, 우리 모두가 그러한 변화에 참여했다는 것은 멋진 경험이다. 하지만 지금까지 계속 전달되고 받아들여진 언어에 대한 통념은 우리 분야 밖의 많은 연구자와 일반 대중의 마음속 어딘가에 붙박여 1990년대 중반이나 그 이전의 사고방식을 여전히 고수하고 있다. 그 이후로, 그리고 그 이전에도 언어가 어떻게 작동하는지에 대한 새로운 그림이 그려지고 있었다. 우리가 서로 대화를 나누게 해주는 뇌 활동과 언어를 습득하는 단편적인 과정은 오늘날 우리가 알고 있는 언어를 근본적으로 형성했다. 인간은 집합적으로 의도치 않게 언어를 창조했다. 하지만 언어가 있었기에 지구를 지배하고, 또 글자 그대로 진화의 진로를 변화시켰다. 언어 이야기는 곧 인류의 이야기다. 우리가 이 책에서 개략적으로 제시하는 새로운 언어 관점이야말로 우리 자신에 대한 생각을 근본적으로 전환하는 계기가 될 것이다.

CHAPTER 1

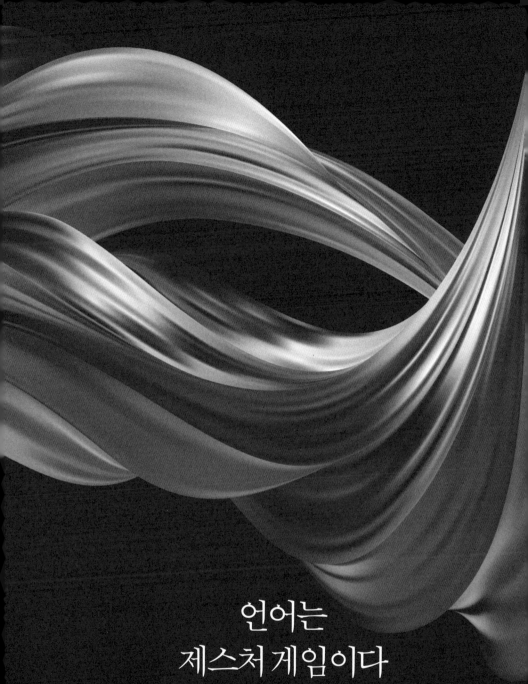

언어는
제스처 게임이다

'언어게임'이라는 용어는 말하기가 활동 혹은 생활 방식의 일부
라는 사실을 부각하려는 의도를 담고 있다.

_루트비히 비트겐슈타인,《철학적 탐구》

며칠째 불던 강한 돌풍이 잦아든 1769년 1월 16일 오후 2시,
영국 군함 인데버호의 제임스 쿡 선장과 선원들은 마침내 닻을
내렸다. 그들이 정박한 곳은 남아메리카 대륙 최동남단 티에라 델
푸에고 제도의 굿 석세스만이었다. 금성이 태양 표면을 통과하는
모습을 관측하려고 타히티로 가는 중이었던 그들은 앞으로 두 달
간 남태평양 망망대해를 횡단해야 했기에 그 전에 물과 땔감 같
은 비축 물자를 보충할 생각이었다. 저녁 식사 후에 쿡 선장은 식
물학자 조지프 뱅크스Joseph Banks와 박물학자 다니엘 솔란데르
Daniel Solander 박사와 함께 선원들을 이끌고 물을 찾아 뭍에 오르면
서 놀랍게도 "원주민과 대화를 나눠 보자"라고 말했다.

상륙하자마자 그들은 서른 명에서 마흔 명쯤 되는 사람들과
마주쳤다. 하우시족 수렵 채집꾼인 듯한 무리는 백사장 끝에 나타
나더니 이내 사라졌다. 뱅크스와 솔란데르가 앞으로 걸어 나와 다
른 일행으로부터 약 90미터 정도 거리를 두고 선두에 섰다. 그러

자 하우시족 두 명도 이 유럽인들 쪽으로 45미터쯤 다가와 작은 막대기들을 들어 보였다가 옆으로 던졌다. 쿡 일행은 원주민들의 이러한 행동을 싸울 의사가 없다는 뜻으로 받아들였고, 그들의 해석은 옳았다. 뱅크스에 따르면 하우시족은 쿡 일행이 내민 선물을 여러 기이한 방식으로 친밀감을 표시하며 받았다. 하우시족 가운데 세 사람은 군함에 올라오기도 했는데 배에서 빵과 고기는 먹었지만 (언뜻 보기에도 그리 달가운 기색은 아니었다) 럼과 브랜디는 목구멍이 타는 것 같다는 시늉을 해 보이며 사양했다. 뱅크스는 "배에 올라 두 시간쯤 지나자 뭍으로 돌아가고 싶은 내색이어서 그들을 보트에 태워 보냈다"라고 기록했다.[1]

이들의 조우에서 가장 놀라운 대목은 어쨌거나 만남 자체가 가능했다는 사실이다. 하우시족과 유럽인들은 비슷한 데라곤 눈 씻고 봐도 찾을 수 없을 정도로 서로 너무나 달랐다(그림 1을 보라).

그림 1. 굿 석세스만에서 인데버호 선원들이 물통을 채우고 하우시족과 상호작용하는 모습을 보여주는 스코틀랜드 풍경화. 알렉산더 뷰캔Alexander Buchan의 소묘.

이를테면 각자가 입고 있던 옷은 상대방에게 서로 똑같이 이상하고 생소한 것으로 보였을 것이다. 유럽인들은 당시의 전형적인 차림새였던 셔츠와 조끼, 재킷, 바지를 입고 모자를 썼다. 반면에 하우시족은 남성과 여성 모두 바다표범이나 과나코(가축 라마의 야생 후손) 가죽으로 만든 망토를 어깨에 둘렀는데 그 길이가 무릎까지 내려왔다. 게다가 쿡 선장의 말에 따르면 여성들은 은밀한 부분을 가죽 조각으로 가리고 있었던데 반해 남성들은 그 정도의 예의도 차리지 않았다. 하우시족은 나무 막대로 뼈대를 세우고 나뭇가지와 풀로 덧씌운 벌집 모양 오두막에서 살았다. 벽 한쪽에는 불을 피우기 위한 구멍도 뚫려 있었다. 식량을 마련하기 위해 여성들은 다양한 조개를 채집했고, 남성들은 활과 화살로 바다표범을 사냥했다. 유럽인들은 그들에게서 정치나 종교, 심지어는 작은 배의 흔적조차 발견하지 못했다. 이 모든 차이를 고려할 때, 도대체 쿡 선장은 어떻게 이 지역민들과 '대화를 나누겠다'고 자신 있게 나설 수 있었던 것일까? 배를 타고 온 유럽의 탐험가들과 외딴 채집 사냥꾼 공동체는 또 어떻게 선물과 음식을 성공적으로 교환할 수 있었을까? 더욱이 인데버호에 오른 하우시족은 뭍으로 돌아가고 싶다는 마음을 어떻게 전달했을까?

공유하는 언어가 없는 상태에서 두 집단이 의사소통하기란 거의 불가능한 일이었을 것이다. 후일 이 항해 도중 자바섬에서 이질에 걸려 사망한 젊은 스코틀랜드 식물 삽화가 시드니 파킨슨 Sydney Parkinson은 실제로 우리 중에 하우시족 언어를 "알아들을 수 있는 사람은 아무도 없었다"라고 기록하기도 했다. 쿡 선장 일행은 영어와 스웨덴어를 사용했다. 물론 개중에는 약간의 라틴어와 프랑스어, 독일어를 사용할 줄 아는 사람도 더러 있었다. 이 언어들은 서로 아무리 달라 보여도 '인도·유럽어족'이라고 알려진 같은 어족에 속하며 그런 만큼 공통점이 많은 언어다. 그들은 유사한 음과 품사(명사, 동사, 형용사, 부사 등등), 문법, 어휘들을 지니며 문학 전통조차 비슷하다. 따라서 과거로 5천 년만 거슬러 올라가도 인데버호 선원들이 사용했을 모든 언어의 조상이 실은 하나라는 사실을 알 수 있다.

반면 하우시족 언어에 대해서는 거의 알려진 바가 없다. 하우시어 사용자는 몇백 명을 넘지 않았던 것으로 추정되며, 언어에 대한 기록이 남겨지기도 전인 1920년 무렵 그 마지막 언어 사용자들이 전멸했다고 알려진다. 뱅크스는 하우시어가 '몇몇 단어들에서는 흡사 영국인이 목에 낀 가래를 뱉을 때 내는 소리와 유사한 후두음'을 낸다고 묘사했다. 하우시어가 인도·유럽어족과 얼마나 거리가 먼 언어인지를 알려주는 또 다른 단서는 상대적으로 많은 연구가 이루어진 이웃 오나족 언어에서 찾을 수 있다. 더 광범위한 촌어족Chonan language family에 속하는 오나어의 모음은 세 개뿐이며 23개의 자음 대부분도 유럽인의 귀에는 완전히 생경한 소리로 들린다. 인도·유럽어들이 다양한 품사에 친숙한 데 반해, 오나어에는 품사가 명사와 동사 두 개뿐이다. 또한 영어의 표준 어순이 주어-동사-목적어(존이-먹는다-포리지를)라면, 오나어에서는

(필시 하우시어에서도) 이러한 순서가 목적어-동사-주어(포리지를-먹는다-존이)로 뒤집힌다.[2]

따라서 유럽인들과 하우시족 사이에 의사소통을 기대하기란 불가능했을 것이다. 그들에게는 공통의 언어가 존재하지 않았으며 삶의 경험이나 전통도, 또 세계에 대한 지식도 전혀 달랐다. 양쪽 모두 음료 한 잔을 앞에 두고 그것이 음료인지 독인지(하우시족이 거의 입도 대지 않은 채 술잔을 물렸다는 사실을 기억하라), 혹은 선물로 여겨야 할지 아니면 무기와 같은 것으로 판단해야 할지를 확신할 수 없었다. 그럼에도 그들은 의사소통과 협력이 가능할 것으로 내다봤으며 그렇게 소통과 협력을 달성했다. 메울 수 없을 것 같던 간극을 어떻게든 소통하려는 욕구 덕분에 좁힐 수 있었다.

두 집단에서 두 사람씩 앞으로 나왔었다는 사실을 염두에 두라. 해변을 사이에 두고 상대편 쪽으로 걸어갔을 때는 십중팔구 상당히 불안했을 것이다. 하지만 이러한 행동에는 다음과 같은 메시지가 들어 있다. 즉 공격을 준비하기는커녕 우리 자신을 지금 일부러 공격에 취약한 상태에 노출하는 것은 우호적인 상호작용을 바라기 때문이다. 하우시족이 싸울 의사가 없음을 알리기 위해 어떤 식으로 막대기를 보여준 다음 옆으로 던졌는지(그럼으로써 그들은 자신들에게 무기가 있지만, 그것을 사용할 의도가 없다는 것을 보여주었다)에 주목하라. 당시에 양측은 말이 아닌 무언극 행동으로, 문화와 언어를 넘나들며 마치 목숨을 건 도박과도 같은 제스처 게임을 벌이는 중이었다.

두 집단은 공통의 언어를 가지고 있지 않았다. 하지만 자신이 이해할 수는 없어도 상대편에게 언어적 의사소통 수단이 있다는 사실을 확실히 인식하고 있었다. 뱅크스가 하우시어를 이해하는 데 어려움을 겪고 있다며 다음과 같이 말했을 때, 그 역시 이러한 점을 인지하고 있었다. "그들과 함께 머무는 동안 내가 배울 수 있었던 단어는 구슬을 의미하는 날레카nalleca와 물을 의미하는 오오우다oouda, 단 두 개뿐이었다." 뱅크스가 단어의 뜻을 그렇게 어림짐작한 데는 충분히 그럴 만한 이유가 있었다.

기술적, 농업적, 경제적 복잡성의 측면에서 인간 사회는 매우 다채로운 모습을 보인다. 그러나 지구상에 존재하는 인간 집단은 모두 언어를 가지고 있다. 뒤에서 살펴보겠지만 실제로 집단 간에 소통을 매개할 공통의 언어가 존재하지 않는 경우, 서로의 언어를 꿰맞춘 새로운 언어 체계가 급조된다.

제스처 게임을 재발견하다

막스 플랑크 심리언어학 연구소는 네덜란드 헬데를란트주 라드바우드대학교 주변 숲속에 있다. 연구소에는 비非서구 언어들을 연구하는 인류학자부터 언어의 뇌 메커니즘을 연구하는 인지 신경과학자, 언어와 유전자의 연관성을 연구하는 유전학자, 아동의 언어 습득법을 연구하는 발달 심리학자, 언어와 사고 능력의 관계를 탐구하는 언어학자에 이르기까지 다양한 분야의 연구자들이

한곳에 모여 인간의 언어를 이해하기 위한 탐구에 매진하고 있다. 또한 연구소를 방문했던 우리의 경험으로 미루어볼 때 연구소 사람들은 방문객을 따뜻하게 맞이해 준다.

늦은 밤 연구원들이 퇴근하고 나면 연구소를 방문한 사람들만 남아 빛이 희미해지는 숲을 바라보며 공터에서 삼삼오오 이야기를 나누곤 했다. 2011년 6월 여느 때와 같은 저녁 시간을 보내던 우리 두 사람은 제스처 게임에 대해 이런저런 이야기를 했다. 사람들이 익숙하지 않은 제스처와 엉뚱하고 과장된 행동만으로도 의사소통할 수 있다는 사실이 얼마나 신기한 일인지를 곱씹고 있었다. 또한 공유된 지식이 얼마나 놀랍도록 유용한 역할을 하는지에 주목했으며(어떤 영화 제목을 들어본 적도 없는 상대에게 제목을 맞히게 하기란 늘 어려운 법이다), 순간의 일시적인 제스처(이를테면 왕이나 바다를 나타내는 손짓)가 다음번에 혹은 그다음 날에 어떤 식으로 재활용되는지를 알게 되었다. 결정적으로 우리는 이 제스처들에서 불필요한 동작이 제거되고 단순화되는 데 시간이 얼마 걸리지 않는다는 점에 주의를 기울였다. 만약 같은 사람들끼리 상당히 긴 시간 동안 제스처 게임을 벌인다면, 제스처들은 패턴화되기 마련이며 불완전하고 상충되는 규칙들이 나타난다. 요컨대 의사소통 체계가 형성되기 시작하는 것이다.

그 순간, 우리는 언어의 기원에 대한 새로운 가설과 맞닥뜨렸음을 깨달았다. 의사소통이라는 당면 난제를 해결하기 위해 선원들과 하우시족은 그 순간에 기호와 상징을 만들어냈다. 메시지를 전달해야 하지만 그것을 위해 당장 활용할 수 있는 어떠한 언어적 수단도 없는 사람들이라면 소리건 몸짓이건 아니면 표정을 통해서건 즉석에서 임시변통의 해결책을 만들 것이다. 그리고 그렇게 하는 과정에서 그들은 미래의 소통을 위한 수단을 무심코 창조해 낸다. 또한 그 수단을 앞으로도 재활용하고 필요하다면 바꾸기도 할 것이다. 비슷하게 닉의 가족은 과거에 벌인 제스처 게임에서 콜럼버스가 아메리카대륙으로 항해하는 모습을 표현했다. 양손 손가락 끝을 모아 교회 첨탑처럼 아치형을 만든 다음 뾰족하게 만든 손끝을 가로로 물결치듯 움직임으로써 바다를 항해하는 뱃머리가 위아래로 일렁이는 모양을 흉내 냈다. 이 제스처는 이후의 게임에서도 차용되어 '콜럼버스', '아메리카대륙', '배'를 알아보기 쉽게 흉내 내는 데 도움이 되었다. 또한 침몰과 재앙을 의미하는 무언극과 결합해 '타이타닉호'를 표현하는 데 사용되기도 했다.

그러나 쿡의 선원들과 하우시족 사이에 있었던 제스처 게임 같은 상호작용을 언어의 기원 중 하나로 생각해도 진짜 괜찮은 것일까? 두 집단은 서로 의사소통하는 데 상당한 성공을 거두었다. 그 결과 우호적인 관계를 구축했고 음식을 나누었으며 상대방이 있는 곳으로 방문했다. 하지만 그들에게는 '이야기'를 나눌 수 없는 것도 많았다. 시 낭송을 할 수도 없었고 뒷담화를 주고받지도 못했으며 잡담을 떨지조차 못했다. 물론 인데버호는 굿 석세스만에 겨우 5일을 머물렀을 뿐이었다. 그래서 선원들과 하우시족은 상대방의 언어를 학습하는 것은 고사하고(뱅크스가 포착했던 단

두 개의 단어를 제외하면), 제스처 게임에서처럼 그들의 의사소통을 개선할 정도로 충분한 시간을 갖지 못했다. 하지만 시간을 좀 더 함께 보냈다면, 두 집단의 상호작용은 틀림없이 언어와 비슷한 무언가로 발전했을 것이다.

역사 이래 서로 다른 언어를 사용하는 집단들은 부득이하게 만나서 의사소통할 수밖에 없는 상황(대개는 식민지 상황이었다)에 수없이 처했다. 이는 본질적으로 쿡의 선원들과 하우시족이 맞닥뜨렸던 상황과 같다. 하지만 그러한 상황이 수년째 이어지면서 불행하게도 이 토착민들에게는 비참한 결과가 초래되었다.[3] 만남이 장기화되면서 '피진pidgin'이라고 알려진 간소한 언어 체계가 전형적으로 출현했다. 어휘가 극히 제한적이고 문법이 거의 존재하지 않는 피진어와 같은 언어는 처음에는 제한적인 기능만을 수행한다. 즉 사람들은 피진어로 도구적이고 (무엇을 어떻게 해야 하는지와 같은) 지시적인 (어디에서 어떤 도구로와 같은) 의사소통을 한다. 티에라 델 푸에고 제도에서의 만남이 그랬듯, 초기 피진어로는 시를 낭송할 수도, 뒷담화와 잡담을 나눌 수도 없다. 그러나 시간이 흐르고 학습과 사용이 반복되다 보면 어휘가 확장되고 복잡한 문법이 생겨나면서 피진어는 소위 크리올 언어creole language라는 풍부한 언어로 서서히 발전하기도 한다. 예를 들어, 아이티 크리올어는 18세기에 식민지 프랑스어와 서아프리카 노예의 언어들이 혼합되면서 생겨났는데, 이제는 사용자가 1천만 명 이상에 달한다. 이 잘 발달된 언어로는 사랑과 절망을 시로 표현하고 한가하게 이웃에 대한 험담을 늘어놓고 날씨에 대한 일상적인 수다를 떠는 등 언어로 할 수 있는 모든 것이 가능하다.[4]

언어 제스처 게임

제스처 게임이 몸짓, 그중에서 주로 손짓을 이용해 하고 싶은 이야기를 전달하는 놀이라는 것을 고려한다면, 제스처 게임으로서의 언어라는 관념은 음성언어에 적용할 수 없다고 생각할지도 모른다. 어쨌든 일반적인 제스처 게임에서는 음성언어도, 또 어떠한 형태의 음성도 허용되지 않는다. 언어가 제스처 게임에서 기원한다는 것은 인간의 모든 언어가 일종의 수어와 같은 몸짓에서 비롯했다는 의미인가? 미국 듀크대학교의 영장류 동물학자이자 발달심리학자인 마이클 토마셀로Michael Tomasello는 그 누구보다도 이러한 주장이 충분히 그럴 듯하다고 생각한다.

토마셀로는 흥미진진한 사고실험 하나를 제안한다.[5] 두 집단의 아이들이 있다고 상상해 보라. 아이들은 어떠한 외부 언어도 유입되지 않고 주변에 성인이 아무도 존재하지 않는, 고립된 섬에서 자유롭게 성장한다(이런 일이 실제로 어떻게 가능한가라는 문제는 차치하도록 하자). 그중 한 섬의 아이들은 의사소통을 위해 오직 제스처만을 사용할 수 있는 데 반해, 다른 섬의 아이들은 오직 음성만을 사용할 수 있다. 이 섬들을 각각 '제스처섬'과 '음성섬'이라고 부르자. 과연 두 섬 중 어떤 곳에서 유용한 의사소통 체계가 만들어

질까? 토마셀로는 제스처섬의 아이들만이 언어와 유사한 의사소통 체계를 발전시킬 기회를 가질 것이라고 주장한다. 닉의 가족이 콜럼버스의 항해선을 표현하기 위해 양손을 모아 뾰족하게 만들었을 때처럼, 제스처는 대상에 주목하게 만들 뿐만 아니라 사물을 나타내는 '도상적iconic'인 방식으로도 사용될 수 있다. 음성섬의 아이들은 '하하'나 '으아앙'처럼 감정을 나타내는 소리와 '컹컹' 혹은 '야옹야옹' 같은 동물 소리, '빵빵' 또는 '부릉부릉' 같은 의성어 표현을 그저 흉내 낼 수밖에 없을 것이다. 토마셀로에 따르면, 일반적으로 음성에는 의미를 나타내는 도상적 능력이 전혀 없다. 예를 들어 제스처로 '분쟁을 일으키다'는 의미를 다른 사람들에게 전달하는 장면을 상상하기란 어렵지 않다. 하지만 음성으로 분쟁을 일으키는 행위를 표현하는 것은 불가능해 보인다.

토마셀로의 추론은 상당한 경험적 근거를 보여주지만 그렇다고 실제 실험에 기반한 것은 아니었다. 천만다행으로 실제로 아이들을 언어와 인간 접촉으로부터 격리한 상태에서 키울 만큼 악의적인 언어과학자들은 없었다. 비인간 영장류를 대상으로 실시했던 연구만 보더라도 그 같은 격리 실험이 언어의 기원에 대한 통찰을 거의 주지 못하리라는 점은 분명하다. 미국 위스콘신대학교 매디슨캠퍼스 비교심리학자 해리 할로Harry Harlow는 1970년대에 히말라야 붉은털원숭이를 대상으로, 지금은 잔혹한 연구로 악명이 자자한 실험들을 했다. 할로에 따르면, 격리되어 홀로 (어두운 격리실에서 천이나 철사로 만든 '대리'모와 함께) 성장한 원숭이들은 결국 심각한 불안 장애 행동을 보였다.[6] 마찬가지로 아기들도 부모 혹은 주양육자에게서 격리된다면 언어 발달을 비롯해 해로운 결과를 나타낼 가능성이 컸다. 따라서 명망 있는 언어과학자라면 언어학계에서 '금지된 실험'이라 불리는 연구를 하려고 하지는 않을 것이다.[7]

그러나 1970년대 말부터 토마셀로 사고실험의 실제 판이라 불릴 법한 일들이 니카라과 수도인 마나과의 청각장애인 대상 특수학교 두 곳에서 진행되고 있었다.[8] 아이들은 독순술(입술이 움직이는 모양을 보고 상대편이 하는 말을 알아내는 방법)과 스페인어 말하기를 배웠지만 거의 성과가 없었다. 주변의 비장애 사회는 물론이고 선생들과도 의사소통이 불가능한 상태였다. 공인된 수어가 존재하지 않는 상황에서 아이들은 청각장애인들이 비장애 가족 구성원들과 의사소통하기 위해 종종 고안해 내는 단순하고 독특한 개별 가정용 수화 체계, 소위 홈 사인home signs을 사용해 가족과 상호작용했다.[9] 따라서 이 학교에 입학했을 때, 아이들은 토마셀로의 제스처섬 아이들과 거의 흡사한 상황에 처하게 되었다. 소리를 낼 수 있었지만, 다른 아이들이 들을 수 없기 때문에 아무런 소용이 없었다. 따라서 그들의 주된 의사소통 수단은 바로 손이었다.

토마셀로의 추론대로 현재 니카라과 수어라고 알려진 언어 체계가 서서히 출현했으며 새로운 청각장애 학생 세대가 학교에 입학함에 따라 점차 정교해졌다. 예를 들어, 1세대 학생들은 '말'을 표현하기 위해 다양한 손짓을 사용했다. 어떤 아이는 손으로 고삐

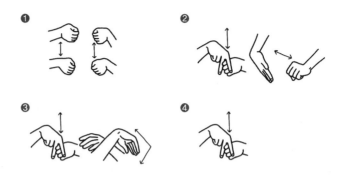

그림 2. 니카라과 수어 1세대 사용자들은 '말'을 표현하기 위해 다음과 같은 네 가지 다른 손짓을 사용했다. ① 고삐를 쥔 시늉을 하며 손을 위아래로 움직이기. ② 다리를 벌려 말에 올라탄 사람을 표현한 다음, 연이어 (왼손으로) 말의 고삐를 잡고 (오른손으로) 말의 엉덩이를 때리는 모습 흉내 내기. ③ 마찬가지로 말 위에 걸터앉은 사람을 표현하지만, 이번에는 연이어 (오른손으로) 말의 꼬리가 흔들리는 모습을 흉내 내기. ④ 말에 사람이 올라탄 모습 하나만 흉내 내기. 3세대에 이르자, 모든 학생은 '말'을 표현하기 위해 오직 네 번째 수어만을 사용했다. 수니타 크리스티안센Sunita Christiansen의 소묘.

를 쥔 시늉을 하며 마치 말을 타고 있는 듯 손을 위아래로 움직였다(그림 2를 보라).[10] 다른 아이는 말을 탄 사람을 표현하기 위해 먼저 한 손의 검지와 중지를 벌려 다른 손(악수할 때처럼 펼친)의 윗부분에 올려놓았다가 연이어 말의 고삐를 잡고 말의 엉덩이를 찰싹 때리는 시늉을 해 보였다. 세 번째 학생 역시 말 위에 앉은 사람의 모습을 표현했으나 연이어 말의 꼬리가 흔들리는 모양을 흉내 냈다. 끝으로 네 번째 학생은 말을 탄 사람의 모습을 나타내는 손짓 하나만을 사용했다. 3세대가 지나는 사이에, '말'을 의미하는 수화는 다리를 벌리고 말에 걸터앉은 사람을 표현한 손짓 하나로 관례화되었다. 마찬가지로 처음에는 그저 도상적 모방에 불과했던 제스처들이 시간이 흐르는 동안 더 추상적인 상징들로 관례화되면서 수화로 발전했다. 니카라과 수화의 출현은 엄연한 제스처 게임의 결과다.[11]

그렇다면 음성은 어떤가? 토마셀로는 음성이 제스처와는 달리 의미를 도상으로 쉽게 형상화할 수 없기 때문에 음성 상징으로 발전하기 어렵다고 생각한다. 그의 가정은 타당한가? 버밍엄대학교 심리학자 마커스 펄먼Marcus Perlman을 떠올려보자. 펄먼은 음성 한계에 대한 토마셀로의 직관이 과연 옳은지 검증해 보기로 했다. 펄먼은 실험에 참가한 사람들에게 어떠한 단어와 몸짓도 일절 사용하지 않고 음성만으로 제스처 게임을 하도록 했다.[12]

음성을 사용해 서로 다른 범주의 개념이 지닌 의미를 전달하는 것이 가능한지 밝히기 위해 1천 달러의 상금이 걸린 대회가 개최되었다. 이 대회 참가자들은 인간의 발성기관이 낼 수 있는 소리만을 사용해 칼, 물, 호랑이 같은 명사와 요리하다, 사냥하다, 자르다 같은 동사부터 나쁜, 큰, 무딘 같은 형용사와 하나one, 많은, 이것과 같은 문법적으로 특화된 개념에 이르기까지 다양한 의미를 전달해야 했다. 참가자들은 여러 가지 흥미로운 소리를 냈다. 이를테면 보글보글 소리로 물을, 낮게 으르렁거리는 소리로 호랑이를, 휙 하는 소리로 칼을 표현했다. 자르다를 표현하기 위해서는 휙 소리를 여러 번 반복했다(예를 들어, 그림 3을 보라). 대회 참가자 중에는 '많은'이라는 개념이 단순히 하나가 여러 개 모인 '하나

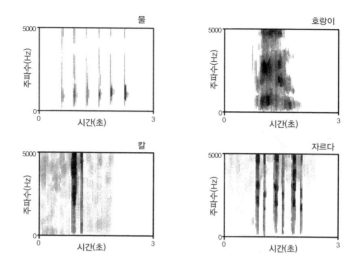

그림 3.   펄먼은 참가자들이 만들어낸 네 가지 소리를 스펙트로그램을 이용해 시각화했는
데, 시간(가로축)과 주파수(세로축)를 교차했을 때 각각의 소리는 서로 다른 조합을
보였다. 소리가 클수록 주파수 대역은 진하게 보이고, 소리의 지속 기간이 짧을수록
주파수 대역 폭은 짧게 나타난다. 왼쪽 위는 물을 표현하기 위해 '보글' 소리를 여섯
번 반복한 모습이다. 오른쪽 위는 낮게 으르렁거리는 소리는 호랑이를 형상화한 것
이다. 왼쪽 아래는 '휙' 소리 한 번으로 칼을 표현한 것이며, 오른쪽 아래는 '휙' 소리
를 세 번 반복해서 '자르다'는 의미를 나타낸 것이다.

들'에 불과하다고 생각해서 '바' 소리로는 하나를, 바를 세 번 반복
한 '바 바 바' 소리로는 '많은'을 표현한 경우도 있었다. 각 참가자
가 만들어낸 소리는 이 대회에 대해 전혀 알지 못하는 일반 청취
자들에게 소리의 의미를 추측해 보라고 요청해 평가했다. 참가자
들의 소리를 무작위로 선별해서 의미를 추측하게 했을 때는 정확
도가 겨우 10퍼센트에 머물렀지만, 수상자가 만들어낸 소리는 놀
랍게도 57퍼센트의 정확도를 달성했다.

미국의 영어 사용자들만 이 소리들을 이해할 수 있었던 것은 아니었다. 후속 연구로 인터넷 설문 조사를 통해 펄먼과 동료들은 알바니아어, 줄루어, 에티오피아 공용어 암하라어, 타이어, 덴마크어처럼 완전히 다른 스무 개 이상 언어들을 모국어로 사용하는 사람들에게 대회에서 나온 소리들의 의미를 추측해 보도록 했다. 결과는 전혀 뜻밖이었다. 전 세계 사람들이 이 소리들의 의미를 추측할 수 있었다. 펄먼은 한 걸음 더 나아가 브라질 아마존 정글과 남태평양 바누아투 제도처럼 외딴 지역에 거주하는 문맹 인구에게도 시험해 보았다. 또다시 같은 결과가 나왔다. 심지어 이 고립된 지역의 주민들은 대회에서 수상한 소리를 의도했던 바대로 힘들이지 않고 바로 알아맞혔다.

이러한 결과들이 아무리 인상적이라고는 하나, 수상한 소리들은 언어 진화를 비롯한 관련 주제를 연구해 온 대학 연구 팀이 몇 날, 어쩌면 몇 주에 걸쳐 신중하게 고안한 것들이었다. 하지만 다행히 펄먼의 다른 연구들은 반드시 고급 학위가 있어야만 의미 있는 소리를 만들어내는 것은 아니라는 사실을 보여주었다. 실제로 영어 사용자들은 표준 중국 수어를 모국어로 사용하는 선천적인 청각장애 아이들을 포함한 중국 아이들이 다양한 의미를 전달하기 위해 만든 소리를 정확히 해석했다. 따라서 평범한 사람들도 다른 사람이 알아듣도록 그때그때 상황에 맞춰 대충 소리를 만들어내는 일에 꽤 능숙한 것처럼 보인다. 물론 이런 소리들의 의미 추측 정확도는 대회 참가자들의 소리보다 현저하게 낮은 경향이 있었다. 그러나 우리가 상호작용할 수만 있다면, 요컨대 음성 제스처 게임을 하는 것이 가능하다면 정확도는 곧바로 다시 올라간다. 사람들을 짝지은 다음 다른 개념의 의미를 오직 음성만을 사용해 상대방과 교대로 의사소통하게 한다면, 이러한 행위를 수차례 반복하게 한다면 그들이 만들어내는 소리는 니카라과 수화가 출현한 과정에서처럼 점점 더 정교해지고 해석하기 쉬워진다.

펄먼의 혁신적 연구는 음성섬의 의사소통이 암울할 것으로 전망된다는 토마셀로의 직관적 통찰이 오해일 수도 있음을 보여준다. 우리가 임시변통의 즉흥적인 제스처와 소리를 아직까지 직접 비교한 적은 없다. 그렇지만 인간의 목소리는 다면적인 소리 패턴을 만들어내는 능력을 지녀서 그 소리들로 의사소통을 시작하는 데 필요한 도상적 의미를 풍부하게 전달하는 것 같다. 즉 음성을 이용해 반복적으로 의사소통을 시도하다 보면 더 추상적인 표현에 도달하며, 이는 결국 단어로 발전할 수 있다.

언어가 제스처에서 기원했는가 아니면 음성에서 기원했는가, 혹은 상당히 그럴듯하게 제스처와 음성의 조합(예를 들어, 휙 소리와 함께 자르는 행동을 반복하는 것처럼)에서 비롯되었는가라는 질문에 대한 답은 아마 영원히 시간의 안개 속에 묻혀 알지 못할 것이다. 실제로 언어는 별개의 집단들에 의해 여러 번에 걸쳐 서로 무관하게 발전해 왔다고 보는 것이 타당할 듯하다. 또한 그 과정에서 제스처와 음성의 비중은 아마도 그때그때 달랐을 가능성이 크다. 그러나 어떤 경우이건 언어는 제스처 게임과 유사한 반복적인 상호작용에서 나왔다고 볼 수 있다.

언어는 그 순간의 필요가 이룬 서툴고 무질서한 산물이다. 그러나 우리가 매번 새로운 의사소통적 도전을 해결하기 위해 만들어내는 이 임시 방편들은 이전의 도전들을 해결했을 때 사용한 방식에 의해 형성된다. 그뿐만 아니라 다음 해결책에도 영향을 미친다. 당면한 의사소통 과제를 해결해야 한다는 절박한 필요는 중복, 연동, 개입의 패턴을 만들어내며 그 패턴들이 축적되는 과정에서 언어의 체계적 패턴(체계가 잡혀 있다는 전제하에)이 발달하기 시작한다. 언어 패턴은 전달하려는 내용이 무엇이건 간에 목적을 위해 우리가 상대방에게 이해시키고자 애쓰는 과정에서 이루어지는 무수한 즉흥 교환의 산물이다. 따라서 우리는 집단적으로, 그러나 전적으로 우연히 언어를 구축한다.

병 속에 든 메시지

언어를 제스처 게임으로, 즉 즉흥적으로 이루어지는 협력 게임으로 보기 위해서는 언어에 대한 기존 관념을 그저 살짝 비트는 데 그칠 것이 아니라 관점의 전환이 필요하다. 의사소통의 본질과 관련해 한 세기 이상 지속되어 온 오래된 사고방식을 완전히 뿌리 뽑아야 한다. 의사소통 방식을 설명하는 현행 이론들은, 그 형태는 다양하지만 대부분이 이른바 의사소통 전달 모델이라는 공통점을 지닌다. 발신자가 메시지를 부호화한 다음 채널을 통해 수신자에게 전달하면, 수신자는 그 메시지를 복호화해서 원래의 형태로 되돌린다. 이러한 의사소통 전달론은 미국의 수학자이자 전기기술자 클로드 섀넌의 연구에 의해 압축적으로 잘 표현되는데, 섀넌은 제2차 세계대전 동안 암호 작성 기밀 연구를 수행하는 과정에서 자신의 이론을 정립했다.[13]

섀넌은 의사소통의 공학적 측면, 즉 어떻게 하면 발신기에서 수신기로 정보를 정확하게 전송할 수 있는가라는 문제에 관심이 있었다(그림 4를 보라). 따라서 발신기와 수신기가 사람인지, 컴퓨터인지, 전화기인지 아니면 위성인지는 상관없었다. 정보 출처에서 생성된 특정 메시지는 발신기에 의해 부호화되어 신호로 전환된 다음 '채널'을 가로질러 수신기에 전달된다. 그 과정에서 채널은 잡음의 영향을 받을 수도 있다. 종착지의 수신기는 메시지를 부호화할 때 사용한 공정을 역으로 밟아가며 신호로부터 메시지를 복호화한다. 예를 들어 당신이 휴대전화로 전화를 거는 경우, 당신은 정보 출처이고 전화기는 발신기이며 디지털 이동통신망은 신호를 전송하는 채널이 된다. 또한 당신이 전화를 걸고 있는 사람은 종착지이며 그들의 전화기는 수신기가 된다. 그 과정에서 끼어드는 잡음은 우리가 익히 잘 아는 낮은 통화 품질의 문제를 만들어 "잘 안 들려, 목소리가 끊겨" 같은 고함을 지르게 한다.

섀넌의 의사소통 채널을 통한 정보 전달 이론은 스마트폰으로 실시간 동영상을 보고 태양계 가장자리에 있는 우주선과 소통하는 오늘날의 상호 연관된 세계를 마련하는 초석이 되었으며, 섀넌

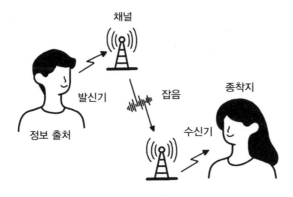

그림 4. 휴대전화 통화 사례를 이용해 섀넌의 의사소통 모델을 묘사한 그림. 정보 출처(왼쪽 사람)에서 나온 메시지는 (휴대폰에 의해) 신호로 부호화되어 채널(이동통신망, 잡음이 끼어들 수 있다)로 전송된다. 그러면 종착지(오른쪽 사람)의 수신기(휴대전화)는 신호를 원래의 메시지로 복호화한다.

에게 '정보이론의 아버지'라는 별칭을 부여해 주었다. 정보 전달 이론은 오래지 않아 심리학의 주목을 받으며 1950년대 중반, 이른바 인지 혁명을 추진하고 인간의 정신을 컴퓨터에 비유하는 은유가 등장하는 데 일조했다. 이제 인간의 뇌는 컴퓨터와 유사하며 사고 과정도 일종의 정보 처리 과정이라고 여기게 되었다.[14] 인간 정신과 컴퓨터의 유사성을 밝히는 것이 학제 간 연구 주제가 되면서 심리학, 철학, 컴퓨터 과학, 언어학, 신경과학, 인류학이 인지과학의 기치 아래 결합했다.[15] 그 후 이러한 정신 연구 접근법은 인지와 언어에 대한 여러 중요한 통찰을 주었지만 동시에 여러 이론적 한계를 보였다. 그중에서도 우리의 목적과 관련해 가장 중

그림 5.　소쉬르의 담화 회로를 현대적으로 재해석하면, 화자의 뇌에서 생산된 메시지는 말이라는 담화 신호로 부호화된 다음 귀를 통해 청자의 뇌에 도달하고 거기서 다시 원래의 메시지로 복호화된다.

요한 점은 그러한 접근법이 인간 뇌가 기본적으로 주도적이라는 사실을 간과한다는 것이다.[16]

정보이론의 관점에서 본다면, 언어적 의사소통은 발신자가 수신자에게 일련의 상징을 전달하는 과정일 수 있다. 사실 20세기 언어학의 창시자 중 하나인 스위스 언어학자 페르디낭 드 소쉬르는 섀넌보다 훨씬 이전에 담화 '회로'를 설명하면서, 메시지가 이 회로 안에서 청자에 의해 부호화되고 화자에 의해 복호화된다고 주장했다(그림 5).[17] 그러므로 섀넌의 이론이 언어적 상호작용을 마치 컴퓨터 간의 상호작용처럼 이해하는 토대를 마련했다는 사실은 놀라운 일이 아니다. 명쾌한 해법이 제시되었는데, 이에 따르면 대화란 마치 두 대의 컴퓨터가 인터넷을 통해 데이터를 교환하듯이 화자들 사이를 왔다 갔다 하며 정보 꾸러미들을 전송하는 과정이다. 발신자로서 당신은 자신이 하고 싶은 이야기를 보유한 어휘와 문법을 이용해 음성 혹은 손짓 발화로 변형시킨다. 수신자로서 당신은 음성 혹은 손짓 발화로부터 원래의 정보를 추출하기 위해 발신자가 사용했던 것과 정확히 같은 언어 지식을 '역으로' 적용한다. 그렇다면 결국 대화란 발신자와 수신자의 역할을 번갈아 가며 언어 채널을 통해 전달되는 정보를 교대로 부호화하고 복호화하는 과정에 불과하다.

모순적이게도 섀넌의 이론이 '의미'에 결코 어떠한 역할도 부여하지 않는다는 사실은 간과되는 경향이 있다. 정보이론은 공학을 가장 중시한다. 따라서 잡음이 존재하는 상황에서 메시지를 운반할 때 발생하는 문제를 해결하는 것이 목표다. 섀넌에게 의사소통의 의미론적 측면은 이러한 공학적 문제를 해결하는 일과 무관하다.[18] 전달하려는 메시지가 조리법인지 시인지, 아니면 암호화된 문서인지 디지털화된 사진인지 또는 무작위적인 연속적 잡음인지는 중요하지 않다. 메시지를 부호화한 다음 역으로 그 메시지를 복호화할 때 계획대로 완전히 같은 과정이 실행될 수 있는 공학적 맥락이라면, 이 이론은 완벽하게 맞아떨어진다. 그러나 의미가 가장 중요한 인간의 의사소통은 그러한 공학적 맥락에서 일어나지 않는다.

쿡의 선원들과 하우시족의 조우로 다시 한번 돌아가 보자. 그들은 본질적으로 다른 언어를 사용했고 완전히 다른 삶의 경험을 지닌 사람들이었다. 그러므로 정보 전달 모델에 따른다면 그들 사이의 의사소통이란 거의 불가능하다. 그들에게는 메시지를 부호화하고 복호화할 수 있는 공통의 기준이 없다. 하지만 그들은 상대에게 자신을 상당한 정도로 이해시킬 수 있었다. 의사소통 전달 이론의 문제는 그것이 근본적으로 수동적이라는 것이다. 수신자는 신호가 도착하기를 하릴없이 기다리다가 신호가 나타나면 그제야 복호화 작업에 뛰어든다. 결과적으로 신호는 엄청나게 무거운 짐을 지게 되는데, 사람들 사이의 대화라는 공간을 가로질러 의사소통의 내용을 전달할 요소가 오직 신호뿐이기 때문이다. 그러나 언어를 제스처 게임으로 본다면, 의사소통의 부담이 제스처나 소리뿐만 아니라 게임 참가자의 창의력에도 부과된다는 것을 알게 된다. 오직 신호만 존재한다면 신호가 전달하는 의미는 끔찍할 정도로 모호하고 이해 불가능할 것이다.[19]

그렇지만 누군가는 제스처 게임(아무리 정교하게 실행되더라도)과 언어가 근본적으로 다르다고 이의를 제기할지도 모른다. 제스처 게임은 청중에게 문제를 해결할 일련의 실마리를 제공한다. 예를 들어 우리라면 막대기를 옆으로 내던지는 하우시족의 행동을 어떻게 해석하고, 또 양손을 뾰족하게 모으고 마치 침몰하는 배처럼 아래로 잠수하는 것 같은 손짓에서 어떤 의미를 읽어내겠는가? 그러나 우리는 언어가 단순히 실마리를 제공하는 데 그치지 않는다고 가정하는 경향이 있다. 언어는 의미를 단어라는 병 속에 하나씩 담아 대기 중으로 날려 보낸 다음 수신자가 그것을 (다소 불분명한 방법으로) 개봉하고 조합하도록 한다. 언뜻 생각하기에 언어는 화자의 머리에서 나온 생각을 그대로 청자의 머리로 전달하는 매개이므로 발신자와 수신자가 언어를 해석하거나 창의성을 발휘할 필요는 없어 보일지도 모른다. 그러나 이러한 직관은 오해를 불러일으킨다. 의사소통이 실제로 작동하는 방식을 이해하기 위해서는 이러한 병 속에 든 메시지식의 관점에서 벗어나야 한다. 그러한 관점으로는 시, 수사, 은유, 농담, 조롱은 차치하더라도 일상 담화가 지닌 풍부하고 모호하며 장난기 가득한 속성을 포착할 수 없다. 의미는 병 속에 가둘 수도, 또 정제할 수도 없다.

'문을 열다'와 '문을 통과하다'의 구절을 예로 들어보자. 문이라는 이 친숙한 단어는 두 구절 모두에서 확실히 같은 것을 의미하는가? 찬찬히 생각해 보면 그렇지 않다는 것을 알 수 있다. 문을 열 때 우리는 문의 경첩에 달린 일반적으로 딱딱한 직사각형의 판자(문)를 물리적으로 움직인다. 그러나 문을 통과할 때는 똑같이 딱딱한 판자를 마치 유령이 하듯 뚫고 지나가지는 않는다. '문을 통과하다'에서 문은 딱딱한 판자 자체가 아니라 문간을 가리킨다. 우리가 '손으로 창문을 깨부순다'거나 '창문 밖으로 손을 흔들다'고 말할 때도 모호하기는 마찬가지다. 창문은 어떤 순간에는 깨지기 쉬운 유리 판자도 되었다가 어떤 순간에는 바람이 통하는 구멍이 되기도 한다. 주택의 창문이라면, '창문을 부순다'는 표현은 특정 유리창이나 주택의 유리창 전체를 부순다는 말일 수도 있고 유리를 둘러싼 창틀, 심지어는 창문에 덧대진 판자를 훼손한다는 의미일 수도 있다. 차창의 경우라면 '창문을 부순다'는 구절이 훨씬 더 모호해진다는 점에 유의하자. 유리를 부술 수도 있지만 유리를 밀어 올리고 내리는 기계장치를 파손한다는 말일 수도 있기 때문이다. 또는 누군가 분홍색 《파이낸셜 타임스》 일간지 한 부를 흔들며 "이 종이에 대해 어떻게 생각해?"라는 질문을 했다고 가정해 보자. 이 문장에서 '종이'는 글자 그대로 분홍색 종이를 가리킬 수도 있고, 오늘 자 (어쩌면 유달리 너덜너덜한) 신문 한 부를 가리킬 수도 있으며, 그것도 아니면 이 일간지를 만드는 신문사를 가리킬 수도 있다. 해석의 가능성은 글자 그대로 끝이 없다. 그리고 바로 이것이 우리가 언어를 제스처 게임으로 바라본다면 예상할 수 있는 일이다. 할 수 있는 일이라곤 상대방이 우리에 대해, 또 세계에 대해 알고 있는 모든 지식을 동원해 우리가 그들을 이끌고자 하는 방향을 알아차리도록 단서를 상기시키고, 암시하고, 신호를 보내는 것뿐이다.

제스처 게임으로서의 언어 은유는 언어가 한 사람에게서 다른 사람으로 정해진 부호를 이용해 고정불변의 메시지를 보내는 것을 의미하지 않는다고 암시한다. 대신에 우리는 언어가 음성언어든 수화든 서로에게 실마리를 전송하는, 풍부하고 은유적이며 잠재적으로 대단히 독창적인 유추 수단이라고 봐야 한다. 따라서 언어를 해석하기 위해서는 상당한 창의력과, 심지어는 장난기까지 필요할 수 있다. 실마리들을 해석하는 일은 단어 그 자체뿐만 아니라 앞서 들은 이야기, 당면한 주제와 관련해 현재 우리가 알고 있는 것, 또한 서로에 대해 우리가 알고 있는 바에 좌우된다. 마치 살

인사건을 다루는 추리소설에서 단서를 해독하기 위해서는 등장인물, 그들의 과거, 살해 시점 전후에 그들이 하고 있었던 일을 알아야 하는 것과 같다. 우리가 같은 사람과 같은 의사소통 게임을 할수록 실마리들의 의미가 (니카라과 수화에서 '말'을 의미하는 단일 수화표현이 출현했던 것처럼) 관례화될 가능성은 훨씬 커진다. 그러나 관례화는 여전히 잠정적일 뿐이며 의미는 현재라는 순간에 크게 좌우된다. 인간의 뇌는 언어적 실마리들을 다양하고 유연하게 해석하는 일에 매우 능숙하다. 그러다 보니 우리는 우리가 어떤 식으로든 늘 해석을 하는 중이라는 사실을 자주, 완전히 망각한다. 또한 의미가 단어만으로도 어느 정도 '명확하게' 전달된다고 착각한다. 하지만 그 반대다. 의미는 주관적이어서 보는 이에 따라 달라진다.

협력적 언어게임

"아기 신발 팝니다. 신은 적 없음For sale. Baby shoes. Never worn."[20] 새것과 다름없는 아기 신발 한 켤레를 판다는 신문의 안내광고를 흉내 낸 이 간결하면서도 서글픈 여섯 단어 소설*은 사람들에게 강렬한 감정을 불러일으킨다. 이 소설을 두고 여러 이야기를 연상하기란 쉽다. 누군가는 유산이나 출산 합병증 혹은 돌연사 등으로

---

* 어떤 사람이 헤밍웨이에게 단어 여섯 개로 자신들을 울릴 만한 소설을 쓸 수 있겠냐며 내기를 걸자, 헤밍웨이가 즉석에서 지어낸 글이라고 전해진다. '헤밍웨이가 만든 글이다, 아니다'를 놓고 아직도 진위 논쟁이 이루어지고 있지만, 세상에서 가장 짧고 슬픈 소설이라는 데는 이견이 없다.

아기를 잃고 망연자실한 부모가 아기의 탄생을 앞두고 애정을 담아 사들인 신발을 판매하는 것이라고 상상할지도 모른다. 남겨진 부모가 묘지에 서서 작은 관이 땅에 내려지는 모습을 지켜보며 눈물을 흘리는 모습을 마음속으로 그려볼 수도 있다. 돈이 필요하기 때문에 혹은 아기가 집 안을 뛰어다니며 내던, 이제는 결코 들을 수 없을 발소리가 떠올라 신발을 팔 수밖에 없는 부모에게 감정을 이입할 수도 있다. 상실감과 절망감이 앞으로도 여러 해 동안 그들을 따라다니는 모습이나 어쩌면 결혼 생활이 파탄 나는 장면까지 상상해 볼지도 모른다. 하지만 이처럼 상세한 이야기들은 이 여섯 단어 속 어디에도 존재하지 않는다. 그 이야기들은 부모, 아기, 슬픔과 관련해 우리의 마음이 조합해 구성한 것이다.

아기 신발을 소재로 한 여섯 단어 소설은 '플래시 픽션'의 극단적 사례다. 플래시 픽션은 이례적으로 짧은 허구적 소설 장르의 하나로, 가능한 한 적은 단어를 사용해서 완전한 하나의 서사를 떠올리게 만드는 것을 목표로 한다. 이 간결한 소설들은 독자로서 우리가 글을 읽고 해석하는 과정에서 얼마나 많은 역할을 하는지를 보여준다.

모든 언어에도 같은 원리가 작동한다. 따라서 의미는 병 속에 든 메시지처럼 박제된 채로 전달되는 것이 아니라, 대화 참여자들에 의해 협력적으로 구성되어야만 한다. 우리가 입이나 손으로 표현하는 단어는 진의에 도달하기 위한 실마리에 불과하다. 누군가가 하고 있는 말을 온전히 이해하기 위해서는 언어적 실마리, 세상에 대한 지식, 우리가 서로에 대해 알고 있는 것, 앞서 들은 이야기를 기초로 해석을 구성할 필요가 있다.[21] 이러한 구성 과정이 언어가 기능하는 핵심 방식이다. 언어의 해석적 구성 과정은 대개는 잘 작동한다. 물론 우리는 이따금 해석적 구성에 실패할 수도 있고, 협력적 수정이 필요할 수도 있다. 제스처 게임에서 그러하듯 우리는 대화를 나누는 사람들과 서로 '조율하며' 공동의 이해에 도달해야 한다. 언어게임을 성공적으로 수행하기 위해서는 적어도 상당한 정도까지 서로의 마음을 읽을 수 있어야 한다.

우리가 서로 이야기를 나눌 때 말하는 단어, 구, 문장은 의사소통 빙산communication iceberg이라 부르는 것의 꼭대기 일부에 지나지 않는다(그림 6). 지금까지 언어 과학 연구의 대부분은 바로 이 가시적인 부분에 집중해 왔다. 그러나 언어가 작동하기 위해서는, 즉 우리가 말을 듣고 이해하기 위해서는 의사소통 빙산의 보이지 않는 부분이 필요하다.[22] 우리가 아기 신발 소설의 여섯 단어를 가지고 상세하고 장황하게 서사를 늘어놓을 수 있었던 것은 세상의 작동 방식에 대한 지식뿐만 아니라 일련의 문화적 규범, 관습, 가치, 관행, 무언의 규칙을 이해하리라는 기대, 사회적 역할과 관계를 공유하기 때문이다. 의사소통 빙산의 언어적 꼭대기가 계속 물에 떠 있기 위해서는 기본적인 대인 관계 능력과 더불어 문화적, 사회적, 객관적 지식 모두가 필요하다. 그것이 없다면 언어를 통한 의사소통 능력은 난해함 속으로 가라앉아 버릴 것이다.

이러한 언어관은 실생활에도 도움이 된다. 당신이 자동차의

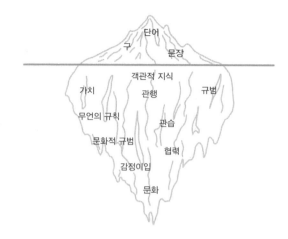

그림 6. 수면 아래 가라앉아 보이지 않는 의사소통 빙산의 밑 부분에는 문화적, 사회적, 정서적 지식과 기술뿐만 아니라 객관적 지식과 기술 또한 포함되어 있다. 이 빙산의 밑 부분이 빙산의 가시적 부분, 즉 꼭대기의 언어적 부분이 계속 떠 있도록 뒷받침한다.

어디가 문제인지를 설명하는 정비사와 의사소통하든, 아니면 질병에 필요한 치료법을 설명하는 의사와 대화를 하든, 최신 연구 결과를 설명하는 과학자와 이야기를 나누든 간에 의사소통 빙산의 숨겨진 부분에 좀 더 면밀한 주의를 기울인다면 우리는 자신의 의사를 상대에게 더 효과적으로 전달할 수 있다. 이는 다른 사람의 생각을 아무렇게나 되는 대로 추측하라는 말이 아니다. 성공적인 의사소통을 달성하기 위해서는 공감 능력이 필요하다. 즉 타자의 입장이 되어보고 (최선을 다해) 타자의 관점에서 세상을 바라봐야 한다. 우리가 자신이 하고 싶은 말이 아니라, 다른 사람이 세상을 어떻게 바라보는지에 집중하면 집중할수록 오히려 우리가 이해받을 가능성이 더 커진다.

실제로 대화는 협력해서 해결해야 하는 과제와 같다. 스탠퍼드대학교 심리언어학자 허브 클라크Herb Clark의 실험을 통해 정밀하게 입증되었듯이, 대화의 목표는 현재 논의 중인 사항을 서로 이해하는 것이다.[23] 클라크는 실험참가자들을 짝지어 183센티미터 길이의 탁자를 두고 맞은편에 앉힌 다음 간단한 레고 모델을 원형대로 조립하게 했다. 여기서 '건설자'의 역할을 맡은 한 사람은 '감독자'인 다른 사람의 지시에 따라 레고 블록들을 사용해 모델을 재현했다. 이때 완성해야 하는 레고 모델의 원형은 오직 감독자에게만 제공되었다. 실험 조 중 절반의 탁자에는 장애물을 중앙에 설치해 건설자가 하는 일을 감독자가 볼 수 없도록 했다. 반면에 나머지는 감독자와 건설자가 서로를 잘 보도록 했다. 만약 의견 교환이 대화 맥락과 무관하게 그저 수동적으로 메시지만 왔다 갔다 해도 충분히 성공적일 수 있는 문제라면, 두 집단의 결과물에는 거의 차이가 나타나지 않아야 한다. 두 경우 모두에서 감독자는 건설자에게 모델을 완성하기 위해 따라야 하는 블록 조립 순서를 정확히 지시할 수 있기 때문이다.

하지만 두 집단은 큰 차이를 보였다. 건설자가 하는 일을 감독자가 감시할 수 없었던 경우 임무를 완수하는 데 시간이 두 배 이상 더 걸렸으며, 원형대로 조립하는 방법을 논의하는 자리에서도 거의 두 배 많은 단어를 사용했다. 장애물은 시각적 방해물이었을 뿐만 아니라 대화를 방해하는 요인으로 작용했다. 그 결과 장애물이 없었던 집단보다 의사소통의 속도와 효율성이 상당히 저하되었다. 또한 상호작용이 아예 이루어지지 않은 경우(감독자가 사전에 녹음한 지시 사항을 건설자에게 나중에 틀어준 경우)에는 결과가 훨씬 더 나빴으며 많은 작업 오류가 발견되었다. 이 실험은 대화가 마치 제스처 게임처럼 서로 주고받는 협력 게임과 같음을 보여준다. 우리는 다른 사람들의 관점과 그들이 아는 것과 모르는 것에 주의를 기울여야 정확한 실마리를 줄 수 있다.

이러한 관점 취하기의 중요성은 즉흥극을 활용해 의사소통 방식을 개선한 사례를 통해서도 뒷받침된다. 이따금 희극적 요소가 가미되기도 하는 즉흥극은 배우들이 대본에 없는 연기와 대화를 협력해 실시간으로 만들어내는 연극 상연 방식의 하나다. 어떤 의미에서 즉흥극은 즉석에서 줄거리를 계속 만들어내는 일종의 연속적 제스처 게임이라 할 수 있다. 즉흥극이 잘되려면 배우들은 상대방의 생각과 즉흥적인 행동을 '포착해서' 그것에 맞출 줄 알아야 한다. 즉흥극 훈련은 사람들이 조화를 이뤄 유연하게 협력하도록 돕는 것을 목표로 한다. 예를 들어 '거울 반응하기' 훈련에서 두 사람은 순서를 바꿔가며 상대의 움직임을 가능한 한 비슷하게, 마치 거울에 비친 듯 따라 한다. 맨 처음 '모방자'가 '선도자'를 따라 할 때는 상당한 시간이 걸린다. 그러나 연습을 반복하다 보면 마침내 거의 동시에 움직이게 된다. 모방자와 선도자는 서로의 생각을 읽는 중이며, 그에 따라 상대방의 다음 움직임을 예측할 수 있다. 그들은 다음 동작이 정확히 동시에 일어나도록 공동 조율하는 경지에 이를 수도 있다. 이러한 즉흥극 훈련은 배우들이 서로 잘 조화를 이루는 데 일조할 뿐만 아니라 극장을 찾은 관객들이 드러내는 심리 상태와 관련한 단서들을 배우들이 쉽게 포착하도록 해준다. 즉흥극 훈련을 비슷하게 활용해 청중의 욕구에 주의를 기울이도록 한다면, 배우가 아닌 사람의 의사소통 기술도 개선할 수 있지 않을까? 배우이자 연출자, 작가인 알란 알다는 충분히 가능한 일이라고 주장한다.[24]

알다는 한국전쟁 때의 야전 병원을 배경으로 장기간 방영된 드라마 〈매시〉에서 신랄한 군의관 연기로 큰 인기를 누렸다. 또한 과학 TV 프로그램을 12년간 진행했으며, 대중에게 과학을 알리는 일에도 지대한 관심이 있다. 알다는 과학자들과 대화하는 과정에서 많은 과학자가 자신의 연구에는 엄청난 열정을 보이면서도 청중과 소통하는 일에는 쩔쩔맨다는 사실에 주목했다. 그는 과학자들이 청중과 '같은 생각을 하지' 않는 것 같다는 느낌을 받았다. 그들은 청중의 관점에서 세상을 바라보지 않았다. 즉, 과학자들은 청중과 협력하며 소통하는 것이 아니라 청중에게 일방적으로 말하고 있었다. 알다는 배우가 관객과 소통하는 능력을 연마하기 위해 사용하는 것과 같은 훈련이 과학자들에게도 도움이 될지 모른다고 판단했다. 실제로 그가 과학자들에게 거울 반응하기와 같은 즉흥극 훈련을 하도록 했을 때, 그들은 다른 사람의 마음을 더 잘 읽게 되었다. 과학자들은 얕보는 투로 이야기하는 것이 아니라 청중과 공감함으로써 청중의 욕구에 더 민감하게 반응했다. 성공적으로 의사소통하게 된 것이다. 현재 뉴욕주립대학교 스토니브룩캠퍼스의 '알란 알다 과학 커뮤니케이션 센터'에 의해 구현되는 알다의 접근법은 특히 미국 내 대학교와 연구소에서 큰 영향력을 행사하며 광범위하게 받아들여지고 있다.

우리가 과학 토론을 하든, 아니면 이야기를 들려주든, 혹은 단순히 지시 사항을 전달하든 간에 우리는 청중이 왜 그런 말을 하는지, 우리에게서 무엇이 필요한지에 주의를 기울여야 한다. 의사소통이 일방통행로가 아니라는 점을 기억한다면, 우리는 다른 사람과의 상호작용 능력을 향상할 수 있다. 또한 우리가 하고 싶은 말에 지나치게 집중하기보다는 다른 사람이 이해하는 것에 세심한 주의를 기울인다면, 성공적인 의사소통에 도달할 가능성은 훨씬 더 커진다. 이러한 원칙은 즉흥극의 황금률인 "맞아요, 그런데…"라는 말 속에도 반영되어 있다. 이 말은 어떤 사람이 무슨 말이나 행동을 하건 그것이 앞으로 펼쳐질 상호작용의 기초가 된다는 점을 무의식적으로 인정하는 것이다. 우리가 상대방의 사고와 생각, 관심사를 존중한다면 대화는 서로에게 도움이 되는 방향으로 순조롭게 흘러갈 것이다.

언어를 제스처 게임으로 보는 것은 언어가 작동하는 방식과 관련해 우리가 직관적으로 가진 잘못된 그림을 재고하는 데 도움이 된다. 제스처 게임은 본질적으로 협력적이다. 우리는 누군가의 몸짓이 끝나기도 전에 추측에 돌입한다. 이러한 추측들은 우리가 짓는 끄덕임, 미소를 비롯한 여러 반응으로 나타나며 상대 게임 참가자는 이를 보고 그들의 몸짓을 '올바른' 방향으로 수정한다. 하우시족이 인데버호 선원들과 조우했을 때도 이와 거의 흡사한 일이 일어났다. 신호가 왔다 갔다 하는 사이에 양측은 '한마음'이라는 사실, 예컨대 우호적인 의도를 지니고 있으며 물건을 교환하는 데 관심이 있다는 사실을 확인할 수 있었다.

제스처 게임으로서의 언어라는 관점은 사회 인지과학에서 반세기 넘게 맹위를 떨쳐온 의사소통법 연구를 전복시킨다. 인간의 정신이 컴퓨터와 같다는 생각은 언어가 컴퓨터 간의 통신과 똑같은 방식으로 작동하며 대화는 일종의 테니스 게임으로 볼 수 있다는 생각을 불러일으켰다. 따라서 정보는 별도의 꾸러미들로 깔끔하게 묶여 전선을 따라 전송되며, 메시지는 한 사람으로부터 다른 사람으로 반원을 그리며 왔다 갔다 이동한다. 하지만 언어는 다르다. 우리는 즉흥적 행동을 거듭하는 가운데 협력해서 공동의 이해를 점진적으로 쌓아간다. 의사소통의 책임이 전적으로 개개의 신호에만 있는 것은 아니다. 신호는 앞서 일어났던 일, 현재의 기대, 우리가 세상과 서로에 대해 알고 있는 것을 보여주는 실마리일 뿐이다. 의사소통은 모든 대화 상대들이 창조적 능력을 하나로 모을 수 있는지에 좌우되며 우리가 공유된 지식, 직관, 게임을 벌였던 과거의 기억을 함께 모으고 활용할 수 있는지가 중요하다.

하지만 언어의 협력적 본성을 제대로 평가하기 위해 우리가 제일 먼저 해야 할 일은 우리에게 강요되어 온 컴퓨터 은유라는 또 다른 가정에서 벗어나는 것이다. 전광석화처럼 순식간에 컴퓨터는 엄청난 양의 정보 '꾸러미들'을 다른 컴퓨터로 전송할 수 있다. 이 정보 꾸러미들이 어떤 순서로 당도하는지는 크게 중요하지 않다(물론 우리가 영화를 실시간으로 재생하는 중이라면 중요할 수도 있다). 정보 꾸러미들은 눈 깜짝할 사이도 안 되는 짧은 시간에 이루어지는 수백만 번의 계산 과정을 거쳐 통째로 다운로드되고 저장되며 검토될 수 있다. 인간이 어떻게 언어를 만들고 이해하는가를 설명하는 가장 유력한 이론 중에도 이러한 관점을, 적어도 암묵적으로 취하는 경우가 꽤 있다. 그들은 현대의 컴퓨터 사용으로 알게 된 지식을 인간의 뇌가 언어를 다루는 방식을 연구하는 데 그대로 적용한다. 그러나 이러한 관점은 인간의 기억력이 컴퓨터와는 다르게 놀랄 만큼 제한적이라는 사실을 간과한다. 만약 우리가 지금 듣고 있는 말을 그 즉시 이해하지 못한다면, 이미 흘러간 말은 밀려드는 다음 말에 의해 기억에서 빠르게 사라진다. 그 순간 우리가 언어를 사용하지 않는다면 메시지는 영원히 사라진다. 그리고 이러한 사실은 뜻밖에도 언어의 작동 방식을 이해하는 데 결정적인 단서가 되어준다.

CHAPTER 2

언어의
찰나적 속성

무선 전신 부호를 이제 막 배우기 시작한 사람의 귀에는 단음과 장음이 별개의 의미 덩어리인 청크chunk*로 들린다. 하지만 머잖아 이 소리들을 결합해 글자로 만들 수 있게 되면, 이제 그의 귀에는 글자가 청크로 인식된다. 그러다 글자들을 결합해 글자보다 훨씬 큰 청크 단위인 단어를 만들 수 있게 되면, 그때서야 비로소 구문 전체가 들린다.

_조지 A. 밀러, 〈마법의 숫자 7, ±2〉

1942년 8월, 태평양 전쟁에서 연합군 통신을 감청하는 일본 정보 장교들은 그간 익숙했던 영어 암호 대신 알아들을 수 없는 이상한 말소리가 갑자기 불협화음처럼 들려오자 어안이 벙벙했다. "toh-bah-ha-zsid ah-ha-tinh ah-di tehi bilh-has-ahn dzeel be-al-doh-cid-da-hi al-tah-je-jay jo-kayed-goh nal-dzil tsin-tliti dzeh a-chin d-ah klesh shil-loh."[1] 그들은 '윈드토커'라는 암호명으로 불리는 연합군의 새로운 비밀 무기가 내는 소리를 듣는 중이었다.

태평양 지역의 전세는 연합군에 유리하게 돌아가는 듯 보였다. 하지만 연합군은 여전히 크고 작은 패배를 맛보고 있었다. 일

---

* 하나의 의미를 가지는 말의 덩어리를 청크라 부른다. 밀러는 인간의 단기 기억 용량에 대한 연구를 통해, 다양하게 나타나는 단기 기억의 크기를 이해하기 위해서는 기억되는 단위가 경우마다 다르다는 점을 인식해야 한다고 지적했다. 이때 개개의 글자, 단어, 문장 등이 기억 단위의 역할을 할 수 있는데, 이 하나의 의미 단위이자 기억 단위를 청크라 명명했다.

본군은 그간 연합군의 전자 통신을 도청해 왔다. 많은 일본군 정보 장교가 미국에서 교육을 받았기에 영어를 기반으로 한 암호를 해독하고 연합군 전투 계획을 사전에 포착할 수 있었다. 하지만 미국 해병대가 기발한 대응 전략으로 무장하고 과달카날*에 상륙하자 이야기가 달라졌다. 자신의 모국어를 해독 불가능한 암호로 사용했던 나바호족 암호 통신병, 그들이 바로 미군의 새로운 전략 무기였다.[2]

당시 연합군은 우리가 한 번쯤은 경험해 봤을 법한 상황을 이용하고 있었다. 전혀 모르는 언어를 들을 때 한 번도 들어본 적 없는 유창한 말소리가 귀로 거침없이 파고든다면, 마치 해독 불가능한 암호처럼 느껴져 어리둥절할 것이다. 암호 통신병들은 그들의 모국어인 나바호어를 사용해 병력 이동과 전술을 비롯한 전투 세부 사항에 대한 메시지를 무선 통신과 전화선을 통해 '선명한 목소리로 또박또박' 전달했다. 적군이 전송 메시지를 듣더라도 문제가 될 것은 없었다. 그들의 귀에는 전혀 알아들을 수 없는 말소리가 분당 수백 개씩 흘러들 뿐이었기 때문이다. 일본군에게 나바호어를 이해하려는 시도는 마치 문어와 제스처 게임을 벌이는 것처럼 느껴졌을 것이다. 여덟 개의 다리를 마구 꿈틀거리며 난생처음

---

* 제2차 세계대전 태평양 전쟁 당시 1942년 8월 7일부터 1943년 2월 9일까지 솔로몬 제도 과달카날과 그 주변 섬, 해역 등지에서 미국, 오스트레일리아, 그리고 현지 원주민 연합군과 일본 제국 사이에서 벌어진 소모전을 일컫는다. 일본 제국이 패배하면서 태평양 전선에서 연합군의 반격이 시작되었으며 일본 제국 패망의 불씨를 댕긴 전투로 평가받고 있다.

보는 몸짓을 연속적으로 빠르게 해대는 문어 말이다. 애초에 이해란 불가능한 일이었다. 그러나 의사소통 전달 모델이 생각하는 언어 역시 의미를 이해하는 것과 무관하므로 이와 조금도 다를 바가 없다. 발신자가 자신의 암호 코드에 따라 메시지를 부호화한 다음 수신자에게 전송하면, 수신자는 정확히 같은 암호 해독서에 따라 암호를 복호화한다. 일본군은 이 암호를 해독할 수 없었다. 일본군 중에는 (심지어 연합군 중에도) 나바호어를 할 줄 아는 사람이 아무도 없었기 때문이다.

나바호어는 문법과 음운 체계가 복잡하고 문자가 없기 때문에 전장에서 매우 빠르고 안전한 통신수단의 역할을 했다. 더욱이 암호 같은 언어 속에 또 다른 암호를 숨겨두어, 적군 암호 해독자와 언어학자들을 한층 난감하게 했다. 또한 나바호어에는 군사 용어에 해당하는 단어가 많지 않아서, 암호 통신병들은 군사 용어를 자신들에게 익숙한 단어로 대체해 사용했다. 예를 들어 암호에서 '전함'은 원래 나바호어에서 고래를 뜻하는 lo-tso로, '잠수함'은 쇠 물고기를 뜻하는 besh-lo로, '구축함'은 상어를 의미하는 ca-lo로 대체되었다. 이 같은 암호들은 《나바호 암호 통신병 사전Navajo Code Talker's Dictionary》에 600개 이상 등재되어 있었는데 암호 통신병은 이 암호들을 완벽하게 암기하고 있었다.

자주 쓰는 영어 단어는 나바호어 그대로 사전에 암호로 기록되었다. 반면에 상대적으로 사용 빈도가 낮은 단어는 영어 단어 속 알파벳 각각에 특정 나바호 단어를 대응시켜 철자를 만들었

다. 영어 철자를 기록하기 위한 단어는 암호 통신병들에게 익숙한
단어로 선별되었다. 이를테면 알파벳 A는 도끼axe를 뜻하는 tse-
nill로, 알파벳 B는 곰bear을 뜻하는 shush로, 알파벳 C는 고양이
cat를 뜻하는 moasi로 바꾸는 식이었다. 적군이 문자 사용 빈도를
파악해서 암호를 해독하는 일이 생기지 않도록 알파벳 각각에 여
러 개의 나바호어 단어를 사용했다. 예컨대 A는 개미ant를 뜻하는
wol-la-chee로 부호화될 때도 있고, 또 사과apple를 뜻하는 be-la-
sana로 부호화될 때도 있었다. 따라서 '언어게임'을 암호로 바꾸
면 다음과 같이 부호화될 수 있다.

LANGUAGE GAME
nash-doie-tso tse-nill tsah klizzie shi-da wol-la-chee jeha ah-
nah ah-tad be-la-sana be-tas-tni dzeh

언어게임의 알파벳은 아래의 나바호어 단어를 대응시켜 암호
로 전환되었다.

nash-doie-tso	L(lion, 사자)
tse-nill	A (axe, 도끼)
tsah	N (needle, 바늘)
klizzie	G (goat, 염소)
shi-da	U (uncle, 아저씨)
wol-la-chee	A (ant, 개미)

jeha	G (gum, 껌)
ah-nah	E (eye, 눈)
ah-tad	G (girl, 소녀)
be-la-sana	A (apple, 사과)
be-tas-tni	M (mirror, 거울)
dzeh	E (elk, 엘크)

오늘날의 우리는 컴퓨터로 암호 해독 프로그램을 돌리는 일에 익숙하지만, 나바호 암호 통신병들은 당시의 암호 처리기가 따라 잡을 수 없을 정도로 숙련된 기술자였다. 암호 통신병이 영어 문장 세 줄을 부호화하고 전송하고 복호화하는 데 20초가 걸렸다면, 같은 메시지를 1940년대의 재래식 암호기가 기계적으로 처리하는 데는 30분이 걸렸다. 일본군은 미군의 더 상투적인 다른 암호문을 푸는 데는 성공했지만 나바호어 암호는 결코 풀지 못했다. 심지어 일본군은 포로로 잡힌 나바호 출신 미군 병사에게 자신들이 빼돌린 암호 메시지를 해독하라고 위협을 가해보기도 했지만, 암호 속에 암호가 숨겨진 탓에 그 병사는 어디가 문장의 시작이고 끝인지조차 파악하지 못했다. 실제로 1968년 기밀 해제가 이루어지기 전까지, 나바호어 암호는 해독되지 못한 채 남아 있었을 뿐만 아니라 그 존재 자체도 비밀에 부쳐졌다.

암호 통신병들이 하는 말을 처음 들었을 때 일본군이 보였던 당혹감은 우리가 언어를 이해하려고 할 때 겪는 문제를 그대로 보여준다. 우리의 뇌는 한계가 있기 때문에 대화 상황에서 서로를 완전하게 이해하기란 거의 불가능하다. 그러나 외국어를 듣고 있을 때가 아니라면 다행히도 우리는 이 한계를 인식하지 못한다. 일본군 정보 장교들과 달리 우리가 상대방과 대화하는 내내 당황하는 것은 아니라는 사실은 정말 기적과도 같은 일이다.

먼저 우리가 듣거나 보는 감각 기억의 저장 유효기간은 0.1초도 채 되지 않는다. 그런 데다가 새로운 소리와 장면은 융단 폭격을 가하듯 끊임없이 쏟아지기 때문에 입력된 감각 정보를 저장하는, 가뜩이나 적은 메모리 용량은 초과하기 십상이다. 전화번호를 외우기도 힘든 우리가 대체 어떻게 한 문장 전체를 완전히 이해할 수 있겠는가? 설상가상으로 순서를 기억하는 데서도 극심한 어려움을 겪는다. 주방 싱크대에 쌓인 설거지 그릇이 쓰러지면서 쨍그랑 쾅 하고 부딪치며 내는 소리를 들었을 때 우리는 뭐가 먼저 무너지고 뭐가 먼저 부딪쳤는지를 전혀 알지 못한다. 그것은 그저 마구 뒤섞인 소음일 뿐, 어떤 그릇이 낸 소리인지를 알기도 어렵고 어떤 순서로 소리가 났는지 구분하기란 더더욱 불가능하다. 따라서 소리를 기억해 저장하는 뇌 메모리를 일종의 '정신 기록장치'와 비슷하다고 생각하는 경우가 이따금 있는데, 이보다 사실과 거리가 먼 이야기도 없을 것이다. 실제로 수십 년간 진행되어 온 기억 연구 결과에 따르면, 청각 기억이건 시각 기억이건 연쇄적인 장면에 대한 우리의 단기 기억은 지속 기간이 짧은 건 말할 것도 없고 기억하는 항목도 세 개에서 다섯 개 정도로 극히 제한적이다.[3] 하지만 매우 이상하게도 우리는 말할 때 이런 사실을 전혀 걱정하지 않는다. 음성을 사용하든 손(수화에서처럼)을 사용하든 무서울 정도로 빠른 속도로 말하며 분당 단어 100개 이상을 쏟아내는 경우도 흔하다. 하지만 놀랍게도 과부하가 걸려 어쩔 줄 몰라 하기는커녕, 아장아장 걷는 아이부터 증조부에 이르기까지 우리의 말을 듣는 청중은 누가 봐도 편안한 모습으로 억수같이 퍼붓는 말의 흐름을 따라가며 그 의미를 이해한다.

이 놀라운 재주의 비밀은 누구나 발견하기 쉬운 곳에 숨겨져 있다. 즉 우리는 평생에 걸쳐 언어 기술을 사용하고 다듬는 일에 엄청나게 많은 시간을 할애한다. 바이올린으로 곡 하나를 연습할수록, 테니스 백핸드 훈련을 반복할수록, 또는 곧 발표할 프레젠테이션을 검토할수록 실력이 나아지는 것처럼 우리의 언어 기술도 매일 반복해서 연습할수록 개선된다. 우리 대부분은 깨어 있는 동안 엄청난 양의 시간을 언어에 빠져들어 보낸다. 이를테면 다른 사람과 수다를 떨거나, 라디오와 오디오북을 듣거나, 영화를 보고 책을 읽으며 글을 쓰거나, 그것도 아니면 그냥 혼잣말이라도 한다. 그러다 보니 언어 기술이 상당히 좋다는 것은 놀랄 일이 아니다. 하지만 이러한 반복 훈련이 없었다면 언어적 의사소통은 느리고 힘들며 효과적이지 못했을 것이다.

불편한 진실

나바호어로 말하든 영어, 혹은 현재 통용되는 전 세계 7천 개 언어 가운데 다른 어떤 언어든 간에 우리는 두 번 생각하지 않고 쉽게 말한다.[4] 하지만 그 나라 말을 모르는 외국에 가기라도 한다면, 우리는 갑자기 모두가 터무니없을 정도로 빠르게 말한다는 느낌을 받게 된다. 사실 우리에게 익숙하지 않은 언어를 사용하는 사람들이 우리보다 훨씬 빠른 속도로 말하는 것 같다는 느낌은 착각이다.[5] 일반적인 화자는 초당 대략 10~15개의 언어음 또는 음소를 만들어낸다. 그리고 이러한 속도라면 우리가 알아듣기에 큰 무리가 없다. 그러나 접시들이 싱크대에 떨어지며 내는 소음처럼 일련의 비언어적 소리를 접하게 된다면 소리들은 한데 뭉쳐 흐릿하고 불분명한 덩어리처럼 들린다. 그런 경우 개별 소리의 순서를 파악하기는커녕 구분하는 것조차 완전히 불가능하다.[6] 어쩌면 보통 속도의 말조차 인간의 뇌에게는 포착할 수 없을 정도로 빠르게 들릴지도 모른다.

뇌의 기억용량이 적다는 사실이 언어에만 영향을 미치는 것은 아니다. 그것은 우리의 전반적인 인지 체계 역시 제약한다. 모텐의 예전 코넬대학교 동료였던, 지금은 이 세상에 없는 울릭 나이서Ulric Neisser의 연구를 통해 밝혀졌듯이 우리가 세상을 인식하는 능력은 생각보다 훨씬 더 제한적이다.[7] 나이서는 심리 연구에 많은 기여를 했는데, 특히 후일 '무주의 맹시inattentional blindness'라고 알려질 현상을 입증하는 데 선구적인 역할을 했다.[8] 나이서는 농구 선수들을 두 그룹으로 나눈 다음 서로 공을 패스하는 모습을 찍어 사람들에게 보여주었다. 실험 참가자들은 그중 한 그룹에 집중해 선수들이 볼을 패스할 때마다 버튼을 누르라는 지시를 받았다. 어렵지는 않았지만 많은 주의 집중이 필요한 일이었다. 그래서인지 돌연 한 여성이 생뚱맞게 우산을 펴든 채로 화면을 가로질러 걸어가는 데도 여성의 존재를 알아챈 사람은 거의 없었다.

직관적으로 우리는 눈에 보이는 세계의 모든 부분을 우리가 세세하게 하나도 빼놓지 않고 끊임없이 '인지하고 있다'고 생각한다. 그러나 절대로 그렇지 않다. 만약 우리의 직관이 옳다면, 어떻게 저토록 눈에 띄고 기상천외한 장면을 놓칠 수 있었겠는가? 실제로 심리학자 대니얼 사이먼스와 크리스토퍼 차브리스는 이 부적절한 장면을 한층 강화한 상태로 나이서의 연구를 재연해 보았다. 이번에는 고릴라 의상을 입은 사람을 예기치 못한 난입자로 동원했다. 갑자기 무대 한가운데로 걸어 들어온 난입자는 잠시 멈춰 서서 고릴라처럼 가슴을 두드린 후 옆으로 빠져나갔다.[9] 선수들의 볼 패스에 주목했던 사람들 대부분은 이번에도 고릴라를 알아차리지 못했다. 나중에 그 장면을 비디오로 보여주자 사람들은 자신들이 눈치채지 못했다는 사실에 놀라워했다.

나이서의 연구에 영감을 얻은 사이먼스는 이번에 댄 레빈Dan Levin과 함께 한층 강화된 실험을 시행했는데, 이번에도 마찬가지로 직관적인 통찰에 반하는 연구 결과가 나왔다.[10] 코넬대학교 캠퍼스에서 이뤄진 실험에서 실험자 한 명이 보행자에게 접근해 길을 물어보았다. 그때 문을 옮기는 두 명의 실험자가 추가로 나타나 첫 번째 실험자와 보행자 사이를 상당히 무례하게 비집고 지나갔다. 이런 어수선한 상황을 틈타 첫 번째 실험자는 문을 나르던 실험자 중 하나와 은밀히 자리를 바꿨고, 바뀐 실험자가 보행자와의 대화를 이어가게 했다. 그러고 나서 길 안내를 마친 보행자에게 뭔가 이상한 점을 알아차린 것이 있는지를 물었다. 놀랍게도 절반가량은 대화 중이던 사람이 다른 사람으로 바뀌었다는 사실을 인지하지 못했다. 심지어 그들은 대화 상대를 똑바로 보며 이야기했음에도 그 사실을 몰랐다. 사이먼스와 레빈은 실험자들을 건설 인부 옷으로 갈아입힌 다음 다시 실험을 진행했다. 대학생으로 보이는 보행자들을 대상으로 한 이 실험에서는 3분의 1만이 바뀐 사실을 알아차렸다(이는 사회적 범주가 타인을 인식하는 방식에 영향을 미칠 수도 있음을 암시한다). 사람들 대부분은 우리를 둘러싼 세상의 모습을 선명하게 있는 그대로 표상하며, 단지 몇 초면 그게 누구든 그 사람의 생김새를 꽤 정확하게 기억하는 데 아무런 문제가 없다고 생각하는 경향이 있다. 하지만 이것은 완전히 잘못된 생각이다. 사물을 정확히 충분하게 지각하는 능력을 갖췄다는 생각은 신기루에 지나지 않으며, 뇌가 세상을 이해하기 위해 만들어낸 허구일 뿐이다.[11]

우리는 주의력과 기억력이 놀랄 만큼 제한적이라는 사실을 대체로 인식하지 못한 채 살아간다. 하지만 잠깐의 부주의로 대화 흐름을 완전히 놓칠 때처럼, 뇌의 한계가 언어 사용법에 영향을 미친다는 사실을 모두 경험으로 알고 있다. 우리의 감각과 기억이 심각할 정도로 제한적이라는 점에 비추어볼 때, 대화를 놓치는 것 쯤은 조금도 놀랄 일이 아니다. 이러한 뇌의 한계는 언어가 통과 해야 하는 통로에 극심한 병목현상을 초래한다. 따라서 현재 진행 중인 대화에서 어딘가 다른 데로 정신이 분산되거나, 혹은 흥미 를 끄는 생각과 일에 아주 잠깐이라도 마음을 빼앗긴다면 그러한 짧은 이탈로도 뇌는 밀려드는 언어 흐름을 이해하지 못할 것이다. 결국 뇌는 '우리가 방금 이야기하고 있었던 것'에 대한 기억조차 도 놀랄 만큼 빠르게 잊어버린다.

정말로 곤혹스러운 문제는 우리가 언어를 잘못 이해하는 것 이 아니라 뇌가 언어의 맹공을 결코 따라잡을 수조차 없다는 것 이다. 뇌가 이에 성공적으로 대처하기 위해서는 음성이든 수화든 흔적도 없이 사라지기 전에 뇌에 당도하는 즉시 이해할 수 있어 야 한다. 우리는 언어가 지나야 하는 이 협소한 통로를 '지금 아 니면 사라질 병목 지점Now-or-Never bottleneck'이라고 부른다.¹² 음성 언어든 수화든 언어는 우리가 뭐라도 이해하려면 이 빠져나가기 힘들 정도로 비좁은 정신의 병목 지점을 재빠르게 뚫고 지나가 야 한다.

처음에 우리 두 저자는 병목 지점에 대해, 그리고 병목 지점 이 뇌가 언어를 처리하는 방식과 언어 자체의 본성에 행사할지도 모를 잠재적 영향력에 대해 생각했을 때는 언어가 어떻게 그러한 병목 지점을 비집고 지나갈 수 있는지와 관련해 기존 이론들이 상당 부분 설명해 줄 것으로 기대했다. 하지만 이론들을 살펴볼수록 병목은 명확하게 제기된 적도, 또 그렇다고 깔끔하게 정리된 적도 없는 개념이라는 것을 발견하고 점점 더 놀라게 되었다. 사실 그동안 병목이라는 개념은 거의 철저하게 무시되어 왔다. 즉 언어 과학 연구자들이 마치 집단 기억상실증에라도 걸린 듯 병목 개념을 광범위하게 차단해 왔다는 것이야말로, 마주해야 할 불편한 진실일 것이다.

언어와 병목현상

그렇다면 《베오울프》, 《오디세이아》, 《마하바라다》처럼 구두로 전승되다 취합된 설화나 복잡한 철학 사상은 차치하더라도 아주 적은 수가 아닌 다음에야 대체 몇 개의 단어가 이 믿을 수 없을 정도로 협소한 '지금 아니면 사라질 병목 지점'을 통과하리라고 기대할 수 있겠는가? 어쩌면 그저 가장 가까운 슈퍼마켓의 위치를 알려주는 일조차 불가능할지도 모른다. 인간의 정신이 컴퓨터와 같다는 은유에 미혹당해 온 많은 언어학 이론과 언어심리학 이론은 뇌가 길게 연쇄적으로 들어오는 언어 재료를 포착하고 저장한 다음 그 모든 조각을 정확히 끼워 맞춰 이해할 수 있는 방법을 찾아낸다고 오랫동안 가정해 왔다. 어쨌든 보통의 컴퓨터는 방대한 정보를 더할 나위 없이 정확하게 무기한으로 저장하는 데 아무런 문제가 없다. 게다가 적절한 소프트웨어가 탑재되어 있다면, 저장된 데이터 속에 숨은 패턴을 언제든 조사할 수 있다. 그러나 뇌는 결코 그런 식으로 작동하지 않는다. 뇌에는 소리 파일을 다운로드해 두었다가 나중에 불러내 검토할 수 있는 편리한 보조 기억장치가 존재하지 않는다. 만약 매우 적은 양의 언어만이 통과할 수 있는 이 협소한 병목 지점을 좀 더 많은 양의 언어가 지나가게 만들려면 어떻게 해야 하는가?

막스 플랑크 언어심리학 연구소에서 제스처 게임으로서의 언어라는 개념을 숙고하던 우리 두 사람은 6월의 결정적인 저녁에 중요한 사실을 깨달았다. 상호 협력과 그때그때의 즉흥적 행동을 강조하는 제스처 게임 관점은 뇌가 병목 문제를 해결하는 방법을 들여다볼 수 있는 핵심적인 통찰력 또한 보여준다. 누군가의 몸짓만으로 전달하려는 내용이 무엇인지를 짚어내기 위해서는 머리, 손, 팔다리가 만들어내는 다양한 움직임을 우리가 이해할 수 있는 별개의 단위들로 분리해 내야 한다. 예를 들어 닉의 가족이 뱃머리를 나타내기 위해 손가락으로 교회 첨탑을 흉내 냈던 일화로 다시 돌아가 보자. 그들은 두 손바닥을 맞대어 곧추세운 다음 위아래로 까딱거려 대양을 가로지르는 배(심지어 콜럼버스의 항해까지)를 표현할 수도 있었고, 갑자기 밑으로 추락하는 손짓으로 침몰하는 배(아마도 타이타닉호)를 암시할 수도 있었다. 두 경우 모두에서 배를 나타내는 제스처는 두 가지 유형의 동작과는 별개의 손짓으로 여겨야 한다. 우리는 제스처를 개별적이고 재사용할 수 있는 요소들로 쪼갤 필요가 있다. 일반적으로 이 상이한 유형의 손동작들은 단독으로 사용할 경우, 대부분 의사소통에서와 마찬가지로 의미가 대단히 모호해진다. 손바닥을 맞대어 곧추세우는 대신 운전대를 잡듯 양손을 약간 벌린 상태라면 손을 위아래로 까딱대는 동작은 과속 방지턱을 연속해서 넘어가는 모습을 표현하는 것일 수도 있고, 또 손을 아래로 향하는 동작은 가파른 언덕을 내려가는 모습(겁에 질린 표정과 적절히 결합할 때는 심지어 절벽 너머로 떨어지는 모습)을 표현하는 것일 수도 있다. 하나의 연속적인 움직임을 손짓과 움직임이라는 별개의 의미 덩어리, 즉 청크로 나누어 다른 맥락에서 사용한다면 그 청크의 용도는 전환되고 의미는 창조적으로 재해석될 수 있다.

제스처 게임에서 작동하는 원리는 일반적으로 언어게임에서도 작동한다. 지금 아니면 사라질 병목을 극복하는 비밀은 매 순간 시시때때로 이루어지는 청킹chunking* 속에 존재한다. 청킹이라는 기본적인 기억처리 과정을 통해 우리는 둘 혹은 그 이상의 요소를 결합해 하나의 단위를 만들 수 있다(이를테면 우리는 영국의 11자리 전화번호를 지역 번호와 회선 번호라는 두 개의 청크로 나누어 기억한다). 우리가 언어를 접하자마자 바로 이해하는 것은 유입되는 언

---

* 미국 심리학자 조지 밀러가 1956년 처음 소개한 기념으로 단기 기억에 관한 연구에서 사용되는 용어 가운데 하나. 청킹이란 기억 대상이 되는 자극이나 정보를 서로 의미 있게 연결하거나 묶는 인지 과정을 지칭하며 '덩이짓기'라고도 불린다.

어 재료를 한데 엮어 더 큰 단위로 청킹할 수 있는 덕분이다. 그런 다음, 한데 엮인 청크들은 더 복잡한 추가 분석에 넘겨질 수도, 아니면 훨씬 큰 단위 속으로 결합할 수도 있다. 언어에서 청킹이 작동하는 방식을 직관적으로 느껴보고 싶다면, 아래에 무작위로 제시한 일련의 알파벳들을 큰 소리로 읽어보라. 그러고 나서 눈을 감고 가능한 한 얼마나 많은 글자를 올바른 순서대로 나열할 수 있는지 기억해 보라.

muegaglegana

만약 당신이 평범한 사람이라면 기껏해야 알파벳 너덧 개 정도만 기억할 수 있을 것이다. 실제로 우리는 수십 년간의 연구를 통해 단기 기억 용량이 항목 몇 개에 불과할 정도로 제한적이라는 사실을 잘 알고 있다. 따라서 위의 알파벳 열두 개를 모두 기억하기란 거의 불가능에 가깝다. 이번에는 아래처럼 재나열한 문자열로 같은 작업을 다시 한번 해보라.

languagegame

우리에게 친숙한 'language(언어)'와 'game(게임)' 겨우 두 단어로 청킹했을 뿐인데 갑자기 이 열두 개의 알파벳을 기억하기가 훨씬 쉬워진다. 첫 번째에서 무작위로 제시된 알파벳을 기억하는 일은 거의 불가능에 가까운 과제였다. 반면에 두 번째에서는 그저 단어 두 개를 기억해서 그 철자를 말하는 것만으로도 문자열을 재현할 수 있다. 사실 우리의 제한적인 단기 기억 능력은 글자와 단어 같은 특정 유형의 요소뿐만 아니라 청크에도 영향을 미친다. 이런 식으로 청킹은 작은 요소들을 한데 뭉쳐 더 큰 요소로 만드는 데 일조함으로써 기억력과 주의력에 가해지는 부담을 덜어준다.

하지만 청킹을 하기 위해서는 연습이, 그것도 많은 연습이 필요하다. 당신이 수천 시간에 달하는 오랜 시간 동안 읽기를 연습하지 않았더라면, 그래서 바로 활용할 수 있는 광범위한 영어 어휘 능력을 지니지 않았더라면 두 번째에서 나열된 알파벳을 기억해 내기는 불가능했을 것이다. 당신이 읽기를 배우지 않았더라면 그것을 글자로 인식하지조차 못한 채 낯설고 해독 불가능한 낙서로 보았을 것이다. 그 경우에는 글자 하나를 기억해 재현하는 일조차 상당한 난제가 되었을지도 모른다. 그리스 7인의 현자 중 한 명인 페리안드로스Periander의 명언처럼 "모든 것이 연습하기 나름이다".[13]

페리안드로스의 말이 맞다면 우리는 이러한 청킹 기법의 반복 학습으로 아무리 길고 무의미한 문자열이라 하더라도 의미 있고 더 기억하기 쉬운 청크들로 묶어 기억할 것이다. 실제로 웅변가의 시대였던 고대 그리스 이래로 기억법의 핵심은 의미 없는 재료에 패턴을 부여하는 것이었다. 1970년대 말, 지금은 기억 연구 문헌에서 SF라는 약어로 더 유명한 스티브 팰룬Steve Faloon

이라는 한 젊은 대학생은 이런 방법이 얼마나 효과적인지 몸소 보여주었다. 팰룬은 보통 사람들이 기억할 수 있는 다섯 자리가량의 숫자뿐만 아니라 무려 79자리에 달하는 무작위적인 숫자까지도 기억하는 법을 알아냈다. 후일 기억법 분야의 전문적인 권위자로 인정받게 되는 카네기멜론대학교의 안데르스 에릭슨이 주관한 실험에 참여하겠다고 했을 때만 해도 팰룬은 기억술과 관련해 어떠한 전문성도 갖추지 못한 그저 평범한 대학생이었다.[14] 그의 엄청난 기억 능력은 거저 얻어진 것이 아니었다. 그는 실험실에서 1초마다 한 자리씩 불러주는 무작위적인 숫자 열을 기억했다 되부르는 지루한 일을 하며 수백 시간을 보냈다. 시간이 지나면서 러닝 타임(당시 그는 크로스컨트리 선수로 열심이었다)이나 유명한 날짜를 이용해 연속적인 숫자들을 점점 더 큰 청크 속으로 재부호화함으로써 숫자 열을 무리 짓는 방법을 습득했다. 예를 들어 1944는 '제2차 세계대전 종전을 앞둔 해'라는 식이었다. 나중에 이러한 청크들을 무리 지어 점점 더 큰 '슈퍼청크'로 만드는 방법을 발전시켰는데, 각각의 슈퍼청크는 여러 개의 러닝 타임이나 날짜로 이루어져 있었다. 숫자 암기 연습을 반복하고 청크와 슈퍼청크 만드는 법을 학습한 끝에 마침내 팰룬은 거의 80자리에 달하는 무작위적인 숫자들을 암기하는 초인적인 위업을 달성할 수 있었다. 언어 이야기로 돌아오면 뇌도 유사한 다층적 청킹 전략을 사용해 빗발치듯 쏟아지는 무자비한 언어적 투입물에 대처한다.

그렇다면 이러한 청킹 전략은 어떤 식으로 작동하는가? 음성 언어에서 청킹 과정은 끊임없이 변화하는 복잡하고 연속적인 청각 신호들이 우리 귀에 닿으면서 시작된다. 이러한 입력 신호에는 우리의 관심사인 실제 말소리뿐만 아니라 그 뒤로 들리는 다른 많은 사람의 대화 소리, 음악을 비롯한 온갖 종류의 소음까지도 포함된다. 먼저 뇌는 이따금 뒤섞여 들려오는 불협화음으로부터 화자의 목소리를 분리해야 한다. 이때, 목소리의 방향을 알아내는 것이 특히 유용하다. 뇌는 광범위한 단서를 활용해 소리가 어디에서 나는지를 어림잡아 밝혀낼 수 있는데, 그중에서도 왼쪽 귀와 오른쪽 귀에 도달하는 소리의 시차가 가장 중요한 실마리다. 이러한 시차는 녹음된 소리를 스테레오로 재생할 때도 이용된다. 예를 들어 스테레오 헤드폰으로 교향곡을 듣는다면, 우리 귀에는 오케스트라의 각 파트가 마치 각기 다른 위치에서 소리를 내는 것처럼 들린다. 배경 소음을 제거하지 않은 상태에서 모노로 녹음한 말소리를 이해하기가 놀라우리만큼 어려운 것도 소리가 어디에서 나오는지를 알려주는 매우 중요한 삼차원적 단서가 빠져 있기 때문이다.

화자의 목소리에서 나온 청각 신호는 먼저 배경음과 분리된 다음 복잡한 음파에서 개별 언어음이나 음절 같은 가장 단순한 형태의 첫 번째 청크로 전환된다. 이미 살펴본 것처럼 이러한 소리 단위는 유창하게 이어지는 담화에서 엄청난 속도로 우리의 귀로 파고들어서는 순식간에 뒤섞여 서로를 방해하기 시작한다(첫 번째 문자열에서 이미 경험했듯이). 해결책은 이 소리들을 단어들('언어'와 '게임' 같은)로 청킹하는 것이다. 이러한 방법으로 뇌는 투입물을 가지고 작업할 시간을 조금 더 벌게 된다. 하지만 금세 새로운 담화의 단어들이 몰아닥쳐 서로 뒤섞이기 시작하다 이내 완전히 자취를 감춘다(우리가 무작위적인 단어 목록을 기억하는 데 얼마나 서툰지를 생각해 보라). 그렇다면 뇌는 단어들을 빠르게 결합해 여러 단어로 이루어진 청크나 구를 만드는 식으로 청킹 과정을 반복하는 수밖에 없다. 이러한 과정으로 우리 뇌는 또다시 얼마간의 여분 시간을 얻는다. 하지만 다시 방해 현상이 일어나며 그에 따라 또 다른 청킹 과정을 되풀이해야 한다. 그러다 보면 완전한 문장들을 거쳐 결국에는 대화든 이야기든 아니면 일련의 지침이든 간에 더 방대하고 유의미한 담론 단위를 구성하게 된다.

청크들이 청킹되는 과정을 실례를 들어 구체적으로 살펴보자. 다음 예문에서는 담화 흐름의 연속성을 나타내기 위해 단어들 사이를 떼지 않고 붙였으며, 청각 투입물에 비언어적 소리가 이따금 끼어든다는 것을 표현하기 위해 알파벳이 아닌 기호를 사용했다(비언어적 소리는 알파벳 문자로 포착할 수 없는 한층 더 복잡한 음소다).

W@ec%hunks#peechr&epeate%lyintoe@#verbigg$erchunk&sofinc#reasi%ngabstr@action

첫 번째 단계에서는 잡음 및 환경적 소리로부터 언어 신호를 구별해 낸다.

Wechunkspeechrepeatedlyintoeverbiggerchunksofincreasing
abstraction

우리는 언어 신호를 오랜 시간 기억할 수 없기 때문에 듣자마자 빠르게 음절로 청킹한다.

We chunk speech re peat ed ly in to ev er big ger chunks of
in creas ing ab strac tion

아무리 적은 수라도 일단 음절이 형성되면 음절들 사이에서 혼선이 발생하기 마련이다. 따라서 우리는 가능한 한 신속하게 음절을 단어로 청킹한다.

We chunk speech repeatedly into ever bigger chunks of
increasing abstraction

그런 다음, 단어는 더 큰 단위인 구로 계속해서 청킹되는데 이로써 우리는 더 많은 시간을 벌게 된다.

[We chunk speech repeatedly] [into ever bigger chunks] [of

increasing abstraction]*

　이처럼 여러 단계를 거치며 청킹 과정이 반복되는 동안 우리는 단어의 의미와 단어가 현재의 맥락에서 전달하고자 하는 취지, 그 밖에 우리가 세상에 대해 알고 있는 지식을 서서히 하나로 통합한다. 마침내 이러한 과정을 밟아 완성된 전체 문장은 진행 중인 대화의 일부로 기억 속에 흡수된다. 마치 계단식 폭포를 단계적으로 쏟아져 내리는 물줄기와도 같은 정신 활동을 수행하는 셈이다. 재빠르게 밀려왔다 밀려나가는 언어 투입물에 맞서 우리는 새로운 자료를 받자마자 가능한 한 신속하게 더 큰 단위로 청킹한 다음 얻은 청크들을 또 다른 분석과 청킹을 위한 다음 '단계'로 즉시 넘긴다. 결국 음절은 단어와 구로, 또 담론이라는 거대한 청크로 전환된다.

　청킹을 할 때는 처음부터 제대로 할 필요가 있다. 항상 존재하는 지금 아니면 사라질 병목지점은 앞서 만들어진 청크를 원래대로 되돌리기 어렵게 한다. 병목은 청크를 하위 단위로 쪼갠 다음(이를테면 청킹된 단어를 구성 음으로 전환한다), 그 단위들을 전혀 다른 모습으로 재청킹하기 때문이다. 일단 우리가 하나의 청크를 만들고 나면 그것의 원래 하위 구성 요소들은 순식간에 사라진다. 따

---

* 　한국말로 옮기면 다음과 같다. [우리는 말을 반복적으로 청킹함으로써] [점점 더 크고] [추상적인 청크들을 얻는다]

라서 우리에게는 최초에 입력되었던 언어(그것이 수화였건 아니면 음성언어였건 간에)의 골자만 남겨진다.[15] 하지만 인간의 언어가 악명이 자자할 정도로 모호하다는 사실을 고려할 때, 청크를 적절하고 정확하게 구성하기 위해서는 투입물에만 의존할 수는 없다. 누군가가 다음과 같은 구절을 말하는 소리를 들었다고 생각해 보자(영어를 발음 나는 대로 표기했으니, 한 번 큰 소리로 읽어보라).

tOOrEkuhnIEspEEch

이 연속적인 소리들은 적어도 두 가지 다른 방식으로 청킹되어, 완전히 다른 해석을 낳을 수 있다. 현재 맥락에서는 이 소리를 'to recognize speech(언어를 인식하다)'로 청킹하는 것이 자연스러워 보인다. 하지만 만약 우리가 거대한 수상 송유시설을 짓고 있는 해변을 걷다가 그 소리를 듣는다면, 'to wreck a nice beach(아름다운 해변을 오염시키다)'로 청킹할지도 모른다.[16] 따라서 청킹이 처음부터 제대로 되는지를 확실히 하기 위해서는 이용할 수 있는 모든 단서를 활용해야만 한다. 정확한 해석에 도달할지 아닌지는 제스처 게임을 할 때와 마찬가지로 의사소통 빙산의 물에 잠겨 보이지 않는 부분에 달려 있다. to wreck a nice beach로 해석하는 경우라면 현재 나누는 (수상 송유시설 건설 작업에 대한) 대화나 과거에 나눴던 (환경문제에 대한) 대화, 주변 환경(마침 시야에 들어온 수상 송유시설 건설 현장) 또는 그저 세상에 대한 배경지식(유조선이나 건설 프로젝트, 미학, 수영장 안전 등)이 해석의 단서로 작용했을 수 있다. 청킹은 뇌가 맥락의 도움을 많이, 또한 빠르게 받을 수 있을 때만 작동한다.

뇌가 입력된 언어들을 연속적으로 청킹하면서 청크의 청크를 계속 만들어내는 것은 언어들이 서로 아무리 다르다 할지라도 모두 음소와 음절, 단어, 구와 같은 위계적 단위로 조직되어 있기 때문이다.[17] 반면에 컴퓨터 사이의 정보 전송은 결코 이러한 방식으로 이루어지지 않는다. 예를 들어 누군가의 목소리를 녹음해서 인터넷으로 실시간 전송하는 경우, 우리에게 친숙한 언어 단위에 해당하는 요소를 하나도 발견할 수 없다. 대신에 청각 신호는 0과 1의 연쇄로 구성된 디지털 부호로 압축되어 전송된다. 인간 언어의 위계적인 청킹 구조는 단순히 의사소통에 필요하기 때문에 생겨난 것은 아니다. 그것 역시 인간의 기억용량이 심각할 정도로 제한적이라는 사실에서 기인한다. 따라서 끊임없이 밀려드는 언어 입력 정보를 뇌가 지치지 않고 처리하기 위해서라도 청킹과 재청킹 과정이 필요하다.

언어의 적시 생산 시스템

지금까지는 뇌의 병목현상이 우리가 언어를 이해하는 방식을 어떻게 형성하는지 살펴보았다. 하지만 언어를 만들어내는 방식 역시 수수께끼에 쌓여 있기는 마찬가지다. 우리는 어쩌다 숨 쉴 때 아주 잠깐 멈추는 것을 빼면, 분당 수백 개의 단어를 쉬지 않고 만들어낸다. 이런 일이 어떻게 가능한가? 우리는 가끔 '허공에 대고 말하는' 것 같은 느낌을 받는다. 말을 시작하면서 첫 단어를 뱉을 때 우리가 과연 어떤 문장에 도달할지 정확히 알지 못하기 때문이다. 사람들이 문장을 만드는 방식에 관한 연구는 이러한 직관적 통찰에 상당한 일리가 있음을 보여준다. 우리가 어떤 말을 하고 싶은지 대략이나마 구상하고 문장을 시작하더라도 우리의 뇌는 정확히 어떤 식으로 말할지, 즉 절과 단어 하나하나, 음절 한 마디 한 마디를 처음부터 세밀하게 계획하지는 않는다. 결과적으로 우리의 생각을 표현하게 될 일련의 정확한 단계들(단어와 시제 표시, 운율 패턴을 구체적으로 선택하는 일부터 숨을 내쉬며 성대를 진동시키는 동안 입과 혀를 미세하게 조정해서 움직이는 일에 이르기까지)은 그때그때 즉흥적으로 만들어진다. 우리가 모든 것을 미리 계획하려고 한다면 결국은 말비빔word salad*으로 끝날 것이다. 그 안에서 앞의 구절은 뒤에 나오는 구절과, 앞 단어는 뒷 단어와 혼선을 빚고 음소들은 서로 충돌할 것이다. 이는 우리가 들을 때와 마찬가지로 말을 할 때도 항상 존재하는 지금 아니면 사라질 병목 지점의 영향을 받기 때문이다. 실제로 말을 이해하는 과정과 만드는 과정은 서로 좌우만 바뀌었을 뿐 똑같은 모습을 한 거울상 구조를 가진

---

* 신경학적, 정신의학적 비정상 상태로 한 문장 안에 들어 있는 언어 요소가 무질서하게 나열되는 상황을 가리킨다. 주어, 목적어, 부사, 형용사, 동사가 뒤섞여버려 무슨 말을 하는지 의미를 도저히 파악할 수 없게 된다.

다.[18] 우리는 들을 때 작은 청크(언어음)들로 시작해서 그 청크들을 점점 더 큰 청크 단위로 청킹한다. 반면에 말할 때는 큰 청크들(우리가 하고자 하는 말의 대략적인 골자)로 시작해서 그 청크들을 점점 더 작은 청크 단위로 쪼개다가 마침내 우리가 언어(음성언어든 수화든)를 만들기 위해 사용하는 특정 운동 근육을 움직이는 단계에 이르게 된다.

말할 때 발생하는 병목현상을 처리하기 위해, 우리의 언어 체계는 자동차 제조 공장의 효율적이면서도 근사한 적시 생산과 놀랄 정도로 유사한 전략을 사용한다.[19] 1960년대에 일본의 자동차 기업 도요타는 부품을 비롯한 여러 재료의 재고 수량을 최소화해 비용을 절감하는 혁명적 생산 전략을 선도했다. 이 전략에 따르면 공장은 부품이 차에 막 장착되려 하는 바로 그 시점에만 공급자에게 부품을 납품받는다. 달리 말해 이론적으로는 부품을 미리 준비해 두는 것이 아니라 조립되는 바로 그 시점에 부품이 공장에 도착하도록 해야 한다. 이 전략이 큰 성공을 거두자, 후일 자동차 제조사 제너럴 모터스는 매니저들을 일본에 보내 미국 제조 공장에 적시 생산 방식**을 도입할 방법을 도요타에서 배워오도록 했다. 우리가 말할 때도 이와 비슷한 전략이 사

** 재고를 쌓아두지 않고서도 필요한 때 적기에 제품을 공급하는 생산 방식을 말한다. 즉 팔릴 물건을 팔릴 때에 팔릴 만큼만 생산해 파는 방식이다. 도요타 자동차의 초대 사장인 도요타 기이치로가 1990년대 후반, 생산성을 높이기 위해 만든 경영 기법이다. 이 방식은 불필요한 재고를 줄여 비용을 감축하고 생산성을 높여주지만 부품 조달에 차질이 생기면 생산 라인 전체가 멈추는 문제점이 있다. 지진이나 파업 등 비상사태에도 취약하다.

용된다. 뇌는 청크들 사이에 혼선이 빚어지는 것을 방지하기 위해 뇌 기억 저장소에 오직 소수의 청크만을 보관한다. 자재의 재고 규모가 클수록 비용과 공간 부담이 커지는 제조 공장과 마찬가지로 병목현상은 우리 뇌의 저장 공간이 음소나 단어, 구의 '재고'를 저장하기에는 용량이 부족하다는 것을 의미한다.

무엇보다 우리가 낯설거나 매우 긴 단어를 발음하려 할 때를 살펴본다면 청킹이 어떤 식으로 작동하는지를 확실하게 알 수 있다. 청킹 과정을 보여주는 아주 좋은 예는 1964년 디즈니에서 제작한 영화 〈메리 포핀스〉에 나오는 "슈퍼칼리프래질리스틱엑스피알리도셔스supercalifragilisticexpialidocious"라는 대사다.[20] 아마도 '엄청나게 좋은' 또는 '환상적인' 어떤 것을 뜻하는 것으로 보이는 이 신조어는 터무니없을 정도로 길어서 처음 접하자마자 실수 없이 발음하기란 거의 불가능하다. 하지만 혀가 꼬일 정도로 발음하기 어려운 이 단어도 처리가 용이한 부분으로 나누어 청킹한다면 훨씬 더 발음하기가 쉬워진다. 맨 처음에는 다음과 같이 나눌 수 있을 것이다(대괄호 [ ]로 청크 단위를 표시했다).

[Super] [cali] [fragi] [listic] [expi] [ali] [docious]

하지만 좀 더 연습하면 이 청크들을 결합해 더 큰 청크를 만들 수 있다.

[Supercali] [fragilistic] [expiali] [docious]

이 과정을 반복하다 보면 아마도 아래와 같은 두 개의 커다란 청크에 도달할 것이다.

[Supercalifragilistic] [expialidocious]

모텐의 딸은 어렸을 때 옛날 영화 〈메리 포핀스〉에 푹 빠져서 영화를 보고 또 보고는 했다. 이런 딸을 둔 덕에 그는 충분한 연습을 거친다면 언젠가는 누구라도 "슈퍼칼리프래질리스틱엑스피알리도셔스"라고 대단히 빠르고 정확하게 발음하는 법을 배운다는 사실을 입증할 수 있었다(물론 억양 패턴에 청킹의 흔적이 남을 수는 있다).

유창하게 말하려면 학습과 연습이 필수다. 신생아가 입술과 혀를 움직여 생애 첫 단어를 말하기까지는 대략 1년이라는 시간이 걸린다. 하지만 머지않아 분당 평균 300에서 350개의 음절, 또는 150개 정도의 단어를 말하는 속도에 도달한다. 물론 평균 속도보다 훨씬 빠르게 말하는 사람도 있다.[21] 미국인 프랜 카포Fran Capo는 영어를 가장 빨리 말하는 사람으로 기록되어 있다. 측정 결과 그는 분당 667개 이상의 단어를 말했는데, 이는 보통 사람의 네 배에 달한다. 2위는 캐나다인 숀 섀넌Sean Shannon으로 분당 655개의 영어 단어를 말할 수 있었다. 그는 햄릿의 '사느냐 죽느냐'로 시작하는 260개의 단어로 이루어진 독백을 23.8초 만에 암송하기도 했다. 다행히 우리 대부분은 속어증에 걸리지 않은 다음에야 자의적으로는 이렇게 극단적인 빠르기로 말하지 않는다. 청자 입장에서도 입에 모터를 단 듯 속사포처럼 쏟아지는 말을 알아듣기란 쉽지 않다. 아마 한두 마디 정도만 알아들을 것이다.

프랜 카포와 숀 섀넌처럼 엄청나게 빠른 속도로 말하는 경지에 도달하려면 상당히 많은 시간을 할애해야 한다. 무엇보다 그들은 여러 단어를 조합하는 (스티브 팰룬이 숫자들을 조합하며 보여주었던) 청킹 능력이 뛰어난 것처럼 보인다. 하지만 일상적으로 우리는 저마다 보유한 방대한 생활어 조합에 의지해 말을 이어나가는 것으로 알려져 있다. 실제로 구어와 문어에서 사용되는 수백만 단어를 컴퓨터를 이용해 연구하는 컴퓨터 언어학자들에 따르면 여러 단어로 이루어진 다단어 청크multiword chunk가 일상어의 절반 이상을 차지했다.[22] 이러한 청크들은 'everything but the kitchen sink(필요 이상으로 많은 것들)'와 'Kick the bucket(죽다)'같은 숙어부터 'I think(내 생각에는)'와 'Come in many shapes and forms(다양한 모양과 형태를 띤다)'처럼 빈번히 사용되어 굳어진 표현, 'car sick(차멀미)'나 'fire engine red(소방차처럼 밝고 선명한 빨간색)' 같은 복합 표현, 'Nice weather we're having(날씨가 좋군요)'과 'How are you(안녕하세요)?' 같은 사회적 상투어에 이르기까지 다양한 모양과 형태를 띤다. 우리는 다단어 조합 표현 대부분을 자주 접한 덕분에 이미 암기하고 있다. 따라서 마치 언어로 '조립식 건물'

을 짓듯 말할 때마다 편리하게 즉각적으로 이러한 표현들을 가져다 쓸 수 있다.

이러한 현상은 원어민뿐만 아니라 비원어민에게도 나타난다. 마이클 스카핀커Michael Skapinker는 모텐과 히브리대학교의 인발 아르논Inbal Arnon이 쓴 논문을 기초로, 영국 프리미어 리그 축구팀에서 일하는 외국인 감독들이 다단어 청크를 어떤 식으로 사용하는지를 분석한 기사를 《파이낸셜 타임스》에 실었다.[23] 그는 외국인 감독들이 단어들을 빠르게 엮어 말을 직접 만들어야 하는 경우에서는 온갖 실수를 범하지만, 축구라는 맥락에서 많이 들어온 일련의 다단어 조합 표현을 사용할 때는 전혀 실수가 없다는 사실에 주목했다. 예컨대 런던 토트넘 홋스퍼를 맡았던 아르헨티나 감독 마우리시오 포체티노는 한 인터뷰에서 "We miss a little bit to be more aggressive(좀 더 공격적이었어야 했는데 그러질 못했다)*"라는 비표준어 문장을 사용했다. 하지만 연이어 스포츠 분야에서 많이 쓰는 전문용어를 사용해 다음과 같은 완벽한 다단어 청크를 구사했다. "I think we need more consistency(우리 팀에는 컨시스턴시**가 부족했던 것 같다)." 결국 이 모든 사례의 요지는 원어민

---

* 중요한 단어만을 사용해 과도하게 압축한 문장. "We need to be a little more aggressive, but we missed it"으로 쓰는 것이 더 자연스럽다.

** 스포츠 부문에서 많이 사용되는 표현이다. 스포츠에서는 어떤 폼(타격, 서브 혹은 골킥 같은)이 강훈련을 통해 일관되고 안정적으로 잡혀야 본 게임에서도 안정적인 경기력을 보여줄 수 있다. 따라서 이 문장은 연습 부족이나 정신력이 흔들려 이러한 일관성이 무너졌다는 것을 표현한 것이라 할 수 있겠다.

이든 비원어민이든 간에 지금 아니면 사라질 병목의 압력이 항상 존재하는 상황에서 우리가 유창하게 말을 이어가는 것은 다단어 청크 덕분이라는 것이다.

우리가 일반적으로 유창하게 말을 한다고 해서 그것이 완전무결한 언어를 구사한다는 의미는 아니다. 다른 기술을 사용할 때와 마찬가지로, 우리는 끊임없이 실수를 하며 원어민도 예외는 아니다. 그러나 청자로서 우리는 다른 사람들이 전달하려고 하는 내용에 집중하는 경향이 있다. 따라서 그들이 말하는 방식은 그리 중요하지 않으며 사소한 말실수쯤은 대부분 알아차리지도 못한 채 넘어간다. 성인 화자는 1천 단어당 한 개꼴로 단어를 잘못 발음하거나 잘못된 용어를 사용한다. 어린아이가 성인보다 약 네 배에서 여덟 배 많은 말실수를 범한다는 사실은 그리 놀라운 일도 아니다.[24] 우리가 통상 분당 150개의 단어를 사용한다는 사실을 감안한다면, 평균 7분마다 한 번씩 말실수하는 셈이다. 이 추정치는 말할 때 흔히 저지르는 다른 실수는 포함하지 않은 것이다. 이를테면 문장 중간에서 잠깐 멈추거나 방금 말한 부분을 다시 고쳐 말하면서 수정하거나 혹은 어, 음, 에 같은 말로 어떻게든 메워보려고 문장 도처에서 머뭇거리고 말을 끊는 실수 같은 것들 말이다. 그리고 예상했겠지만 이 모든 실수는 우리가 피곤하거나 긴장한 상태라면, 혹은 약이나 술을 먹은 상태라면 더 빈번하게 일어난다.

하지만 심리학자들에게 이러한 말실수들은 정보의 보고다. 말실수는 언어의 적시 생산 시스템이 내부적으로 작동하고 있음을 적나라하게 보여준다. 실제로 그러한 실수들은 청킹 단계에 따라 정확히 다른 양상을 보이며, 발음되기를 기다리고 있던 청크들 사이에서 혼선이 빚어진다는 사실을 입증한다. 우리는 개별 언어음 때문에 실수를 하기도 하고('ㅁ' 소리를 너무 일찍 발음하는 바람에 '리얼 미스터리'가 아니라 '미얼 미스터리'라고 말하는 경우[*]), 단어의 순서를 뒤바꾸기도 하며('그의 아내를 위한 일'이라고 말하려 했으나 '그의 일을 위한 아내'로 말하는 경우) 어떨 때는 아예 구 전체를 바꿔버리기도 한다(원래는 '어디 가지 않고 자리를 지키면, 그를 만나게 될 거야'라고 말할 생각이었으나 '그를 만나게 된다면, 떠나지 않고 머무르게 될 거야'라고 말하는 경우).[25]

대화라는 춤

'지금 아니면 사라질 병목 지점'이 우리의 언어 체계에 큰 어려움을 일으키지 않는 것 같지만, 거기에는 또 다른 난제가 도사린다. 대화는 맹렬한 속도로 화자를 이쪽저쪽으로 바꾸며 이루어진다. 따라서 대화에 참여하는 우리 각각은 빠르게 연달아 화자도 되었다가 청자가 되었다가 해야 한다. 제스처 게임이 혼자서 하는

---

[*] 'a real mystery'가 'a meal mystery'로 발음된 경우. 이는 단순한 발음 실수로 소리만 바뀌는 것이 아니라, 의미도 '진짜 미스터리'에서 '식사 미스터리'로 바뀌게 된다.

게임이 아닌 것처럼 언어 역시 혼자서 하는 독백이 아니다.[26] 대화는 단순히 혼잣말들을 하나로 쭉 연결한 것이 아니라 오히려 그 반대다. 차라리 언어는 파트너와 함께 즉흥적인 춤을 추는 것과 같다고 할 수 있다. 그러한 춤에서는 서로가 얼마나 빠르게 동작을 조율해 가며 주고받는지가 중요하다. 언어 과학은 지금 아니면 사라질 병목 지점을 무시했듯 아주 최근까지도 대화가 춤과 같다는 사실을 무시해 왔다. 또한 언어를 마치 어둠을 향해 독백을 쏟아내던 햄릿처럼 어떠한 반응도 기대하지 않은 채 혼잣말을 하는 것인 양 다뤄왔다.[27]

일상 언어의 실상은 이와는 매우 다르다. 언어인류학자 스티븐 레빈슨Stephen Levinson의 연구는 언어가 독백과 얼마나 다른지를 훌륭하게 입증한다. 레빈슨은 동료와 함께 덴마크어와 네덜란드어에서부터 타이계 부족어의 하나인 라오어와 파푸아뉴기니 부족어의 하나인 옐레어에 이르기까지 다양한 언어 문화권을 막론하고 사람들이 대화 중에 놀라우리만큼 빠른 속도로 화자 역할을 번갈아 가며 수행한다는 사실을 보여주었다.[28] 한 사람이 말을 끝내고 다른 사람이 그 말에 반응하기 시작하는 데 걸리는 시간은 평균 0.2초밖에 되지 않았다. 비교하자면 이 시간은 뇌가 아는 얼굴을 인식하는 데 걸리는 시간과 같다. 또한 글로 쓰인 단어를 큰 소리로 말하기 시작하는 데는 0.5초가, 개처럼 낯익은 대상의 사진을 보고 명칭을 대는 데는 1초가 걸린다. 따라서 대화 중에 자신의 차례를 놓치지 않고 제때 시작할 수 있으려면 청자는 화자

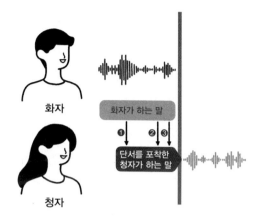

그림 1.　대화 중에 말하는 차례가 시간상으로 중첩되는 과정을 묘사한 삽화. 화자가 말을 시작하고 얼마 지나지 않아 청자는 ① 자신의 말할 차례를 준비하는데 ② 화자의 말이 언제 끝날지를 예상해 ③ 화자의 말이 끝나가고 있다는 구체적인 실마리를 포착하는 순간 자신의 말을 시작한다. 회색 세로줄은 화자 전환이 이루어지는 사이에 발생하는 0.2초에서 1초가량의 짧은 대화 끊김 순간을 나타낸다.

가 말을 심지어 끝내기도 전에 이미 말할 준비를 해야 한다.

　그렇게 빠른 속도로 말하는 순서를 바꾸는 데 성공하려면, 먼저 화자가 하는 말을 이해해서 그에 대한 적절한 반응을 마련할 수 있어야 한다. 화자는 지금 부탁을 하는 것인가? 아니면 질문? 그것도 아니면 일종의 진술? 그렇다면 구체적으로 어떤 부탁과 질문, 진술인가? 다음으로 우리는 상대방의 말하기 순서가 끝나가고 있다는 온갖 단서들(말의 내용과 높낮이를 비롯해 표정까지)을 포착해 화자가 언제 말을 끝낼지를 예측해야 한다. 그래야 그들이 말을 끝냈을 때 언제든 말을 시작할 수 있다(그림 1). 동시에 화자가 지금 하는 말을 그가 예전에 했던 말, 우리가 그에 대해 알고 있는 정보, 우리가 세상에 대해 알고 있는 지식과 끊임없이 연관 지어야 한다. 또한 우리는 빠르게 반응할 필요가 있다. 그러지 않는다면 잠깐의 지체라도 의미심장하게 해석될 수 있다. 예를 들어 부탁을 받은 후에 평소보다 긴 시간을 말하지 않고 머뭇거린다면 실제로는 기꺼이 도울 생각이 있음에도 불구하고 내키지 않는 것으로 해석될지도 모른다.

대화 중에 화자가 빠르게 전환되는 것은 결코 드문 일이 아니다. 가벼운 대화는 대개 속사포처럼 빠르고, 화자들 간에 급선회가 일어나는 데 2초 정도밖에 걸리지 않는다. 하지만 이 엄청난 시간 압박에도 불구하고 우리가 가진 화자로의 역할 전환 능력은 보통 지나칠 정도로 잘 작동해서 심지어 말을 듣던 청자가 화자의 문장을 (가끔은 다소 짜증을 내며) 끝내기도 한다.

이 모든 어려움에도 불구하고 인간은 대화라는 춤에 너무도 익숙해서 이 모든 복잡함을 인식하지 못한다. 그러나 익숙하다는 사실에는 함정도 존재한다. 지금 아니면 사라질 병목 지점이 늘 따라다니며 압박을 가하는 상황에서 회오리처럼 빠른 속도로 역할 전환이 이루어진다는 사실은 우리가 지금 듣고 있는 말의 세부 사항들을 있는 그대로 받아들이는 것이 아니라 전반적인 인상만을 대략 파악하는 데 그치는 경우가 빈번하다는 것을 의미한다. 실제로 우리의 이해력은 생각보다 피상적일 때가 많다.[29] 예를 들어 "모세는 종별로 각각 몇 마리씩을 방주에 태웠는가?"라는 질문을 받으면, 사람들 대부분은 질문에 어딘가 이상한 점이 있다는 것을 눈치채지 못한 채 "둘!"이라고 답한다. 물론 방주에 동물들을 태운 사람은 모세가 아니라 노아였다. 그러나 우리의 뇌는 지금 듣고 있는 질문을 성서 속 원래 이야기에 결부시킬 정도로 잘 알고 있다. 그리고 보통은 그것으로 '충분'하다.

제스처 게임의 목표는 메시지를 상대방에게 이해시키는 것이다. 언어를 다루는 문제도 이와 비슷하다. 우리는 귀로 들어오는 모든 단어의 의미를 하나하나 일일이 따지는 대신에 들리는 말의 전반적인 요지를 파악하는 일에 집중한다. 즉 우리는 들리는 모든 말을 하나도 빠짐없이 완벽하게 이해하려고 애쓰기보다 당면한 일을 해결하는 데 충분한 정도로만 각색해서 들으려 한다. 그리고 이 전략은 대체로 잘 먹힌다. 행여 실패한다 치더라도 언제든 설명을 구하고 난처한 얼굴을 할 수 있으며, 그것도 안 되면 영어의 "하huh?", 스페인어의 "에eh", 한국어의 "응?"처럼 앞선 대화에서 뭔가를 놓쳤음을 알리기 위해 사용하는 짤막하고 무엇보다 발음하기 쉬운 단어를 구사할 수도 있다.[30]

이 같은 사실은 당연히 보통의 일상적인 대화가 책에서 읽거나 TV 프로그램과 영화에서 듣는 것처럼 정돈되고 이따금 재치도 있는 그런 대화와는 전혀 다르다는 것을 의미한다. 실생활에서 주고받는 대화는 끝내다 만 문장과 끼어들기, 서로에 대해 이야기하는 사람들로 정신없고 뒤죽박죽이다. 이런 모습은 뉴멕시코주 앨버커키에 사는 형제자매 리사와 케빈이 리사의 친구 마리와 나누는 아래의 대면 대화 발췌문에 잘 묘사되어 있다.[31] 최근 마리가 자신의 아픈 아기를 데리고 병원 응급실을 방문한 일이 대화의 주된 내용이다(서로의 말이 중첩되는 부분은 대괄호[ ]와 들여쓰기를 사용해 표시했다).

마리: 나 원, 애 열이 40.2도까지 올랐었어.

리사: ⋯ 너무 높다.

케빈: 다행이다 [더 큰 일로 번지지 않아서]—

리사: [얼마나 오래] 그랬어?

리사: 그렇게 [높았다니].

케빈: [얼마나 오]래,

케빈: ⋯ 근데, 너 그거 알아?

마리: 뭐, 애 열?

케빈: [그래].

마리: [잘] 모르겠어.

케빈: ⋯ 그거 위험—

케빈: 내 말은 [그게⋯]—

마리: [의사 말]로는,

리사: [내힌데 큰인이 날 수도 있었기 때문에],

리사: 뇌 손상 말이야.

전체 대화를 하는 데는 12초도 걸리지 않았다. 화자들은 말을

92

빠르게 주고받으며 원하는 말을 하기 위해서는 자신의 순서가 아니더라도 계속해서 서로의 말을 끊으며 중간에 끼어들 수밖에 없었다. 대화를 순조롭게 진행하기 위해 참여자들은 다양한 기술을 동원한다. 그들은 '맞장구를 치며' 자신들이 대화를 잘 따라가고 있음을 ('그래' 같은 말로) 알리고, 혹시 있을 수도 있는 오해를 바로잡기 위해 (마리가 "뭐, 애 열?"이라고 물을 때처럼 확인을 구하는 표현처럼) '재차 못을' 박는다. 또한 '상호 조율'의 일환으로 화자들은 상대방이 사용한 언어적 표현을, 정확히 같은 단어를 쓰거나 같은 의미를 지닌 다른 단어 혹은 비슷한 종류의 다단어 청크들을 써서 재활용한다(케빈과 마리 둘 다 '안다'라는 단어를 사용하고, 리사와 케빈 모두 '얼마나 오래'라고 말했다). 이러한 대화 기술들에는 말뿐만 아니라 말에 일상적으로 따라붙는 제스처와 표정도 포함된다. 예컨대 머리를 끄덕여 동의를 표하거나 얼굴을 찌푸려 당혹스러움을 나타낸다. 이러한 공동의 협력적 장치들 덕분에 우리는 서로를 이해할 수 있으며, 또 지금 아니면 사라질 병목 사이로 우리의 대화를 전환할 때 생기는 오해를 빠르게 바로잡을 수도 있다.

◉

혼돈 그 자체인 평상시 대화는 격조 있는 형식으로 쓰인 산문이 퇴화한 형태라고 생각하기 십상이다. 그러나 자연 상태의 언어는 독백이 아니라 쌍방 간에 이루어지는 대화다. 하지만 그처럼 혼란스러운 상호작용을 통해 대체 어떻게 의미가 통할 수 있는 것인가? 단순히 상호작용을 복잡하게 한다고 해서 그 자체로 의미가 통할 리는 없다. 그것도 아니라면 태양을 중심으로 타원형 궤도를 돌며 춤추듯 서로 복잡하게 어우러지는 태양계의 행성들에서 의미의 기원을 찾아야 할 판이다. 우리는 또다시, 제스처 게임에서 답을 찾을 수밖에 없을 것이다.

우리는 하고 싶은 말을 처음에 마음속 깊이 묻어두었다가 어느 순간에 꺼내든 다음 영어든, 힌두어든, 스와힐리어든 우리가 말하는 언어로 어떻게 옮길지를 결정하지는 않는다. 그때그때 협력해 즉흥적으로 의미를 만들고, 그 의미를 지금 아니면 사라질 뇌의 병목 지점을 통과시킴으로써 당면한 의사소통 과제를 해결한다. 비록 우리가 알아차리는 것이 의사소통 빙산의 꼭대기 부분을 차지하는 단어와 구, 문장에 불과하다고 하더라도 우리가 서로를 이해하려면 빙산의 보이지 않는 부분(우리가 문화와 사회 구조, 세상과 서로에 대해 알고 있는 지식)이 반드시 필요하다. 실제로 언어를 독백이 아닌 대화로 바라볼 때, 오직 그때만 무슨 말인지 그 의미를 이해할 수 있다. 언어의 핵심은 본질적으로 쌍방향적이며 유동적이고 협력적이라는 데 있다. 언어라는 제스처 게임은 대화로 한바탕 멋지게 어우러지는 춤을 추는 것과 같다. 그 과정에서 사람들은 함께 힘을 모아 그때그때 하나씩 적시에 의미를 창조한다.

우리가 유창하게 말을 한다고 해서
그것이 완전 무결한 언어를
구사한다는 의미는 아니다.

CHAPTER 3

참을수없는
의미의가벼움

보드게임이나 카드 게임, 구기 경기, 올림픽 경기 등 우리가 '게임'이라고 부르는 것을 생각해 보자. 공통점은 무엇인가? 전반적으로 비슷해 보이기도 하고 몇 가지 점에서만 비슷해 보이기도 한다. 나는 이러한 유사성을 포착하기에 '가족 유사성family resemblances'이라는 말보다 나은 표현은 없다고 생각한다.

_루트비히 비트겐슈타인,《철학적 탐구》

체코 소설가 밀란 쿤데라는 인간 존재의 순간적이고 덧없으며 끝없는 변덕스러움에 직면했을 때 빚어지는 현기증을 탐구한 인물로 유명하다. 이것이야말로 모든 인간의 삶이 지닌 "참을 수 없는 존재의 가벼움"이다. 삶이란 작가도, 마지막 공연도 없이 오직 단 한 번의 리허설만으로 끝나는 한 편의 연극과 같아서 설령 의미가 있다고 하더라도 우리에게는 어렴풋하게 느껴질 뿐이다.[1] 그러나 아무리 인생의 의미가 가볍다고 해도, 놀랄 정도로 유연하며 창조적이어서 가볍다는 은유를 붙이기에 안성맞춤인 언어의 의미에는 비할 바가 아니다. 더욱이 그러한 가벼움은 시나 추상적인 이론 속에만 존재하는 것이 아니라 일상 대화 속에 늘 존재하기 때문에, 우리는 언어의 의미가 가볍다는 사실을 좀처럼 인식조차 하지 못한다.[2]

가벼운light이라는 단어 자체를 예로 들어보자. 우리는 가벼운이라는 형용사를 식사meal, 옷차림clothes, 발걸음steps, 마음heart, 맥주beer 같은 단어에 붙여 사용한다. 가볍다고 묘사할 수 있는 단어 목록을 대라면 끝도 없을 것이다. 그렇다면 이 모든 '가벼운' 것의 공통점은 무엇인가? 철학자와 언어학자들은 단어에서 어떤 명확한 공통의 '본질'을 뽑아낼 수 있다고 가정해 왔다. 그리고 이 공통의 본질은 어떤 형태로든 우리 마음속에 실재의 속성을 반영한, 하나의 단일 관념으로 표상되어 있으리라고 생각되어 왔다. 따라서 이러한 관점에 따른다면 각 단어의 의미는 언어가 아닌 언어 너머의 무언가와 어떤 식으로든 연결되어 있다고 추정되며, 그 무언가가 우리 머릿속의 관념 중 하나인지 또는 외부 세계의 사물 중 하나인지는 상관없다고 여겨진다.[3] 실제로 인간의 조건을 이해하는 데 무엇보다 중요해 보이는 단어들의 공통 본질을 알아내는 일은 플라톤 시대 이래로 중요한 철학적 과제였다. 만약 우리가 진실, 가치, 정의, 선의 의미를 명확히 할 수 있다면, 적어도 이 개념들에 관한 한 단어의 의미만이라도 확실히 할 수 있다면 개념적 혼란을 대략으로나마 바로잡음으로써 우리를 당혹스럽게 해온 개념적 난제의 많은 부분 중 반은 해결한 셈일 것이다. 그러나 곧 살펴보겠지만 공통의 본질이라는 바로 그 관념은 '가벼운' 같은 일상어에서조차 신기루에 불과하다.

　20세기까지만 해도 대부분의 철학자는 단어가 그에 대응하는 세상의 어떤 측면을 정확히 '가리킨다'고 사고했다. 어쨌든 성경의 창세기는 모든 사물과 이름이 아담에게서 기원한다는 단순하면서도 명쾌한 이야기를 들려준다. "하느님께서는 들짐승과 공중의 새를 하나하나 진흙으로 빚어 만드시고, 아담에게 데려다주시고는 그가 무슨 이름을 붙이는가 보고 계셨다. 아담이 동물 하나하나에게 붙여준 것이 그대로 그 동물의 이름이 되었다."[4] 성 오거스틴 역시 비슷한 관점에서 단어의 의미가 어떻게 각각의 새로운 세대로 전승되는지를 다음과 같이 설명한다. "어른들이 어떤 사물의 이름을 부르며 그것을 향해 몸을 움직이는 것을 본 나는, 그 사물이 어른들이 가리키며 낸 소리로 불린다는 사실을 알게 되었다."[5]

하지만 특정 사물에 명칭을 부여하는 것만으로는 단어가 무엇을 의미하는지를 거의 설명하지 못한다. 예를 들어 파이도Fido*라는 어떤 특정 개에게 '개'라는 언어적 '명칭'을 부여한다고 해서 그로부터 특별히 유익한 정보를 얻는 것은 아니다. 개는 일반 개를 지칭하는가, 아니면 바로 이 동물을 가리키는가, 혹은 그도 아니면 파이도의 구체적인 견종을 지칭하는 것인가? 그것은 가축으로 분류되는 동물 전체를, 혹은 포유류나 심지어 살아 있는 모든 생명체를 가리키는가? 마찬가지로 개라는 말은 어째서 파이도의 털이나 가죽, 옆구리, (다리와 머리가 아닌) 몸통, 크기, 짖는 버릇이 아니라 이 모든 것을 갖춘 파이도의 모습 전체를 가리키는가?[6]

하지만 단어가 눈에 보이는 대상이나 관찰 가능한 행동에 부

---

* '파이도'에는 반려견의 속명generic name이라는 의미도 있고 우리말의 일반적인 '멍멍이'라는 의미도 있지만, 여기서는 특정 개의 이름으로 사용되었다.

여하는 명칭에 불과하다는 단순한 생각에는 더 큰 문제가 있다. 어휘 중에는 대상을 지시하는 것이 불가능한 고도로 추상적인 의미를 지닌 단어가 매우 많기 때문이다. 이를테면 바로 앞 문장만 살펴봐도 문장 속의 '하지만', '문제', '있다'를 비롯한 여러 단어의 의미를, 그것이 가리키는 실례를 제시해 설명하기란 어려운 일이라는 점에 주목하자. 이 단어들은 다른 단어와의 관계 속에서만 의미를 지닐 뿐 우리가 만지거나 보거나 들을 수 있는, 실체가 있는 어떤 '의미 덩어리'를 지칭하지 않는다.

그럼에도 그것이 어렴풋하고 불가사의하더라도 단어(적어도 명사와 동사의 경우)와 일대일로 대응하는 어떤 '것'이 있음이 틀림없다는 생각은 유혹적이다. 어쨌거나 우리는 학교에서 명사가 사물을, 동사는 행동을 가리킨다고 배워왔다. 그렇다면 단어의 의미는 외부 세계의 이러저러한 측면에 정확히 부합하도록 정의되어야 하는 것 아닌가?[7] '들어가는 글'에서 살펴보았듯이 '언어게임'이라는 개념을 주창한 루트비히 비트겐슈타인은 그러한 생각들을 조심해야 한다고 말한다. 단어가 사용되는 모든 방식을 연결하는 하나의 공통적인 특징이나 통합된 의미를 지닌 경우는 찾기 힘들다. 예를 들어 형용사 가벼운light라는 단어의 쓰임새들을 연결해 주는 하나의 단일한 의미가 있을까? 라이트 맥주light beer와 저지방 크림light cream, 연풍light winds과 경솔한 발언light remarks, 주식시장의 거래량 감소light trading와 교통량 감소light traffic 사이에는 아마도 기껏해야 어떤 느슨한 비유적 연관성만 존재할 것이다.

그러나 마음속에서 제스처 게임과 유사한 어떤 것을 연상할 수 있다면 그것으로 충분하다. 다시 말해 우리가 효과적으로 의사 소통을 이어나가는 데는 느슨한 비유적 연관성만으로도 충분하다. 3장을 시작하며 인용한 비트겐슈타인의 유명한 비유에서, 단어는 가족 유사성이라는 복잡한 패턴을 보인다고 했다. 가족 구성원들은 일부는 독특한 턱 모양을, 일부는 체형이나 걸음걸이를, 또 다른 일부는 특이한 코 모양 등을 공유하면서 여러 특징을 다양하게 조합적으로 보여준다. 하지만 가족 구성원들은 모두 조금씩 다르며, 그들 모두에게 나타나는 공통의 본질이란 존재하지 않는다.

가벼운 아침과 점심, 저녁, 간식은 적절한(과하지 않은) 양의 칼로리를 함유하고 있다는 점에서 분명 밀접한 관계가 있다. 비슷하게 경전차light tanks와 경호위함light frigates, 경보병대light infantry는 조장의 용이성, 이동 속도, 낮은 무장과 관련해 연결된다. 우리가 언어를 재배열할 때 드러내는 유연성은 나바호 암호 통신병들이 군사 용어를 명명할 때 특히 빛을 발한다. 예를 들어 전투기는 '벌새'라는 나바호어 단어 da-he-tih-hi로, 폭격기는 '독수리'라는 단어 jay-sho로 표기되었다. 유사하게 나바호어로 '상어'를 의미하는 ca-lo는 구축함을, '고래'를 의미하는 lo-tso는 전함을 가리켰다. 나바호어에는 군사 용어와 관련된 어휘가 없지만, 제스처 게임을 수행할 수 있는 인간의 능력을 감안할 때 그러한 용어들은 쉽게 기존 어휘를 활용해 대체된다. 마찬가지로 군사 장비를 나타내는 영어 단어 역시 비슷한 과정을 거치며 만들어졌다. 전투기는 싸우는 사람들을 비유적으로 확장한 '싸우는 비행기'라는 관념에서 한 발 더 나간 단어일 뿐이다. 전투함은 물론 전투(원래는 육군 사이에서 벌어지는 전투였지만 해군들 간의 충돌로 확대된)를 위한 배지만, 이 다소 일반적인 표현은 특정 등급의 대형 군함을 가리키기 위해 차용되어 왔다. 의미의 가벼움과 형태 전환 능력, 비유적 특성 덕분에 우리가 현재 모아둔 단어들의 의미는 끊임없이 변화하는 세상을 따라잡을 수 있다. 또한 제스처 게임을 벌일 수 있는 능력 덕분에 우리는 새로운 어휘가 필요할 때면 언제든 새로운 단어를 (대개는 오래된 단어들을 조합해) 만들어낸다.

평상시의 우리는 밀란 쿤데라가 그러듯이 존재의 가벼움에 대해 (또는 의미의 가벼움에 대해서는 더더욱) 이야기를 나누거나 하지는 않는다. 그러나 우리는 소설이 말하는 그 이상으로 가벼움에 대해 잘, 그것도 거의 감각적으로 이해한다. 제스처 게임에서처럼 의사소통도 그저 그 순간의 과제를 해결하기만 하면 그것으로 '충분하다'. 이를테면 제스처 게임 참가자가 엠파이어 스테이트 빌딩 위에서 비행기를 손바닥으로 내리치는 흉내를 내거나 여주인공 페이 레이가 지른 것 같은 비명을 수고스럽게 재연하는 모습을 완전히 이해하지는 못하더라도, 우리는 그가 〈킹콩〉이라는 영화를 표현하려 한다는 것을 추측해 낼지도 모른다.[8]

심지어 가장 쉬운 단어들조차 그 의미가 복잡하고 제멋대로라는 사실은 친숙하면서도 당혹스러운 일이다. 뭐가 되었든 사전에는 단어의 정의가 그것도 아주 간결하게 등재되어 있지 않은 가? 또한 우리는 새 단어의 의미를 그저 사전에서 찾는 것만으로 도 학습할 수 있다. 그러나 좀 더 면밀하게 살펴보면 실상은 매우 다르다. 《옥스퍼드 영어 사전》에 실린 형용사 표제어 light에는 스무 개 이상의 의미가 있으며 각각의 의미는 대부분 추가적이고 더 상세한 의미로 다시 세분되어 있다. 그중에는 다음과 같은 의 미들도 포함된다.

- 어떤 요소의 비중specific gravity 또는 원자 번호가 상대적으로 낮 은; 즉 비중이 낮은 금속인 경금속, 특히 알루미늄이나 마그네 슘에 붙여 사용한다.
- 작거나 상대적으로 소형인 화물을 나르는; 특히 선박 중에서, 소형 화물을 싣거나 화물을 싣지 않아 (통상적인 의미로) 빈 배인.
- 추진력이나 힘이 약한; 거칠지 않고 점잖은; 상냥하게 행동하 는; 강압이나 폭력을 쓰지 않고 무언가를 움직이거나 추진하거 나 조종하는. 특히 손, 발걸음, 바람, 약물과 관련해 사용된다.

light의 의미에는 형용사만 있는 것이 아니라는 점도 잊지 말 라. 명사와 동사로도 쓰이고, 또 부사로 바뀔 수도 있다. 의미가 다 양할 뿐만 아니라 서로 비유적으로 교차하며 연결된다는 점이 특 히 놀랍다.

사전 표제어 밑에 실린 설명은 단어가 지닌 핵심적인 글자 그대로의 단일 의미를 추출한 것이 아니라, 실제 사례를 들어 다양한 용법을 설명하는 개략적인 모음이다. 따라서 어떤 특수한 맥락에서 사용된 light라는 단어의 의미를 제대로 해석하려 한다면 의사소통 빙산의 보이지 않는 부분에 의지해야 한다. 즉 우리는 구체적인 상황의 세부 사항과 관련해 우리가 공유하는 경험, 우리가 서로에 대해 알고 있는 바와 세상에 대해 가지는 배경지식, 또한 우리가 과거에 light라는 단어를 접했던 수많은 맥락에 의지해야 한다. 그뿐만이 아니다. 의사소통 빙산의 감춰진 부분에 접근하지 못한다면, 우리는 사전 그 자체도 이해할 수 없을 것이다. 결국 사전은 우리가 단어의 '개요를 파악하기'를 기대하면서 우리에게 유용한 실마리와 사례를 제공하는 수단일 뿐이다. 가능한 한 명확하게 의미를 전달하는 것이 사전 편찬자들의 목표지만, 그들도 단어의 의미를 전달하기 위해서는 부득이하게 언어적 제스처 게임을 활용할 수밖에 없다. 그것이 바로 언어가 작동하는 방식이기 때문이다. 언어의 풍부함과 복잡성은 결코 자의적이지 않다. 오히려 그 정반대다. 의미란 light colours(옅은 색)와 light liquids(연구개음), light suppers(가벼운 저녁 식사)를 연결하는 창의적인 비유의 산물이다. 심지어 상상력과는 거리가 먼 가장 평범한 단어조차 그 의미는 여러 세대에 걸친 언어 사용자의 잇따른 행동을 통해 구축되었으며, 우리 역시 그처럼 엄청난 시적 상상력을 소유하고 있다.

우리는 지금까지 형용사 light를 살펴보았다. 하지만 형용사에 적용되는 이야기는 다른 모든 품사의 단어에도 적용된다. 이

장을 시작하며 인용한 비트겐슈타인의 말은 온갖 종류의 게임을 하나로 연결해 주는 게임이라는 단어가 실은 매우 복잡하다고 지적한다. 게임은 테니스처럼 경쟁적일 수도 있지만, 반드시 그래야만 하는 것은 아니다. 또한 축구처럼 팀 간에 이루어질 수도 있고 포켓볼처럼 개인 간에 이루어질 수도 있다. 또한 참가자가 혼자서 하는 카드 게임에서처럼 한 명일 수도 있고, 대규모 다중 사용자 온라인 게임에서처럼 수십, 수백 혹은 수천 명에 이를 수도 있다. 게임 규칙 역시 체스나 바둑처럼 명확하게 규정될 수도 있고 '던전 앤 드래곤' 같은 롤플레잉 게임처럼 협력적이고 제한이 없을 수도 있다. 게임에서 우리는 신체적 힘이나 언어적 재주를 겨룰 수도 있고, 보드 판 위로 말을 움직이거나 가상 도시를 건설할 수도 있으며, 축구팀을 운영하거나 가상 세계의 병력을 지휘할 수도 있다. 실제로 게임과 유사한 새로운 유형의 활동이 고안됨에 따라 게임의 의미는 새로운 방향으로 예측 불가능하게 계속 확장하는 중이다.

단어 의미가 창조적 변이를 일으키는 과정은 사전 편찬자의 주도면밀한 계획이 아니라 일상생활에서 요구되는 즉각적인 의사소통의 필요성에 의해 촉발된다. 그러나 그 어떤 힘의 작용으로 인해 의미들 사이에는 상당한 정도의 질서가 유지된다. 비슷한 의미를 지닌 단어들은 서로 떨어져서 자신만의 고유한 의사소통 영역을 발견하려는 경향이 있다. 냄새, 향기, 향수, 악취나 미소, 함박웃음, 능글맞게 히죽거림, 억지웃음 사이의 미묘한 차이를 떠올려보라. 사실 영어에서든 다른 어떤 언어에서든 실제로 동의어인 경우를 찾기란 거의 불가능하다. 생물학적 종이 그렇듯, 두 개의 단어는 정확히 같은 영역을 오랫동안 동시에 차지할 수는 없다. 만약 둘 다 살아남으려면 서로 구별되는 다른 역할을 발전시켜야만 한다. 예를 들어 향기가 냄새보다 희미하고 기분 좋은 향이라면, 반대로 악취는 냄새보다 진하고 기분 나쁜 향이다. 또한 향수가 대부분 의도적으로 만들어진 향인 데 반해 향기는 그럴 필요가 없다. 비슷하게 함박웃음이 즐거워하며 크게 짓는 미소라면, 히죽거림은 젠체하며 짓는 미소인 데 반해 억지웃음은 환심을 사기 위해 짓는, 일말의 진정성도 찾을 수 없는 미소일 것이다. 의사소통이라는 도구 상자에서 자기 자리를 잃지 않고 지키려면, 각단어는 다른 단어와 뚜렷이 구별되는 분명한 역할을 가져야 한다.

단어들은 서로 느슨한 친화성을 보이며 협력한다. the front of(~의 앞)처럼 일상적으로 사용하는 구절이라도 우리가 이야기하는 대상에 따라 그 의미가 달라진다. the front of는 집, 봉투, 머리, 몸, 행렬, 동전, 시계, 한 학급 학생들, 한 무리의 주자와 함께 쓰일 수 있다. the front of와 이 단어들은 그저 느슨하게 비유적으로만 연결되어 있을 뿐이다. 하지만 일단 the front of라는 구절을 알게 되는 순간, 우리는 그 구절 뒤에 어떤 단어를 붙여 써야만 하는지 짐작하게 된다. 비슷하게 전등과 다이아몬드, 사람, 대화, 영화음악 같은 다양한 단어는 '반짝이는', '눈부신'이라는 형용사와 결합할 수도 있고 '지루한'이라는 형용사와 결합할 수도 있다.

하지만 희극과 분위기, 혹은 겨울날 같은 단어의 경우에는 '밝은' 과 '어두운'이라는 형용사를 사용한다. 이러한 형용사 결합 패턴은 국지적이고 불규칙적이다. 우리는 가게 앞the front of a shop이라고 말할 수도 있고 가게 뒤the back of a shop라고 말할 수도 있다. 그러나 가게 앞이라는 의미를 표현해도 어떤 이유에선지 가게 뒤라는 표현은 잘 쓰지 않는 듯하다. 또한 머리의 앞이나 뒤, 옆을 만지다 라고 할 때는 'touch the front, back or side of our heads' 처럼 쓸 수 있지만, 마음mind이라는 단어는 앞front이나 뒤back와는 함께 써도 옆side과는 함께 쓰지 않는다. 따라서 단어들 사이에서의 이 경쟁이라는 힘으로 인해 관련 단어들의 의미는 맥락의 변화에 따라 서로 부분적으로 이합집산과 정렬을 반복한다. 그러므로 언어는 단어들이 어쩌다 우연히 한데 모여 이룬 집합이라기보다는 우리가 말하고 싶은 바를 전달하기 위해 만들어진, 부분적이긴 하지만 응집적인 하나의 체계다. 이 부분적으로 응집적인 의미의 연결망들은 언어마다 다르게 발전한다. 예를 들어 영어에서 light blue(옅은 푸른색)가 스페인에서는 azul 'clara'지만 가벼운 light jacket(가벼운 재킷)은 chaqueta 'ligera'다. 의미를 연결하는 이처럼 상이한 연결망이 각각의 언어를 놀랍도록 독특하게 만든다. 이는 결코 완벽한 번역이란 있을 수 없으며, 대략적이라면 모를까 컴퓨터가 인간의 언어를 이해하기란 엄청나게 어려운 일이라는 것을 뜻한다(뒷장에서 더 살펴보겠다).

언어의 결합 패턴이 국지적이라는 사실은 우리가 세상을 묘사하기 위해 사용하는 비유가 다양하다 못해 뒤죽박죽이라는 점에서 잘 드러난다. 우리는 추상적인 영역을 묘사하는 데 도움을 얻기 위해 물질세계에 대한 언어를 비유적으로 끌어다 쓰고는 한다.[9] 예컨대 어떤 관념이 분명 비공간적non-spatial 실체인 우리 마음의 '앞에' 혹은 '뒤에' 존재한다*고 말할 때가 그런 경우다. 유사하게 우리는 생각이나 기억이 우리의 마음속 깊숙이 '묻혀' 있다가 이따금 '표면'으로 나오며, 그럴 때만 의식적으로 접근하는 것이 가능하다고 말하기도 한다. 즉 생각은 깊숙이 묻힐수록 밝혀내기가 더 어렵다.[10] 관념은 일단 심리적 표면으로 끌려 나와야 언어로 포장되고, 다른 사람에게 '보내진다(또는 많은 사람에게 널리 알려진다)'고 생각할 수도 있다. 그러고 나면 전달된 관념은 포장이 벗겨지고 수용자의 마음속에 자리를 잡을 것이다. 하지만 시간이 흐르면 나중에는 수용자의 마음속 '깊숙한 곳'에 묻히거나 그저 잊힐지도 모를 일이다(1장에서 살펴보았듯이 의사소통 작동 방식을 이런 식으로 사고하는 것은 심각한 오해를 불러일으킬 소지가 크다).

우리는 추상적인 관념을 이야기하기 위해 물리적이고 관찰 가능한 사물을 지칭하는 언어를 사용한다. 우리가 언제 어디서든 그렇게 한다는 사실을 알게 된다면 상당히 놀랄 것이다. 논쟁을 벌이는 방식에 대해 잠깐 생각해 보라. 우리는 마치 스웨터에 난 구

---

* 어떤 관념이 우리 마음의 앞에 있다in the front of our mind는 것은 우리말로 '어떤 생각을 우리 마음속에서 최우선으로 여긴다'는 의미며, 어떤 관념이 우리 마음의 뒤에 있다in the back of our mind는 것은 우리말로 '마음 깊이 담아둔다'는 의미다.

멍을 찾듯 상대방의 논리에 난 '구멍을 찾는다'. 우리의 추론에는 메워야 하는 '틈'이 있을 수도 있다. 어떤 주장은 빈약하거나 견고할 수도 있고, 약하거나 강할 수도 있다. 우리는 논쟁할 때 추론을 '사슬'처럼 엮어나가는데, 그 과정에서 추론이 꼬이기도 하고 차근차근 계단을 밟아 가는 대신에 '단숨에 몇 단계'를 뛰어넘어 버리기도 한다. 상충하는 주장들이 논쟁을 펼칠 때면 이따금 중세 시대 공성전을 벌이는 듯 보이는데, 서로의 논거를 흔들어대고 기세를 꺾으려다 아예 기반을 무너뜨리기도 하기 때문이다. 논거들은 견고한 토대를 갖출 수도, 어떠한 지지도 얻지 못할 수 있다. 또한 우리의 진술은 보강이 필요할 수도 있지만, 완전히 무너질 위험에 처했을 수도 있다.

논쟁 주제가 정신이 되었든 의미가 되었든, 아니면 그 밖에 다른 어떤 것이 되었든 간에 우리는 얽힌 실타래를 풀 하나의 단일하고 '올바른' 길이 틀림없이 존재한다고 생각하고 싶어 한다. 마찬가지로 각각의 단어에도 진정한 근간이 되는 의미가 존재하며, 그것으로부터 끊임없이 분열하는 은유의 삼각주들이 형성되는 것이 틀림없다고 생각한다. 어쩌면 누군가는 각 단어가 지닌 글자 그대로의 의미가 단어의 본질이라고 생각할지도 모른다. 그러나 우리 두 사람은 근원적 본질이란 존재하지 않으며 그때그때의 즉흥적인 의사소통이 무한히 반복될 뿐이라고 주장한다. 즉 느슨하게 부분적으로 연결된 제스처 게임이 거의 무한할 정도로 다채롭게 반복될 뿐이다. 제스처 게임에서처럼 여기 지금 진행되는 의사소통 자체가 목표이며, 그 목표를 위해 우리는 과거 경험이든 창조적 속임수든 활용할 수 있는 모든 것을 동원한다. 혼란스럽게 교차하는 우리의 사고방식과 대화 방식 모두 바로 그곳에 존재한다. 단어에는 본질적인 의미가 존재하며, 어쨌거나 그 의미를 통해 우리가 세상을 어떻게 바라보는지(또는 어떻게 바라보아야만 하는지)가 있는 그대로 드러난다는 생각은 착각이다. 언어는 실재를 보여주는 하나의 단일하고 응집적인 그림이나 모델이 아니라 다양하고 서로 다른, 때로는 모순적인 모델들을 끊임없이 불러일으킨다.[11] 만약 단어의 진정한 의미가 지닌 본질을 탐구한다고 언어에서 혼돈과 복잡성을 제거해 버린다면, 우리에게는 아무것도 남지 않을 것이다.

의미의 피상성

미취학 아동은 하루에 열 개 이상씩 새로운 단어의 의미를 습득하며, 이 단어들을 활용해 유창하게 의사소통을 할 수 있을 정도로 그 의미를 잘 이해한다. 아이들은 이 단어들을 사용해 자신들이 좋거나 싫고, 맞거나 틀렸다고 생각하는 것에 대해 즉각적으로 의견을 표현하며, 툭하면 "불공평해"라고 외쳐댄다. 하지만 대체 아이가, 우리도 마찬가지지만 어떻게 이 단어들의 의미를 제대로 이해할 수 있는 것인가? 정작 지난 1천 년 동안 가장 명석한 사상가들은 선함, 옳고 그름의 차이, 공평함의 본질 등 우리가 매일 사용하는 일상적인 관념이 개념의 위기에 처해 있음을 발견해 왔다. 그런데 어떻게 아이들은 철학자들이 분석하느라 고군분투해 온 개념들에 정통할 수 있는가?

우리는 그 답을 철학자들이 선함과 공정함, 대의, 정신 같은 관념의 근본 의미를 설명하기 위해 '심원한' 개념들(가능한 모든 사례와 맥락에 적용할 수 있으리라고 기대되는 개념들)에 대한 일반이론을 정립하는 일과 씨름한다는 사실에서 찾을 수 있을 것이다. 반면에 아이와 성인에게 그러한 관념들의 의미는 의사소통이라는 그 순간의 과제를 처리할 정도로만 명확하면 그것으로 충분하다. 성공적인 의사소통을 위해 아이는 "불공평해!"라는 외침으로 남보다 작은 케이크 조각을 받거나 줄을 서서 기다려야 할 때 느끼는 분노를 표출한다. 이러한 의사소통을 위해 아이가 (혹은 불평의 화살을 받아야 하는 부모가) 공평성의 일반이론을 이해할 필요는 없다. 실제로 우리는 '의미' 덕분에 그럭저럭 성공적으로 의사소통을 헤쳐나갈 수 있지만, 대개의 경우 그 '의미'는 뜻밖에도 피상적이다. 예를 들어 어린아이들이 '살아 있음'과 '죽음'를 어떻게 활용하는지 살펴보자.[12]

하버드대학교 발달심리학자 수전 케리Susan Carey는 딸 엘리자와 이 주제로 다음과 같은 교육적이면서도 유쾌한 대화를 나누었다. TV 프로그램에서 누군가 총에 맞자, 태어난 지 3년 6개월이 된 엘리자는 "그는 죽었어요. 움직이지 않는 걸 보니 알겠어요"라고 말한다. 이는 언뜻 생각하기에 성인인 우리가 죽음을 정의하는 방식과 아주 유사한 것처럼 보인다. 하지만 케리는 엘리자의 장난감 곰에 대해 아래와 같이 묻는다.

엘리자: … 얘는 늘 살아 있어요.

수전: 곰이 살아 있어?

엘리자: 아뇨 당연히, 죽었죠. 어떻게 살아 있을 수 있겠어요?

수전: 살아 있는 거야, 죽은 거야?

엘리자: 죽었어요.

수전: 살아 있었는데?

엘리자: 아뇨, 살아 있기도 하고 죽었기도 하고 중간이에요. 가끔은 움직이거든요.

이윽고 깜짝 놀랄 만한 질문이 등장한다.

엘리자: 근데 죽은 사람은 화장실을 어떻게 가요?

수전: 뭐라고?

엘리자: 아마 땅 밑에도 화장실이 있나 봐요.

수전: 죽은 사람들은 화장실에 갈 필요가 없어. 그들은 아무것도 하지 않고 땅 밑에 그냥 누워 있을 뿐이란다. 먹지도 않고 마시지도 않으니까 화장실에 갈 필요도 없어.

엘리자: 하지만 죽기 전까지 먹거나 마셨잖아요. 그러니까 죽은 직후에는 화장실에 가야 해요.

확실히 엘리자에게는 살아 있음과 죽음을 구별할 수 있는 명확한 관념이 존재하지 않는다. 엘리자의 장난감 곰은 살아 있지 않다. 그렇지만 이따금 움직이기도 하니 살아 있는 것이 틀림없다. 어쩌면 삶과 죽음 사이의 그 어떤 중간 상태인지도 모른다. 또한 죽은 사람들도 여전히 정상적인 신체 기능을 수행하는 것 같다. 엘리자가 생후 3년 8개월일 때 나눈 또 다른 대화에서 엘리자는 "조각상은 살아 있는 것도 아닌데, 여전히 만날 수 있다니 재밌지 않아요?"라고 탄성을 지른다. 그러면서 할아버지는 살아 있지 않으니까 볼 수 없는 것 아니냐고 지적한다.

엘리자는 매우 관찰력이 뛰어난 논객임에 틀림없다. 또한 언어적 제스처 게임의 눈치 빠른 참가자이기도 하다. 사람들은 살아 있음과 죽음에 대해 말하지만, 정작 그들은 무엇을 이해하고 있는가? 어쨌거나 죽은 것들은 움직이지 않는 것처럼 보인다. 또한 죽은 사람을 만나러 갈 수도 없다. 하지만 살아 있음과 죽음이라는 관념은 생물 유기체에만 적용된다는 생각은 성인의 관점에서나 중요할 뿐, 엘리자에게는 그러한 관념이 아예 없고, 있다 한들 부차적인 것 같다. 정말로 놀라운 점은 미취학 아동과 상호작용하는 대부분의 경우에 우리는 아이들이 단어를 성인과는 기본적으로 다르게 이해한다는 사실을 아주 어렴풋이라도 알아차리지 못한다는 것이다. 제스처 게임 속 행동과 제스처를 해석할 때와 마찬가지로 아이들은 그들이 듣는 단어가 사용되는 현재의 구체적인 맥락을 이해하는 정도로만 단어의 의미를 습득한다. 총알에 맞아 움직이지 않는 사람은 죽었다고 여긴다. 더 이상 눈에 띄지 않는 친척이나 반려동물도 죽었다고 간주한다. 아이들은 주변의 어른들을 위해 그들이 쓰는 것과 똑같은 단어를 놀랄 만큼 잘이용해 자신만의 제스처 게임을 만들 수 있다. 실제로 아이들은 엄청난 개념적 모순(살아 있는 동시에 죽은 장난감 곰처럼)이 존재함에도 일상적인 대화에서라면 그러한 모순을 결코 거의 알아차릴 수 없을 정도로 단어를 활용하는 능력이 뛰어나다.

그러나 같은 문제가 성인들의 의사소통에서도 발생한다. 살아 있다는 것은 정확히 어떤 뜻인가? 전형적인 생물학 교과서도 다음과 같은 목록으로 살아 있음을 묘사할 뿐, 더 나은 설명을 제시하지는 못한다. 즉 생명체는 성장하고 번식하며, 먹고 배설하고, 체내 화학작용과 체온을 조절하며, 단세포나 다세포로 이루어져 있고, 유전자로 자신의 특질을 전달한다. 그러나 이러한 나열로도 바이러스(세포로 이루어져 있지 않으며, 독립적으로 번식할 수 없다), 비로이드viroids(숙주 내부에서 자동 복제되는 원형 RNA 가닥), 프라이온prions(전염성 단백질), 심지어 미래의 인조인간(의식은 있지만 살아 있지는 않은 기계란 것이 있을 수 있을까) 같은 경우를 설명하지는 못한다. 선, 정의justice, 옳고 그름의 정의처럼 삶도 1천 년 동안 끝없이 논쟁해 왔지만 해결하지 못한 주제다. 그리고 우리 삶의 개념은 모순으로 가득하다. 사후 세계는 삶의 한 가지 유형이 될 수 없는가? 만약 삶의 한 가지 유형이라면, 생물학적 기준 대부분은 폐기되어야 하는가? 상상의 사후 세계 사람들은 실은 죽은 것이 아니다. 정말 그런가? 극저온 냉동은 어떤가? 가사 상태는 삶의 한 방식인가 아니면 죽음의 한 형태인가? 그것도 아니면 삶과 죽음 사이의 어딘가에 속하는가?

이러한 유형의 질문은 우리가 일상적인 의사소통 과정에서 벌이는 언어적 제스처 게임과는 대부분 무관하다. 보통 대화에서 이처럼 아리송한 사례들이 등장하는 경우는 많지 않다. 중요한 것은 우리가 일상생활에서 실제로 벌어지는 상황들에 충분히 잘 대처한다는 사실이다. 영화 〈킹콩〉을 몸짓으로 설명하기 위해 고릴라의 생물학적 정의를 알 필요가 없듯이, 살아 있는 친척이나 죽은 반려동물에 대해 이야기하기 위해 삶의 관념적 정의를 알고 있어야 할 필요는 없다.

미취학 아동과 성인은 모두, 마치 제스처 게임 참가자들이 제스처를 사용하듯 창조적이고 모순적인 방식으로 단어를 사용해 그 순간의 언어게임을 완수한다. 언어를 습득하는 과정에서 우리는 단어로 창조적인 대화 게임을 벌이는 법을 학습한다. 그리고 그러한 대화 게임을 벌이기 위해서는 의사소통의 목표라 할 법한 것과 해당 의사소통의 맥락적 내용, 과거에 사용된 적이 있는 언어 표현에 주의를 기울여야 한다. 즉 의사소통 빙산의 숨겨진 부분들이 단어들 자체만큼이나 중요하다.

비트겐슈타인은 건축업자와 조수 사이에서 이루어지는 단순한 언어게임을 상상해 보라고 제안한다. 이 경우에는 "슬래브slab"와 같은 명령어만으로도 공사 작업을 성공적으로 진행하는 데 아무런 문제가 없다. 어쩌면 슬래브처럼 보이는 어떤 물건이 그저 거기에 있어서 "슬래브!"라는 말로 가리키려는 것일지도 모른다. 이 게임의 참가자가 슬래브라는 단어가 표현하는 범주의 경계(타일, 콘크리트 덩어리, 평편한 돌조각도 슬래브라고 할 수 있는가)를 엄밀하게 정의하는 문제로 고민할 필요는 없다. 또는 이 문제와 관련해 슬래브라고 가리킨 그 물건의 정확한 명칭이 무엇인지를 고민하지 않아도 된다. 의미에는 수많은 변이와 뉘앙스의 차이가 존재할 수 있다. 심지어 "슬래브!"라는 단어를 두고도 다양한 의미를 표현할 수 있다. 예컨대 "슬래브를 가져다줘!", "슬래브 지금 당장 가져와!", "슬래브 조심해서 내게 넘겨줘!"를 의미할 수도 있고, 혹은 약간 다른 맥락에서라면 이 말은 "슬래브에 시멘트를 발라 고정해 줘!", "슬래브를 조각내 줘!" 또는 그저 "슬래브 좀 저리 치워봐!"라는 의미일 수도 있다. 주변에 특정 사물이 있고 당면 과제가 정해진 상황에서 조수가 해야 할 일을 알아챘다는 것, 그것만이 중요할 뿐이다.

비트겐슈타인에게는 구체적인 상황에서 일어나는 의사소통이야말로 언어의 출발점이다. 언어의 목적은 의사소통 게임을 통해 그 순간의 목표를 달성하는 것이기 때문이다. 사전을 통째로 외운다고 해서 언어를 습득할 수 있는 것은 아니다. 이미 살펴봤듯이 사전에는 생명 같은 과학 용어조차 놀랄 정도로 진부한 내용으로 기재되어 있다. 사전은 우리에게 암시와 단서, 사례를 제공한다. 하지만 그 외 나머지 일은 우리의 창조적 상상력과 경험, 의사소통이라는 그 순간의 과제가 해결해야 할 몫이다.

앞에서 우리는 미취학 아동이 하루에 대략 열 개의 단어를 습득한다고 언급했다. 다시 말해 아이들의 어휘는 엄청난 속도로 늘어난다. 그러나 아이들은 단어의 의미를 하나씩 차례로 받아들인다기보다 주변 사람과 어울리는 데 도움이 되는 '도구들'의 수를 늘리고 활용하는 법을 조금씩 배워나간다. 따라서 아이들의 어휘가 대략 하루에 열 단어씩 늘어난다고 하더라도, 각각의 단어를 대화에서 활용하는 법을 습득하는 과정은 느리고 점증적이다. 그러다 보니 의미가 언제 아이들의 마음속에서 완전한 모습을 갖추는지를 가늠해 봐야 아무런 소용이 없다.

제스처 게임의 관점은 언뜻 보기에 무슨 말인지 이해가 가지 않는 실험 데이터를 이해하는 데도 도움이 된다. 두 살배기 아이와 성인 실험자가 다양한 물건을 가지고 노는 상황을 생각해 보자. 물건 중에는 아이에게 친숙한 것도 있고 낯선 것도 있다. 실험자는 낯선 물건 가운데 하나를 가리키면서 아이가 이전에 들어본 적 없는 지어낸 이름으로, 예컨대 '침'이라 부른다. 아이는 영리하게도 이 이름이 아마도 새로운 물건을 가리키는 것이 틀림없다고 추측한다(다른 물건들의 이름은 이미 알고 있기 때문이다). 이 잠깐의 상호작용으로도 아이는 하나씩 배제하는 과정을 통해 침을 선택하고 명령에 따라 실험자에게 건넬 수 있다. 아이가 배운 것은 정확히 무엇인가? 아이는 마치 제스처 게임의 주의 깊은 관객이 그러하듯, 이 구체적인 소통의 순간에 만들어진 신호를 이해했을 수도 있다. 물론 이러한 추측에 대한 아이의 기억은 얼마 가지 못하지만 말이다. 하지만 다른 한편으로 수전 케리가 지적했듯이 아이는 어쩌면 침의 본질(즉, 모든 맥락에 적용될 것으로 가정되는 의미)과 관련해 어떤 의미를 발견했고, 그래서 앞으로 침이 언급될 때마다 그 의미를 교차 검토하고 자기에게 업데이트할지도 모른다. 둘 중에 어떤 추론이 옳은가? 어쨌거나 이 실험은 해석의 여지가 없을 정도로 상당히 명백해 보인다. 아이는 순간적으로 영리하게 해석해 낸 단어 대부분을 순식간에 잊어버렸다. 심지어 상호작용이 끝나고 5분밖에 지나지 않았을 때 실시한 검사에서도 단어들을 기억하지 못했다. 제스처 게임은 언어의 출발점이다. 하지만 그 순간의 제스처가 지닌 의미는 대체로 빠르게 잊힌다(두 살 된 아이에게는 특히 그렇다).[13]

의미는 의사소통을 하는 그 순간 발생했다 순식간에 사라진다(물론 의사소통의 대상이 생소한 경우에 그렇다). 그러나 의미는 시간이 흐름에 따라 축적될 수 있다. 무수한 의사소통 에피소드를 경험하는 과정에서 우리의 마음은 매 순간 제멋대로 형성되는 의미들에 서서히 질서를 부여하며, 단어가 사용되는 방식을 다듬고 수정해서 재조직한다. 그리고 비유 덕분에 단어의 의미는 시뿐만 아니라 일상 대화 속에도 존재하는 간극을 뛰어넘을 수 있다. 여러 세대의 화자를 거치며 단어들은 새로운 의미를 부여받고(한때는 새들만 했던 '트윗tweet'을 이제는 사람들도 한다), 무수한 패턴을 새로 창조하기도 하고 타파하기도 한다. 그 결과 집합적인 통찰이 모여 하나의 태피스트리가 완성된다. 피상적이고 모순적이지만 그럼에도 엄청나게 유용한 이 관례들의 집합은 심원한 과학적 혹은 철학적 이론에 의해 만들어지는 것이 아니라, 우리가 매일매일의 대화를 통해 실제로 전달하고 싶어 하는 의미에 의해 만들어진다.

자의성의 경계

언어학자들의 용어를 빌린다면, 제스처 게임의 제스처는 일반적으로 '도상적'이다. 즉 제스처는 그것이 표현하는 대상처럼 보이려 한다. 우리는 가슴을 두드리는 행동으로 고릴라가 마음속에 떠오르기를 바라며, 비틀거리는 행동으로 좀비처럼 보이려 한다. 또 슈퍼맨의 이륙 장면을 모방하거나 티라노사우루스 렉스의 독특하게 짧은 팔 모양을 재현하기도 한다. 제스처가 아니라 소리를 사용하는 경우라면, 쉬익 하는 소리와 새 지저귀는 소리, 으르렁거리는 소리로 그에 부합하는 대상의 모습을 듣는 사람의 마음속에 떠오르게 할 수도 있다. 그리고 1장에서 살펴봤듯이 우리는 그러한 음성 제스처 게임에 깜짝 놀랄 정도로 능숙하다.

인간의 언어가 제스처 게임(제스처를 사용하건 소리를 사용하건 간에)과 비슷한 무언가에서 생겨났다면, 상징과 세상을 연결하는 어떤 도상적 흔적이 남아 있으리라고 기대하는 것도 무리는 아니다. 많은 수어에서 우리는 제스처와 의미 사이에 직접적인 관련이 있음을 확인할 수 있다. 예를 들어 미국 수어에서는 책을 표현하기 위해 마치 책의 페이지들을 펼치듯 양 손바닥을 펼쳐 열어 보인다. 나무를 표현하기 위해서는 한 팔을 수직(나무 몸통)으로 세운 상태에서 손가락(나뭇가지)을 펼친 다음 다른 팔로는 수평(땅)이 되게 놓는다. 비슷하게 음성언어에는 의성어가 존재한다. 의성어에서는 윙윙, 끽끽, 철벅철벅, 딸깍 같은 단어의 소리 자체가 우리에게 그것이 가리키는 사물을 연상시킨다. 하지만 언어가 제스처 게임과 그렇게까지 비슷하다면, '음성상징'은 도처에 존재해야 하는 것이 아닌가? 그러나 음성상징은 규칙이라기보다 예외인 것처럼 보인다.

개라는 단어를 다양한 언어에서 어떻게 부르는지 살펴보자. 개는 프랑스어로 시앵chien, 스페인어로 페로perro, 덴마크어로 훈트hund, 인도네시아어로 안징anjing, 러시아어로 소바카собака로 불린다. 이 단어들은 서로와 조금도 비슷하지 않으며, 개 짖는 소리나 으르렁거리는 소리처럼 들리지도 않는다. 요약하자면 우리가 풀어야 할 난제는 다음과 같다. 왜 각각의 언어들은 음성상징인 '컹컹'을 변형시켜 개를 나타내지 않는가?

소리와 의미의 자의적arbitrariness 관계는 언어학에서 한 세기 넘게 유지되어 온 핵심 가정이다.[14] 제스처 게임으로서의 언어라는 관점에서 본다면, 소리와 의미를 연결하는 것만으로도 의사소통은 한결 쉬워진다. 그런데도 이러한 자의성이 생겨나는 이유는 무엇인가? 우리는 생물학의 유전적 부동*과 유사한 '부동' 현상

—

* 개체군 내에서 자연선택 이외의 요인에 의해 대립 유전자의 빈도가 세대마다 기회에 따라 무작위적으로 변동하는 현상을 의미한다. 주로 집단의 크기가 작고 격리된 집단에서 관찰되며, 여러 세대를 거치면서 천재지변 같은 우연한 사건에 의해 발생한다.

속에서 한 가지 분명한 답을 찾을 수 있다. 소리와 의미 모두 시간의 흐름에 따라 계속해서 변화한다. 따라서 어떠한 도상성도 점차 희미해지지 않을 수 없을 것이다. 다음 장에서 다루겠지만, 소리(또는 제스처)는 시간이 지나면서 단순화되고 정형화되다 끝내 부식된다. 닉 가족의 제스처 게임에서 손을 뾰족하게 만들었던 모습을 상기해 보라. 이 제스처는 물살을 가르며 나아가는 뱃머리를 도상적으로 나타낸다. 하지만 '콜럼버스'나 '아메리카 대륙', '탐험' 같은 일반적인 의미를 표상하도록 용도가 변경되면서 도상성은 사라진다.

우리 두 사람의 오랜 친구이자 랭커스터와 암스테르담의 대학교에서 공동 연구를 수행해 온 패드레익 모너핸Padraic Monaghan은 자의성이 부동 외에도 다른 어떤 힘의 작용으로 인해 생겨난다고 지적한다.[15] 패드레익은 소리와 의미 사이에 지나치게 밀접한 관련성이 존재한다면 (비록 언어 습득은 더 쉬워질지 모르지만) 실제로 의사소통은 더 어려워질 수 있다는 점을 간파한다. 왜 그런지 알기 위해 각 견종의 이름을 짖는 소리에 따라 붙였다고 가정해 보자. 하지만 비글, 콜리, 닥스훈트가 짖는 소리는 몹시 비슷해서 소리만으로 견종을 구분하기란 매우 어렵다. 맥락 단서들(예컨대 우리가 개 품평회를 관람하거나 공원을 산책하는 중이라는 것 같은)로 화자가 개들에 관해 말하고 있다는 사실을 알 수 있다 치더라도, 그러한 단서들이 견종을 특정하는 데 도움이 될 것 같지는 않다. 패드레익의 주장은 이러한 생각을 더욱 발전시킨다. 맥락이 우리에게 사람들이 말하고자 하는 바에 대한 실마리를 준다면(비글, 콜리, 닥스훈트), 음성과 손짓은 그들이 지금 사용하는 구체적인 단어에 대한 실마리를 제공한다(딱정벌레beetles, 비글beagles, 교구 관리beadles). 따라서 맥락과 함께 구체적인 음성과 손짓이 제시된다면, 우리는 정확한 단어를 아주 명확하게 짚어낼 수 있다. 이런 종류의 주장은 1장에서 다룬 섀넌의 정보이론의 수학적 논리를 사용해 일반화될 수 있다. 의사소통이 최적의 상태에서 이루어지려면, 의사소통적 단서의 두 가지 원천들(여기서는 소리와 맥락)은 그것이 어떤 것이든 가능한 한 독립적이어야 서로에게 도움을 줄 수 있다. 그리고 이는 결과적으로 소리와 의미의 관련성이 약화되어야 한다는 것을 뜻한다. 이러한 관점에서 볼 때, 소리와 의미의 (상당히) 자의적인 관계를 추동하는 힘은 의사소통 효과를 높이기 위해 가해지는 끊임없는 압력이다.

무엇이 의사소통 체계를 효과적으로 만드는가에 대한 통찰은 17세기의 성직자이자 학자였던 존 윌킨스John Wilkins의 머릿속에는 아예 없었던 것 같다. 그는 글자와 의미가 정확히 체계적으로 대응하는 언어를 제안했다.[16] 예를 들어 식물은 모두 알파벳 g로 시작해야 하고, 동물은 z로 시작해야 한다. 단어의 두 번째 자리에는 의미상 더욱 세분화된 글자들이 온다.

이를테면 잎이 있는 식물은 'gα'로 꽃은 'ga'로 과피는 'ge'로 관목은 'gi'로 나무는 'go'로 시작해야 한다. 이처럼 한 단어 속에서 뒤따라오는 글자의 범주는 점점 좁아진다. 하지만 패드레익은 이러한 접근 방식이 실제로는 엄청난 혼동을 가져오기 쉽다고 주장한다. 예를 들어 우리가 정원에서 식물들에 관한 이야기를 나누는 중이라고 할 때, 이러한 맥락 단서가 미묘하게 다른 식물 단어를 구분하는 데 전혀 도움을 주지 못할 것이기 때문이다. 움베르토 에코가 지적했듯이, 윌킨스는 자신이 만든 체계를 예증하는 과정에서 원래는 gape(튤립)라고 쓰려고 했으나 무심코 실수로 gade(보리)라고 표기하는 바람에 이러한 혼동의 위험을 몸소 입증한 셈이 되었다.[17] 글자나 소리를 의미에 따라 지나칠 정도로 정밀하게 정렬시킴으로써, 윌킨스는 결과적으로 전혀 사용할 수 없는 인공 언어를 창조하고 말았다.[18]

그렇다면 우리가 기호와 의미 사이에서 발견하는 자의적 관계들의 상당 부분은 자연 언어의 결함이 아니라 결정적 장점이라고 볼 수 있다. 그럼에도 언어가 상징과 의미의 유사성에 기초하는 제스처 게임에서 기원한다고 하면, 누군가는 여전히 면밀한 관찰을 통해 도상성의 흔적을 발견할 수 있지 않을까 궁금해할지도 모른다.

물론 단어의 소리와 의미가 연관된 것처럼 보이는 개별 사례들도 존재한다. 비슷한 의미를 지닌 일부 단어 군들은 때때로 비슷한 소리를 공유하기도 한다('미끄러지듯 나아가다'는 의미의 slither, '미끄러지다'의 slip과 slide, '번드르르한'의 slick, '끈적끈적한'의 slimy). 하지만 보다 체계적인 연관성이 나타나는지를 파악하기 위해서는 전 세계 언어의 어휘를 대상으로 '빅 데이터' 접근 방법을 쓸 필요가 있다. 모텐과 동료들은 국제적인 공동 연구를 통해 전 세계 7천여 개 언어의 거의 3분의 2에 달하는 언어로부터 40~100개의 단어 목록을 선별해 조사했다.[19] 그들은 특정 단어의 의미가 특정 언어음과 연관되는 경향이 있는지를 확인하기 위해 최신 통계 기법을 분석에 적용했다. 연구는 세계 곳곳의 다른 지역을 대상으로 수행되었는데, 이는 소리와 의미 사이에 어떤 연관성이 발견되더라도 공통의 역사라는 요인으로 설명할 수 없게 하기 위해서였다.

　연구 결과 소리와 의미 사이의 연관성은 여전히 남아 있긴 해도 미약한 것으로 나타났다. 다른 대륙의 서로 무관한 언어들에서조차 어떤 소리들은 우연이라고 치부될 수 없을 정도로 빈번하게 특정 개념과 생각을 지칭하기 위해 사용된다. 예를 들어, 빨강이라는 개념이 존재하는 언어를 무작위로 선정해 빨강이라는 단어를 살펴본다면 단어 속에서 r 소리를 찾을 가능성은 우연이라고 치부할 수 없을 정도로 높다. 분석 결과 연구 팀은 이러한 연관 관계를 총 74건 찾아냈다. 몇 가지만 언급하면 '혀'를 의미하는 tongue에 해당하는 단어들은 l 또는 u 소리를 포함하는 경향이 있으며, '둥근'을 의미하는 round에 해당하는 단어들에는 자주 r 소리가 등장하고, '작은'을 의미하는 small에 해당하는 단어들은 i 소리를 포함했다. 어떤 경우에서는 이러한 관계가 부정적이기도 했다. 즉 어떤 의미를 전달할 때는 특정 소리가 자주 회피되곤 한다. 예를 들어, 나와 너를 의미하는 대명사 I와 you는 p, t, s 소리

를 회피하는 경향이 있다.[20]

소리와 의미의 이러한 결합 관계는 대체 어디에서 비롯되는가? 그러한 관계는 서로 무관한 언어권들에서도 나타나기 때문에, 언어들 사이의 역사적 연관성은 답이 될 수 없다. 대신에 특정 유형의 소리와 의미 간에는 분명 어떤 내재적인 관련성이 있는 것으로 보인다. 만약 이러한 가정이 옳다면 비단어non-words[*]는 우리가 생각하는 것처럼 그렇게 무의미하지는 않을지도 모른다. 이는 우리가 사용하는 언어에서 실제로 쓰이는 단어들과 비단어가 그저 유사하기 때문만은 아니다. 거의 1세기 전 독일의 위대한 심리학자 볼프강 쾰러까지 거슬러 올라가는 연구에서는 비단어가 실제로도 유의미하다는 사실을 보여준다.[21]

음성을 이용한 제스처 게임에서 별 모양의 뾰족한 것과 물방울처럼 둥근 것을 제시어로 받았다고 가정해 보자(그림 1을 보라). 어떤 모양을 '키키'라 부르고 어떤 모양을 '부바'라 부르겠는가? 만약 소리와 의미의 관계가 자의적이라면, 어떤 선택을 하든 다른 선택만큼 좋을 수도 나쁠 수도 있을 것이다. 우리는 소리만으로는 어떤 모습이 어떤 단어와 어울리는지를 전혀 알 수 없을 것이기 때문이다. 그러나 거의 모든 사람이 키키는 뾰족한 모양을, 부바는 둥근 모양을 나타내는 것이 당연하다고 느낀다. 에드워드 허

—

[*]　알파벳 조합으로는 가능하지만 실제로 사용되는 단어가 아닌 조합. 예컨대, 'giss' 나 'orwk' 등을 가리킨다.

그림 1.　어느 쪽이 '키키'이고 어느 쪽이 '부바'인가?

버드Edward Hubbard와 저명한 시과학자vision scientist 라마찬드란V. S. Ramachandran이 이러한 그림을 이용해 수행한 연구에 따르면, 미국의 영어 사용자의 95퍼센트는 모두 같은 느낌을 받았다. 그뿐만 아니라 부바-키키 효과는 영어 사용자나 산업 사회에만 해당하지 않는다. 나미비아 북부에 사는 반 유목민족인 힘바족은 인도·유럽 언어권과 전혀 관계가 없는 반투어 계열의 언어를 쓰는데도 같은 결과를 보였다.[22] 아직 어떠한 언어도 배우지 않은 생후 4개월 된 아기들조차, 비록 더 약하기는 했지만 소리-모양 배열에서 비슷한 결과를 보였다.[23]

　이러한 소리-모양 결합 관계는 대체 어디서 비롯되는가? 모텐과 동료들은 우리의 감정 상태가 여기서 어떤 역할을 하는 것일지도 모른다고 생각했다.[24] 부바와 둥근 모양은 어딘가 온화한 것처럼 보임으로써, 심리학자들이 낮은 '정서적 각성'이라고 부르는 상태를 나타낸다. 대조적으로 키키와 뾰족한 모양은 활동성과 긴장을 표출하는 것처럼 보임으로써, 높은 정서적 각성 수준을 나타낸다. 실제로 사람들은 키키와 뾰족한 모양이 부바와 둥근 모양보다 더 높은 각성을 일으킨다고 평가했다. 그래서 모텐과 동료들은 이번에는 다른 각성 수준을 가진 일련의 새로운 비단어들을 직접 만들어냈다. 아니나 다를까 각성 수준이 높은 비단어들은 뾰족한 모양을, 각성 수준이 낮은 비단어들은 둥근 모양을 연상시키는 것으로 나타났다. 따라서 소리와 의미 사이에 나타나는 결합 관계 중 적어도 상당수는 우리의 감정 반응과 관련이 있는 것처럼 보인다. 제스처 게임으로서의 언어라는 관점에서 본다면, 이러한 관련성은 예상대로다. 창의적인 제스처 게임 참가자라면 과거의 제스처 게임을 떠올리도록 그때 사용된 것과 유사한 제스처를 이용하든지, 아니면 우리의 일반적인 감정 반응을 이용하든지 간에 관객과의 공통점을 최대한 활용하기 마련이다. 그러므로 여러 세대의 제스처 게임들을 거쳐 출현한 언어는 규칙과 불규칙이 뒤섞이며 정교하게 맞물린 패턴을 만들어내기 위해 이러저러한 힘들이 중첩된 흔적을 보여줄 것이다.

완전한 논리 언어

예측할 수 없게 만드는 독창성이야말로 놀이로서 제스처 게임이 보여주는 미덕이다. 제스처 게임에서 최고의 참가자는 가장 창의적인 사람이다. 융통성 없고 단조로우며 예측 가능한 태도(이를테면 매번 음절 하나하나를 흉내 내려고 하고 운율을 맞추려 한다)는 지루

할 정도로 게임을 지체시키는 데다 효과적이지도 못하다. 유능한 제스처 게임 참가자라면 메시지와 관객, 그리고 바로 그 순간이 나타내는 구체적인 세부 사항을 중심으로 전략을 짠다. 여기서는 유연성이 관건이다. 이는 전 세계 언어들에도 그대로 해당한다. 언어란 무수히 많은 세대가 다양하고 이질적인 의사소통적 필요들을 해결하는 과정에서 형성되어 왔기 때문이다. 우리가 light라는 단어 하나로 라이트 맥주, 경음악, 경보병대, 참을 수 없는 존재의 가벼움뿐만 아니라 이제는 의미의 가벼움까지 이야기할 수 있다는 사실은 여러 세대에 걸친 인간 의사소통의 창의성 덕분이다.

하지만 인간의 언어가 무규칙적이고 통제 불가능한 특성을 가지고 있다는 사실은 대체로 강점이라기보다 결함으로 인식되었다. 학자들은 관념과 실재 모두를 명료하게 표상할 수 있는 완전한 언어가 틀림없이 존재할 (또는 어쩌면 과거에 존재했을) 거라고 오랫동안 꿈꿔왔다. 완전한 언어의 어휘는 별개의 명확한 개념들과 일대일로 대응하고 세계의 모습과 정확히 맞아떨어지며 그 이음새마다 자연스러움이 배어날 것이다. 그뿐만 아니라 완전한 언어는 우리의 관념을 명료하게 표현하는 매체를 제공함으로써 모호함과 오해를 완전히 불식시킬 것이다. 만약 우주를 상상하고 설명할 수 있는 하나의 단일하고 정확한 방법이 있다면, 어쩌면 전 세계의 언어들도 관념과 실재를 있는 그대로 완벽하게 반영하는 하나의 단일한 방향으로 천천히, 그러나 가차 없이 끌려가는 것인지도 모른다. 이러한 관점에서 본다면, 전 세계 언어들은 이러한 이상을 향해 어쨌거나 비틀거리며 나아가는 과정 중에 있을 뿐이다. 이 같은 생각은 학자들에게 추론, 수학, 과학에 기반한 완전한 언어를 만들어내는 데 일조하겠다는 황홀한 목표를 제공한다. 그들에게는 이 이상적인 언어야말로 많은 (어쩌면 심지어 모든) 철학 문제를 해결고, 인공지능을 창조하고, 인간 정신의 본질을 이해할 수 있는 열쇠를 쥐고 있는 것처럼 보인다.

그것은 17세기의 독일 수학자이자 철학자 고트프리트 빌헬름 폰 라이프니츠의 꿈이기도 했다. 라이프니츠는 미적분법의 창시자로도 알려져 있는데, 같은 시기 아이작 뉴턴 경 역시 독립적으로 미적분법을 고안한 바 있어 누가 먼저 만들었는지를 두고 서로 공방을 벌이기도 했다. 라이프니츠는 보편 기호학characteristica universalis을 추구했다. 그는 영수증에 적힌 음식값을 어떻게 나누어야 할지 의견이 갈리는 경우 셈법에 따라 문제를 해결하듯이, 생각을 표현하고 논거를 평가하는 하나의 보편 체계만 있다면 어떠한 견해 차이도 계산으로 해결할 수 있으리라고 기대했다. 라이프니츠는 인간의 지식을 단순한 관념들로 분해한 다음 각각에 고유한 숫자나 상징을 부여할 수 있다고 상상했다.[25] 그는 단순한 관념들을 결합해서 복잡한 전체로 만드는 정교한 문법을 창조하는 것이 가능할 뿐만 아니라 이 완전한 언어 속에 존재하는 일련의 수학적 규칙에 따라 올바른 논증을 펼칠 수도 있으리라고 생각했다. 이 계획을 향한 라이프니츠의 야망은 원대했다. 그는 모든 지식과 추론을 어떠한 논쟁도 완전히 불식시킬 방식으로 표상하는 법을 보여주고 싶었다. 과학적, 도덕적, 법적, 신학적 논쟁도 일단 보편 기호학으로 환언되기만 하면 모호하지 않은 분석이 가능할 것으로 생각되었다. 일종의 사고 산술arithmetic of thought과 같은 합의된 계산 원칙이 적용된다면 각각의 제기된 문제에 대해 오직 하나의 단일한 해답을 구할 수 있을 것이다. 그렇다면 어떠한 논쟁의 당사자도, 이를테면 '1982×76'라는 문제와 관련해 다른 추정치를 내놓은 사람들 중 하나일 뿐이다. 따라서 논쟁을 해결하고자 한다면, 그들은 다음과 같은 라이프니츠의 유명한 구절을 선언할 것이다. "어디 한 번 계산해 봅시다!"[26]

하지만 현실은 그렇게 근사하지 않다. 라이프니츠가 사망할 때까지 그의 꿈은 실현되지 않았다. 어쩌면 실현될 수 없었던 것일지도 모른다. 하지만 그의 상상력은 20세기 철학자들이 외견상 뒤죽박죽인 일상 언어를 명료하게 조직화하는 과정에서 핵심적인 도구의 역할을 하게 될, 현대의 인공적인 논리 언어의 탄생을 알리는 전조였다. 독일의 수학자 고트로브 프레게와 영국의 박식가 버트런드 러셀, 위대한 미국 철학자 윌러드 밴 오먼 콰인도 다른 방식이긴 했지만 라이프니츠와 같은 상상을 했다. 이들은 모두 한 치의 오차도 없는 정밀한 언어를 사용하면 일상 언어의 개념적 혼돈을 해결하리라고 생각했다. 이를테면 영어에서 nobody(아무도 아니다)와 everything(모든 것)이라는 명사들이 어떤 종류의 실체를 가리키는 것인지를 알아내려고 하는 순간, 혹은 It's raining(비가 온다)'에서의 it의 의미를 궁금해하다가 'It's possible(그럴 수도 있다)'의 it과 같은지 아니면 다른지를 의아해하는 순간, 또는 'A round square is a contradiction in terms(둥근 정사각형은 용어상 모순적 표현이다)'라는 명백히 참인 진술에서 'a round square(둥근 정사각형)'가 정확히 무엇을 가리키는지를 궁금해하는 순간 우리는 끔찍할 정도로 헷갈리며 우왕좌왕할 수 있다. 영어를 논리로 환언함으로써 그러한 혼란과 역설이 사라지게 하는 것, 이것이 그들의 희망이었다.

이 프로그램을 실행에 옮기기 위해 20세기의 수학자와 철학자들은 인공적인 논리 언어를 만들고 응용한 다음 뒤죽박죽 상태의 자연 언어로 된 우리의 생각을 질서정연하게 조직되고 통제된 형태로 환언하려고 시도했다. 논리 언어들에서 단어는 수학의 집합 이론을 이용해 정확한 의미를 부여받는다. 예를 들어 이름(파이도)으로는 개체를, 개념(는 개다)으로는 개체들의 집합을, 관계(파이도의 부견)로는 여러 쌍의 개체의 집합을 가리키는 식이다. 논리 언어들에서 가장 인상적인 대목은 어떠한 진술의 의미도 그 부분들의 의미와 배열 방식을 알면 기계적으로 구성될 수 있다는 것이다. 결국 한정된 수의 단어와 규칙으로부터 잠재적인 의미를 무한하게 구성할 수 있다.

인공적인 논리 언어의 또 다른 매력은, 자연 언어와 비교할 때 의미를 선명하게 구분할 가능성을 제공했다는 것이다. 신비주의자들은 "만물은 하나"라고 말할지도 모른다. 가톨릭 사제들은 그리스도의 살과 피가 성찬식에 쓰이는 밀전병과 포도주와 글자 그대로 같다는 화체설을 이야기할 수 있다. 독일 철학자들은 '권력에의 의지',[27] 인간의 감각으로 포착할 수 없는, 불가지의 '현상계 noumenal world',[28] 혹은 천상의 '정신 현상학'을 주장할 수도 있다.[29]

이러한 진술들을 정확하게 검증할 수 있는 형태로 전환하는 것이 가능한가? 특히 다른 것도 아닌 논리 언어라는 엄격한 틀로 전언할 수 있는가? 많은 철학자는 불가능하리라고 생각했다. 나아가 무의미해서 폐기해야 하는 진술이 논리 언어로 환언될 수 있을 것 같지는 않다고도 생각했다. 그러나 초기 비트겐슈타인조차 다음과 같은 유명한 주장을 남겼다. "적어도 할 말이 있다면 분명하고 정확하게 말할 수 있어야 하며, 할 수 있는 말이 없다면 침묵해야 한다."[30] 이 엄격한 관점 덕분에 정연한 논리 언어는 말할 수 있는 것과 생각할 수 있는 것의 윤곽과 경계를 명시하는 지성계의 중추적 지위를 부여받는다. 이러한 관점에 따른다면 즉흥적인 제스처 게임으로서의 언어라는 개념만큼 인간의 언어에 해로운 것은 없다.

제2차 세계대전이 끝나고 디지털 컴퓨터가 발명되자, 학자들은 자연 언어와 인공 언어의 관계를 새로운 방식으로 인식했다. 현실의 뒤죽박죽인 자연 언어를 단순화하고 분명하게 해서 전반적으로 말끔하게 정돈하려는 노력에 더해, 수학적 논리로부터 얻은 아이디어를 도구 삼아 실제 인간 언어의 복잡성을 (단순히 제거하는 대신에) 분석하기 시작했다. 컴퓨터에 기반한 지능 모델 구축이 목표였던 인공지능이라는 새로운 학문 분야가 발전하면서 더

대담한 시도가 이루어졌다. 논리 그 자체가 우리의 이성을 작동하는 사고 언어language of thought의 기초가 되어야만 한다고 주장하기에 이른 것이다.[31] 언어를 이해하거나 말하기 위해서는 명백히 무질서한 수천 개의 언어 각각을 인간 정신 속에 어떤 식으로든 내재된 하나의 단일한 논리 언어에 대응할 수 있어야만 한다. 따라서 언어심리학자 스티브 핑커가 지적하듯이 "사람들은 영어로, 혹은 중국어나 아파치어로 생각하지 않는다. 대신에 사람들은 사고 언어로 생각한다."[32] 또한 이 사고 언어는 실제 음성 언어들에서 볼 수 있는 기발함과 특이함이 없으며, 가능한 한 쉽게 추론하도록 설계된 정밀하고 논리적인 언어라고 가정되었다.

이후 일상적인 인간 언어 속의 의미를 이해하기 위한 논리적 방법이 다양하게 개발되었고 철학, 언어학, 인지과학 등 많은 분야에서 광범위하게 사용되었다. 그중 가장 중요한 것은 명석한 수학자이자 철학자인 리처드 몬터규Richard Montague의 연구였다. 1960년대에 몬터규는 수학적으로 정밀한 규칙을 만든 다음, 그에 따라 자연 언어(특히, 영어) 문장을 논리적 문장과 하나씩 대응해 가며 그 의미를 파악하려 했다. 궁극적 목표는 일상적인 문장을 논리적인 형태로 완전히 자동적으로 전환할 방법을 찾는 것이었다. 하지만 이러한 작업은 원칙적으로 컴퓨터에 의해서만 수행 가능한 일이었다. 일단 우리가 논리적인 형식을 갖추기만 하면, 역시나 컴퓨터에 프로그래밍된 규칙을 활용해 각 문장으로부터 추론하거나 추론할 수 없는 것을 논리적으로 계산해 낸다. 이러한 계획을 모든 자연 언어 문장에 적용하는 것이 가능했다면, 컴퓨터 프로그램을 써서 인간의 언어를 이해하는 경지에 거의 도달했을지도 모를 일이다. 다시 말해 인공 지능계의 성배와도 같은 것을 찾아낸 셈이었을 것이다. 몬터규의 연구는 '형식 의미론'으로 알려진 언어학의 하위 분야 전반을 확립하는 데 엄청난 영향력을 행사했으며, 이로써 철학자와 언어학자들은 현실 언어의 구성 요소를 분석하고 설명할 수 있는 강력한 수단을 얻게 되었다.[33]

비록 학문적으로는 주목할 만한 성과이긴 하지만, 형식 의미론 계획은 기껏해야 인간 언어가 지닌 의미의 일부분만을 분석할 수 있는 제한적이고 협소한 틀에 불과하다. 하나의 단일한 논리적 틀을 만들어 언어 전체(실제로, 모든 언어)를 그것으로 환언하겠다는 목표(위에서 예로 든 핑커의 사고 언어와 유사하다)는 존 윌킨스의 철학 언어나 라이프니츠의 보편 기호학만큼이나 실현 가능성이 없다. 우리가 제스처 게임에서 사용하는 모방 행동처럼 단어도 고정된 의미를 갖지 않는다. 단어는 그 순간에 사용되는 도구일 뿐이기 때문이다. 비유와 은유가 아주 흔하게 사용된다는 사실에서 알수 있듯이, 아이와 성인 모두에게 언어의 불안정성은 별나고 이례적인 것이 아니라 언어의 본질과 같다. 게다가 제스처 게임에서와 마찬가지로 언어의 의미는 화폐가치나 소유권, 혼인 등의 개념처럼 기본적으로 공적이고 사회적인 성격을 지닌다. 이는 결국 초기 인공지능 연구자들을 헛된 기대로 애태우게 했을 바로 그 생각(즉 완벽한 논리 언어라면 개별 인간의 마음속에 자리한 의미들을 포착해 낼지도 모른다)이 끔찍할 정도로 앞뒤가 맞지 않는 주장이라는 것을 시사한다.

실제로 20세기가 경과하면서 몬터규가 자신의 프로그램을 시도해 보기도 전에, 자연 언어의 의미 이면에 존재할 수도 있는 논리 언어라는 관념 자체의 평판이 추락하기 시작했다.[34] 철학에서는 이 관점을 대표하는 주요한 인물이었던 비트겐슈타인이 그러한 관념의 파괴자로 돌아섰다. 비트겐슈타인은 언어게임이라는 개념과 단어의 의미 기저에서 작동하는 불규칙적인 가족 유사성(공통의 본질이 아닌)이라는 개념으로, 의미가 수학적 논리를 응용한 도구들을 사용해 증류되고 정제되어 고정될 수 있다는 관념을 약화시켰다. 그는 "우리는 단어의 사용을 통해서만 그 의미를 학습할 수 있다"라고 지적했다. 그리고 우리가 이미 살펴보았듯이('가벼운'의 여러 의미를 상기해 보라), 단어의 사용이란 거의 무제한적이다.[35] 논리를 기반으로 의미에 접근하려던 시도들의 철학적 토대가 와해됨에 따라 언어학, 인지과학, 초기 인공지능 이론에서 중심적인 위치를 차지했던 논리에 기반한 보편적인 사고 언어라는 이상도 무너졌다.[36]

물론 논리 언어에서 프로그래밍 언어에 이르기까지 인공 언어가 엄청나게 중요한 혁신임은 분명하다. 실제로 인공 언어는 컴퓨터 과학의 토대일 뿐만 아니라 컴퓨터의 도움으로 일어나는 사회 경제적 혁명의 기반이기도 하다. 그러나 이러한 '언어들'과 인간의 언어를 동일시하는 것은 우리가 만들어낸 은유에 우리 스스로 속아 넘어가는 격이다. 언어적 제스처 게임이 만들어내는 의미를 정밀한 수학적 체계로 환언할 수 있다고 생각하는 것은 근본적으로 착각이다.

언어의 유연성과 유희성, 변덕스러움은 형식 논리라는 엄격한 잣대를 적용해 제거해야 할 약점이 아니다. 이러한 특징들이야말로 언어가 작동하는 방식의 본질이다. 의미의 바로 그 가벼움 덕분에 우리는 언어를 능숙하게 다룰 뿐만 아니라 끊임없이 변화하는 세상에서 쉴 새 없이 바뀌는 의사소통 과제를 처리한다. 무엇보다 인간 언어의 으뜸은 시이고, 그다음이 산문이다.

그러나 언어가 시이건 아니건, 언어에는 질서가 존재한다. 물론 단어를 구성하는 소리 패턴에서부터 우리의 말을 모양 짓는 강세나 억양 패턴, 단어가 서로 맞물리는 방식을 규정하는 문법 규칙에 이르기까지 그 방식은 매우 다양하다. 만약 각각의 언어적 제스처 게임이 순전히 그 순간의 메시지를 이해시키는 데만 집중한다고 한다면, 단어와 구, 전체 문장을 가로질러 나타나는 이 풍부하면서도 복잡한 패턴은 어디에서 나오는 것일까? 답은 점진적인 과정에 있다. 즉 새롭게 나타나는 패턴들이 많은 화자와 잇따른 세대를 거치며 계속 사용되고 재사용되는 과정을 통해 확립되고 (부분적으로) 정렬되면서 서서히 질서가 출현한다. 다음 장에서 살펴보겠지만 언어 질서는 어지럽고 무질서한 의사소통 과정을 통해 오직 점진적으로만 출현한다.

CHAPTER 4

혼돈의 경계에 선
언어 질서

언어, 글쓰기, 문학, 예술과 의학, 농업, 제조 그리고 의사소통의
기술을 포함하는 실용적인 기술 등 이 모든 것은 역동적인 질서
의 체계다. … 각 분야에는 모든 사람이 접근할 수 있는 공공 정
신 유산이 세대에서 세대로 전승되고 있다.

_마이클 폴라니,
《사회에서의 사고 성장The Growth of Thought in Society》

영국의 유명 뉴스 진행자 존 험프리스John Humphrys는 걱정이 많
다. 그는 사람들이 '정크 워드'를 먹어대는 바람에 '언어 비만'이라
부르는 결과가 초래되었다며 분개한다. "동어반복은 마치 쌀밥
에 감자튀김을 곁들여 먹는 것과 같다.* 그럼에도 우리는 미래의
계획과 과거의 역사에 대해, 살아 있는 생존자와 안전한 피난처
에 대해 이야기한다." 험프리스는 영어의 쇠퇴를 피할 길은 없다
고 진단한다. "결국 우리는 돼지처럼 꿀꿀거리며 말도 안 되는 소
리로 의사소통하게 될 것이다."[1] 문자나 이모티콘, 트위터의 해로
운 영향에 대한 우려 또한 상당하다. 과도한 줄임말이 우리의 언
어를 못 알아듣게 하여 다음 세대 언어 사용자의 표현력을 서서
히 망가뜨려 버리는 것은 아닐까? 어쩌면 약간의 조소도 섞여 있

---

* 쌀밥에 감자튀김을 곁들이는 것은, 우리 식으로 하면 밥에 떡을 얹어 먹는 격이다. 감자튀김과 쌀,
떡은 영양학상으로 같은 탄수화물이자 녹말 덩어리이다. 그런 점에서 같은 말을 반복하는 것과 같
고, 따라서 불필요하다.

었겠지만, 험프리스는 진심으로 울화통을 터뜨리며 "휴대전화 문자 메시지 보내기에 빠진 이 야만족들은 8백 년 전에 칭기즈칸이 그의 이웃들에게 한 것과 똑같은 짓을 부단히 지치지도 않고 우리 언어에 자행하고 있다"라고 쓴다.[2] 이따금 더 심각한 걱정의 목소리도 들린다. 장관을 역임한 노먼 테빗Norman Tebbit은 한 강연에서 다음과 같은 유명한 말을 남겼다. "만약 좋은 영어의 기준이 나쁜 영어와 다를 바 없는 수준으로 떨어지게 놔둔다면, 사람들로서는 기준이 없는 것과 같게 될 것이다. 기준을 잃어버린 사람들에게 규칙을 위반하지 않을 의무란 존재하지 않는 법이다."[3] 정말이지 파국으로 치닫고 있는 길이다. 다행히 우리에게는 '정통 영어의 수호자를 자처하며 기준이 하락하지 않도록 예방하는 데 힘쓰는' 표준 영어 협회가 있다.[4] 그럼에도 우려의 기운은 사라지지 않은 채 공기 중을 감돌고 있다.

하지만 흥미롭게도 언어가 파괴되고 있다는 걱정은 아주 오래전부터 늘 존재해 왔다. 새뮤얼 존슨 박사는 1755년에 출판한 유명한 《영어 사전》 서문에서 "권력의 부패만큼이나 언어의 퇴보도 자연스러운 경향이다"라고 경고한다. 《걸리버 여행기》를 쓴 17세기 아일랜드 작가 조너선 스위프트는 다음과 같이 개탄했다. "우리 언어는 몹시 불완전하다. 매일 개선되는 비율이 매일 오염되는 비율을 결코 따라잡지 못하며, 영어를 갈고 닦아 품위를 높인다고 자처하는 이들이 도리어 남용과 부조리를 증폭하고 있다. 그러면서 많은 경우에 문법의 모든 부분을 하나하나 다 어기고 있다."

한층 더 과거로 거슬러 올라가 보자. 언어학자 진 애이치슨Jean Aitchison은 14세기의 한 수사가 영국인들이 말할 때마다 이상할 정도로 "더듬거리고, 재잘대고, 버럭버럭 소리를 지르고, 귀에 거슬리는 이 가는 듯한 소리를 낸다"라고 한탄한 사실에 주목한다.[5]

언어의 쇠퇴를 우려하는 목소리가 영어권에서만 나오는 것은 아니다. 아카데미 프랑세즈는 1635년에 설립된 이래로 '외래'어들이 영어를 비롯해 다른 언어에서 슬며시 유입되는 일을 막고 정확한 문법 기준을 지킴으로써 프랑스어의 순수성을 유지하기 위해 싸워왔다. 비슷하게 아이슬란드 언어협회도 1985년부터 아이슬란드어를 보존하고 확대해서 현대 세계에 대처하고자 노력하고 있다(그 일환으로 컴퓨터를 가리키는 아이슬란드어 tölva는 숫자를 의미하는 tala와 마녀를 의미하는 völva를 결합해 '숫자의 마녀'라는 뜻을 가지고 있다). 더욱이 모든 언어는 문법책과 사전들로 학생과 작가뿐만 아니라 일상적인 화자에게도 언어 규칙을 부과하는 것처럼 보인다. 언어의 필연적 쇠퇴라는 이 암울한 전망은 아주 오래전의 언어는 완벽했다는 생각을 전제로 한다. 즉 세월의 풍상을 겪고 부정확한 말이 쌓이면서 언어의 완전성이 끊임없이 부식되고 훼손되었다는 것이다.

언어 쇠퇴를 우려하는 사람들은 상당 부분 단어가 모호하거나 '부정확하게' 사용되면서 의미가 둔화하고 약해진다는 점을 걱정한다. 하지만 가장 심각한 우려는 언어의 문법이 변하고 있다는 것으로, 그것이 이 장의 주된 초점이기도 하다. 이는 우리가 학교에서 배우는 상당히 까다로운 규칙들의 체계인 규범 문법에 국한된 우려가 아니다. 예를 들어 우리는 부정사를 분리하거나* 전치사로 문장을 끝내서는 안 된다고 배운다. 하지만 언어학자에게 문법은 훨씬 더 근본적인 문제다. 문법은 패턴의 집합으로 단어들을 조합해서 쓰는 방법을 규정한다. 따라서 우리는 영어로 Ella sings jazz(엘라가 재즈를 부른다)라고는 말해도 sings Ella jazz라고 말하지는 않는다. 비슷하게 I like jazz(나는 재즈를 좋아한다)라거나 I dislike jazz(나는 재즈를 싫어한다) 혹은 I like to play jazz(나는 재즈 연주하기를 좋아한다)라고 말하는 것은 괜찮지만 I dislike to play jazz라는 말은 매우 어색하게 들린다. 또는 Ella saw her in the mirror(엘라는 거울에서 그녀를 봤다)라는 문장에서 her은 엘라를 가리킬 수 없지만, Ella saw herself in the mirror(엘라는 거울로 자신을 비춰봤다)라는 문장에서 herself는 오직 엘라만을 가리킨다는 점을 생각해 보라. 왜 그런가? 또한 she saw her(그녀는 그녀를 봤다)라고 말할 수는 있지만, she와 her의 위치를 바꿔 her saw she로 말해서는 안 된다. 이런 예는 무수히 많다. 언어의 쇠퇴에 대한 우려는 단순히 문체(이것이 문제의 발단이 되는 경우도 많다는 것을 알지만)의 미묘한 차이에 관한 문제가 아니다. 언어학자들은 언어의 부정확한 사용이 우리에게 언어적 '무정부 상태'를 가져올 수 있다고 우려한다.

하지만 소리와 단어, 의미가 층층이 쌓여 패턴을 이루는 인간

---

* to 부정사의 to와 동사 사이에 부사를 끼워 넣는 것을 가리킨다.

언어의 복잡성은 애초에 어떻게 등장했는가? 우리는 새로운 언어를 배울 때, 이 복잡성의 규모가 어느 정도인지를 뼈저리게 느끼게 된다. 외국어 학습자들은 발음과 강세, 동사와 많은 시제, 어순 규칙 등등에 숙달되기 위해 고군분투해야 하기 때문이다. 그러다 보면 이 끝없이 이어지는 패턴은 대체 어디에서 나오는가 하는 의문을 품지 않을 수 없게 된다. 도대체 이 패턴들은 왜 이렇게까지 어이없을 정도로 복잡한 것인가?

자생적 질서

아무도 언어를 설계하지 않았다. 언어의 복잡성과 질서는 무수한 언어적 제스처 게임이 빚어내는 혼돈 가운데서 출현했다. 게임을 할 때 화자들은 특정 맥락의 특정인들에게 자신들을 이해시키는 일에만 관심이 있다. 하지만 여러 세대에 걸쳐 언어가 사용되면서 놀랍도록 풍부하고 미묘한 패턴들이 서서히 나타났다. 언어의 시제와 상**, 격, 어순 같은 문법 범주는 넋을 놓게 할 정도로 복잡하다. 단어를 구성하는 언어음의 목록들 역시 다양하고 기묘한 데가 있다. 아울러 각 언어에는 물리적, 생물학적, 도덕적, 정신적 세계 전체를 아우르는 방대한 단어 목록도 존재한다. 언어의

—

** 동사에 관한 문법 범주의 하나로써 시간 영역 내의 동작 과정을 구분하고, 그 구분에 따른 동작의 양태나 성질 등의 차이를 파악해 나타내는 문법 형식이다. 영어에서 상은 크게 완료상과 진행상이 존재한다.

모든 복잡성은 자생적이고, 우연적인 질서가 누적되면서 발생한다. 매우 실질적인 의미에서, 인류의 가장 중요한 발명품은 우연성의 축적으로 만들어진다.

이것이 어떻게 가능한가? 언어적 제스처 게임에서 가장 중요한 요소는 시간이다. 새로운 메시지들이 다급하게 잇달아 나오기 때문이다. 지금 당장 즉흥적으로 급박하게 말을 만들어내야 하기 때문에, 지나간 메시지들을 다시 끌어다 사용하고 재조합할 수밖에 없다. 새로운 언어 형태는 과거를 바탕으로 형성된다. 언어적 형태는 특정한 방식으로 상호작용하면서 하위 패턴을 만들어내는데 이 패턴들은 시간의 흐름에 따라 더 풍부해지고 더 미묘해진다. 그러나 언어의 이러한 지속적 변화가 곧 불가피한 쇠퇴의 나락으로 떨어지는 것을 의미하지는 않는다. 언어가 변한다는 것은 언어가 살아 있다는 표지이며, '살아 있는' 언어는 끊임없이 자신을 변화시켜 언어 사용자들이 마음속에 떠오르는 생각을 그것이 무엇이건 더 쉽게 말로 표현할 수 있게 한다.

우리는 언어적 질서가 일상의 무질서한 상호작용으로부터 출현한다는 통찰을 생각지도 못했던 곳에서 얻었다. 바로 뉴멕시코주의 어느 산맥 기슭에 자리한 물리학 기반의 민간 싱크 탱크가 그곳이었다. 산타페 연구소는 전 세계 복잡성 과학 연구의 중심지로 노벨상 수상자 머리 겔만이 퓰리처상 수상자인 소설가 코맥 매카시와 대화하는 장면을 직접 목격할 수 있을 정도로 지적으로 자극적인 분위기를 풍기는 곳이었다. 산타페 연구소를 비롯한 여러 곳에서 복잡성 이론가들은 한 체계의 하위 구성 요소 간의 '국지적' 상호작용이 체계 전반에 영향을 미치는 '총체적' 패턴을 예기치 못하게 만들어낼 수도 있음을 보여주었다. 이를 증명하는 다양한 사례를 자연계 곳곳에서 발견할 수 있다. 뜨거운 용암이 식으면 주변 부분에 수축이 발생한다는 아주 단순한 법칙의 작용으로, 4만 개가 넘는 주상절리가 모여 있는 자이언트 코즈웨이가 만들어졌다. 개별 분자들은 생체 세포 내에서 지속적인 자기 조립 과정을 거쳐 복잡한 단백질 분자를 구성한다. 또한 흰개미 개체들은 페로몬으로 자취를 남기고 그 흔적을 쫓아갈 뿐이지만, 결국에는 자기 조직화 과정을 거쳐 거대한 군체를 형성한다.

모텐은 2006년 8월부터 이듬해인 2007년 5월까지 9개월을 산타페 연구소에서 보냈다. 그러던 차에 2007년 봄, 닉이 일주일간의 방문 조사를 위해 연구소를 찾았다. 연구소의 분위기는 고무적이었다. 그래서인지 모든 것이 가능하게 느껴졌고 모든 질문이 빠짐없이 논의 선상에 올랐다. 산타페 연구소는 어떻게 단순한 과정이 복잡한 패턴을 발생시키는지, 또 어떻게 복잡성이 그 자체로 더 큰 복잡성을 창출하는 토대가 되는지를 밝히는 데 몰두하고 있었다. 물리학과 인류학, 경제학, 심리학 분야의 연구자들이 생명의 기원에 필요한 전제 조건부터, 왜 어떤 종교는 번성하는데 어떤 종교는 사라지는지에 이르기까지 다양한 문제를 탐구했다. 언어는 무엇보다 그 기원과 다양성, 변화 패턴과 관련해 자주 제기되는 주제였다.

자연과학자들이 물리적, 화학적, 생물학적 세계에 나타나는 복잡성 현상에 열광해 왔듯이, 사회과학자들도 자생적 질서라는 복잡성과 비슷한 원리들이 규칙과 규범, 법체계와 전체 사회구조를 발생시키는 과정을 밝혀왔다. 어쨌든 언어를 설계하고 만들어 낸 사람이 아무도 없는 것과 마찬가지로, 우리의 집합적 삶을 지배하는 무수한 규칙과 구조 또한 어떤 영리하고 주도적인 설계자에 의해 생긴 것은 아니다. 물론 우리는 우리가 따르는 규칙과 제도에 대해 적극적으로 논쟁을 벌일 수도 있고, 또 실제로 논쟁을 벌이기도 한다. 우리는 성과 인종, 계급, 차이 등과 관련해 태도와 행동을 서서히 변화시켜 왔다. 우리는 법을 바꿀 뿐만 아니라 법을 만들고 유지하는 기관을 부단히 재설계한다. 세상은 경제 계획에 쉼 없이 몰두하는 개인과 기업으로 넘쳐나지만, 그들의 계획은 제한적이고 대개는 즉각적인 이익(판매량을 늘리고, 수요에 맞춰 가격을 올리거나 내리는 식으로)에만 관심이 있다.[6] 하지만 이 무질서한 개별적인 행동들로부터 금융가, 법률가, 무역업자, 자영업자, 온라인 소매업자와 결국은 소비자에 이르는 하나의 방대한 연결망과 함께 대단히 복잡한 경제 질서가 출현한다. 게다가 이 경제 행위자들의 활동과 상호작용은 너무도 방대해서 우리 가운데 어떤 누구도 이해하지 못한다. 우리 사회의 복잡성을 거의 인식하지 못한 채 살아간다는 점에서 우리는 생각보다 더 흰개미와 닮았는지도 모른다. 실제로 흰개미의 행동처럼 우리의 개별적이고도 순간적인 생각과 반응, 선택도 제각각으로 보이지만 거대한 춤 속 아주 작은 일부에 불과하다. 비록 의도한 것은 아닐지라도 그 춤이야말로 우리의 집합적인 창작물이다.

이는 산타페 연구소나 더 광범위한 전 세계 복잡성 과학계 내부에서는 매우 자연스러운 관점이다. 하지만 언어의 본성을 숙고하는 이론들과는 이상하리만큼 배치되는 것처럼 보인다. 한 유력한 접근법에 따르면(나중에 다루겠지만), 언어의 복잡성은 이렇게 간단히 설명되지 않는다. 대신에 핀란드어 같은 특정 언어의 복잡성은 소위 보편 문법이라는 똑같이 복잡한 어떤 것을 동원할 때만 설명할 수 있다. 복잡한 문법만이 인간의 언어에서 나타나는 언어학적으로 흥미로운 모든 패턴을 포착한다고 가정되기 때문이다. 이처럼 언어 질서에 대한 '중앙 계획'의 관점에서는 유전자 암호가 '언어 기관'의 건설을 지시하며, 이 언어 기관이 이른바 언어의 보편적인 문법 패턴을 어떤 형태로든 구현한다고 본다.

그러나 자생적 자기 조직화를 강조하게 되면 전혀 다른 관점, 즉 언어를 제스처 게임으로 바라보는 다음과 같은 관점을 자연스럽게 가지게 된다. 첫째, 자생적 질서는 상호작용들이 순간적으로 교차하고 서로를 제약하는 과정에서 출현한다. 둘째, 자생적 질서가 확산되고 결정적으로는 축적되도록 하는 어떤 메커니즘이 존재한다. 흰개미 집처럼 언어도, 또한 사회 규범과 경제적 연결망도 순식간에 완전한 모습으로 등장하지는 않는다. 복잡성은 역사의 산물이다.

첫 번째 언어를 찾아서

태초부터 사람들은 어떻게 이 동물의 왕국에서 우리 인간들만이 유일무이하게 언어를 가지고 있는지 이상하게 여겨왔다.[7] 일반적으로 말재주는 신비한 영적 혹은 힘이 인간에게 하사한, 글자 그대로 선물이라 여겨진다. 북유럽 신화에서 태초의 두 인간인 아스크(남성)와 엠블라(여성)는 생명, 지능과 함께 말하고 듣는 능력을 부여받았다. 인도와 미얀마 사이의 벵골만 동부에 있는 안다만 제도 원주민에 따르면, 언어는 그들의 시조인 어머니와 아버지에게 창조의 신 풀루가Pūluga가 내린 선물이었다. 미국 워싱턴주와 캐나다 브리티시컬럼비아주 사이의 국경 지대에 거주하는 오카나간족에게는 코요테라는 조상이 사람들을 여러 곳에 정착시킨 후 집단마다 다른 언어를 주었다는 이야기가 전해진다. 오스트레일리아 원주민들에게는 영적 선조들이 땅을 가로질러 여행하며 생명을 창조했다는 몽환시*에 관한 설화가 전해 내려온다. 그중에는 오스트레일리아의 에뮤(타조와 비슷한 큰 새)와 코렐라(흰 왕관 앵무새) 그리고 신화 속 동물인 주른타칼(거대한 뱀)로 표상되는 정령들이 노던준주 빅토리아강 지역에 사는 세 부족에게 응아린만Ngarinman 언어, 빌리나라Bilinara 언어, 말른긴Malngin 언어를 하나씩 맡겼다는 이

---

* 몽환시 혹은 드림 타임은 오스트레일리아 토착 신화의 물활론적 개념으로, 오스트레일리아 신화의 정령들이 창조된 고대의 신성한 시대를 일컫는다. 원문의 Dreamings는 '몽환시의 꿈 이야기들'로 번역하는 것이 더 정확하겠지만, 포괄적인 의미에서 몽환시라고 옮겼다.

야기도 나온다. 또한 중동의 아브라함 전통에 따르면 3장에서 언급했듯 언어는 살아 있는 모든 것에 고심해서 이름을 지어준 아담으로부터 기원한다. 언어는 우리의 본성, 우리가 상호작용하는 법, 사회의 복잡한 작동 방식에 매우 필수적인 요소다. 따라서 언어의 기원을 둘러싼 이처럼 다양한 이야기는 전 세계 곳곳에서 발견되며, 하나같이 우리가 지닌 언어적 능력이 우리 자신을 인식하는 데 얼마나 근원적인지를 강조한다. 결국 말이 곧 인간이다.

학자들과 종교 사상가들이 언어의 기원을 둘러싼 질문들에 마음을 빼앗겨 왔다는 사실은 놀라운 일이 아니다. 16세기 유럽에서는 언어의 기원을 연구하는 언어 기원학자들이 처음으로 등장했다.[8] 그들의 목적은 아담이 사용한 태초의 언어를 밝히는 것이었다. 성서에 따르면 '아담의 언어'라는 하나의 언어만을 사용하던 인류는 하늘에 닿고자 바벨탑을 세웠다가 언어의 '대혼란'을 자초했다. 학자들은 태초의 언어를 발견할 수만 있다면 언어의 질서가 어디서 비롯되는지, 왜 언어는 소리와 단어가 뒤죽박죽 뒤섞인 채로 있지 않고 복잡한 문법 패턴의 지배를 받는지를 밝혀낼 수 있다고 생각했다. 그런데 이 최초의 완전한 언어의 자연적 기원으로 신의 개입보다 나은 것이 있을 수 있을까?

이런 점에서 초창기 화폐에 태초 아담의 언어라 여겨진 히브리어가 새겨져 있었다는 사실은 어쩌면 당연한 일일지도 모른다. 어쨌거나 히브리어는 구약 성서의 언어였고, 그런 연유로 창세기에 나오는 '하나의 언어와 하나의 말'이 히브리어일 것이라고 추정되었다. 1493년에 스코틀랜드 왕 제임스 4세는 청각 언어 장애가 있는 한 여성에게 에든버러에서 정북 쪽으로 몇 킬로미터 떨어지지 않은 인치키스섬에서 아기 둘을 언어적으로 완전히 고립된 상태로 키우라고 명했다. 전하는 바에 따르면, 아이들은 완벽한 히브리어를 저절로 말하기 시작했다. 이 받아들이기 힘든 결론을 뒷받침하는 추가적인 증거들을 내놓은 사람들은 다름 아닌 유럽의 학자들이었다. 이들은 점차 다양한 언어를 접하게 되면서 언어들의 기원을 연구하는 중이었다. 예를 들어 프랑스 외교부에서 통역사로 일했던 16세기 프랑스 학자 기욤 포스텔Guillaume Postel은 오스만 제국과 중부 유럽을 여행하며 다양한 문자와 언어로 쓰인 신비한 문서들을 수집했으며 당시의 유럽어, 고전어, 셈어족으로 광범위하게 지식을 확장했다. 1538년에 그는 《히브리어와 히브리인의 기원 혹은 풍습에 관하여De originibus seu de hebraicae linguae et gentis antiquitate》라는 책을 출판했다. 책에서 그는 칼데아어, 힌디어, 아랍어, 그리스어를 비롯한 다양한 언어의 기초가 되는 비밀의 패턴을 발견했다고 주장하면서 그러한 패턴들이 히브리어에서 유래한 것이 확실하다는 의견을 피력했다. 같은 해 출판된 그의 또 다른 책 《열두 개 언어의 특성별로 다른 자모 체계Linguarum duodecim characteribus differentium alphabetum》에서는 열두 개의 다른 문자들을 비교한 것을 근거로 히브리어 자모 체계의 탁월함을 옹호하기도 했다.

그러나 17세기와 18세기에 들어 다른 고대 문명들과 그 언어들에 대한 지식이 증가하면서 새로운 생각들이 퍼져나갔다. 1669년에 영국 건축가 존 웨브John Webb는 노아의 방주가 대홍수 직후에 중국에 상륙했던 것 같다는 의견을 제시했다. 웨브가 보기에 중국인들은 바벨탑 붕괴 사건과 무관했기 때문에 대혼란이라는 형벌이 그들에게 내려지지는 않았을 것 같으며, 그 결과 중국어가 태초의 언어일 가능성이 컸다. 한 세기 후에 프랑스 문헌학자 앙투안 쿠르 드 주벨랭Antoine Court de Gebélin은 켈트어가 모든 유럽어의 원형이라는 점에서 진짜 아담의 언어는 켈트어라고 제안했다. 근대의 신구 국민국가들*이 유럽 무대에서 권력과 우위를 점하고자 경쟁하는 과정에서 힘을 얻게 된 국수주의는 어원학자들의 사고 속으로도 흘러 들어갔다. 얼마 지나지 않아 네덜란드어, 독일어, 카스티야어(오늘날의 스페인어), 토스카나어, 스웨덴어 등 많은 유럽어가 태초 아담의 언어의 진정한 계승자를 자처하며 그 위상을 높이려 했다. 학문 연구가 이처럼 국민적 자부심에 영합하는 현상이 나타나자, 비웃음이 쇄도했다. 1675년에 스웨덴인 올로프 루드베크의 부친**이 한 연구 논문에서 스웨덴어가 태초

---

* 공통의 사회적 경제적 정치적 생활을 영위하고 공통의 언어와 문화, 전통을 지닌 국민 공동체를 기초로 해 성립된 국가를 말한다. 역사적 관점에서 볼 때, 근대 유럽에서 시민혁명을 거쳐 형성된 근대국가를 지칭하는 의미로 사용된다. '민족국가'와 유사한 의미로 사용되기도 하지만 민족국가가 민족을 전제로 하고 혈연적 근친 의식에 바탕을 두고 있다는 점에서, 근대의 국가는 국민국가로 부르는 것이 더 타당하다.

** 올라우스 루드베크Olaus Rudbeck를 가리킨다. 그의 아들 올로프 루드베크는 스웨덴의 의학자이자 식물학자로 림프관을 발견한 것으로 유명하다. 웁살라대학교의 해부학 교수를 역임했으며, 그곳에 식물원을 창설했다.

의 언어라고 주장하자, 같은 스웨덴 사람이었던 안드레아스 켐페
Andreas Kempe는 다음과 같은 농담조의 풍자 글을 썼다. "에덴에서
신은 아담에게 스웨덴어로 말하고 아담은 덴마크어로 답했으나,
정작 뱀은 프랑스어로 이브를 유혹했다 하더라."

19세기 즈음에는 성서 중심의 관점이 쇠퇴하기 시작했다. 후
기 계몽주의 사상가들은 언어를 신의 창조물이 아니라 인간의 창
조물로 보기 시작했다. 운이 다하기는 했지만, 아담의 언어를 찾
으려는 시도는 오늘날 우리가 '비교 언어학'이라 부르는 분야, 즉
언어들과 그 언어들의 역사적 기원 전반에 걸쳐 존재하는 유사성
과 차이점을 연구하는 것으로 이어졌다. 그 시기 언어들 사이의
역사적 관계를 재구성하려는 시도는 19세기 독일에서 정점에 달
했다. 19세기 초반에 철학자 프리드리히 슐레겔과 언어학자 프란
츠 보프는 산스크리트어, 그리스어, 라틴어, 페르시아어, 독일어
의 연관성에 주목했고, 그것으로 현재 인도·유럽어족으로 알려
진 언어들의 공통점을 밝혀냈다. 그러나 이러한 결과를 굳건한 과
학적 토대 위에 올려놓은 사람은 바로 덴마크 문헌학자 라스무스
라스크였다.[9] 라스크는 십 대 때 라틴어 학교를 다니던 시절부터
이미 학생들 사이에서 눈에 띄는, 특이한 성격의 소유자였다. 그
시절 함께 학교를 다녔던 한 학생은 '작은 키에 열정적인 눈빛, 책
상과 벤치를 뛰어넘으며 이리저리 쉽게 옮겨 다니는 모습, 비상한
지식뿐만 아니라 심지어 농부들이 입은 괴상한 겉옷조차 동료 학
생들의 이목을 끌었다'고 회상했다. 탐욕스러울 정도로 언어에 대

한 욕심이 대단했던 라스크는 25개의 언어와 방언을 배웠고 언어들에 대한 실용적 지식을 구축했다. 라스크는 자신의 막강한 언어지식을 활용해 자음 소리가 다양한 언어와 또 시간의 흐름에 따라 어떻게 변화하는지를 밝혀냈다. 또한 고대 북유럽 언어와 게르만어파*의 관계에 더해 발트어와 슬라브어가 고전 라틴어와 그리스어와 어떻게 연관되는지를 입증했다. 예를 들어 게르만어파에서 'p' 소리는 'f'로 바뀐다. 따라서 foot(발)이라는 단어는 고대그리스어로는 πούς, ποδός(poüs, podós), 라틴어로는 pēs, pedis, 산스크리트어로는 pāda, 리투아니아어로는 péda, 라트비아어로는 pēda이지만 서프리지아어로는 foet이며 독일어로는 Fuß, 고트어로는 fōtus, 아이슬란드어로는 fótur, 덴마크어로는 fod, 노르웨이어와 스웨덴어로는 fot이고, 물론 영어로는 foot이다. 이것들을 비롯한 여러 다른 패턴은 몇 년 후 법칙으로 성문화되었지만, 동화 수집가인 그림 형제의 형 야코프 그림이 제시한 탓에 '그림 법칙'으로 알려지게 되었다. 라스크에게는 불행하게도 《영어 사용자를 위한 덴마크어 문법A grammar of the Danish language for the use of Englishmen》을 제외하면 저술들을 덴마크어로만 출판했기에, 소리 변화에 대한 선구적인 연구 업적의 공로는 그가 아니라 그림에게 돌아갔다.

---

* 　인도·유럽어족에 속하는 어군의 하나다. 영어, 독일어, 네덜란드어, 스칸디나비아어 등을 포함하며, 세계 인구 중 4억 이상이 이 언어를 사용하고 있다.

언어의 역사를 면밀하게 살펴보면 언어가 끊임없이 변화해 왔음을 알 수 있다. 또한 언어의 점진적 변화가 복합적 결과를 초래했다고 해서 그것이 결코 지속적 쇠퇴를 의미하는 것은 아니다. 예컨대 고대 북유럽 언어는 무수히 많은 단계를 거쳐 현대 덴마크어와 스웨덴어, 노르웨이어, 아이슬란드어, 페로어*로 변화했다. 이 언어들을 고대 북유럽 언어가 완전히 퇴화하는 과정에서 나타난 쇠락의 산물에 불과하다고 본다면 매우 이상할 것이다. 영어의 역사만 살펴봐도 쇠퇴가 진행 중이라는 의식은 늘 존재해 왔다는 점을 상기한다면, 언어가 변화하는 모든 단계마다 반대의 목소리가 시끄럽게 울리고 사람들이 언어가 엉망진창이 될 거라는 불길한 예감에 사로잡혔다는 것을 상상하기란 어렵지 않다. 그러나 현대 북유럽 언어는 의사소통이라는 언어의 역할을 너무도 완벽하게 잘 수행하고 있다. 이러한 이유로 (자칭 언어의 수호자가 아닌) 학계의 언어학자들은 언어의 쇠퇴를 경고하는 근대 이후의 우려 섞인 다양한 주장을 매우 회의적으로 바라보는 경향이 있다. 언어의 역사는 기존 패턴의 붕괴와 새로운 패턴의 창조가 동시에 일어난다는 중요한 통찰을 보여준다. 언어는 '쇠락'이 아닌 '변태'의 지속적인 과정을 거친다.

그러나 언어가 여러 세기에 걸쳐 변화해 온 방식들에 대한 이

---

* 덴마크령 페로 제도에서 쓰이는 언어다. 바이킹 시대 스칸디나비아에서 사용되던 고대 노르웨이어에서 유래되었으며, 아이슬란드어와의 연관성이 깊다.

러한 통찰도 언어가 애초에 어떻게 시작되었는가 하는 더 근본적인 질문에는 답하지 못하는 것처럼 보였다.[10] 1800년대 중반에는 상상력으로 무장한 다양한 가설이 조명되었다. 그중 하나인 의성어 이론은 인간이 주변 환경에서 접하는 자연의 소리를 모방하면서 언어가 시작되었다고 주장했다. 예컨대 개 짖는 소리로 '개'를 의미하고, 강물을 첨벙거리는 소리로 '물'을 나타내게 되었다는 것이다. 대조적으로 감탄사 기원설은 인간이 통증과 공포, 놀람, 즐거움, 기쁨 같은 격한 감정을 표현할 때 내는 본능적 소리가 인간의 언어적 능력을 일깨운 최초의 원천이라고 생각했다. 일반적 공명 이론으로 표현되는 또 다른 가설에 따르면, 세상 만물의 속성과 인간이 그 만물을 가리키기 위해 내는 소리 사이에는 보편적인 조화가 존재한다. 예를 들어 우리는 아주 작은 사물을 묘사할 때는 입 앞쪽에서 나는 모음을 사용하는 반면, 거대한 사물을 표현할 때는 입 뒤쪽에서 발음되는 모음을 사용하는 경향이 있다. 그러나 집단 리듬 이론이라는 또 다른 관점은 뱃사람들이 줄을 당겨 돛을 올릴 때 지르는 영차 소리처럼 사람들이 육체적으로 힘든 노동을 함께 수행할 때 내는 신음, 불평, 구호에서 단어들이 기원했다고 보았다. 서로 충돌한다고 여겨졌던 이 이론들은 지지자의 열렬한 옹호와 비판자의 조롱을 각기 한 몸에 받았다. 오늘날에도 이 이론들은 다음과 같은 별칭으로 불리며 그 조롱의 흔적을 꼬리표처럼 달고 있다. 의성어 이론에는 멍멍 이론이라는 별칭이 붙어 있으며, 감탄사 기원설은 콧방귀 뀌는 소리를 따서 푸푸 이론으로 알려지게 되었다. 또한 일반 공명 이론은 딩동 이론이라 불리고, 집단 리듬 이론에는 요히요 이론이라는 이름이 붙었다.

이 이론들 모두 지금은 대부분 지나간 시대의 근거 없는 추측으로 여겨지며 완전히 기각된 상태지만, 이들 속에는 적어도 일말의 진실이 내포되어 있는 것 같다. 1장에서 우리는 비언어음만을 사용하는 음성 제스처 게임이 실제로는 놀랄 정도로 잘 진행된다는 것을 살펴보았다. 따라서 누군가는 이를 두고 의성어(멍멍)이론의 예측이 맞았다고 할지도 모른다. 비슷하게 3장에서 언급한 부바-키키 실험이 보여주듯이 감정 상태는 단어의 소리와 어떤 식으로도 연관되어 있으며, 그런 점에서 감탄사 기원(푸푸)설과 일맥상통한다. 또한 '붉은'이라는 개념을 지칭하는 단어들이 r 소리를 포함하는 경향이 있다는 사실에서 알 수 있듯이 소리-의미 결합 관계에는 일반적인 패턴이 존재하며(이 역시 3장에서 논의되었다), 이는 일반 공명(딩동)이론과 일치한다. 더욱이 함께 일하는 사람들이 서로의 노력을 조율하기 위해 내는 소리를 강조하는 집단 리듬(요히요)이론은 제스처 게임으로서의 언어라는 저자들의 관점과 맞아떨어지는 것처럼 보인다. 초기 어원학자들의 추측이 결국에는 이론적으로 사형선고나 다름없는 평가를 받게 된 것은 언어의 모든 측면이 하나의 단일한 원인에서 비롯되었다는 애초에 불가능한 주장에 매달렸기 때문이다. 19세기의 문헌학자이자 옥스퍼드대학교 교수였던 막스 뮐러는 처음에 잠시 일반 공명이론에 관심을 보인 적이 있으나 이내 다음과 같이 지적했다. "나에게

드는 유일한 의문이라면, 이 하나의 설명 요인에 우리 자신을 가둘 필요가 있는가 하는 것이다. 다시 말해 언어처럼 크고 넓고 깊은 강이라면 하나 이상의 수원지에서 발원한 것은 아닌가 하는 의문이 든다."[11]

어원학자들의 논쟁은 시간이 지나면서 점점 더 격앙되고 추측이 난무하게 되었다. 각축을 벌이는 이론들 가운데 어떠한 것도 경험적 증거에 의해 뒷받침될 가능성이 보이지 않자, 언어 연구 분야의 최고 학술기관인 파리 언어학회는 1866년에 언어의 기원과 진화에 대해 일절 논의를 금지하기로 한다. 이로써 보편적인 아담의 언어를 찾고자 하는 노력은 종지부를 찍게 된다.[12] 그렇다고 해서 이러한 금지 결정이 어원학자들의 입을 완전히 틀어막지는 못했다. 하지만 이내 홍수처럼 범람했던 책과 팸플릿, 논문의 수가 급격히 감소하면서 언어 진화라는 주제는 주류 과학 담론의 주변으로 1백 년 넘게 밀려나게 되었다.

언어와 생물학

지나치게 공상적인 구석이 많기는 했지만, 언어의 기원을 둘러싼 19세기의 가설들은 모두 한 가지 점에서 일치했다. 즉 뭐가 되었건 언어란 기본적으로 의사소통을 위한 노력의 일환으로 만들어진 인간의 창조물이라는 것이다. 요컨대 언어는 음악, 예술, 무용, 종교, 기술과 마찬가지로 인간 문화의 일부라고 생각되었다. 따라서 전 세계 언어들도 다른 문화적 형태처럼 오랜 역사 과정을 거치며 축적되어 온 혁신의 결과로 발생했다고 여겨졌다. 20세기 전반 50년 동안에도 언어를 문화적으로 보는 관점은 당연시되었다. 당시에는 언어학(언어에서 나타나는 소리와 패턴, 의미에 관한 연구)이 인류학, 고전학, 영어와 근대 언어를 다루는 대학의 학과들에서 주로 연구되었다. 전 세계 언어들을 인간 문화라는 태피스트리의 일부로 파악하는 것은 자연스럽고 불가피해 보인다. 그리고 우리 둘 역시 이 관점이 전적으로 옳다고 믿는다. 그러나 20세기 중반에 예사롭지 않은 일이 발생하면서 인식의 지각 변동이 이루어졌고, 그에 따라 언어를 바라보는 완전히 다른 관점이 출현했다. 언어학을 생물학의 한 분야로 바라보는 관점이 그것이었다.

1950년대 중반에 언어학계에 등장한 노암 촘스키가 발상의 전환뿐만 아니라 글자 그대로 학문적 쿠데타 그 이상의 변화를 가져왔다는 점에서 가히 혁명을 일으켰다고 할 만하다. 젊은 시절 촘스키는 인습의 타파에 앞장섰으며 명석한 학자로 철학과 논리학, 지금은 컴퓨터 이론 공학으로 불리는 분야에 깊이 몰두했다. 그는 언어학을 문화 연구로부터 떼어내 추상적인 수학적, 과학적 토대 위에 재구성하겠다는 급진적이고 새로운 계획을 세웠다.[13]

촘스키는 논리학자들이 논리적 추론을 위한 엄격한 인공 언어를 구축하는 중이라고 생각했다. 3장에서 언급했듯이 논리학자들은 언어들 속에 내포된 의미를 포착하기 위해 논리를 사용하는 일에 주로 관심을 기울였다. 반면에 논리적 언어의 문법에도 관심이 있었다. 바로 이 문법 규칙들이 단순한 구성 요소로 복잡하고 논리적인 공식을 만들어낼 방법을 결정할 것이기 때문이었다. 논리적 언어, 컴퓨터 프로그래밍 언어와 함께 문법은 신중하게 설계된 수학적 규칙의 집합으로 상징들을 적절한 순서로 조합하는 법을 알려준다. 이 접근법의 매력은 정확성에 있다. 문법의 수학적 규칙은 모호함이나 가치 판단의 여지를 남기지 않는다. 문법 규칙은 논리적 상징들로 가능한 조합 배열 중에서 어떤 것이 문법적으로 허용되는지 아닌지를 명시해 논리적인 '문장'으로 간주되는 배열과 그저 뒤죽박죽 엉킨 상징의 덩어리를 구분한다. 그러나 언어들은 논리 언어나 프로그래밍 언어보다 훨씬 더 복잡하다. 촘스키는 인공 언어의 문법을 나타내는 수학적 원칙이 자연 언어에도 적용될 수 있는지를 알고 싶었다.

명백히 무질서한 인간의 언어를 정밀한 수학적 도구를 이용해 묘사하겠다는 계획은 진정으로 급진적인 시도였다. 그 결과 향후 수십 년간 언어학계를 지배할 이른바 '생성 문법'이라는 체계가 만들어졌다. 촘스키는 수학적 엄밀성이 언어학을 과학적 학문으로 만들어줄 것으로 생각했다. 생성 문법이 어떤 것인지를 맛보기 위해, 다음과 같은 단순한 규칙의 집합을 살펴보자. 물론 이 규칙은 영어의 아주 작은 단편만을 포착할 뿐이다.

문장(S) ➡ 명사구(NP) 동사구(VP)

명사구(NP) ➡ 한정사(D) 명사(N)

동사구(VP) ➡ 동사(V) 명사구(NP)

한정사(D) ➡ the(그), a(하나), some(어떤), every(모든), …

명사(N) ➡ dog(개), bird(새), cat(고양이), …

동사(V) ➡ saw(봤다), liked(좋아했다), ate(먹었다), …

이 규칙들을 활용하면 The dog saw a bird(그 개가 새 한 마리를 봤다)와 같은 단순한 문장을 생성할 수 있다. 첫 번째 규칙은 문장이 명사구와 동사구로 구성된다는 것을 의미한다. 두 번째 명사구 규칙을 적용하면, 처음의 명사구를 the(그), a(하나), some(어떤), every(모든)와 같은 한정사와 명사로 풀어 쓸 수 있다. 그리고 우리는 이 규칙을 활용해 명사구 the dog(그 개)를 만들 수 있다. 그 다음으로 동사구 규칙을 활용하면 동사와 명사구로 구성된 동사구를 만들 수 있다. 동사 자리에 saw(봤다)를 삽입하고 명사구 규칙을 재활용하면 saw a bird(새 한 마리를 봤다)라는 동사구를 얻게 된다. 끝으로 여기에 최초의 명사구인 the dog(그 개)를 결합하면 The dog saw a bird(그 개가 새 한 마리를 봤다)라는 문장을 완성할 수 있다(그림 1을 보라).

이제 같은 규칙들을 다른 방식으로 적용한다면 A bird liked every dog(새 한 마리가 모든 개를 좋아했다)나 Some dog ate a bird(어떤 개가 새 한 마리를 먹었다)와 같은 다른 문장을 만들 수 있다. 생성 문법의 기본 발상은 정밀한 수학적 규칙만 있다면 문법

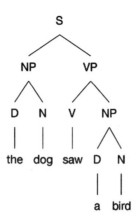

그림 1.   아주 작은 문법 단위를 이용해 인위적으로 구성한 'The dog saw a bird'라는 문장의 구문 '나무' 구조. 언어학에서는 문법 규칙을 활용해 명사구(NP)과 동사구(VP) 같은 문장의 다른 구성 요소들 사이의 구문 관계를 이처럼 시각적으로 표현하기도 한다.

적으로 가능한 문장을 많이 만들어낼 수 있다는 것이다(실제로는 무한하게도 가능하다). 확실히 우리는 무수히 많은 방법 중에서 터무니없이 과도하게 단순화된 규칙들을 예로 들었지만, 적어도 수학적으로는 정밀한 규칙들이다. 언어학자의 과제는 영어든 아랍어든 요루바어든 해당 언어만의 고유한 모든 문장을 생성할 수 있는 수학처럼 정밀한, 그러나 훨씬 더 복잡한 규칙들의 집합을 만들어내는 것이다. 여기서 관건은 규칙들이 그 언어만의 고유한 모든 문장을 생성하는, 정확하고 전적으로 자동적인 절차를 규정해야만 한다는 것이다. 문장이 무슨 뜻인지를 걱정할 필요는 없다. 수학적인 문법 규칙은 인간의 어떠한 통찰이나 개입 없이도 제

할 일을 할 것임에 틀림없다.[14]

촘스키의 두 번째 시도 역시 언어학을 인문학의 손아귀에서 끌어내려 했다는 점에서 첫 번째만큼이나 급진적이었다. 촘스키는 언어를 우리가 실제로 말하고 쓰는 구체적인 사물을 나타내기 위한 원재료로 간주하는 데 그치지 않고, 언어 자체를 모든 화자의 머릿속에 어떤 식으로든 자리 잡은 추상적인 수학적 체계로 재개념화했다. 촘스키의 관점에 따르면 언어학의 목적은 특정 언어의 원어민인 우리가 어떤 문장은 되고, 어떤 문장은 안 되는지를 분간할 수 있게 하는 '직관'을 체계화하는 것이다. 언어학자라면 사람들이 실제로 말하거나 쓰는 것에 대해 너무 걱정할 필요가 없다. 그것은 시작이 잘못되었거나 기이하거나 오류로 가득하기 때문이다. 대신에 언어학 이론은 일상 언어의 거친 모서리를 매끄럽게 다듬어서 감춰진 수학적 체계를 드러내겠다는 어떤 바람을 가져야 한다.

그렇다면 언어학자의 과학적 임무는 특정 언어의 화자들이 가진 언어적 직관을 포착할 수 있는 수학적 체계(생성 문법)를 이해하는 것이 된다. 촘스키가 보기에 언어를 배우는 아이들 개개인은 명확한 가르침이나 도움 없이 그저 사람들이 하는 말을 듣고서 추상적인 문법을 이해해야 한다. 그것도 맨 처음부터 그렇게 해야 한다. 즉 모든 아이는 작은 언어학자라고 할 수 있다. 아이들은 자신을 둘러싼 특정 언어의 추상적이고 수학적인 패턴을 조각조각 끼워 맞추려 애쓴다. 촘스키에게는 이 패턴에 통달하는 것이 곧 언어 학습의 본질이다.

　하지만 어떻게 이런 일이 가능할 수 있는가? 학자들은 수 세기 동안 영어와 여러 언어의 추상적인 문법 패턴을 밝혀내기 위해 머리를 짜내왔다. 대체 아이들이 이것을 어떻게 단 몇 년 만에 깨우치리라고 기대할 수 있겠는가? 촘스키의 세 번째 급진적인 견해에 따르면 아이들이 이러한 추상적 수학 체계를 모두 경험을 통해 배우는 것은 불가능하다. 따라서 우리는 패턴들이 이미 아이의 머릿속에, 궁극적으로는 유전자 속에 처음부터 내장되어 있다고 결론 내릴 수밖에 없다. 결국 촘스키는 아이들이 선천적으로 '보편 문법'을 지니고 태어남이 틀림없다는 논리적 결론에 도달한다. 그리고는 언어를 관장하는 추상적인 수학적 원리로 구성된 유전적 청사진을 제시한다. 표준 중국어나 호피 인디언어, 바스크어 같은 특정 언어를 관장하는 패턴을 배우는 것은 해당 언어의 세부 사항을 포착하기 위해 그저 보편 문법을 미세하게 조정하는 문제에 불과할 뿐이다.

　이 관점은 비관적인 파멸론자들이 거듭해서 제기해 온 언어의 쇠퇴라는 우려에 대해 그 나름의 해답을 다음과 같이 제시한다. 즉 언어는 결코 퇴보할 위험이 없다. 언어의 본질이 우리의 유전자 속에 안전하게 각인되어 있기 때문이다. 실제로 촘스키는 언어를 신체 기관에, 또한 성장하면서 생물학적 프로그램의 작동에 따라 펴지는 새의 날개에 비교했다. 사람들이 실제로 무슨 말을 하는지 그리고 언어가 점차 조악해지는지 아닌지 하는 질문은 중요한 문제가 아니다. 그것은 문화적으로 달라지는 피상적인 문제일 뿐이다. 언어가 역사적으로 발전해 왔다고 생각했다면 이러한 문화적 차이는 중요했을지도 모른다. 그러나 촘스키에게 이런 빈번한 언어적 혼란은 피상적인 현상일 뿐이다. 라스무스 라스크와 동료 문헌학자들을 매료시켰던 언어적 변화는 중요하지 않은 자질구레한 일에 속할 뿐, 언어를 떠받치는 근본적인 구조는 변하지 않은 채 늘 본연의 모습 그대로 유지된다. 그리고 이 구조는 문화가 아닌 생물학에서 비롯된다. 그것은 인간 언어의 변화하지 않는 핵심으로 우리의 유전자와 연결되어 있다.

지금까지 언급한 촘스키의 논의는 더 충격적인 결론으로 이어진다. 그의 관점에 따른다면 아이들이 언어를 배울 수 있는 것은 언어들이 보편 문법의 패턴에 부합하기 때문이라는 논리적 결론에 도달할 수밖에 없다. 그래서 촘스키는 모든 언어가 본질적으로는 같다고 의기양양하게 결론 내린다. 촘스키는 가상의 외계인이 지구를 내려다보는 장면을 생각해 보라고 하면서 다음과 같이 말했다. "화성인 과학자들은 여백의 차이만 있을 뿐 하나의 단일한 인간 언어만 있다는 합리적 결론에 도달할지도 모를 일이다." 인간의 언어는 7천 개가 아니라 하나다. 각 언어의 차이는 언급할 가치가 없을 정도로 사소할 테니 말이다. 그뿐만 아니라 겉으로는 그렇게 보이지 않을지 몰라도, 언어는 사실 변하지도 않는다. 변화라고 해봐야 시시하고 피상적일 뿐이다. 유전적으로 부호화된 보편 문법이라는 언어의 본질은 변치 않은 채 항상 그 모습 그대

로 존재한다.[15]

순전히 논리만으로 이러한 결론을 끌어낸다는 사실이 터무니 없고 믿기 힘들지도 모른다. 하지만 당장이라도 무너져 내릴 것만 같았던, MIT의 유명한 20동 건물이 풍기는 고도로 지적인 분위기에서 급진적인 이론적 주장들은 흔한 일이었으며 종종 화려한 성공을 거두기도 했다. 20동 건물은 1943년에 지어진 임시 목조건물로, 1998년 철거될 때까지 55년 동안 아홉 명의 노벨상 수상 과학자를 배출했다. 추상적인 사고의 승리를 입증해 온 이곳이야말로 순수 이론이라는 눈부시게 환한 빛으로, 전 세계 언어들이 반드시 따라야 하는 보편적 패턴을 밝혀내리라는 상상을 펼치기에 적합한 장소였다. 영어를 안내자 삼아 촘스키와 동료들은 모든 언어에 적용되는 보편적 패턴의 특징을 규명하려고 했다.[16] 전 세계 언어들의 구체적인 세부 사항을 이 보편 문법에 맞게 다듬는 일은 미래의 언어학자들이 집중적으로 해결해야 할 과제로 남을 것이다.

하지만 상황은 결코 그렇게 호락호락하게 돌아가지 않았다. 언어학자와 인류학자들은 현지조사 연구에 한 세기 이상을 쏟아부었다. 그들은 오나족(하우시족과 이웃한 부족으로 현존하는 원시 부족의 하나다)을 비롯한 남아메리카 원주민에서부터 오스트레일리아 내륙과 파푸아뉴기니 열대 우림 지역의 원주민에 이르기까지 외딴 지역의 고립된 집단들의 언어를 기록하기 위해 세계 각지로 퍼져나갔다. 그들이 발견한 것은 단일한 보편 문법을 주제로 한 끝없는 변주곡이 아니라 (7장에서 더 자세히 살펴보겠지만) 사람들이 정보를 전달하기 위해 생소하고 놀라울 정도로 새로운 방법을 무수히 만들어내는 것처럼 보인다는 사실이었다. 소리, 문법, 의미가 이른바 언어의 보편적 특징이라는 주장은 근거 없는 신화에 불과한 것으로 드러났다. 다양성과 무질서, 그리고 예외가 언어 내부를, 언어들 사이를 지배하고 있었다. 만약 정말로 화성에서 온 과학자들이 영어나 하우시어, 덴마크어, 오나어의 공통적인 본질을 찾는답시고 각 언어의 독특한 외피를 벗겨버린다면 아무것도 남지 않을 것이다.

물론 이러한 이야기는 3장에서 이미 살펴본 내용이다. 우리는 단어를 사용할 때 그것을 한데 엮어주는 어떤 공통적인 핵심이 각 단어 속에 존재하리라고 단순하게 생각해 왔다. 앞장에서 들었던 예들을 상기해 보면 경전차, 가벼운 와인, 경음악, 가벼운 분위기 같은 표현은 '가벼움'이라는 어떤 본질을 공유한다고 여겼다. 그 대신에 우리는 한 단어의 여러 가지 다른 용법은 비유적 도약들이 교차하며 만들어내는 패턴에 의해 연결될 뿐이라는 것을 발견했다. 언어라는 단어도 (또는 문법이라는 단어 역시) 다르지 않다. 전 세계 언어들은 복잡하지만 유사한 다수의 패턴을 보여준다. 하지만 그렇다고 전 세계 언어들의 기저에 근원적인 핵심이 존재하는 것은 아니다.

하지만 언어의 패턴이 보편 문법에서 나오는 것이 아니라고 한다면, 대체 어디에서 나오는 것인가? 전 세계 7천 개 언어들 각각에서 나타나는 정교한 패턴이 어떻게 우리의 유전자에 내장된 문법 없이도 발생할 수 있는지를 알아내려면, 우리는 백지상태에서 완전히 새롭게 시작할 필요가 있다. 아니 더 정확히 말하면, 우리는 언어를 생물학의 일부가 아닌 문화의 일부로 바라보는 이론으로 되돌아가야 한다. 언어의 복잡성이 음악, 예술, 기술, 사회 규범의 복잡성과 궤를 같이한다고 보아야 한다. 즉 언어는 유전자 속의 청사진이나 뇌에 의해 창조된 것이 아니라 인간의 독창성이 수천 년간 축적되며 만들어진 산물이다.

언어의 구성 요소

십여 년도 안 되는 사이에 언어학계는, 아니 정확히 말해 적어도 언어학계 일부에서는 조용한 혁명을 경험했다. '완벽한 체계'를 구축해 전 세계 언어들을 가로지르는, 소위 숨겨진 보편적 패턴을 포착하려는 대신에 언어학자들은 작은 데서 시작하기로 마음먹었다. 이 새로운 접근법은 '구문 문법'이라는 포괄적 용어로 불린다.

간단히 말해 언어의 복잡성을 이해하기 위해서는 '구문'이라는 기본 단위에서 시작해야 한다는 것이 이 새로운 접근법의 취지였다. 일단 이 구성 요소에 초점을 맞추게 되면 이러한 구문 간의 상호작용과 빈번한 충돌, 불일치로부터 어떻게 언어의 다채로운 패턴이 비롯되는지를 밝힐 수 있다. 언어에서 패턴은 충돌하기보다 서로 모순 없이 결합하려고 하는 구문 간의 끊임없는 밀고 당기기를 통해 나타난다. 따라서 언어에서 패턴은 출발점이 아니라 결과물이다. 특정 언어의 개별 학습자이자 화자인 우리는 구문을 배우고 그것이 상호작용하는 법을 인식할 뿐이다. 흰개미가 흰개미 군체를 구성하고 운영하는 데 도움을 얻기 위해 설계 도면을 참고하지 않듯이 우리 역시 언어 요소들이 상호작용하면서 창조하는 복잡한 패턴을 알지 못하며, 또 알 필요도 없다.

그렇다면 구문이란 무엇인가? 구문이란 일반적으로 후천적인 학습에 의해 습득되는 형태와 의미의 접합으로, 유의미한 부분들로 이루어진 단어(예를 들어 ~s, ~ing), 단어 자체(예, 펭귄)에서부터 다단어 숙어(예, 취향을 의미하는 cup of tea)와 추상적인 패턴(이를테면, the bigger, the better과 같은 구문을 만드는 the X-er, the Y-er 패턴)에 이르기까지 광범위하다. 구문은 뇌가 계속해서 흘러 들어오는 언어적 투입물을 부호화하기 위해 사용하는 청크(의미 덩어리) 단위와 완전히 일치한다. 이러한 관점에 따른다면, 결국 구문이란 뇌가 언어를 이해하고 만들어내기 위해 사용하는 절차로 정신의 작동과 부합한다. 우리가 단어, 단어 어미, 숙어 등등의 의미를 파악해 구문을 즉시 이해하지 못한다면 그땐 이미 늦었을 것이다. 메시지는 지금 아니면 사라질 병목 지점을 결코 통과하지 못할 것이고, 그 결과 계속해서 밀려드는 언어의 급류에 흔적도 없이 사라질 것이기 때문이다.

제스처 게임의 제스처들처럼 구문도 형태(소리, 몸짓)와 그 형태로 전달하려는 의미가 결합해 하나의 일괄적인 독립적 단위를 구성하지는 않는다는 점에 주목하자. 일련의 제스처가 나타내는 의미를 조립해 그 밑에 깔린 메시지를 유추하기 위해서는 공유된 배경지식, 창조성, 상상력이 필요하다. 그럴 때만 의사소통 빙산의 감춰진 핵심 부분에 접근할 수 있다. 메시지를 유추하는 일은 표준화된 레고블록을 규칙에 따라 단순히 '끼워 맞추는 것'이 아니다. 언어적 범주가 완벽하게 추상적인 패턴을 이룬다는 생각 자체가 하나의 신기루다. 언어는 경쟁적인 구문들을 짜깁기해서 만든 '조각보'이자 질서와 혼돈, 패턴과 예외적인 것의 혼합물이다. 구문 문법학자들은 자세히 들여다보면 실제로 언어가 결코 잘 계획된 것처럼 보이지 않는다고 말한다. 언어적 질서는 항상 질서와 혼돈의 경계에서 위태로운 모습을 하고 있다.

언어는 재활용된 구문들로 만들어진다. 이 말이 옳다면 우리는 어린아이들이 언어를 구문별로 하나씩 습득한다고 생각할 수밖에 없다. 그리고 어린아이들이 범하는 실수에서 나타나는 흥미롭고, 때로는 재미있는 패턴이 보여주듯이 실제로도 그들은 그러한 식으로 언어를 습득하는 것처럼 보인다. 예를 들어 (아마 아이가 한 번도 직접 들어본 적은 없었을) "me do it!" 같은 말실수도 그것이 "Let me do it(내가 하게 해줘)!"의 하위-청크라는 것을 우리가 알아차린다면 납득이 간다.[17] 같은 방식으로 분명 이상하게 들리는 "pick you up me"라는 말도 pick you up이 "Will you pick me up(나 좀 데리러 와줄 수 있어)?"가 아니라 "Shall I pick you up(내가 데리러 갈까)?" 같은 구절의 하위-청크라고 쉽게 착각된다는 점을 우리가 안다면 무슨 말인지 이해할 수 있다. 또는 "Behave(얌전히 굴어라)!"라는 말에 "I am being have"라는 귀엽지만 기이한 대답이 돌아오는 경우를 생각해 보자. 아이는 "Be quiet(조용히 해)!"라는 말에 대한 가장 좋은 답은 "I am being quiet(조용히 하고 있었어요)"이니 "Behave!"라는 말에도 비슷한 패턴으로 답하지 않을 이유는 없다고 생각할지도 모른다. 아이는 언어에서 적절한 청크를 찾으려고, 또한 찾은 청크를 일반화하려고 끊임없이 애쓴다. 그러나 때때로 이러한 과정은 실패로 끝나서 이상하고 명백한 실수를 유발하는 계기가 된다.

위 사례뿐만 아니라 일반적으로 어린아이의 말에서 나타나는, 특히 중요한 한 가지 측면은 특정 청크들과 그것을 중심으로 한 변이 패턴이 주를 이룬다는 것이다. 표준 문법 교과서와 촘스키에 의해 유명해진 생성 문법 접근법에 따르면, 단어는 구문론의 다른 범주인 명사와 동사, 형용사, 부사, 전치사 등으로 나뉠 수 있다. 언어 법칙은 이러한 구문론 범주가 어떻게 하나로 연결되는지를 상세하게 설명한다(앞의 구문 트리에서 문법 단위들을 연결하며 살펴봤듯이). 아이가 구식 문법책의 용어를 사용해 문법을 습득했다고 가정해 보자. 아이는 John(존)이 고유명사(어쩌면 유생 고유명사 animate proper noun라고 배울지도 모른다)이고 sings(노래하다)는 자동사이며, 고유명사와 자동사로 John sings(존은 노래한다)라는 한 문장을 구성할 수 있다고 배웠다. 게다가 다른 유생 고유명사 Fido(파이도), Billy(빌리), Pops(팝스)와 다른 자동사 runs(달리다), eats(먹다), hides(숨다)도 이미 많이 아는 상태라고 해보자. 따라서 우리는 아이가 마음만 먹는다면 가능한 모든 조합을 다양하게 즉시 만들어 내리라고 기대할지도 모른다. 예를 들어 Fido eats(파이도는 먹는다), Pops runs(팝스는 달린다), Billy hides(빌리는 숨는다)를 비롯해 많은 조합이 가능할 것이다. 이야기를 계속 진행해 보자. 아이는 더 많은 단어와 그에 따른 더 많은 문법 범주, 그리고 더 많은 패턴을 배움에 따라 훨씬 더 광범위한 조합을 유창하게 만들어내고 여러 다른 시제, 즉 "Doggy is hiding/hid/will hide(멍멍이가 숨는다/숨었다/숨을 것이다)"와 수동태 "The cake was eaten(케이크가 먹혔다)", 의문문 "Who ate the cake(누가 케이크를 먹었어)?", "What did Billy eat(빌리가 뭘 먹었어)?"를 비롯한 많은 것을 활용하게 될 것이다.

그러나 어린아이들은 결코 이러한 방식으로 언어를 습득하지 않는다. 아주 어린 아이의 언어 목록은 모두 청크로 이루어진 것처럼 보인다. 그리고 각각의 청크는 All gone(아무도 없다), Dadda(아빠), What's that(저건 뭐야), juice(주스), down(아래로), up(위로)처럼 하나 또는 하나 이상의 단어로 이루어져 있다. 각각이 하나의 전체로 여겨지는 이러한 패턴은 아이를 돌보는 사람만이 구분할 수 있는 메시지를 전달하기도 한다. 따라서 여러 다른 상황에서 사용되는 "Up!"이라는 외침은 Pick me up(데리러 와줘)을 의미할 수도 있고 I want to go up the stairs(계단을 올라가고 싶어) 혹은 Put me in the high chair(높은 의자 위로 올려줘)를 의미할 수도 있다(같은 제스처가 여러 다른 제스처 게임에서 서로 다른 것을 의미할 수 있는 것과 마찬가지로). 유아들은 이내 언어를 더 유연하게 사용하기 시작한다. 그러나 매우 독특한 방식으로 단어를 조합해서 사용하며, 특정 단어나 단어의 조합이 포함된 패턴만을 사용하는 경향이 있다.

우리가 1장에서 처음 언급했던 선도적인 언어 연구자 마이클 토마셀로는 자신의 두 살배기 딸 트래비스가 사용하는 언어를 여러 방면에서 분석한 결과 딸아이가 쓰는 통상적인 구문 가운데서 흥미를 자아내는 표준화된 패턴을 많이 발견했다(표 1을 보라). 예를 들어, Find it(발견하다) __이라는 패턴은 '빈칸'을 대개 명사(새, 공, 블록)로, 하지만 가끔은 형용사(우스운)로도 채울 수 있는 일종의 구문이다. 물론 영어에서 to find something funny(뭔가 재미있는 것을 발견하다)는 숙어로, 트래비스는 이 구문을 틀림없이 들어본 적이 있을 것이고 그래서 다시 한번 되새기는 중일 것이다. 또 다른 구문은 __ get it(가지다)으로, 이번에는 빈칸이 앞에 있으며 명사로만 빈칸을 채우는 경우다. Block get it(블록이 가지다)에서처럼 이따금 명사가 '가져지는' 대상을 가리키는 경우도 나타난다. 그러나 Mama get it(엄마가 가지다) 같은 다른 경우에서처럼 명사로 동사의 주어를, 즉 잠재적 발견자를 위치시키는 것이 더 적절한 판단일 것이다. 그 밖에 __ gone(사라졌다)이라는 구문은 모든 명사, 즉 Raisins gone(건포도가 사라졌다) 또는 Doo-doo gone(응가

Find it __	*__ get it*	*__ gone*
Find–it funny	Block get–it	Peter Pan gone
Find–it bird	Bottle get–it	Raisins gone
Find–it chess	Phone get–it	Doo–doo gone
Find–it bricks	Towel get–it	Cherry gone
Find–it Weezer	Bedus get–it	Fox gone
Find–it ball	Coffee get–it	Hammer gone
Find–it stick	Mama get–it	French fries gon

표 1. 두 살 된 어린아이의 동사 사용에서 나타나는 이상하지만 규칙적인 패턴들.

가 사라졌다)에 적용된다. 하지만 다른 구문에서처럼 어순이나 시제의 변화는 발견되지 않는다. 끝으로 이 구문은 언어학적으로 gone을 파생시킨 to go(가다)라는 동사의 다른 용법과는 무관하게 학습된 것처럼 보인다는 점에 주목하자.

이러한 다단어 발화가 전달하는 메시지는 아이와 주고받는 대화 내용에 크게 좌우된다.[18] 예컨대 어린이들은 no __ 구문을 다음과 같이 최소한 세 가지 방식으로 사용한다. 반대(no bed = 자러 가고 싶지 않아요)와 부인(no wet = 오줌 싸지 않았어요), 존재하지 않는다는 표현이다(no pocket = 엄마 치마에는 주머니가 없어요). 이 모든 유연성은 우리가 제스처 게임으로서의 언어라는 관점에서 기대했던 것, 그대로다. 의사소통적 신호는 의도된 메시지를 부모가 알아차리기에 '적합하기'만 하면 되며, 아이는 가까이 있는 언어적 자원이라면 그것이 무엇이든 사용해야만 한다.

이 모든 패턴에서 발견할 수 있는 흥미로운 점은 그 패턴들이 의미 진달을 위해 매우 유연하게 사용될 수 있음에도 불구하고 놀라울 정도로 경직적이라는 것이다. 아이는 "Find it!" 또는 "Get it!"처럼 이미 알고 있는 고정된 구문을 있는 그대로 활용해 새로운 목적, 즉 특정 사물을 찾거나 얻는 것에 대해 이야기하려고 사용한다. 물론 성인에게 Find-it ball이나 Towel get-it이라는 문장에서 it은 군더더기다. 성인이라면 Find the ball(공을 찾는다)이라거나 Get the towel(수건을 챙기다)이라고 말했을 것이다. 그러나 아이에게 find-it은 현재 상황에 응용해 재활용할 수 있는, 유일하게 믿을 만한 의사소통 단위일 뿐이다. 대화를 주고받는 매 순간 대부분의 아이(옮겨달라거나 먹을 것을 달라거나 혹은 장난감을 건네받기를 원하는)는 자신이 하는 말을 이해하지 못할 가능성이 농후한 성인에게 어떤 행동을 인식시켜야 하는, 구체적이고 즉각적인 문제에 직면한다. 따라서 단순하지만 확실하게 효과를 발휘할 것 같은 의사소통 패턴들을 확보해서 이 패턴들을 이리저리 사소하게 변화시키는 방법(예를 들어, 고정된 빈칸에 다른 단어를 집어넣는 방식으로)을 모색한다. 아이에게는 재활용할 수 있는 구문을 찾고 개발하는 것이 관건이다. 아이의 언어가 발달함에 따라 이러한 구문과 구문 변화의 목록은 점점 더 풍부해진다.[19] 그러나 서로 다른 잠정적 관례들이 확립되고 일반화되는 과정에서, 이 관례들은 충돌하고 우위를 점하기 위해 다투게 된다.

아이의 의사소통 범위가 확장되면서 그러한 충돌을 해소하라는 압력이 증가한다. 아이는 처음에 구문들을 독립적인 의사소통 단위로 사용해 대화하기 시작한다. 그러나 시간이 지나면서 이러한 단위를 결합해 한층 더 복잡한 메시지를 전달하기 위한 구성 요소로 활용한다. 좋은 구성 요소라면 으레 그렇듯, 언어의 구성 요소들도 서로 잘 맞물리도록 가장자리는 직각으로 만들고 도드라진 부분은 매끄럽게 다듬어서 점차 표준화된 '형태'를 갖춰나가야 한다. 아이와 성인 화자 모두가 참여하는 이러한 끊임없는 언어 요소들의 상호 조정 과정이 언어의 변화를 추동하는 강력한 메커니즘을 제공한다.[20]

언어라는 조각보

인간이 사용하는 언어의 범위는 엄청나게 방대하다. 예를 들어 모든 성인 영어 사용자는 수만 개 단어의 발음과 의미, 구문론적 용법을 알고 있어서 그것만으로도 사전 수백 쪽을 채우고 남을 정도다. 여기에다 이 단어들을 조합하는 법을 규정한 모든 문법 규칙도 덧붙여야 한다. 더욱이 1천 쪽이 넘을 정도로 두꺼운 기념비적 문법서 《케임브리지 영어 문법Cambridge Grammar of the English Language》조차 여전히 미완성이라는 점을 기억하자.

어쨌거나 모든 아이는 모든 복잡성을 아무 사전 지식도 없는 상태에서 시작해 몇 넌 안에 학습한다. 아울러 걷기, 셈하기, 연필 잡기뿐만 아니라 복잡한 물리적, 사회적 세계에 일반적으로 대처하는 법까지 동시에 배운다. 한술 더 떠서 아이는 사람들이 실제로 말할 때 구사하는 제멋대로에다 불완전하고, 대개는 단편적인 말로부터 언어의 이 복잡한 패턴을 습득해야 한다. 학자들이 밝혀내기 시작했듯이 실제로 일상 언어는 혼란 그 자체다. 확실한 근거를 밝히기 위해 카네기멜론대학교의 브라이언 맥휘니 Brian MacWhinney는 '차일즈 프로젝트'를 조직해 전 세계 30개 언어에서 성인과 아이들 사이의 대화적 상호작용으로부터 나온 4천 400만 단어를 수집했다. 차일즈 프로젝트의 목표는 아이들이 실제로 어떻게 듣는지, 또한 들은 것과 말하는 것을 어떻게 연결하는지를 알아내는 것이다. 이 프로젝트를 통해 수억 개의 단어가 포함된 엄청난 양의 자료가 취합되었다. 문자 언어의 경우 비공식적 잡담에서 블로그, 신문 기사, 문학 소설에 이르기까지 그 범위 또한 어마어마했다.

이 다듬어지지 않은 '야생 상태'의 언어 자료들은 일상어가 더 듬거리고 단편적이며 심하게 훼손되는 경향이 있음을 보여준다 (2장에서 훑어봤듯이). 우리는 계속해서 말을 철회하고, 했던 말을 수정하고, 말하다가 문장 중간에 멈추고, 상대방의 말을 대신 끝마치는 가운데 끊임없이 서로 이야기를 나눈다. 실제로 최근의 한 비교 언어학 연구는 우리가 보통의 대화 중에 평균 80초마다 한 번씩 발언을 수정한다는 사실을 밝혀냈다.[21] 게다가 일상 대화는 매우 정형화되어서, 한결같은 구식 인사말과 관용어, 감탄사, 불평이 우리가 하는 말의 상당 부분을 차지한다. 한 분석에 따르면 대화 언어의 약 절반이 진부한 언어적 표현과 패턴을 재조합하고 약간 변형한 것으로 채워진다.[22] 그렇다, 여기까지는 구문 기반 접근법만으로도 충분히 타당한 설명을 제공할 수 있다.

그러면 우리가 하는 말의 나머지 절반은 어떤가? 특정 구문들로 뒤죽박죽 이루어졌다기보다는 문법 규칙에 의해 모두 질서 정연하게 통제되는 것 아닐까? 실제로는 우리가 어떤 것이든 특정 언어 패턴을 조금만 자세히 들여다보더라도, 일반 규칙은 작동하지 않고 혼돈과 복잡성이 넘쳐난다는 것을 발견하게 된다. 영어를 예로 들어보자. 아래의 문장 중에서 처음 세 개는 우리가 일반적으로 사용하는 표현이다. 그러나 네 번째 문장은 확실히 이상하게 느껴진다. 여기서는 용인되지 않는 문장, 즉 비문이라는 것을 나타내기 위해 언어학자들이 통상 사용하는 별표를 붙였다.

I like skiing(나는 스키 타는 것을 좋아한다).

I enjoy skiing(나는 스키 타기를 즐긴다).

I like to go skiing(나는 스키 타러 가는 것을 좋아한다).

I enjoy to go skiing.*

또는 아래의 'no matter(상관없다)'처럼 불가해한 구문이긴 하지만 어쨌든 우리가 배우게 되는 이해할 수 없는 패턴도 생각해보자.

No matter how clever he is, I'm not hiring him(그가 아무리 영리해도 나는 그를 고용하지 않을 것이다).

No matter how clever he is or isn't, I'm not hiring him(그가 아무리 영리하거나 그렇지 않거나 간에, 나는 그를 고용하지 않을 것이다).

No matter how clever he isn't, I'm not hiring him.*

또는 다음과 같은 패턴에 우리는 이따금 어리둥절해진다.

What you said was unclear(네가 한 말은 모호했다).

It was unclear what you said(네가 한 말은 모호했다).

Your answer was unclear(네 대답은 모호했다).

It was unclear your answer.*

추상적인 수학적 관점에서 본다면 모두 꽤 당황스러운 사례들이다. 우리가 말했을 때 '이상'하다고 느끼는 문장의 패턴이, 말하면서 이상하다고 생각하지 않는 문장의 패턴을 그대로 따르는 것처럼 보인다. 문제는 우리가 의미를 이해할 수 없다는 것이 아니다. 어떤 사람이 "I enjoy to go skiing"이나 "It was unclear your answer"이라고 말한다고 해서 우리가 그 말을 이해하지 못하는 것은 아니다. 그러나 이러한 문장은 매우 부자연스럽고 영어 원어민의 입장에서는 '허용되지' 않는다. 해답은 패턴들의 수학적 구조 속에 존재하지 않는다. 즉 촘스키의 보편 문법 이론 속에서는 무수히 많은 이러저러한 이해 불가능한 패턴을 설명하는 데 도움이 될 만한 어떠한 실마리도 찾을 수 없다.

사실 언어의 세부 사항을 꼼꼼히 들여다보면 들여다볼수록, 불완전한 패턴과 하위 패턴, 예외를 더 많이 발견하게 된다. 언어에 수학과도 같은 규칙이 존재한다는 생각은 하나의 신기루다. 가까이 갈수록 언어는 당장에라도 무너질 듯 불안정하고 결함과 별난 것으로 가득하다. 과거 촘스키의 제자였지만 자신의 스승과 이론적으로 완전히 결별한 피터 쿨리커버Peter Culicover는 이러한 패턴을 '구문론적 예외syntactic nuts'라 부르면서 어디에서나 마주칠 수 있는 흔한 언어학적 문제로 그때그때 나름의 분석과 설명이 필요하다고 지적했다.[23] 모든 언어에는 소위 어떠한 보편적 원칙도 따르지 않는 대신에 특정 단어와 문법적 구문에만 의존하는 구문론적 예외 목록이 존재한다.

만약 우리가 이 결함과 특이성을 제거할 수 있다면, 어쩌면 정밀하고 또 수학적으로 추상적인 규칙의 뼈대가 드러날 수도 있지 않을까? 쿨리커버의 연구를 비롯한 더 광범위한 구문 문법 운동은 정반대로 언어가 뼛속까지 변덕스럽다고 주장한다. 촘스키의 생성 관점에서 보면, 이 모든 무질서는 풀리지 않는 수수께끼다. 모든 어린아이의 유전자와 뇌에 배태되어 있다고 여겨지는 완전하고 보편적인 체계는 끝도 없이 이어지는 예외에 의해 끔찍할 정도로 엉망진창이 되어버렸다. 심지어 이러한 언어학적 예외는 언어 습득과 언어 사용을 훨씬 더 어렵게 만들 뿐이다. 하지만 우리가 언어를 아이의 마음속에 존재하든 아니면 언어 공동체의 여러 세대에 걸쳐 존재하든 간에 다양한 제스처 게임과 유사한 의사소통적 에피소드들이 만들어내는 자생적 질서를 통해 발생한다고 가정한다면, 언어의 설명할 수 없는 결함과 충돌, 부조화는 우리가 예상하는 모습과 정확히 일치한다. 언어가 완벽하게 규칙적인 문법 체계와 알아서 자발적으로 딱 들어맞기를 기대하는 것은 마치 얼어붙은 연못 표면이 기적적으로 하나의 단일하고 거대한 얼음 결정체를 형성하기를 바라는 것과 다를 바 없다. 그런 일은 절대 일어나지 않을 것이다.

이 모든 독특한 복잡성을 습득해야 함에도, 아이들이 단 몇 년이라는 짧은 과정만 거치면 자신이 열중하는 언어를 익힌다는 사실은 정말 놀라운 일이다. 촘스키는 모든 아이가 그들에게 내장된 언어의 보편적 측면 덕분에 엄청나게 유리한 입장을 점하고 있다는 가정으로 이러한 문제에 답하려고 했다. 그러나 전 세계의 언어들을 뒷받침하는 보편적인 청사진이 존재한다는 생각은 신화임이 판명 났다. 그렇다면 어떻게 내장된 보편 문법 없이도 언어 습득이 가능한지를 설명하는 또 다른 이론이 있어야만 한다. 그리고 6장에서 살펴보겠지만, 그러한 이론은 실재한다.

질서와 무질서의 힘

언어는 끊임없이, 매우 다양하게 변화한다. 새로운 단어와 구절들이 등장하는 한편으로, 어떤 단어와 구절은 쓰이지 않게 된다. 또한 단어는 더 미묘하거나 덜 미묘한 정도의 차이만 있을 뿐 어쨌거나 감지하기 어려울 정도로 미세하게 의미를 변화시키고 새로운 의미를 더해가는 데 반해, 언어음과 억양은 빈번하게 바뀐다. 하지만 언어에서 나타나는 아마도 가장 근본적인 변화는 점진적인 관례화일 것이다. 즉 의사소통 패턴은 처음에는 유동적이지만 시간이 지남에 따라 서서히 더 안정되고 더 관례화되면서 많은 경우에 반드시 지켜야 하는 의무가 되어버린다. 이는 자생적 질서가 작동하고 있음을 의미한다. 그에 따라 처음에는 뒤죽박죽이었지만 시간이 지나면서 점차 특정 패턴이 출현한다. 관례화의 증가는 언어의 모든 면에서 나타나는 경향이 있으며, 대개는 일방 통행식이다. 관례는 점점 더 굳어지면 굳어졌지, 결코 유연해지지 않는다. 제스처 게임을 할 때처럼 똑같은 의사소통 과제를 여러 차례 반복해서 수행해야 하는 상황에 놓인다면 우리의 행동은 점차 표준화된다. 언제였든 우리가 게임에서 '콜럼버스'를 가리키는 제스처를 한 번이라도 만들어 사용한 적이 있다면, 혹시라도 다시 한번 콜럼버스가 등장하는 경우에 우리는 그 제스처를 고수하려 할 것이다. 그 과정에서 콜럼버스를 가리키는 제스처는 빠르게 단순해진다. 하지만 새로운 의사소통적 과제에 직면하더라도, 우리는 과거에 이미 확립해 놓은 관례를 손보거나 용도를 변경하는 능력뿐만 아니라 독창성이라는 엄청난 능력 또한 가지고 있다. 따라서 우리의 '콜럼버스' 제스처에 이러저러한 부가적인 제스처들이 덧붙여진다면 나중에는 '대양 항해', '아메리카 대륙', '선원'을 가리키거나 '침략'에서 '운항' 혹은 '발견'에 이르는 많은 추상적 개념을 의미하기 위해 콜럼버스를 지칭했던 제스처가 재사용될 수도 있을 것이다.

이 한 쌍을 이루는 두 가지 힘, 즉 친숙한 메시지를 전달하기 위한 관례화의 힘과 낯선 메시지를 다루기 위해 관례를 창조적으로 혼합하고 개조하는 힘은 언어에서 어떤 역할을 하는가? 우선 어떤 언어에서든 가장 기본적 측면 중 하나인 어순부터 살펴보자. 영어에서 Mary likes dogs(메리는 개를 좋아한다)라는 어순은 우리에게 '메리'가 동사의 주어고 '개'는 목적어라는 의미를 전달한다. 반면에 Dogs like Mary(개는 메리를 좋아한다)에서는 '개'가 주어고 '메리'가 개의 사랑을 받는 대상, 즉 목적어다. 그렇다면 영어에서 표준 어순은 주어-동사-목적어(S-V-O)가 된다.

영어 화자에게 SVO 순서는 아주 익숙해서 불가피한 것처럼 보일지도 모른다. 그러나 사실은 전혀 그렇지 않다. 이 문장의 세 가지 요소(S, V, O)를 늘어놓는 방법은 여섯 가지가 있으며, 전 세계 언어들은 이 여섯 가지 방법 모두를 사용해 문장을 구성한다(표 2). 흥미롭게도 가장 많이 사용되는 어순은 영어를 비롯한 유럽 언어 대부분이 채택하는 SVO가 아니라 한국어, 일본어, 터키어 같은 언어의 어순 SOV(동사가 문장 맨 마지막에 온다)이다. 두 어순 모두 주어로 문장을 시작하는데, 실제로 전 세계 언어들의 80퍼센트 이상이 이 패턴을 따른다. 그럼에도 불구하고 VSO나

어순	영어 문장을 통한 예시	언어 수(비율)
SOV	Mary dogs likes	2,275 (43.3퍼센트)
SVO	Mary likes dogs	2,117 (40.3퍼센트)
VSO	Likes Mary dogs	503 (9.5퍼센트)
VOS	Likes dogs Mary	174 (3.3퍼센트)
OVS	Dogs likes Mary	40 (0.7퍼센트)
OSV	Dogs Mary likes	19 (0.3퍼센트)
우세한 어순 없음	모든 경우가 전부 혹은 다양하게 나타남	124 (2.3퍼센트)

표 2.   전 세계 언어들에서 어순 유형이 차지하는 비율

VOS처럼 동사로 문장을 시작하는 언어도 많다. 이를테면 웨일스어와 브르타뉴어를 포함한 켈트어(VSO)라든지 첼탈어와 키체어를 포함한 마야어족(VOS)이 그것이다. 끝으로 비교적 적은 숫자지만 목적어로 문장을 시작하는 언어도 있다. 예를 들어, 멕시코 북서부의 우토아즈텍어족의 하나인 후아리지오어는 OVS를, 브라질 아마존의 음성언어 중 하나인 자반테어는 OSV를 사용한다.

그렇다면 어순은 처음에 어떻게 정해지는가? 제스처 게임에서 일련의 제스처는 어떤 순서로든 올 수 있다. 그러나 우리가 제스처를 이용해서 누가 무엇을 누구에게 했는지를 전달하다 보면, 아마 우연이겠지만 몇몇 순서가 다른 것보다 더 빈번하게 사용될 것이다. 그러다 보면 결과적으로는 심지어 한 가지 순서가 유일

한 표준으로 자리 잡을 수도 있다. 일단 한 가지 특정 순서(예컨대 SVO)가 확정되고 나면, 그 순서를 고수하는 경향이 생겨날 것이다. 따라서 다른 조건들이 같은 한, 우리에게 기대되는 순서를 위반한다면 결국에는 다른 사람들이 우리의 말을 이해하기란 불가능할 것이다. 역사적으로 보면 언어들은 실제로 소위 자유 어순 패턴에서 점차 경직적인 어순으로 거침없이 변화했을 것이다.

라틴어에서 유래한 유럽어족으로 스페인어, 포르투갈어, 이탈리아어, 프랑스어, 루마니아어가 속한 '로망스 제어'를 살펴보자. 고전 라틴어의 어순에는 규칙이 없다.[24] 그래서 문장 "Audentes fortuna iuvat"는 다른 다섯 가지의 가능한 어순 조합들, 즉 Audentes iuvat fortuna, Fortuna audentes iuvat, Fortuna iuvat audentes, Iuvat audentes fortuna, Iuvat fortuna audentes 가운데 어떤 것과 바꿔 쓰더라도 "행운은 용기 있는 자들의 편이다"라는 의미가 달라지지 않는다. 그러나 이러한 고전 라틴어에서도 일부 어순을 선호하는 경향이 나타난다. 표준 라틴어에 따르면 OSV가 표준 어순이다. 따라서 "Audentes(목적어) fortuna(주어) iuvat(동사)"가 표준어지만, 더 일반적으로 사용되는 어순 패턴은 SOV다. 그래서 이러한 SOV 단어 패턴이 시간 흐름에 따라 점차 표준화되고 굳어졌을 것이라고 가정한다면, 오늘날의 로망스 제어 역시 SOV 어순을 보이리라고 기대해도 이상하지는 않을 것이다. 하지만 현실은 그렇게 되지 않았다. 왜 그런가?

SOV는 고전 라틴어에서 가장 흔히 사용되는 어순 패턴이었다. 더욱이 언어에서 정말로 중요한 것은 키케로나 율리우스 카이사르가 사용한 문어체적 라틴어가 아니라, '거리'의 라틴어다. 기원전 2세기부터 로마 제국 전역에서 구어로 사용되었던 이 통속 라틴어는 상이한 어순인 SVO와 우연히 결합하기 시작했다. 그리고 바로 이 일상적인 라틴어로부터 근대 로망스 제어가 유래하면서 특유의 SVO 어순을 물려받게 되었다.

라틴어처럼 주어와 동사, 목적어를 순서에 상관없이 쓸 수 있는 언어는 어순에 의지할 수 없기 때문에, 예를 들어 'John likes Fido(존은 파이도를 좋아한다)'와 'Fido likes John(파이도는 존을 좋아한다)'이라는 문장의 차이를 구별하기 위해서라도 주어와 목적어를 구분해서 나타낼 어떤 다른 방식을 반드시 가지고 있어야 한다. 일반적인 해법이자 라틴어에서 사용되는 방식은 격을 표시하는 것이다. 근대 영어에도 격이 있지만, She likes dogs(그녀는 개를 좋아한다)와 Dogs like her(개는 그녀를 좋아한다) 같은 문장의 주격(she)과 목적격(her)의 차이에서 알 수 있듯이 그 흔적이 남아 있는 정도에 불과하다. 그러나 라틴어의 격 체계는 훨씬 더 복잡하다. 라틴어에서는 주어에는 주격을, (직접) 목적어에는 대격을 사용하며 그 외에도 많은 격 형태들, 여격과 소유격, 탈격, 호격, 드물지만 처소격 등등이 존재한다. 라틴어는 독특한 명사 어미들로 격을 나타낸다. 하지만 이러한 어미들은 (제스처 게임에서 늘 사용되는 제스처일수록 단순화되기 쉬운 것처럼) 줄곧 관례화되거나 단순화되기 십상이다. 그러다 보니 명사 어미들은 침식되어 짧아지고 어순은 점차 관례화된다.[25] 결국 역사적으로 격을 표시하는 어미들에 의지하던 언어들은 어순에 의지하는 것으로 변화하는 경향을 보이며, 그 반대 경우는 관찰되지 않는다. 현대 영어는 이러한 경향의 종착점이라고 할 수 있다. 지금은 고대 영어의 복잡한 격 체계는 거의 완전히 사라졌고 대명사에만 그 흔적이 남았다. 예를 들어, 주격 she(그녀) 대 목적격 her(그녀) 주격 he(그) 대 목적격 him(그)처럼 말이다.

그렇다면 명사의 격 표시와 동사의 시제 표시는 어디에서 출발점을 찾을 수 있는가? 즉각적이고, 가시적이며, 구체적인 사물과 행동에 거의 전적으로 초점을 맞추는 제스처 게임 과정에서 어떻게 주어나 직접 목적어, 간접 목적어 같은 추상적 개념을 전달할 수 있는가? 또한 연속적인 음성 제스처 게임은 어떻게 다른 주어(나, 너, 그, 그녀, 우리 등등)와 시제들을 구별하기 위해 그렇게 무수히 많은 동사 어미를 만들어낼 수 있는 가? 마찬가지로 언어에 접착제 역할을 하는 그 모든 짧은 '문법적' 단어들(예를 들어 of, to, and, on, by)은 대체 어디서 유래하는가? 제스처 게임은 사물과 대상을 가리키는 명사와 동사의 기원을 생각해 보기에 적절한 은유로 보인다. 하지만 문법을 숙고하는 데도 적절할까?

우리는 문법화라는 매혹적인 현상에서 그 답을 구할 수 있다. 문법화란 구체적이고 특정한 의미를 지닌 단어가 언어의 문법 장치로 변형되는 기묘한 과정을 말한다.[26]우리 두 저자는 언어를 매우 복잡한, 그러나 불변적인 수학의 대상으로 바라보는 생성적 접근법(촘스키의 '원리와 매개변인', 경쟁 요인들)을 교육받아 온 사람들이었다. 그런 우리에게 문법화(그리고 더 포괄적인 언어 변동 연구)라는 아이디어는 마치 완벽한 신의 계시가 내린 것과도 같았다. 문법화는 문법적 복잡성이 어떻게 출현하는지, 또 문법이 어떻게 계속해서 유동적인 상태에 있는지를 설명해 주었다.[27]

그렇다, 문법화란 정확히 무엇인가? 거칠게 말하자면 문법화는 사물과 행동을 가리키는 개별 단어들이 모여서 명사, 전치사, 접속사, 동사 어미, 일치 등등 복잡한 문법 체계로 서서히 변형되는 일련의 단계들이다. 이 단계들은 정해진 방향으로 서로 예측 가능하게 이어져 있으며, 단어(혹은 더 넓게는 다단어 구문)는 이 여러 단계를 한 번에 하나씩 밟아나간다. 바로 이러한 변화들의 상호작용이 더해지면서 언어의 복잡성이 자생적으로 출현한다.

제스처 게임을 염두에 두면서, 이 과정이 어떻게 작동할지 예측해 보자. 우선 가장 확실한 것은 우리가 같은 메시지를 반복적으로 의사소통한다면, 주고받는 신호는 점점 더 단순해지고 점점 더 표준화될 것이라는 점이다. 시간에 따른 단순화는 '침식' 현상을 일으킨다. 따라서 영어에서 going to는 gonna가, did not은 didn't가 된다. 좀 더 긴 시간이 흐르면, 침식은 훨씬 더 극적일 수도 있다. 라틴어에서 시작한 mea domina(부인)는 프랑스어 madame 혹은 madame을 거쳐 영어의 madam, ma'am, mum로, 심지어는 아주 단순하게 m(예스 맴Yes'm의 m)으로 변형된다.[28] 이와

시제/법		고대 영어	현대 영어	고대 영어	현대 영어
부정사		tō *hæbbenne*	to *have*	tō *libbenne*	to *live*
현재	1인칭	iċ *hæbbe*	I *have*	iċ *libbe*	I *live*
	2인칭	þū *hæfst*	you *have*	þū *leofast*	You *live*
	3인칭 단수	hē/hēo/hit *hæfþ*	he/she/it *has*	hē/hēo/hit *leofaþ*	he/she/it *lives*
	복수	*habbaþ*	*have*	*libbaþ*	*live*
직설법 과거	1인칭	iċ *hæfde*	I *had*	iċ *lifde*	I *lived*
	2인칭	þū *hæfdest*	you *had*	þū *lifdest*	you *lived*
	3인칭 단수	hē/hēo/hit *hæfde*	he/she/it *had*	hē/hēo/hit *lifde*	he/she/it *lived*
	복수	*hæfdon*	*had*	*lifdon*	*lived*
가정법 현재	단수	*hæbbe*	*have*	*libbe*	*live*
	복수	*hæbben*	*have*	*libben*	*live*
명령법	단수	*hafa*	*have*	*leofa*	*live*
	복수	*habbaþ*	*have*	*libbaþ*	*live*
현재분사		*hæbbende*	*having*	*libbende*	*living*
과거분사		*(ġe)hæfd*	*had*	*(ġe)lifd*	*lived*

표 3. 고대 영어의 동사들이 현대 영어로 넘어오면서 얼마나 많이 침식되었는지를 보여주는 표. *have*와 *live*라는 흔히 사용되는 두 동사의 다양하고 복잡한 고대 영어 형태(굵은 이탤릭체)와 글자 수가 줄어들며 축약된 현대 영어 형태(이탤릭체)를 비교해 보라.

관련해 침식은 상이한 단어들에서 소통에 필요하지 않은, 그래서 없어도 되는 부분을 무너뜨린다. 셰익스피어와 킹 제임스 성서의 언어인 초기 근대 영어*와 현대 영어를 대조해 보자.

　여기서 2인칭 단수 인칭대명사 thou와 2인칭 복수 인칭대명사 ye는 you로 융합되었고(단수와 복수 구분은 사라졌다), 2인칭 단수

I have	I have
thou hast	you have
he / she / it hath	he / she / it has
we have	we have
ye have	you have
they have	they have

동사 hast는 사라졌으며 3인칭 단수 동사 hath는 has로 바뀌었다.

그러나 영어에서 일어난 침식의 규모를 있는 그대로 더 정확하게 파악하려면 훨씬 더 과거로 거슬러 올라가야 한다. 고대 영어(《베오울프》에 사용된 언어)에서 중세 영어(초서가 사용한 언어[**])를 거쳐 오늘날의 영어가 확립되는 과정에서 구별은 사라지고 어미는 실종되었다.[29] 고대 영어는 라틴어처럼 비교적 어순이 자유로웠고, 명사는 누가 누구에게 무엇을 하고 있는지를 알려주는 복잡한 격 표시 체계(주격, 목적격, 소유격, 여격, 조격)를 가지고 있었다. 또

---

* 제프리 초서Geoffrey Chaucer를 가리킨다. 초서는 중세 영국의 시인이자 근대 영시의 창시자로, '영시의 아버지'라 불린다. 《트로일루스와 크리세이드》, 《선녀 전설》을 거쳐, 중세 이야기 문학의 집대성이라고도 할 대작 《캔터베리 이야기》로 중세 유럽 문학의 기념비를 창조했다는 평가를 얻고 있다.

** 1500년부터 1750년 사이에 존속했던 영어를 말한다. 중세 영어의 굴절이 거의 상실되고 영어에 관련된 '규범'이 딱히 정해지지 않았던 시기다. 이 시기 영어 문법은 형태보다는 의미에 크게 기반해 형성되었고, 이로 인해 현대 영어의 기준으로는 문법에 맞지 않다고 느껴질 표현이 많이 나오게 되었다. 또한 현대 영어에 비해 2인칭 단수 비격식 대명사인 thou의 사용 빈도가 상대적으로 높았다. 이 시기 영어의 특징을 가장 잘 드러내는 작품으로는 1611년에 출판된 킹 제임스 성서의 최초 판본, 셰익스피어 희곡들이 대표적이다.

한 명사뿐만 아니라 지시사와 형용사에도 적용되는 세 개의 문법적 성이 존재했다. 그래서 that good woman(저 훌륭한 여성)에 상응하는 고대 영이 이구의 문법적 성은 **중성**(공교롭게도 여성이 아니다. woman에 상응하는 고대어 wif가 중성이기 때문이다)이며, 그에 따라 지시사인 that과 형용사인 good의 고대어도 중성형으로 표기되었다. 표 3은 지난 천 년 간 상황이 얼마나 극적으로 달라졌는지를 한눈에 보여준다.

그러나 우리에게는 여전히 곤혹스러운 문제가 하나 남아 있다. 복잡한 격 표시와 동사 어미는 대체 어디에서 비롯되었길래 가차 없이 그러나 점진적으로 사라지는 것인가? 여기서도 다시 한번 제스처 게임과의 비교가 결정적 단서를 제공한다. 만약 우리가 두 부분으로 이루어진 하나의 표준 패턴을 반복한다면, 머지않아 두 부분의 제스처들은 간소화되어 합쳐지기 시작한다. 예를 들어 영국 윔블던 테니스 선수권대회의 의미를 전달하기 위해 처음에는 테니스 치는 모습을 흉내 낸 뒤 수직으로 세운 손가락을 흔들어 잔디를 표현했을지도 모른다. 하지만 얼마 후부터는 획 하는 간소화된 소리 다음에 바로 수직으로 세운 손가락이 따라 나오고, 그러다 이 두 제스처가 하나의 제스처로 통합될 수도 있다. 실제로 우리는 머지않아 이 기이한 제스처가 왜 지금의 이런 의미를 갖게 되었는지조차 잊어버릴지도 모른다. 이처럼 공통의 패턴들을 합쳐서 하나로 만드는 현상은 역사적으로 볼 때 언어 곳곳에서 나타난다. 우리는 어떻게 프랑스어에서 ma와 dame이라는 두 단어가 부지불식간에 한 단어인 madame(마담)이 되었는지를 이미 언급한 바 있다. 영어에서는 into와 onto, wana, gonna를 비롯한 많은 축약어에서 융합이 이뤄지고 있음을 보여준다. 그러나 이 융합 과정은 격과 동사의 어미 패턴이 어디에서 유래하는지 또한 설명해 준다. 지금 존재하는 한 단어는, 과거 한때 이웃했던 별개의 단어들이 쌍을 이뤄 합쳐지고 남은 화석화된 잔재다.

그리고 이것이야말로 동사 어미의 출처에 대한 미스터리를 풀 수 있는 열쇠다. 즉 동사 어미는 과거에는 독립적인 단어였으나, 점차 '어간'과 결합해 단순한 접미사로 전락한다. 라틴어의 후손인 로망스 제어가 좋은 실례를 보여준다. 예를 들어 라틴어 구문 cantare habeo[나는 노래 부를 (무언가가) 있다]로 시작해 보자.[30] 당연히 당신에게 노래 부를 무언가가 있고, 노래 부를 일이 어쨌든 생긴다면 그런 일은 아무래도 미래에 일어날 수밖에 없을 것이다. 시간이 지나면서 그러한 의미는 미래에 일어날 수 있는 모든 일에 적용하도록 확장된다. 그러나 독립적인 동사 'habere(가지다)'는 사라지지 않고 남는다. 이는 결국 미래에 일어날 일에 관해 이야기하는 새로운 방식, 즉 새로운 미래 시제를 만들어내게 된다. 이제 라틴어의 근대적 후손인 프랑스어와 이탈리아어, 스페인어를 살펴보자(표 4). 프랑스어와 이탈리아어, 스페인어에서는 미래 시제를 만들기 위해 '가지다'라는 동사 형태에 어떤 식으로 동사의 (이따금 침식된) 부정형infinitive form을 결합하는지에 주목하라.

다음과 같은 마지막 난제를 살펴보도록 하자. 조동사 have(라

프랑스어		이탈리아어		스페인어	
have	will sing	have	will sing	have	will sing
avoir	*chanter*	*avere*	*cantare*	*haber*	*cantar*
j'*ai*	je chanter*ai*	io h*o*	cantar*ò*	h*e*	cantar*é*
tu *as*	tu chanter*as*	tu h*ai*	cantar*ai*	h*as*	cantar*ás*
il/elle/on *a*	il/elle/on chanter*a*	lui/lei h*a*	cantar*à*	h*a*	cantar*á*
nous av*ons*	nous chanter*ons*	noi abbia*mo*	cantar*emo*	h*emos*	cantar*emos*
vous av*ez*	vous chanter*ez*	voi av*ete*	cantar*ete*	hab*éis*	cantar*éis*
les/ on *ont*	ils/elles/on chanter*ont*	loro h*anno*	cantar*anno*	h*an*	cantar*án*

표 4   로망스 제어에서 미래시제의 기원을 찾을 수 있는 단서들. 동사원형은 이탤릭체로 표시했으며, 현재 시제 어미와 미래 시제 어미가 같은 경우는 굵은 이탤릭체로 나타 냈다.

틴어로는 habere) 같은 문법적 단어는 어디에서 유래하는가? 제스 처 게임은 구체적인 사물과 행동을 다룬다. 그렇다면 of, in, the, a, and, because처럼 명백히 순수하게 문법적인 단어는 논외로 하 더라도 추상적인 개념을 어떻게 제스처로 표현할 수 있는가?

여기서 다시 한번 제스처 게임이 흥미로운 실마리를 제공한 다. 만약 우리가 구체적인 특정 의미를 나타내기 위해 어떤 제스 처를 사용한 적이 있다면, 우리는 이후의 게임에서 그와 연관된 온갖 의미를 묘사해야 하는 경우 그 제스처를 끌어들일 가능성이 크다. 휙 하는 소리를 내며 손가락을 흔드는 제스처는 애초에 테니스 대회인 '윔블던'을 나타내려던 것이었을 수도 있다. 하지만 일단 의미가 굳어지고 나면 윔블던 제스처는 가능한 여러 방식으로 재사용될 수 있다. 예컨대 런던 남서부 지역이나 윔블던 공유지, 윔블던 지하철역을 의미할 수도 있고 세리나 윌리엄스나 로저 페더러 같은 특정 테니스 선수를 가리킬 수도 있다. 요컨대 구체적인 의미를 끌어들여 더 추상적인 메시지를 전달할 수 있다. 우리가 손가락을 아래로 향하며 걷는 모양을 가리키는 것 같은 제스처로 여행의 한 가지 방식을 표현했다고 가정해 보자. 이 행동은 도보든 아니든 모든 종류의 여행을 가리키는 제스처로 일반화될 수도 있다. 그럴 경우, 카페로 점심 먹으러 가는 길이라는 의미를 전달하기 위해 이 제스처 뒤에 먹는 제스처 같은 또 다른 상징적 행동을 덧붙이는 것은 자연스러워 보인다. 또한 여행 다음에 일어나는 행동은 미래에 일어날 것이기 때문에, 결과적으로 '걷는 제스처'는 심지어 미래 시제를 표시하게 될 수도 있다. 이는 I am going to swim(나는 수영할 예정이다)이라는 영어 구문의 발달 과정과 정확히 일치하는 것으로 보인다. 여기서 going이라는 동사는 '가다(to go)'라는 움직임의 의미는 사라진 채 미래를 나타내는 표지로 변형되었기 때문이다. 같은 패턴이 프랑스어와 스페인어에서도 나타난다.

물론 이러한 제스처 게임의 상세 묘사는 순전히 추측에 기반한 것이다. 하지만 언어를 역사적으로 분석해 보면, 구체적인 의미를 지녔던 몇몇 단어가 점차 그 의미가 '바래지면서' 결과적으로 순전히 문법적이고 표준화된 역할만 남게 되는 경향이 강하다는 사실을 알 수 있다. 따라서 언어음이 끊임없이 단순화되고 침식되기 쉬운 반면, 의미는 계속해서 확장된다. 더욱이 어떤 단어의 경우에는 의미가 확장하다 못해 거의 완전히 사라지기도 한다.

영어에서 that(저것)이라는 단어가 어떻게 근처의 대상[예를 들어 현대 영어의 "Look at that(저것 봐)!"처럼]을 가리키는 데서 시작해 누군가가 말한 내용을 '가리키는' 것으로 의미가 확장되었다가[Mary shouted that the house is on fire(메리는 집에 불이 났다고 외쳤다)!처럼], 순전히 문법적인 용법[John doubted that the proof had a fatal flaw(존은 그 증거에 치명적 결함이 있다고 의심했다)처럼]으로 변화하게 되었는지를 생각해 보라. 비슷하게 프랑스어에서 걸음을 의미하는 'pas'라는 단어는 문법적으로 부정을 나타내는 표지가 되었다.[31] '나는 말하지 않는다'라는 의미의 라틴어 non dico는 프랑스어로 je ne dis(non이 ne로 침식된 점에 주목하라)로 옮긴다. 프랑스어에서는 이를테면 'je ne marche (un) pas(나는 한 걸음도 걷지 않을 것이다)', 'je ne mange (un) mie(나는 한 조각도 먹지 않을 것이다)'처럼 부정의 의미를 강조하기 위해 pas(걸음), point(점), mie(조금) 같은 단어를 덧붙이기도 한다. 하지만 ne … pas, ne … point, ne … mie 같은 구문들에서 걸음이나 점 또는 조금이라는 의미는 희미해지면서 사라지고 단순 부정의 의미만 남는다. 또한 ne … pas가 점차 우세해지면서 je ne dis pas가 표준 형태가 된다. 구어체 프랑스어의 몇몇 변형에서는 ne가 부식되어 흔적도 없이 사라지고 je dis pas만 남는 경우도 있다. 한 걸음 혹은 한 발짝처럼 눈으로 관찰 가능한 구체적인 행동을 표현하던 명사가, 이제는 긍정 진술[je dis(나는 말한다)]을 부정 진술[(je dis pas(나는 말하지 않는다)]로 뒤집는 고도로 추상적인 문법적 역할을 한다. 이런 식으로 한때 사물과 행동을 가리키던 단어는 작지만 중요한 문법적 단어로 점차 진화해 문법의 기본적인 구성 요소가 된다.

언어 쇠퇴라는 유령에서 벗어나기

언어는 쇠퇴하고 있는가? 영어, 프랑스어, 아이슬란드어, 중국어의 문법은 전례 없는 속도로 무너져 내리고 있는가? 이 장을 시작하며 살펴봤듯이 언어에 대한 우려는 마치 '요즘 애들'을 걱정하지 않은 시대가 없었던 것처럼 흔히 늘 있어온 걱정거리다. 만약 언어가 지닌 자기 조직화의 힘이 어떠한 진가를 발휘해 왔는지를 우리가 제대로 평가하지 않는다면, 언어의 변화를 무자비한 침식 과정으로 보는 것도 당연한 일일 것이다. 이러한 관점에 따른다면 사전 편찬자와 문법학자는 끊임없이 되풀이되는 통속어의 오염을 저지하는 핵심적인 방어벽과도 같다. 그들에게 언어 변화는 부주의함과 명백한 오류에서 비롯된다. 따라서 언어를 오염시켜 쇠락하게 하는 힘에 가능한 한 단호하게 맞서야 한다.

그러나 언어의 복잡한 패턴이 자생적으로 질서가 형성되는 과정에서 발생한다는 사실을 깨닫게 된다면, 이러한 우려가 근거가 없다는 것을 알게 된다. 언어는 끊임없이 변화한다. 즉 언어는 소리와 단어의 변화, 문법화를 비롯한 많은 요소가 수십, 수백 년 그리고 수천 년에 걸쳐 끊임없이 중첩된 결과물이다. 그러한 반복적인 축적과 쇄신의 결과, 언어는 질서정연하면서도 유쾌할 정도로 변덕스러울 뿐만 아니라 시, 법률, 과학 등 인간의 경험 전체를 아우르는 힘을 가지고 있다. 하지만 어떤 세대건 화자들은 언어가 조금만 변하는 조짐을 보여도 활기와 창조성의 징후가 아니라 언어적 퇴보, 심지어는 정신적, 사회적 쇠락의 전조라고 생각하는 경향이 있다. 실제로 문법화 과정은 세대 간 언어 전쟁과 비슷한 갈등을 일으키기도 한다.[32] 영어권 국가에서 1970년 이전에 출생한 사람들은 인용을 위해 'like'라는 단어를 빈번히 사용하는 모습에 대부분 눈살을 찌푸린다. 그들에게 'I was like, OMG(그래서 나는 OMG라고 말했어)*'라는 표현은 언어 사용이 서툴다는 인상을 준다. 그러나 인용의 의미로 like를 사용하는 것은 이제 우리 생활의 일부일 뿐만 아니라 지금은 비언어적 요소를 포함할 정도로 확장되었다. 예를 들어 "그래서 내가 그랬어"라고 쓴 다음 '눈을 이리저리 굴리는' 이모티콘을 붙이기도 하고, "그가 그랬어"라고 쓴 뒤에 '콧김을 내뿜는' 이모티콘을 붙이기도 한다. 특정 문법

---

* 이 문장에서 I was like는 십대들이 주로 사용하는 I said의 대체어이며, OMG는 Oh my god의 줄임말이다.

패턴은 끊임없이 바뀐다. 그러나 모든 인간 언어의 복잡성을 구성하는 규칙과 하위-규칙, 예외들 또한 늘 그렇듯 균형을 이룬다.

◉

질서가 무너진다고 혼돈이 오지는 않는다(문법 문제로 잔소리를 늘어놓는 험프리스나 스위프트 같은 사람이 진심으로 걱정하는 것처럼). 대신에, 언어의 질서는 혼돈에서 나온다. 그래서 언어는 부분적으로 불완전하지만, 그로 인해 근사한 결과를 낳는다. 우리가 즉흥적으로 만들어내는 하나하나의 에피소드를 통해 집합적으로 창조한 언어는, 쉽게 배우고 만들고 이해할 수 있다는 점에서 우리가 말하고 싶어 하는 것을 전달하는 데 대단히 효과적이다. 우리가 사용하는 언어적 표현 수단들은 과거 수백만 번의 상호작용 순간을 거치며 그때그때 당면한 즉각적인 필요를 충족시키는 과정에서 형성되어 왔다.

언어가 학교 교사와 위엄 있는 학문기관, 자칭 문법 전문가들의 간섭 없이 제멋대로 흘러가도록 방치된다고 해서, 뜻도 통하지 않은 채 꿀꿀거리는 돼지 소리로 전락하지는 않는다. 언어적 무정부 상태를 걱정하는 사람들은 언어가, 끊임없이 돌보지 않으면 무질서하게 자라 엉망이 되어버리는 정원, 혹은 지속적인 수리와 조정이 필요한 기계 부품과 같다고 생각한다. 하지만 과연 그런가? 아마도 언어는 자연계에서 발생하는 어떤 규칙적인 패턴에 비유하는 것이 더 타당할 것 같다. 확실한 것은 언어가 박테리아에서 해변의 수목에 이르기까지, 딱정벌레에서 박쥐와 새, 돌묵상어에 이르기까지 놀랍도록 복잡하게 설계된 살아 있는 생명체들과 비슷하다는 사실이다. 생명체의 복잡한 패턴들이 퇴화하는 것을 막겠다고 끊임없이 간섭할 필요는 없다. 다음 장에서 살펴보겠지만, 전 세계 언어들의 다양성과 복잡성 또한 생명체와 유사한 성장과 진화의 과정을 통해 출현했다.

언어는 유전자나
뇌에 의해 창조된 것이 아니라
인간의 독창성이 수천 년간 축적되며
만들어진 산물이다.

CHAPTER 5

언어는 생물학적으로
진화하지 않는다

인간의 모국어 사용 능력은 새의 지저귐처럼 모든 종의 개체 속에 날 때부터 구조적으로 새겨진 본능이 아니다. 따라서 출생 순간부터 발휘되지도, 또 성장의 특정 시점에 발현되지도 않는다. 언어는 그 실제 존재 요건에 비춰볼 때 제빵과 직조 기술처럼 세대에서 세대로 전수되는 기술과 같다.

_헨슬레이 웨지우드Hensleigh Wedgwood,
《언어의 기원에 대하여On the Origin of Language》

왕립 해군 군함 비글호를 타고 세계를 일주하며 동식물 표본과 화석을 수집한 지도 근 5년이 지난 1836년 10월 2일, 찰스 다윈은 영국으로 귀환했다. 생각할 거리를 많이 남긴 여행이었다. 항해 도중 그가 관찰한 사실들은 씨앗이 되어 결국 '종의 기원'이라는 혁명적인 이론으로 자라나게 될 것이었다. 2년 후 자연 선택을 통한 진화라는 개념이 마침내 마음속에서 구체화되었을 때, 그는 자신의 이론이 논쟁을 촉발하게 될 것임을 너무도 잘 알고 있었다. 나중에 다윈이 자서전에서 언급했듯이 "나는 편견이 생길까 봐 너무 마음을 졸인 나머지, 당분간은 책에 대한 아주 짧은 초고조차 쓰지 않기로 마음먹었다."[1] 다윈은 자신의 이론을 최대한 강경하게 주장해야 한다는 사실 또한 알고 있었다. 그렇지 않으면 이론은 바로 기각되고 비웃음을 사거나 더 나쁜 꼴을 당할 것이었다. 하지만 도움의 손길은 예상치 못한 곳에서 왔다. 언어 변화에 대한 연구가 그것이었다.

다윈은 잉글랜드 치안판사이자 언어학자이며 자신의 사촌인 헨슬레이 웨지우드 덕분에 비교언어학을 알게 되었던 것 같다. 당시 웨지우드는 언어 연구에 헌신해 온 영국의 가장 오래된 학술 단체, 언어학회의 창립 멤버 가운데 하나였다. 영국 언어학회는 인도·유럽어족(우리가 앞서 2장에서 살펴본)을 재구성한 독일 언어학자들의 획기적인 연구를 영국 과학계에 전파하는 데 기여했다.[2] 산스크리트어와 그리스어, 라틴어, 페르시아어, 영어, 독일어 같은 다양한 언어는 계보학적 관계를 거슬러 올라가다 보면 원시인도·유럽어라는 공통의 뿌리를 만나게 된다. 시간에 따른 지속적 변화로 그와 같은 다양한 언어학적 가계도가 나타난다는 생각은, 변이의 역사적 계보를 추적하다 보면 모든 생명체를 분류할 수 있는 길이 열린다는 다윈의 계획에 하나의 모델을 제공했다.[3] 언어학적 형태들(소리, 단어, 구)이 여러 세대에 걸친 언어 사용 과정에서 벌이는 생존 투쟁은 생물학적 형태들 사이에서 벌어지는 투쟁을 설명하는 데 하나의 모델이 되어준다고 생각할 수 있었다. 그렇다면 두 영역 모두에서 진화의 핵심 요소는 다름 아닌 변이와 선택이다.

게다가 다윈이 진화 이론을 주장할 때, 종을 언어에 비유해 유추하는 것은 추가적인 수사학적 이점도 있었다. 1800년대 중반의 비교언어학은 자연 과학적 방법을 적용하는 데 성공하면서 비교해부학, 비교지질학과 어깨를 나란히 하는 모델 과학model science으로 간주되었다. 언어 연구의 높은 학문적 위상은 다윈의 마음속에도 깊게 각인되어 있었던 듯하다. 1839년 3월, 다윈은 드디어 펜을 들어 공책에 다음과 같이 적어 내려가기 시작했다. "논거를 제시할 때 많은 학자는 언어가 진화해 왔다는 충분한 증거가 언어 구조 속에 있으며 그 증거로 언어들의 근본적 차이를 쉽게 설명할 수 있다고 생각하는 것 같다는 점을 지적해야 할 것 같다."[4] 20년 후 《종의 기원》에서 그는 수차례 언어와 종의 유사성을 언급하며 자신의 이론을 뒷받침하려 했다. 이를테면 생물학적 종species을 속genus, 아과sub-family, 과family 등으로 분류하는 방식이 어떻게 언어학적 계통도와 유사한 계보학적 족보에서 나올 수 있는지를 보여주려 했다.

이러한 분류 방식을 설명하기 위해 언어를 예로 드는 것은 그럴 만한 가치가 있어 보인다. 같은 줄기에서 나온 언어들 사이에는 다양한 차이가 존재하는데, 그 차이의 정도는 각 언어 집단 간의 종속 관계로 표현해야 할 것이다. 그러나 언어들을 배열할 때 적절한, 혹은 심지어 유일한 원리는 여전히 계보학적인 방식뿐일 것이다. 소멸했거나 새롭게 등장한 언어를 포함해 모든 언어를 가장 유사한 것끼리 모으는 계보학적 방식이야말로 자연 그대로의 방법이며, 그럴 때만 각 언어의 파생 관계와 기원을 밝힐 수 있기 때문이다.[5]

언어의 기원과 생물학적 다양성 사이에서 유사성을 찾으려는 시도는 결코 뜬금없는 유추가 아니었다. 그러한 비교는 다윈이 자연선택 이론을 주장하는 데 결정적인 역할을 했기 때문이다.

나윈은 1871년 《인간의 유래》라는 저서에서 언어의 진화를 논할 때 다시 한번 언어와 종의 유추로 돌아갔다. "상이한 언어와 별개의 종이 형성되는 과정은 기이할 정도로 똑같다. 증거들에 따르면 언어와 종 모두 점진적 과정을 통해 발전해 왔다. … 사람들이 선호하는 어떤 단어들이 생존 투쟁에서 살아남고 보존되는 현상, 그것이 자연선택이다."[6] 그는 마치 자신도 그렇게 생각한다는 듯이 다음과 같은 막스 뮐러의 말을 인용하기도 했다. "단어들 사이에서 그리고 문법 형태들 사이에서 벌어지는 생존 경쟁은 모든 언어에서 항상 진행 중이다. … 더 좋고, 더 짧으며, 더 쉬운 형태들이 항상 우위를 점한다."[7] 동시대의 다른 많은 사람과 마찬가지로(이 장을 시작하며 인용한 자신의 사촌 웨지우드를 포함해), 언어 진화를 바라보는 다윈의 관점은 인류가 어떻게 무엇보다 언어에 적합한 생물학적 능력을 발전시켜 왔는가에 초점이 맞춰져 있지 않았다. 다윈은 언어의 문화적 진화를 통찰했다. 그리고 우리가 4장에서 묘사했듯이 언어의 문화적 진화란 부분적으로 중복되는 언어적 패턴이 점진적으로 출현하는 과정이며, 그러한 패턴은 다름 아닌 우리 자신을 상대방에게 이해시키려고 하는 노력에서 비롯된다. 요컨대 언어의 진화는 엄연히 언어의 변화다.

언어 유기체

이 시점에서 누군가는 언어의 변화가 언어의 진화와 같지 않다고 반대 의견을 피력하고 싶을지도 모른다. 확실히 인간은 언어를 가능하게 할 어떤 전문화된 신경 기관을 언어보다 먼저 발달시켰음에 틀림없다. 어쨌든 인간만이 언어를 가지고 있다. 심지어 진화 과정에서 우리의 사촌 격인 다른 고등 유인원조차 인간의 언어와 비슷한 어떤 것도 갖고 있지 못하다. 따라서 우리는 언어에 적합하도록 생물학적으로 진화했다고 가정하는 것이 합리적으로 보일 것이다. 그리고 일단 그렇게 되어야만 언어의 변화 과정이 작동할 수 있으리라고 생각할지도 모른다. 실제로 이러한 관점은 언어과학을 넘어 다른 많은 영역에까지 상당한 영향력을 행사해 왔다.[8]

우리 두 사람은 박사과정 학생이었을 때조차, 유전적 언어 능력의 진화라는 관념에 한 번도 동의한 적이 없었다. 언어의 진화와 언어의 변화를 분리하는 것은 소설 속에서나 가능한 일이다. 그러한 관념은 인간이 어떻게 언어를 배우고 사용하는지를 설명하기 위해서는 언어에 특화된 어떤 타고난 기관이 필요하다는 (잘못된) 가정에 대부분 기초하고 있다. 만약 언어가 우리가 이 책에서 주장한 대로 작동한다면, 언어의 진화와 변화는 분리되지 않는다. 오직 언어의 변화만이 지금까지 쭉 이어져 왔을 뿐이다. 거기에는 언어에 특화된 그 어떤 생물학적 적응도 필요치 않았다.

그러나 그저 으르렁거리기만 하던 짐승에서 수다스러운 근대적 인간으로 바꿔놓은 언어의 진화적 루비콘강Rubicon*을 우리가 건너지 않았다면 어떻게 복잡한 언어가 나타났겠는가? 다행스럽게도 우리는 언어가 일시적이고 유연하며 협력적인 본성을 지녔다고 보기 때문에, 이 질문에 대해서 새롭고도 설득력 있는 답을 제시할 수 있다. 다윈의 통찰을 기초로, 우리는 언어가 어떤 것에도 의지하지 않고 자력으로 진화하는 체계라고 본다. 그래서 "인간의 뇌가 어떻게 언어에 그렇게 잘 적응하게 되었는가?"라고 질문하는 대신에 우리는 "언어가 어떻게 인간의 뇌에 그렇게 잘 적응하게 되었는가?"라고 질문한다.

언어 진화에 대한 우리의 관점은, 초점을 언어 사용자의 생물학적 적응에서 언어 자체의 문화적 진화로 이동시킨다. 이는 인간이 언어에 의해 아무런 생물학적 제약도 받지 않은 채 무엇이든 그려 넣을 수 있는 새하얀 '백지상태***'로 태어난다는 말은 아니다.[9] 오히려 그 반대다. 오직 인간만이 복잡한 언어를 가진다. 그

---

* 이탈리아 북부 리미니 부근에서 아드리아해로 흐르는 강으로, 고대 로마 시대의 명칭이다. 고대 로마에서는 군대가 이 강을 건너 이탈리아로 들어갈 때 무장을 해제해야 했는데, 기원전 49년 1월 10일 속주 갈리아의 장관이었던 카이사르는 이 금지를 깨고 "주사위는 던져졌다"라고 외치며 군대를 이끌고 강을 건너 폼페이우스와의 전쟁에 돌입했다고 알려져 있다. 이 고사에서 유래해 중대한 결단을 내려 사태에 대처하는 것을 '루비콘강을 건너다'라고 한다. 어떤 모험적인 일을 시작할 때 곧잘 쓰이며, 이미 되돌릴 수 없는 일이라는 뜻으로도 쓰인다.

** blank slates를 옮긴 말이다. 영국의 경험주의 철학자 존 로크가 《인간 오성론》에서 "인간의 마음은 아무 개념도 담겨 있지 않은 흰 종이blank slates와 같으며 그 내용은 오로지 경험에 의해 채워진다"라는 말을 하면서 유명해진 표현이다. 통상 '빈 서판'이라고 옮겨지나 이해를 용이하게 하기 위해 여기서는 의미에 따라 '백지상태'로 번역했다. 인간의 본성이 타고난 것이 아니라 환경과 사회에 의해 만들어진다는 주장의 상징과도 같은 표현이다.

리고 이러한 사실은 확실히 생물학으로 다룰 수밖에 없는 영역이 많다는 것을 의미한다. 세계적으로 유명한 언어 과학자 리즈 베이츠Liz Bates의 지적처럼, 문제는 "본성 대 양육***"이 아니라 본성의 특징이다".[10] 우리가 언어에 생물학적 제약이 존재하는지 아닌지를 두고 논쟁을 벌일 필요는 없다. 언어는 확실히 생물학적으로 제약되기 때문이다. 오히려 핵심 쟁점은 그러한 제약들이 본질적으로 언어에 국한된 것이라 언어에 맞게 적응될 필요가 있는 것인지 아니면 언어의 진화적 발생보다 앞서는 비언어적 능력에서 기인하는 문제이기 때문에 어떠한 (혹은 아주 최소한의) 생물학적 변화도 필요하지 않은 것인지 하는 문제다. 우리라면 후자에 판돈을 걸겠다. 언어는 학습, 기억, 사회적인 의사소통 상호작용을 위한 기존의 메커니즘에 편승해 진화해 왔기 때문이다.

그러나 다양한 언어가 문화적으로 진화할 수 있었던 요인은 무엇인가? 무엇이 언어 구조를 언어 학습자에게 부합하도록 만드는가? 다시 말해 어떠한 요인이 언어를 우리 뇌가 무엇보다 학습하기 쉽고 사용하기 쉽게 만드는가? 여기서 다시 한번, 제스처 게임으로서의 언어라는 관념이 상당히 유용한 통찰을 제공한다.

첫째, 제스처 게임을 가능하게 하기 위해서는 서로가 서로에게 맞춰줄 필요가 있다. 우리는 상대방이 아는 것이 무엇인지, 아

*** 본성 대 양육 논쟁이란, 인간의 인격이나 지적 능력 등에 유전자나 태내 환경에 따른 본성과 후천적인 양육 중 어느 것이 큰 영향을 미치나를 둘러싸고 진행 중인 논쟁을 가리킨다.

니 어쩌면 더 중요하게는 무엇을 모르는지뿐만 아니라 상대방이 어떤 식으로 추론할 가능성이 큰지에 주의를 기울여야 한다. 그렇게 하지 못한다면 같은 팀 동료의 마음속에 적절한 생각이나 개념을 결코 불러일으킬 수 없다. 배관공이라는 단어의 단서를 주기 위해 빠르게 튀어 오르는 마리오(비디오 게임 '슈퍼마리오'에 등장하는 이탈리아계 미국인)를 흉내 내며 이리저리 뛰고 위아래로 펄쩍펄쩍 점프하더라도 정작 동료들이 슈퍼마리오 게임을 해보는 것은 고사하고 마리오에 대해 들어본 적도 없다면, 제스처 게임에서 성공하지 못하리라는 것은 불을 보듯 뻔하다. 다양한 사고 과정을 통해 상대방의 마음을 읽기 위해서는 의사소통 빙산의 숨겨진 부분에 접근해야 하지만 여기에는 상당한 제약이 따른다. 따라서 그러한 제약이 언어가 진화하는 방식을 결정하는 데 핵심적인 역할을 한다. 언어라는 수단이 유용하려면 광범위하고 다양한 메시지를 빠르게, 또한 대화가 계속 순조롭게 진행될 정도로 충분히 정확하게 전달할 수 있어야 한다. 예를 들어 언어는 대화 참여자들이 전달받는 핵심 메시지로부터 모두가 알고 있는 정보를 분리해 내도록 문화적으로 진화해 왔다. "옆집 남자가 개를 새로 입양했다"라는 문장에서 우리는 옆집에 남자 한 명이 살고 있다는 사실을 모두 알며, 지금 화자는 그 남자가 얼마 전에 또 다른 개를 입양했다는 새로운 정보를 전달하는 중이라는 것을 기정사실로 여길 수 있다.[11] 더 일반적으로 말한다면 언어는 누가 무엇을 누구에게 언제, 왜 했는지처럼 우리가 의사소통하고 싶어 하는 내용을 유형화

214

해 전달하게끔 도와준다. 우리가 창조하는 언어적 제스처 게임의 유형은 상대방에게 말하고 싶어 하는 내용의 종류에 따라 달라진다. 그러나 전 세계의 구어와 수어가 이러한 목적을 달성하는 구체적인 방법은 엄청나게 상이하다.

둘째, 신체는 우리가 제스처 게임을 벌일 때 할 수 있는 행동을 제약한다. 다른 사람들이 볼 수 없는 어떤 동작을 하거나, '요가'를 표현하겠다고 몸을 비틀어서 우리 몸의 유연성으로는 감당할 수도 없는 프레첼 자세를 만들려고 애써봐야 아무런 소용이 없다. 비슷하게 수어든 구어든 언어 역시 이러한 지각 운동*에 의해 형성됨으로써, 우리의 신체가 작동할 수 있는 한계 안에서 쉽게 인지되고 생산되도록 만든다. 예를 들어 비록 사람들이 만들어 내고 이해할 수 있는 다양한 소리 패턴이 엄청나게 광범위하다고 하더라도, 우리가 만드는 언어음은 성대를 진동시키고 혀와 입술을 이용해 창조한 음파가 성도 내에서 공명하며 만들어낼 수 있는 소리 가운데 하나여야 한다.

셋째, 우리가 배우고 주의를 기울이고 기억할 수 있는 것에 한계가 있다는 사실은 제스처 게임뿐만 아니라 언어의 진화 역시 형상화한다. 예를 들어 자동차 수리를 정확히 흉내 내야 하는 상

---

* 감각이 자극과 관련한 기본적이고 가공하지 않은 경험이라면, 지각이란 감각기관을 통해 투입된 정보를 체제화하고 해석하는 과정이다. 예를 들어, '거리에서 어떤 사람 한 명이 지나가는 것을 보았다'는 것은 감각이지만, '그 사람이 우리 엄마였다'는 것은 지각이다. 따라서 지각 운동이란, 감각을 지각으로 변형시키는 일련의 과정을 지칭한다.

황이 있다고 가정해 보자. 즉흥적으로 만들어낸 난해한 움직임들을 길고 빠르게 연결한다면 너무 복잡하고 이해할 수 없어서 정비공이라는 단어를 성공적으로 추측하도록 유도할 수 없을 것이다. 게다가 그러한 제스처는 너무 복잡해서 '눈치챌' 수 없을 뿐만 아니라 일부 움직임을 제거해 아주 단순하게 만들더라도 미래의 제스처 게임에서 사람들이 재사용할 수도 없을 것이다. 유사하게 언어 구조는 지금 아니면 사라질 병목 지점을 더 쉽게 통과하도록 짧고 단순하며 기억하기 쉬운 패턴들로 진화하는 경향이 있다.

넷째, 제스처 게임과 언어 모두에서 추상적 의미를 전달하는 과정은 애초에 도상적이었던 부호를 관례화하는 것에서 시작한다. 앞에서 언급했듯이, 두 손을 뾰족하게 모으는 제스처는 애초에는 '배'를 나타내기 위해 사용되었지만, 닉 가족 안에서 관례화되기 시작해 처음에는 콜럼버스의 신대륙 항해를 뜻하다가 나중에는 간단히 아메리카대륙을 나타내게 되었다. 3장에서 자세히 살펴본 것처럼, 언어 역시 의사소통의 효율성을 촉진하기 위해 비슷한 관례화 과정을 거친다. 의사소통에 성공해야 한다는 강력한 압력으로 인해 소리와 의미의 관계는 자의적인 방향으로 나아간다(그 결과 개의 품종을 지칭하는 단어의 소리는 비글, 콜리 등등처럼 서로 비슷한 데가 없다). 그 덕분에 언어 신호와 맥락적 단서는 가능한 한 독립적인 동시에 보완적인 관계를 맺는다. 하지만 궁극적으로 특정 단어가 생겨나고 언어 속에서 계속 번성하려면, 의사소통 순간의 요구에 부합하면서도 우리의 대화 상대자가 이해할 만큼 충분히 관례들 속에 뿌리내릴 적응성을 갖춰야 한다.

요컨대 언어는 우리가 다른 사람을 어떻게 생각하는지, 우리의 지각 운동 체계가 어떻게 작동하는지, 우리가 무엇을 배우고 기억하는지, 그리고 관례화를 통해 의미를 어떻게 창조하는지 같은 문제에서 비롯되는 여러 가지 제약을 받고 있다. 그리고 이러한 제약들은 한데 어울려 다른 언어를 만드는 과정에서 다양한 방식으로 가중될 수도 있다. 앞의 4장에서 논의했듯이, 언어의 반복적인 학습과 사용은 문법화라는 규칙적인 힘의 작용을 통해 부분적으로 체계적인 언어 구조 패턴을 발생시킨다. 시간이 지나면서 여러 제약에 잘 적응한 형태는 번성하지만, 그렇지 못한 형태는 설사 제일 먼저 형성되었다고 하더라도 곧 다윈의 '생존 경쟁'에 굴복한다. 단어와 구문도 배우거나 사용하기 힘들면 곧 언어에서 사라지지만, 쉽게 이해할 수 있고 거의 힘들이지 않고 사용할 수 있다면 다음 세대로 전해진다. 달리 말해, 언어의 진화는 다른 언어적 변화 과정과 결합한 문법화에 의해 추동되고, 뇌의 한계와 우리가 다른 사람과 상호작용하는 방식에 의해 제약을 받는다.

은유적으로 말하자면 언어는 자신에게 맞는 환경적 적소를 찾아 그곳에 적응해야만 하는 '유기체'와 닮았다고 생각할 수 있다.[12] 그리고 언어의 적소는 인간의 뇌다. 넓게 보면 언어의 적소란 뇌가 깃든 신체, 또 뇌를 사회적으로 연결하는 여러 다른 뇌의 공동체다. 이 '언어 유기체'는 생존을 위해 인간에 의존한다. 언어는 우리가 존재하기 때문에 존재한다. 전 인류가 갑자기 한 줄기 연기 속으로 사라져버린다면, 언어 역시 세상에서 자취를 감춘 채 오직 버려진 도서관의 움직이지 못하는 텍스트들 속에만 존재할 것이다. 그러나 언어가 사라진다 해도 우리는 여전히 살아 움직일 것이다(비록 사회를 계속 작동시키느라 곤욕을 치르겠지만). 따라서 생물학적 의미에서 언어는 인간 숙주에 의존하는 동시에 공생하는 관계를 형성한다.

'공생'은 별개의 두 개체가 긴밀한 상호작용을 하고 있음을 의미하며 자연계 곳곳에 존재한다. 예를 들어 우리는 모두 머리카락부터 발바닥에 이르기까지, 콧속과 입안에서부터 내부 깊숙한 위와 장에 이르기까지 몸 안팎으로 거의 수조 개에 달하는 살아 있는 미생물을 지닌다.[13] 인체의 미생물 생태계를 구성하는 이 작은 무임 승차자들의 무게를 모두 합하면 성인 평균 약 1.5킬로그램에 이른다(이는 또한 성인의 평균적인 뇌 무게와 같다).[14] 많은 미생물이 우리에게 주는 것도 없지만 해도 끼치지 않으면서 인간이라는 환경에 편승해서 살고 있다는 의미에서 우리와 '공생 관계'라 볼 수 있다. 미생물 중에는 자신과 인간 숙주 모두에게 이득이 되는 협력적인 상호 공생 관계를 맺는 경우도 있다. 대장에서 가장 흔하게 발견되는 박테리아의 일종인 박테로이드 테타이오타오미크론, 약칭 B. 테타를 생각해 보자. 우리는 B. 테타로부터 전분 같은 복합 탄수화물을 분해하는 데 많은 도움을 받으며, 그 보답으로 이 박테리아에게 영양분을 나눠 준다. 그래서 우리가 이 미생물들과 맺는 공생 동맹은 상생 관계다.[15]

우리가 언어와 맺고 있는 공생 관계 역시 상호 호혜적이다. 언어가 살아남고 번성하며 번식하는 한편으로 인간도 더 잘 의사소통하고 서로에게 새로운 기술을 가르치며 지식을 건네주고 점점 더 복잡한 문화, 사회, 문명을 창조한다. 두 종이 이러한 유형의 상호 공생 관계에 있는 경우, 보통 그들은 공진화한다. 그러나 생물학적 적응이 언어 구조의 문화적 진화보다 훨씬 더 느리기 때문에 인간과 언어의 진화적 관계는 불균형한 측면이 있다. 우리 인간의 원형으로 불리는 오스트랄로피테쿠스에서 현생 인류에 이르는 인간의 진화는 수십만 년, 심지어 수백만 년의 시간에 걸쳐 진행되었다. 반면 브르타뉴어, 카탈로니아어, 덴마크어, 그리스어, 힌디어, 리투아니아어와 페르시아어처럼 다양한 언어가 그들의 공통 조상언어라 알려진 인도 게르만 공통 조어로부터 분화되기까지는 9천 년이 채 걸리지 않았다.[16] 이러한 비대칭적 공생 협력 관계를 컴퓨터 시뮬레이션한 결과, 더 빨리 진화하는 유기체가 더 천천히 진화하는 유기체와 결국에는 더 비슷해지도록 적응하는 것이지, 그 반대는 아닌 것으로 나타났다.[17] 빠르게 변화하는 종도 본질적으로는 숙주와 결합하게 된다. 실제로 인체 내 많은 박테리아 공생자들은 우리의 신체 안팎에서 살아남도록 독특하게 적응해 왔다.[18] 빠르게 변화하는 언어 유기체도 마찬가지다. 언어 유기체 역시 살아남으려면 인간 숙주에 적응하지 않을 수 없다. 결국 언어가 뇌를 모양 짓는 것이 아니라, 뇌가 언어를 모양 짓는다.

언어 본능과 프로메테우스 유전자

일단 언어가 무수히 많은 순간의 의사소통적 상호작용에서 비롯된다고 생각하게 되면, 언어는 주로 문화적 요인을 통해 진화해 왔음이 확실해 보인다. 사실, 다른 방법이 있으리라고 상상하기조차 어렵다. 하지만 1866년 파리 언어학회가 언어 기원에 대한 논쟁을 금지한 이래로 오랫동안 잠잠했던 언어의 진화라는 주제에 대한 관심은 20세기 말 무렵 부활했고, 그렇게 재등장한 진화에 흥미를 보였던 많은 언어 과학자는 우리와는 다른 생각을 하고 있었다. 이 연구자들 대부분은 언어를 진화 과정 중에 있는 하나의 체계로 파악했던 다윈의 독창적인 통찰을 망각해 버렸다. 대신에 그들은 소위 언어의 '유전적 청사진'이라는 생물학적 진화 메커니즘을 해명하는 것이 언어 진화 분야의 핵심 쟁점이라고 보았다.

예를 들어 언어 심리학자인 스티븐 핑커와 폴 블룸은 1990년에 인간의 언어 능력이 표준적인 신다윈주의* 진화 과정을 따르는 종에 특화된 생물학적 적응의 산물이라고 주장했다.[20] 시각 체계가 5억 년 전에 나타난 (오늘날의 편형동물에게서도 여전히 관찰되는)

---

* 독일 생물학자 바이스만이 제창한 것으로 '네오다위니즘'이라 불리기도 한다. 다윈이 자연선택의 원인을 주로 개체변이의 누적과 반복에서 찾고 있는 데 반해, 그는 생식질과 체질을 구별한 다음 생식질에서의 변이만이 유전되고 그것을 통해 자연선택이 일어나 진화가 촉진된다고 주장한다. 근대의 유전학적 입장에 선 최초의 진화론이라고 할 수 있다. 최근에는 다윈이 진화의 요인을 '주로' 자연선택설에 두었음에 반해, 자연선택만을 그 요인이라고 생각하는 발상을 네오다위니즘이라 부르기도 한다.

감광 세포light-sensitive cells의 원시 조각들에서 시작해 오늘날의 복잡하게 설계된 포유류의 눈에 이르게 되었다고 보는 기존의 진화적 설명과 유사하게, 그들은 발달된 언어 능력이 자연선택이 되면서 우리의 유전자에 새겨진, 더 정교한 '보편 문법들'로 점차 진화해 왔다고 주장했다.[21]

그들의 기본적인 개념을 요약하면 다음과 같다. 학습에 의해 터득한 일련의 언어적 관례들을 활용해 이미 서로 의사소통하고 있는 수렵 채집인 무리가 있다고 상상해 보자. 아마도 그 언어적 관례란 별개의 단어 하나하나와 아주 단순한 다단어 조합으로 이루어져 있을 것이다. 무작위적인 유전적 변이의 결과로, 몇몇 개인들은 이 특정 언어 형태를 사용하는 데서 다른 사람보다 더 뛰어날 것이다. 예를 들어 그들은 청자를 설득하거나 주의를 끌고, 우정을 굳히며, 경쟁자의 허를 찌르고, 어린 세대를 가르치는 일에 능숙한 덕분에 집단 내 사회적 위상을 높일 수 있다. 결과적으로 이러한 개인들은 더 많은 자녀를 남길 것이다. 따라서 이처럼 특별히 독특한, 그러나 사회적으로 효과적인 언어 패턴을 생산하는 유전자는 인구 집단 내에서 점차 확산할 것이다. 시간이 지나고 유전자 변형이 반복적으로 나타남에 따라, 더욱더 복잡한 언어 구조가 출현했을 것이고, 그러다 보면 마침내 오늘날의 보편적인 문법 같은 구조가 자리를 잡을 것이다. 보편 문법이라는 이 타고난 자질은 구문론적 원칙들(혹은 규칙들)로 이루어진 하나의 네트워크라고 생각될 수 있다. 전 세계 모든 언어를 망라하는 이 네트워크는 일련의 전환 과정만 거치면 언제든 개별 언어들의 구체적인 패턴을 포착할 수 있다.

언어에 특화된 생물학적 진화라는 관념(핑커가 이후에 '언어 본능'이라 부르는)은 이내 우리 언어 능력의 기원을 설명하는 일반적인 관점이 되어버렸다.[22] 하지만 뇌가 언어에 적응해 우리에게 보편 문법을 마련해 주었다는 생각에는 몇 가지 의문점이 있다.[23] 첫째, 앞에서도 지적했듯이 언어적 관례와 언어 일반은 생물학적 진화가 발생하는 것보다 훨씬 빠르게 변화한다. 유전자가 자연선택을 통해 언어 환경에 적응하기에는 언어 환경의 변화가 너무나 빠르다.

우리는 공동 연구자인 콜롬비아 로스안데스대학교의 플로렌시아 레알리Florencia Reali와 함께 유전적 변화와 언어적 변화의 상호작용을 컴퓨터 시뮬레이션해서 이러한 변화 속도를 확인해 보기로 했다.[24]

어떤 한 개인이 특화된 유전적 배열로 인해 독특한 언어 패턴을 가지게 되면 일시적인 이점을 누릴 수도 있다. 하지만 이러한 이점은 그 패턴이 불가피하게 다른 어떤 것으로 변화하는 순간 바로 불리한 점으로 바뀔 것이다. 언어 변화는 생물학적 적응보다 훨씬 빠르기 때문에 유전자는 언어를 끊임없이 '추격'해야 한다. 하지만 따라잡았다고 생각하는 순간 언어는 어느새 이동해 버리고 없다. 빠르게 변화하는 언어는 느리게 움직이는 유전자가 따라잡을 수 없는 '움직이는 목표물'이다. 언어의 변화는 너무 빠르기 때문에 유전자가 추상적이고 독특한 언어 패턴들에 생물학적

으로 적응할 가능성은 매우 희박할 뿐만 아니라 사실상 역효과를
낼 것이 거의 분명하다.

인구가 처음에는 아프리카 대륙 곳곳으로, 그러다가 지구의
다른 지역으로 분산되었다는 사실이 인류가 언어의 유전적 청사
진을 발전시켰다는 생각에 의문을 제기하는 두 번째 이유다. 세계
어느 곳에서 입양된 어린아이들이라도 그들은 새로운 모국어를
학습하는 능력을 지니고 있다. 따라서 보편 문법이 추정상으로라
도 존재하려면 인류가 아프리카에서 대탈출을 감행하기 이전에
형성되었어야 한다. 그렇지 않다면 뉴욕에 사는 미국인 양부모에
게 입양된 중국인 소녀는 영어를 배울 수 없을 것이고, 베이징의
중국인 가족 손에서 자란 영국인 소년은 중국어를 배울 수 없을
것이다. 하지만 논의를 위해, 아프리카에 거주하던 초기 인류의
한 집단이 자신들의 공동체가 가진 언어적 관례를 임의적으로 유
전자에 새겨 넣는 데 성공했다고 가정해 보자. 집단의 인구가 증
가하면서 하위 집단이 새로운 지역으로 확산했을 것이고, 곧 서로
고립되었을 것이다. 더욱이 먼 거리에서 서로 접촉할 길이 없었기
때문에 기존의 언어적 관례는 빠르게 분화했을 것이다.

컴퓨터 시뮬레이션 결과, 만약 자연선택이 최초의 언어 패턴
을 유전적으로 부호화할 정도로 빠르게 일어났다면 유전자들은
언어적 변화가 일어날 때마다 그것에 적응하는 수밖에 없는 것
으로 나타났다.[25] 따라서 만약 유전자들이 우리의 상상 속 아프리
카 인간 집단에서 일어난 언어 변화의 미친 듯한 속도를 따라잡

을 수 있었다(그럴 리 없지만)고 한다면, 그 유전자들은 아프리카 대륙 너머로 인구가 확산하면서 발생했을 것이 분명한 언어 패턴의 수많은 변화 역시 따라잡았을 것이다. 고립된 인간 하위 집단이 분화된 언어에 적응했으리라는 가정은 찰스 다윈이 갈라파고스 제도에서 관찰한 사실과 비슷해 보인다. 갈라파고스 제도에서 여러 섬으로 흩어져 서로 고립된 핀치새 무리는 각 섬의 특수한 지역적 환경에 절묘하게 적응한 결과 완전히 다른 종들로 진화했기 때문이다.

그러나 언어에 관한 한 그러한 지역적 언어 패턴에 적응한다는 말은, 어떤 사람이 중국어를 배우기 위해서는 인종적으로 중국인인 부모에게서 태어나야 하고, 첼탈어에 능통하기 위해서는 멕시코 치아파스주 출신이어야 하며, 덴마크어를 이해하기 위해서는 덴마크에서 출생해야 함을 의미한다. 이는 분명히 사실과 다르다.[26]

언어를 적응주의적 관점에서 바라보는 핑커와 블룸의 이 두 가지 문제가 어떻게든 해결된다고 치더라도, 이들의 설명에 의구심을 가지는 다음과 같은 세 번째 이유가 여전히 남아 있다. 진화는 왜 보편 문법을 낳는가? 근본적으로 다른 무수히 많은 언어에 적용할 수 있을 정도로 추상적이고 모호한 바로 그 문법 말이다. 7장에서 살펴보겠지만, 언어들은 단어를 만들기 위해 사용하는 구체적인 소리에서부터 단어를 모아 문장을 구성하는 방식, 우리가 들은 말을 이해하기 위해 맥락을 이용하는 방식에 이르기까지 상상할 수 있는 거의 모든 점에서 다르다. 그러나 진화가 선견지

명으로 미래를 예측할 수는 없다. 다시 말해 최초의 인간 언어가 이 모든 엄청난 변이를 포함했었을 리는 없다. 최초에는 기껏해야 하나의 언어만 있었을 것이며, 그 언어는 일련의 소리의 집합에서 시작해 그 소리를 모아 단어를 만들고 단어를 모아서 구와 절을 만드는 구체적인 방법을 갖추었을 것이다. 미래에 존재할 것으로 예상되는 어떤 환경, 예컨대 서로 다른 언어가 7천 개나 존재하는 오늘날 같은 환경에 대비해 생물학적 적응이 추동되는 것은 아니다. 오히려 자연선택을 통해 유기체들은 당면한 환경에 적응하며, 인간의 진화도 예외는 아니다.

인류의 조상, 호미닌은 전 세계로 퍼져나가면서 각 지역의 특수한 환경에 신체적으로 적응했다. 예컨대 네안데르탈인(호모 네안데르탈렌시스)은 추운 기후에 유전적으로 적응했다(털북숭이 매머드도 어느 정도는 같은 처지였던 것처럼 보인다).[27] 또 다른 극적인 사례는 작은 신장 때문에 '호빗'이라는 별명으로 불리는 플로레스인(호모 플로레시엔시스)이다. 인도네시아 플로레스섬에 살았던 이 초기 인류 종은 섬에서 이용할 수 있는 한정된 자원에 적응하느라 섬 왜소화* 과정을 겪었고, 그에 따라 점점 더 작아졌다.[28] 비슷하게 우리는 언어를 포함해 인간의 다른 여러 속성에 대해서도 같을

---

* 같은 생물 종임에도 대륙에서 사는 개체보다 섬에서 사는 개체의 크기가 작아지는 현상을 말한다. 공간과 먹이가 한정된 탓에 여기에 적응하고자 몸집이 작아진 것으로 추정된다. 반대 현상인 섬 거대화도 있다. 섬 거대화와 마찬가지로 섬 왜소화 증상을 보이는 동물은 오늘날까지 살아남은 경우가 극히 드물다. 섬이라는 특수한 환경에서만 살다 보니 대륙에서 살던 동물이 유입되기라도 하면 경쟁하기에 취약하기 때문이다. 섬 거대화와 함께 진화론을 뒷받침하는 현상이다.

말을 할 수 있을 것이다. 따라서 핑커와 블룸의 주장처럼, 언어가 출중한 언어 능력을 가진 한 집단의 언어적 관례에 생물학적으로 적응하면서 시작된 것이라면, 그들이 사용한 특정 소리와 소리를 결합해서 단어를 만드는 방식, 문장의 구문론적 구조는 왜 진화 과정에서 유전적으로 부호화되지 않았던 것일까? 달리 말해 왜 우리는 모두 똑같은 말을 쓰지 않는가?[29] 자연선택으로 뇌가 지역의 특수한 언어적 환경이 아니라 미래에 나타날 수도 있는 모든 인간 언어들을 포괄하는 보편적 환경에 적응할 것이라는 생각은, 사하라 사막에 사는 동물이 어떻게든 진화를 통해 유전적으로 적응해서 고향인 건조한 사막뿐만 아니라 아마존의 울창한 열대 우림에서도, 맨해튼의 초고층 콘크리트 건물들 사이에서도, 또 얼음으로 뒤덮인 시베리아 북부의 툰드라 지대에서도 번성할 수 있다고 암시하는 것과 비슷하다. 다시 말해 있을 법하지도 않은 시나리오다.

인류가 보편 문법 형태의 언어에 생물학적으로 적응해 왔다는 생각에는 이의를 제기할 만한 충분한 이유들이 존재한다. 언어학자 노암 촘스키도 보편 문법이 자연선택으로 발생할 수 있었다는 주장에는 의문을 갖는다. 대신에 촘스키는 언어의 생물학적 토대가 핑커와 블룸의 주장처럼 점진적인 자연선택으로 구축된 것이 아니라 십만 년 전의 한 인간에게 어느 순간 발생한 돌연변이라는 아이디어를 제시한다. 그 단 한 번의 결정적인 진화의 순간에, '프로메테우스'라 명명된 이 인간은 촘스키가 언어의 기본적인 속성이자 어쩌면 핵심이라고까지 생각했던 '재귀recursion' 과정을 인류 역사상 처음으로 수행할 수 있었다.[30]

재귀는 논리학과 컴퓨터과학에서 중요한 개념으로, 재귀를 통해 스스로를 복제하도록 '요청'하는 과정이 가능해진다. 따라서 일반적으로 재귀는 언어의 기초라고 여겨진다. 마치 러시아목제 인형 마트료시카처럼 같은 유형의 구문 안에 또 다른 구문을 넣게 해주기 때문이다. 예를 들어 The dog ran away(개가 달아났다)와 The cat scared the dog(고양이가 개에게 겁을 줬다)라는 두 개의 영어 문장이 있다고 해보자. 재귀를 적용해 첫 번째 문장 속에 두 번째 문장을 삽입하면, 다음과 같은 문장을 만들 수 있다(대괄호 [ ]는 삽입된 문장을 가리킨다).

The dog [that the cat scared] ran away.
[고양이가 겁을 준] 개는 달아났다.

우리는 이러한 삽입 과정을 The mouse surprised the cat(쥐가 고양이를 놀라게 했다)이라는 문장을 추가해 반복할 수 있다(중괄호 { }는 두 번째 삽입 문장을 가리킨다). 그러면 다음과 같은 문장이 만들어진다.

The dog [that the cat {that the mouse surprised} scared] ran away.

[{쥐에 놀란} 고양이가 겁을 준] 개는 달아났다.

실제로 촘스키는 우리가 이러한 과정을 무한히 반복할 수 있다고 암시한다. 하지만 위에서처럼 단지 문장 두 개를 삽입한 것만으로도 마지막 문장은 대단히 이해하기 어려운 문장이 되어버렸다는 사실에 주목하자. 아래의 문장이 보여주듯이 문장 세 개를 삽입한다면, 이해는 거의 불가능해진다(소괄호 ( )는 세 번째 삽입 문장을 가리킨다).

The dog [that the cat {that the mouse (that the bug startled) surprised} scared] ran away.
[{(벌레가 깜짝 놀라게 한) 쥐에 놀란} 고양이가 겁을 준] 개는 달아났다.

촘스키에 따르면 프로메테우스는 이러저러한 종류의 삽입 문장을 거의 무한정으로 만들어낼 수 있는 최초의 인간이었을 것이다. 하지만 그러한 프로메테우스라도 오늘날의 우리처럼 복합 삽입된 문장을 만들거나 이해하기 위해 십중팔구 애를 먹었을 것이다. 이러한 이야기들이 이상해 보일지도 모르지만, 어쨌든 촘스키의 핵심 논점은 인간의 언어 사용 능력이 진화 과정에서 하나의 사건으로 단숨에 생겨났다는 것이다. 프로메테우스 이전에 언어는 존재하지 않았다. 하지만 프로메테우스 덕분에 재귀 문법이 시작되면서 비로소 언어가 존재하기 시작했다(비록 처음에는 오직 한 사람의 마음속에만 존재했겠지만).

당신은 이러한 설명이 근본적이라기보다 언어의 매우 주변적인 모습을 다루고 있으며, 인간의 언어를 가능하게 한 진화의 명백히 결정적인 '순간'을 말하면서 정작 이상한 곳에 초점을 맞추고 있다는 느낌을 받을지도 모른다. 실제로 모텐은 자신의 박사 학위 논문에서 이러한 '가운데 삽입' 같은 언어의 재귀 현상을 처리하기에는 우리의 능력이 너무도 보잘것없다고 썼다. 지금까지 이 책에서 논의한 내용을 염두에 둔다면, 모텐의 지적은 충분히 예측이 가능하다. 가운데 삽입된 문장들이 지금 아니면 사라질 병목 지점의 좁은 틈을 비집고 통과하기 위해서는 가능한 한 빠르게 투입물을 '청크'하라는 요구를 충족시켜야 하기 때문이다. 한 개 이상의 삽입구가 포함된 문장들은 뇌가 처리할 수 있는 평균 용량을 초과함으로써 우리의 언어 체계에 부담을 지운다. 그러므로 가운데 삽입 문장이 전 세계 언어를 통틀어 매우 드물게 나타난다는 것이 이상한 일은 아니다.[31] 따라서 마트료시카가 그 안에 작게 복제한 인형들을 원칙적으로는 얼마든지 많이 담을 수 있고, 또 촘스키가 자신의 수학적 문법 이론에 따라 무제한적 재귀 과정을 언어의 핵심으로 본다고 하더라도, 현실의 언어는 전혀 그렇지 않다. 실제로 현실의 구어 문장으로는 기껏해야 복제 인형 하나 정도밖에 담을 수 없는 실망스러운 마트료시카 인형을 만들 수 있을 뿐이다. 심지어 아예 아무것도 담을 수 없는 경우도 많다. 이를테면 현존하는 수렵 채집 공동체의 하나로 브라질의 아마존

열대우림 지역 깊숙한 곳에 사는 파라항족의 언어는 재귀 현상이 전무한 것으로 학계에서 유명하다.[32]

재귀는 인간이 언어를 이룩시키는 데 필요했던 '사라진 요소'의 후보로 삼기에는 부적절해 보인다. 그뿐만 아니라 재귀 같은 복잡한 인지능력이 단 한 번의 돌연변이 같은 사건을 통해 완벽하게 발달한 상태로 갑자기 출현할 것이라는 생각 역시 매우 현실성이 떨어지는 이야기다. 더욱이 재귀적 언어 능력을 얻은 지 얼마되지도 않은 것처럼 보이는 프로메테우스 같은 단 한 명의 개인이이 능력으로 어떠한 선택적 이점을 가질 수 있었는지는 그야말로수수께끼다. 어쨌거나 재귀는 다른 누군가와 의사소통하는 데 거의 도움이 되지 않았을 것이다. 다른 이들은 프로메테우스와 같은 재귀 능력을 가지지 않았을 것이기 때문이다.

촘스키는 재귀가 의사소통에 도움이 되지는 않지만 어떤 신비롭고 불특정한 방식으로 인간 사고에 도움을 준다고 답한다. 마치 프로메테우스는 내적 독백의 일환으로 자신의 언어를 사용했지만, 결과적으로 엄청나게 이로웠던 덕분에 그의 '재귀 유전자'가 전체 인구로 급속하게 확산했던 것처럼 말이다. 이 또한 그럴 법하지 않은 주장이지만, 촘스키는 이를 뒷받침할 만한 어떠한 증거도 제시하지 않는다.

저자들은 인간이 자연선택이나 단 한 번의 돌연변이 같은 사건으로 어떤 특별한 언어 능력이나 보편 문법을 발전시킬 수는 없었다고 주장해 왔다. 그렇지만 여러 세대에 걸친 제스처 게임들을 통해 창조된 언어는 우리 인간종의 진화에 막대한 영향을 미쳐왔다. 8장에서 살펴보겠지만 언어는 모든 것을 변화시킨다. 언어는 뇌의 크기와 사회의 복잡성에서부터 인간이 가진 지식, 기술, 문화의 눈부신 성장에 이르기까지 모든 것을 바꿔놓았다. 만약 언어 능력에 관여하는 유전자를 정말로 발견하게 된다고 하더라도, 우리는 그 유전자들이 언어에만 한정된 것이라고 생각해서는 안 될 것이다. 그 대신에 우리의 언어 능력을 뒷받침하는, 더 일반적인 능력들을 발달시키는 데서 어떤 모종의 역할을 했을 것으로 기대해야 한다.

언어 유전자

2001년 10월 초, 신문과 과학 학술지들은 다음과 같은 선정적인 헤드라인들로 도배되었다. "조용히 속삭여라, 언어의 힘은 전적으로 유전자에 달려 있을지도 모른다", "언어 유전자, 처음으로 발견되다".[33] 웨스트 런던에 사는 한 3대 가족 중 구성원 절반이 겪고 있는 심각한 언어 장애와 말장애가 폭스피2FOXP2라 불리는 단일 유전자의 손상과 연관이 있다는 기념비적 연구가 발표되자, 여기저기서 흥분 섞인 목소리들이 터져 나왔다.[34] 선행 연구는 KE로 알려진 이 가족 중 장애를 겪고 있는 구성원들이 특히 문법적 형태(명사와 동사의 어형 변화와 같은)와 관련해 문제를 보인다고 지적해 왔다.[35] 예를 들면 그들은 영어에서 복수형을 만드는

-s 규칙을 이해하는지를 평가하기 위해 설계된 유명한 '워그 테스트wug test'를 통과하지 못했다.[36] 테스트에서 연구자들은 그들에게 어떤 가상의 동물 그림을 보여주면서 '이것은 워그 한 마리입니다'라고 말했다. 그런 다음 이번에는 그들에게 이 가상의 동물 두 마리가 함께 있는 두 번째 그림을 보여주며 물었다. "이것들은 __?" 4살짜리 어린이들도 "워그들!"이라고 재빨리 대답할 질문이었지만, 장애를 지닌 KE 가족 일원들은 정답을 맞힐 수 없었다. 그들 대부분은 단순히 "워그"라고 답했고, 이는 그들이 -s를 덧붙여 복수형을 만드는 영어의 일반 패턴을 이해하지 못하고 있음을 시사했다. 영어에서 walk(걷다)와 kiss(키스하다) 같은 많은 동사의 과거 시제를 나타내기 위해 사용되는 기본 어미형 -ed에 대한 테스트 결과도 나을 것은 없었다. "그는 매일 12킬로미터를 걷는다. 어제 그는 __?"과 같은 유도문 테스트에서 미취학 아동조차 "걸었다"라고 답하는데 아무런 문제가 없었음에도 그들은 대부분 과거시제 어미를 생략한 채 단순히 "걷는다"라고 답했다.

다른 인지 장애들은 일으키지 않고 오직 언어에만 영향을 미치는 것처럼 보이는 이러한 종류의 결핍 장애는 흔히 단순 언어 장애*, 약자로 SLIspecial language impairment라 불린다. 이 장애를 겪고

---

* 언어 학습에 필요한 청각, 지능, 신경학적 손상은 존재하지 않지만 언어 습득과 발달에 장애를 갖는 아동기 언어 장애의 대표적인 유형 중 하나다. 청각과 시각 같은 감각적 손상이 없으며 구강 구조 및 운동 기능이 정상이고 뇌전증, 뇌성마비, 뇌병변과 같은 신경학적 손상이 존재하지 않으며, 사회적 상호 작용이나 활동에 심각한 손상이 없는 아동으로 설명된다. 언어의 규칙을 학습하거나 낱말 찾기 등에 어려움을 보인다.

있는 KE 가족 구성원들은 지능이나 다른 인지 측면에서는 문제가 없는 것으로 나타났다. 따라서 그들의 장애는 복잡한 언어 형태에 국한되며, 하나의 단일한 유전자가 이러한 결핍을 일으키는 것으로 추정되었다. 만약 인간이 언어의 형태상 구조 같은 언어의 다른 여러 측면에 생물학적으로 적응하도록 진화해 왔다면, 언어에만 영향을 미치는 이러한 선택적 손상 패턴은 충분히 예측할 수 있는 일이다. 당연히, 유전자 속에 언어를 위한 청사진이 내재되어 있다는 생각을 옹호해 온 학자들은 FOXP2라는 단일 유전자의 손상이 SLI를 유발했다는 발견을 하늘에서 떨어진 '만나'를 만난 양 환영했다. 스티븐 핑커는 심지어 그러한 발견을 "유전자가 특정 유형의 언어 장애를 일으키는 원인이라는 결정적 증거"라고 불렀다.[37]

10개월 후 뉴스 매체와 과학 학술지들에 FOXP2와 관련해 다음과 같이 흥미를 부추기는 헤드라인 기사가 다시 한번 넘쳐나면서 유전적 언어 재능을 옹호하는 사람들의 사기는 한층 더 올라갔다. "언어 유전자, 인류의 발생과 함께하다", "언어를 태동시킨 유전자의 발견", "'언어 유전자', 현대 인류의 등장에 맞춰 데뷔식을 치르다".[38] 첫 번째 연구가 KE 가족에서 관찰된 FOXP2 손상 유전자가 인간의 7번 염색체 장완에 위치한다는 사실을 밝혀냈다면, 두 번째 연구에서는 FOXP2의 인간 유전자형과 침팬지, 고릴라, 오랑우탄, 히말라야 원숭이, 쥐의 유전자형을 비교했다.[39] FOXP2 유전자가 언어에서 차지하는 중요성을 감안할 때, 다른 동물들 역시 이 유전자를 가지고 있다는 것이 놀라운 일처럼 보일지도 모른다. 하지만 FOXP2는 인간이나 영장류, 심지어는 포유류에만 국한된 유전자도 아니다. FOXP2는 뇌와 폐, 심장, 내장의 발달에서 중요한 역할을 하는 유전자로, 인간과 유인원부터 쥐와 박쥐, 조류와 제브라피시에 이르기까지 다양한 종에 걸쳐 잘 보존되고 있다. 즉 함부로 건드려서는 안 되는 유전자다. Foxp2 유전자(인간의 유전자형과 구분하기 위해 소문자로 쓴다)가 '파괴된' 쥐는 21일을 넘기지 못하고 죽는다.

우리는 모두, 하나는 어머니에게서 다른 하나는 아버지에게서 물려받은 한 쌍의 FOXP2 유전자 복사본을 보유하고 있다는 점에 주목하자. KE 가족 중에서 장애를 겪고 있는 사람들의 경우는 한 쌍의 FOXP2 유전자 복사본 가운데 오직 하나만 '파괴'되었던 데 반해, 죽은 쥐들의 경우에는 두 개 모두가 손상되었다. 결국 KE 가족의 정상적으로 기능하는 한 개의 FOXP2 유전자 복사본은 폐와 심장, 내장을 발달시키기에는 충분했지만 뇌의 언어 구조를 발달시키기에는 부족했다.

쥐와 침팬지가 진화적으로 분화된 지 7천만 년이 지났지만 그들의 FOXP2 유전자는 단지 아미노산 서열의 한 곳만 다를 뿐이다. 하지만 인간이 침팬지와 분화된 지는 6백만 년밖에 되지 않았는데도 FOXP2 유전자형 두 곳에서 아미노산의 변화가 관찰된다. 인간 유전체의 소규모 비교 연구들에 따르면 이러한 아미노산의 변화들은 지난 20만 년의 어느 지점에선가 우리의 유전적 계통

속에 '고정'된 것으로 추정된다. 이는 어떤 특수한 형태의 FOXP2 유전자가 생겨나면서 이 새로운 유전자가 아마도 강력한 선택적 이점을 제공한 덕분에 인간 모집단 전체로 퍼져나갔음을 의미한다. 자연선택으로 이 새로운 FOXP2 유전자는 진화의 측면에서 본다면 눈 깜짝할 사이에, 지구상의 모든 살아 있는 인간 속으로 뒤섞여 들어갔다. 새로운 FOXP2 유전자가 그렇게 급속하게 확산할 수 있었던 것은 유전적으로 프로그램화된 보편 문법의 지지자들이 예측했던 대로, 그것이 특별히 언어를 지원하도록 진화했기 때문일까?

FOXP2 유전자가 진화해 현생 인류만의 독특한 언어 유전자로 발전했으리라는 기대는 얼마 가지 못해 끝나버리고 말았다. 첫 번째 타격은 2007년, 그때까지만 해도 언어랄 것이 없어 으르렁거리는 야수로 여겨졌던 네안데르탈인에 대한 유전자 연구에서 나왔다. 일단 화석 뼈에서 고대의 DNA를 추출하는 기술이 개발되자, 염기서열 분석의 첫 번째 대상 중 하나로 네안데르탈인의 FOXP2 유전자가 선정되었다. 분석 결과, 네안데르탈인은 현생 인류의 유전자형과 마찬가지로 아미노산 서열 두 곳이 달랐고, 이로써 진화의 관점에서 본다면 두 종의 유전자는 사실상 같은 것으로 나타났다.[40] 따라서 만약 FOXP2가 언어 유전자라면, 네안데르탈인 역시 언어를 가졌어야 했다. 이는 또한 현생 인류와 네안데르탈인이 공유하는 FOXP2 유전자형을 발견하기 위해서는 원래 생각했던 것보다 훨씬 더 과거로, 적어도 두 종의 마지막 공동 조상이 살았던 30만~40만 년 전까지 거슬러 올라가야 한다는 것을 의미한다.

두 번째 타격은 그로부터 약 10년 후 전 세계 인구를 대상으로 수집된 수백 개의 유전체들을 비교 분석한 포괄적인 연구에서 나왔다. 연구 결과에 따르면 앞선 소규모 연구에서 최근 발생한 자연선택의 지표로 간주되어 왔던 FOXP2 내 유전적 변이의 감소가 발견되지 않았다.[41] 만약 무작위로 두 사람을 선정해 유전체를 비교한다면, 그들의 유전체는 거의 일치할 것이다. 특히 DNA의 기본 구성요소인 네 가지 뉴클레오티드, 아데닌A과 티민T, 시토신C, 구아닌G의 순서를 비교하는 경우라면, 사실상 약 99.9퍼센트가 일치한다. 그러나 이따금, 평균적으로 천 개 중 한 개꼴로 뉴클레오티드에서 차이가 발생해 누군가가 A를 가지는 자리에 다른 누군가는 G를 가지거나 누군가가 C를 가지는 자리에 다른 누군가는 T를 가질 수도 있다. 이는 유전체의 특정 위치에 두 개의 다른 대립 유전자가 존재한다는 것을 의미한다.[42] 개개의 유전자도 마찬가지다. 만약 새로운 FOXP2 유전자 변이형이 언어 덕분에 거대한 생식적 이점을 가졌다는 전제하에 인간 모집단 전체로 급속하게 확산했다면, 오늘날 지구상 모든 곳에 거주하는 인간의 DNA 범위 내에는 대립 유전자 변이가 거의 존재하지 않아야 한다. 언어 유전자 이론은 이 결정적인 테스트를 통과하지 못했다. 요컨대 FOXP2 대립 유전자들이 뚜렷이 감소했다는 흔적을 발견할 수 없었고, 그럼으로써 인간 모집단에서 FOXP2 유전자에 유리한 자연선택이 일어났다는 증거 역시 찾을 수 없었다. 더 포괄적인 새로운 연구를 통해 드러났듯이, 기존의 연구는 주로 유라시아 혈통의 개인들에서 추출한 소규모 유전체들만을 표본으로 삼았기 때문에 전 세계 많은 인구의 FOXP2 유전자 내부에서 발견되는 실제 대립 유전자 변이의 많은 부분이 누락되어 있었다. 달리 말해, 우리 인간의 조상들이 과거 20만 년에 걸쳐 어떤 자연선택 과정을 경험했든지 간에 그 과정에서 FOXP2 유전자가 언어에 특화된 방식으로 생물학적 적응을 겪었을 것 같지는 않다. 따라서 인간 언어 본능에 대한 핑커의 설명이나 언어적 프로메테우스에 기반한 촘스키의 이론에서 FOXP2 유전자가 언어 진화의 증거 역할을 맡는 것도 여기까지가 끝인 것으로 보인다.

그렇다면 FOXP2 유전자는 언어와 어떤 관계가 있는가? 언뜻 보면 이 질문은 엉뚱하게 들릴지도 모른다. 장애를 겪고 있는 일부 KE 가족 구성원들에게 나타나는 언어 문제가 FOXP2 유전자의 손상 때문이라는 점을 감안한다면 더더욱 그럴 것이다. 하지만 이러한 논리적 추론이 두 개의 부정 명제를 연결해서 얻어진다는 사실에 주목하자. 즉 이 추론은 생물학적 요소인 FOXP2 유전자의 손상과 언어라는 행위에서의 결함을 연결시킨다. 이러한 이중부정 추론이 어째서 문제가 될 수 있는지를 보기 위해, 헌팅턴 huntingtin 유전자가 복사되는 과정에서 돌연변이가 일어나 발병하게 되는 헌팅턴병을 생각해 보자.[43] 이 병의 초기 징후는 보행 장애다. 하지만 그렇다고 해서 헌팅턴 유전자를 '보행 유전자'라고 부르지는 않는다. 오히려 헌팅틴 유전자에서 발생하는 돌연변이는 퇴행성 신경질환을 일으키는데, 처음에는 활동과 운동 조정 능력에서 가장 확언하게 병증을 보이고 그중에서도 특히 보행에 극적인 영향을 미친다고 알려져 있다. 이 점을 염두에 두고 모텐과 아이오와대학교 동료들은 FOXP2 유전자의 통상적인 유전적 변이가 일반적인 모집단에서 개인별 언어 능력의 차이를 일으키는지 확인하는 작업에 착수했다.[44] 특히 그들은 학령기 아동 812명의 대규모 표본을 대상으로 서로 다른 열세 개의 FOXP2 대립 유전자에서의 변이가 어휘와 문법, 화법을 비롯한 몇몇 언어 능력에서의 개인적 차이와 어떠한 관련이 있는지를 조사했다. 이 조사 연구에서 일반적인 FOXP2 대립 유전자 변이와 언어 능력 간에는 아무런 관계가 없는 것으로 드러났으며, 결과적으로 FOXP2가 '언어 유전자'라는 관점은 또 한 번의 타격을 입게 되었다. 따라서 손상된 FOXP2 유전자를 가진 KE 가족이 희귀한 언어 장애와 연관이 있다고 하더라도, 일반적인 모집단에서 나타나는 FOXP2 대립 유전자 변이는 우리의 언어 능력에서 보통은 별다른 차이를 유발하지 않는다.

하지만 우리에게는 여전히 다음과 같은 질문이 남는다. 그럼에도 불구하고 FOXP2 유전자가 어떤 영향력을 가지고 있다면, 과연 어떤 행동 영역에 영향을 미치는가? 어쩌면 FOXP2 유전자는 더 간접적인 경로를 통해 언어 능력에 미치는 것은 아닐까? 10년 전 쥐를 대상으로 했던 한 연구에서 이 질문에 대한 최초의, 그러나 상당한 통찰을 얻을 수 있다.[45] 라이프치히에 있는 막스 플랑크 진화 인류학 연구소의 유전학자들은 동일 품종 쥐들의 Foxp2 유전자를 인간의 FOXP2 유전자와 기능적으로 같게 만들기 위해 분자 모델링 도구를 이용해 변형시켰다. 기본적으로는 인간의 FOXP2 유전자를 쥐에게 삽입하는 방법이 동원되었다. 혹시 누군가는 기대했을지도 모르겠지만, 결과적으로 '인간화된' 쥐는 E. B. 화이트의 사랑스러운 동화책 속 주인공 소년, 말하는 쥐 스튜어트 리틀과는 조금도 비슷하지 않았다. 하지만 학습에서 중요한 역할을 하는 뇌의 피질선조체 회로corticostriatal circuit에 상당히 흥미로운 변화가 일어났다. 유전학자들이 쥐의 Foxp2 유전자를 인간의 것과 비슷하게 만든 다음 행동 효과를 조사했더니 학습이 더 잘, 더 효과적으로 이루어진다는 점이 관찰되었다. 2장에서 살펴봤듯이, 이는 쥐들이 빠르게 연쇄적으로 투입되는 정보를 일종의 청킹 과정을 이용해 신속하게 처리하고 있음을 시사했다. 흥미롭게도 인간의 뇌 역시 피질선조체 회로들이 복잡하고 연쇄적인 정보의 학습에 관여한다.

그렇다면 인간의 FOXP2 유전자가 진화하면서 이 신경 회로들에 변화가 일어나 오랫동안 언어에 중요하다고 여겨온 학습 유형의 하나인, 연쇄적인 정보 학습을 용이하게 했을 것이다.[46] 만약 이것이 사실이라면 FOXP2 유전자에 손상을 입은 사람들은 언어뿐만 아니라 모든 유형의 연쇄적인 정보 학습에서도 고전할 것으로 예상해 볼 수 있다. 이러한 예측은 장애를 겪고 있는 일부 KE

가족 구성원처럼 손상된 FOXP2 유전자를 지니고 있던 모녀를 대상으로 한 연구를 통해 검토되었다. 이 모녀는 언어 문제에 더해 비언어적 연쇄 정보를 학습하는 데도 어려움을 겪었다. 하지만 좀 더 포괄적으로 살펴보면, 실제로 SLI를 가진 사람들은 FOXP2 유전자 손상 여부와 관계없이 연쇄 정보 학습 장애를 가진 것으로 보인다.[47]

결론적으로 FOXP2는 결코 언어 유전자가 아니다. FOXP2 유전자는 범용 뇌 회로 발달에 일익을 담당하며, 그러한 회로가 여러 가지 학습 중에서도 특히 언어에 이용되는 것으로 보인다. 그뿐만 아니라 단순 언어 장애는 명칭과는 다르게 단순히 언어에만 국한된 문제가 결코 아니다. 오히려 SLI는 연쇄 정보 학습을 비롯한 다른 비언어적 능력에 영향을 미치는 광범위한 발달상의 결핍이라고 여겨진다. 하지만 우리가 깨어 있는 시간 대부분을 언어를 사용하는 데 보내기 때문에 언어적 결핍이 훨씬 더 두드러져 보일 수 있다. SLI는 언어가 선택적으로 손상될 수 있는 고립된 능력이 아니라는 것을 보여준다. 따라서 언어 능력을 뒷받침하는 많은 능력 중 일부라도 훼손된다면 언어 장애가 나타날 수 있다. 그러나 이러한 결과는 언어가 연쇄 정보를 학습하는 능력을 비롯한 기존의 뇌 메커니즘들에 편승해 진화해 왔다고 가정했을 때 예견할 수 있는 것과 정확히 부합한다.

오래된 부품들로 만든 새로운 기계

언어를 배울 때 어린아이들의 뇌는 유전적으로 프로그램된 언어 '기관'에 의지하지 않는다. 대신에 발달 과정에 있는 뇌는 언어가 출현하기 전부터 이미 발달된 신경 회로들을 동원하고 용도를 변경하는데, 이때 신경회로들은 연쇄적인 복잡 행동들을 계획하고 실행하는 데 관여하게 된다. 물론 여기서 유전자는 일익을 담당한다. 하지만 언어에 특화된 방식으로는 아니다.

그러나 우리가 이 책에서 제시하는 관점에는 확실히 또 다른 난제가 존재한다. 150여 년이 넘는 동안 과학자들은 언어에 특화된 것으로 보이는 뇌 영역들을 연구해 왔다. 예를 들어 뇌 좌반구 전두엽에 있는 브로카 영역이 언어 생성에서 중요하다고 알려졌으며, 뇌 좌반구 상측 측두엽에 있는 베르니케 영역은 일반적으로 언어 이해와 관련되었다고 알려졌다.[48] 충격이나 두부 외상으로 이 부위들에 손상을 입은 성인의 경우, 언어의 이해와 표현에서 문제가 생긴다. 또한 뇌를 스캔해 보면, 이들 부위(뇌의 다른 부분들과 함께)는 우리가 언어를 사용할 때 특히 활성화되는 것으로 나타난다. 이러한 '언어 영역들'이 우리의 유전자 속에 이미 프로그램화되어 있지 않고서야, 어떻게 뇌에서 생겨나겠는가? 우리는 이 질문에 답할 수 있는 결정적인 단서를 언어 자체가 아니라 언어와 밀접하게 연관된 또 다른 문화적 진화의 산물, 즉 문해력에서 찾을 수 있다.

글자는 적어도 5천 5백 년의 역사를 가지고 있다. 하지만 거의 모든 인간의 역사에서 읽고 쓸 수 있는 능력은 전체 인구 중 극소수의 진유물이었다. 지난 세기에 들어와서야 비로소 전 세계적으로 광범위한 문해력 향상이 이루어졌다. 이는 읽고 쓰는 능력이 진화 발생 과정의 하나인 생물학적 적응을 거치는 것은 차치하더라도 선택적 압력이 우리의 유전자에 영향력을 행사하기에도 너무나 짧은 시간이다. 그러므로 문해력이 문화적으로 진화된 능력이라는 것에는 논란의 여지가 없다. 그런 점에서 우리는 문해력이 언어와 마찬가지로 필요에 의해 기존의 뇌 메커니즘에 편승할 수밖에 없다고 생각한다.

전 세계의 문자 체계들은 여러 가지 면에서 다르다. 예를 들어 영어와 덴마크어처럼 철자 하나하나가 별개의 소리를 가지는 알파벳 언어부터 일본이나 체로키 부족어처럼 한 음절을 한 글자로 나타내는 '음절문자', 중국어처럼 문자 하나가 단어 하나를 통째로 상징하는 '표어문자'에 이르기까지 그 종류도 다양하다.[49] 그렇지만 개인과 문화를 막론하고, 읽을 때 관여하는 뇌 영역에는 놀랍게도 거의 차이가 없다.[50] 좌반구 측두부 하부 근처에는 시각 단어 형태 영역visual word form area이라는 작은 뇌 영역이 자리하는데, 어떤 문자 체계의 문자건 문자를 인식할 때면 늘 활성화된다.[51] 시각 단어 형태 영역의 존재는 두 가지 이유에서 우리의 주장에 중요하다.

첫째, 문화적 발명품인 문해력은 누가 읽든, 또는 어떤 문서가 읽히든 상관없이 매우 유사한 신경 기질들을 동원할 수 있는 것으로 보인다. 이는 뇌가 모든 문자 언어를 같은 방식으로 처리한다는 것을 암시한다. 둘째, 문자를 읽는 사람이 읽기에 점점 더 능숙해질수록 시각 단어 형태 영역도 단어 인지 영역으로 점차 특화된다. 언어 역시 문화적 진화의 산물이라고 할 때, 시각 단어 형태 영역처럼 겉보기에 언어에 특화된 것처럼 보이는 영역들이 누군가 언어를 사용할 때면 활성화된다고 해서, 이 영역들이 언어에 맞게 생물학적으로 적응하도록 진화한 것이라는 의미는 아니다. 오히려 이 영역들은 시각 단어 형태 영역과 마찬가지로 언어 사용 경험을 통해 뚜렷하게 모습을 드러낸다. 하지만 때에 따라서는 주로 언어에 특화된, 그리고 어쩌면 이따금은 언어를 전담하기까지 하는, 신경 회로들을 만들어내는 경우도 있다.

언어가 뇌에 의해 형성되어 온 것처럼, 문자 체계 역시 문화적 진화에 의해 우리가 배우고 사용하기 쉽도록 최적화되어 왔다. 예를 들면 전 세계 언어들의 자모 체계에서 개별 문자는 한 글자당 평균 삼 획으로 이루어진다(A, F, N, K에서처럼). 어쩌면 이러한 경향은 우리 시각 체계의 기본적인 한계를 반영하는 것일지도 모른다. 하지만 또한 그 덕분에 모든 언어음을 포괄하면서도 지나친 혼돈은 피할 수 있을 정도로 서로 다른 글자를 만들어낼 수 있었던 것으로 보인다.[52] 비슷한 맥락에서 서로 다른 획을 교차시켜 만든 글자 모양들(예를 들어 T, Y, L, Δ)은 자연 풍광에서 관찰되는 규칙성과 같은 패턴을 따른다. 즉 선을 이용한 교차와 차단의 조합은 우리가 나무로 우거진 숲의 모습이나, 산의 경치, 바다의 경관을 볼 때 관찰하게 되는 모습과 유사하다. 결국 글자는 시각 체계를 통해 이미 굴절된 상태로 인식된 대상과 풍경의 모습에 부합하도록 형성되어 왔다.[53] 직관에 반하는 것처럼 보일지라도 읽기는 우리가 다른 영장류와 공유하는 시각적 대상 인식 메커니즘을 적어도 부분적으로는 이용해서 이루어진다. 이는 개코원숭이들에게 done(다 된), land(땅), them(그들을), vast(방대한) 같은 실제 영어 단어와 drke, lagn, tewk, vibt 같은 비단어를 구별하는 법을 가르쳤던 한 연구를 통해 입증되었다.[54] 물론 이것이 원숭이가 본대로 읽을 수 있다는 것을 보여주는 사례는 아니었다. 이 연구에서 개코원숭이들은 영어를 읽거나 이해하지 못했다. 하지만 놀랍게도 글자들을 어떻게 결합해야 영어 단어가 형성되는지를 배울 수 있었고, 그에 따라 우연이라고 치부할 수 없는 높은 비율로 실제 영어 단어인 글자 열은 선택하고 그렇지 않은 글자 열은 무시했다. 종합하면 이러한 발견은 언어가 학습과 사용이 용이하도록 뇌의 작동 방식에 적응해 왔듯이 문자 체계들 역시 문화적 진화 과정을 거치면서 더 쉽게 읽는 법을 학습하도록 형성되어 왔다는 것을 보여준다.

그렇다면 뇌에 언어 영역이 존재한다는 사실이, 언어가 주로 문화적 진화를 통해 발전해 왔다는 이론을 제기하는 데 어떠한 문제도 일으키지 않는다. 시각 단어 형태 영역이 읽기를 위해 유전적으로 부호화된 뇌 단위가 아닌 것처럼, 브로카나 베르니케 같은 뇌 영역도 언어를 위해 생물학적으로 적응하는 과정에서 생겨난 것이 아니다. 오히려 수년간의 대화와 읽기를 통해 평생에 걸쳐 언어와 문해력에 점점 더 특화되어 가는 영역이라고 볼 수 있다. 따라서 뇌 영역들이 뇌졸중, 외상성 뇌 손상 혹은 신경 변성 질환으로 손상을 입는 경우, 그 결과로 언어(다양한 형태의 실어증)나 읽기(보통의 읽기 능력이 가졌던 사람이 읽는 데 어려움을 느끼는 후천성 난독증)에서 선택적 결핍이 나타난다고 해서 놀라운 일은 아니다.

언어와 읽기의 유사성은 유전적 수준으로 확장된다. FOXP2 유전자 손상은 말하기와 언어 문제를 일으킬 수 있다. 유사하게 DCDC2 같은 읽기와 관련된 특정 유전자가 손상되는 경우, 읽기를 배우는 데 어려움이 생긴다(발달성 난독증으로 알려져 있다).[55] 두 경우 모두에서 FOXP2와 DCDC2는 언어나 읽기를 위해 직접적으로 부호화된 유전자가 아니라, 언어와 읽기라는 이 두 가지 능력이 의존하는 뇌 메커니즘의 발달에 간접적으로 영향을 미치는 유전자다. DCDC2는 소리를 다루는 데 중요한 뇌 영역의 신경 발달에 영향을 미치는데, 이는 읽기 학습의 필수 요소이기도 하다. 언어음을 적절하게 표현하지 못한다면, 뇌는 글자를 어떤 목표 소리와 연관 지어야 하는지 정확히 알 수 없게 된다. 그리고 이미 살펴봤듯이 FOXP2 유전자는 구어처럼 빠르게 입력되는 연쇄적인 투입물을 처리하는 데 중요한 신경 회로의 발달에 영향을 미친다.

문해력은 문화적 산물이며, 우리가 읽기를 배움에 따라 서서히 분명한 모습을 갖추는 뇌의 특정 영역에 의해 뒷받침된다. 언어 역시 문화적으로 진화된 하나의 능력이다. 언어 기능에 특화된 기존 신경 기관에 의지해 말하기나 수어를 배울 때, 우리는 비로소 언어 능력을 발달시킬 수 있다. 리즈 베이츠가 아주 적절하게 지적하듯이 "모든 어린아이는 낡은 부품들로 언어라는 새로운 기계를 조립하고 재구성한다."[56]

　　그런데 어린아이들은 대체 어떻게 이 일을 하는 것인가? 만약 언어가 언어적 제스처 게임을 반복적으로 수행하는 과정에서 진화하는 것이 엄연한 사실이라고 한다면, 어린아이들은 어떻게 올바르게 추측하는 법을 아는가? 보편 문법의 관점에 따르면, 어린아이들이 올바른 추측을 할 수 있는 것은 언어가 유전자 속에 새겨져 있기 때문이다. 하지만 언어 지식이 그처럼 선천적인 것이 아니라고 한다면, 언어적 제스처 게임을 하는 법을 그렇게 빨리, 그리고 쉽게 배운다는 사실에 다른 설명이 필요하다. 따라서 우리는 다음과 같이 질문해야 한다. "언어 학습이 언어의 진화를 만나면 어떤 일이 벌어지는가?"

　　답은 놀라울 정도로 간단하다. 언어는 우리가, 특히 어린아이들이 학습하도록 진화해 왔다. 따라서 언어는 어린아이에게 일종의 놀이다. 언어 학습은 우리에게 쉬운 일이다. 우리는 우리와 비숫한 뇌와 인지능력을 갖춘 이전 세대로부터 다름 아닌 우리의 언어를 배우고 있기 때문이다. 앞으로 살펴보겠지만 언어 학습이 가능한 것은 우리가 컴퓨터나 외계인이 창조한 어떤 임의적인 패턴과 의미의 집합을 학습하는 중이 아니기 때문이며, 우리가 우리와 똑같은 이전 학습자들이 남긴 발자취를 따라가며 배우기 때문이다.

CHAPTER 6

언어와 인류의
발자취

> 대부분의 상황에는 행위를 상호 조정할 수 있는 어떤 단서가, 즉 각자의 기대가 수렴하는 '포컬 포인트'가 존재한다. 포컬 포인트에 따라 우리는 서로가 상대방이 기대할 것이라고 기대하는 대로 하게 될 것으로 예측된다.
>
> _토머스 셸링,《갈등의 전략》

만약 당신이 누군가로부터 내일 뉴욕에서 어떤 낯선 사람과 만나달라는 요청을 받았지만, 당신에게는 남자인지 혹은 여자인지도 모를 그 사람과 접촉할 방법이 없다고 가정해 보자. 당신이라면 언제, 그리고 어디서 그 사람을 만나려 하겠는가? 이는 불가능한 일처럼 보인다. 뉴욕은 브루클린과 퀸스, 맨해튼, 브롱스와 스태튼아일랜드의 다섯 개 자치구로 이루어진 거대한 도시로, 면적은 784제곱킬로미터에 달하고 인구는 800만 명이 넘는다.[1] 그렇게 방대한 도시에서 당신이 알지도 못하는 누군가와 만날 수 있으리라고 기대하는 것이 대체 어떻게 가능하겠는가?

하지만 문제를 다음과 같이 바꾼다면 갑자기 불가능하지 않은 일이 된다. "뉴욕에서 당신과 비슷하게 생각하는 누군가라면 선택할 수도 있을 시간과 장소를 골라보라." 보통은 다음과 같은 답이 나온다. "정오에 그랜드 센트럴 터미널에서." 낮이든 밤이든 어떤 시간이라도 선택할 수 있지만, 당신의 생각에는 정오가 만나기에 특히 좋은 시간처럼 보일 것이다. 정오는 다른 사람들도 선택할 것 같은 시간인 반면, 새벽 2시 39분 같은 시간은 확실히 부적질해 보인다. 비슷하게 뉴욕에는 만날 장소가 넘쳐나지만 그랜드 센트럴 터미널이나 타임스퀘어, 혹은 엠파이어 스테이트 빌딩 지하는 만남의 장소로 유명하기 때문에 특히 인기가 있다. 뉴욕 지도 위에서 무작위로 선정한 장소로 향하면서 다른 사람도 무작위로 나와 같은 장소를 선택했기를 바라는 것은 확실히 가능성이 희박한 전략이다.

이 뉴욕 문제를 제일 처음 제기한 사람은 미국 경제학자이자 노벨상 수상자, '상호확증파괴*'라는 핵 억제 정책의 창시자이기도 한 토머스 셸링이었다. 1960년에 출판한 저서 《갈등의 전략》에서 셸링은 정반대의 목적을 가진 적수들이 패권을 다투는 방식과, 같은 목적을 가진 사람들이 공동의 목표를 달성하고자 서로의 행동을 성공적으로 조율하는 방식 모두를 검토한다. 책에서 셸링은 '포컬 포인트'라는 개념을 도입했는데, 이는 서로의 행동을 조율하려고 하는 특정 상황에서 우리와 파트너가 생각하거나 할 것으로 기대되는 것이 일치하는 지점을 가리킨다. 즉 어떤 결정을

---

* 1960년대 이후 미국과 소련이 구사했던 핵전략으로, 영문 머리글자를 따서 MAD로 약칭하기도 하고 상호필멸전략이라고도 한다. 미소 핵 억제전략의 중추적인 개념이다. 상대방이 공격을 해 오면 공격 미사일 등이 도달하기 전 또는 도달 후 생존해 있는 보복력을 이용해 상대방도 절멸시키는 전략을 말한다. 이 전략 개념은 선제공격으로 완전한 승리를 하기보다는 핵무기를 사용하지 않기 위해 행하는 전략, 즉 핵전쟁이 일어나면 누구도 승리할 수 없다는 전제 아래 행하는 핵 억제 전략이다. 이에 따라 핵무기는 사용하기 위해 생산하는 것이 아니라 사용하지 않기 위해 생산하는 억제 무기로 자리잡았다.

내려야 할 때 우리는 파트너 또한 우리와 협력하기 위해 노력한다는 것을 알고 파트너와 같은 선택을 하려고 한다. 셸링이 학생들에게 뉴욕시 문제에 어떻게 하겠느냐고 질문했을 때, 학생 대부분은 누구와 만나든 같은 시간, 같은 장소에서 성공적으로 만날 가능성이 농후한 대중적인 시간과 장소들을 선택했다. 설령 처음에는 불가능해 보이더라도 우리는 상호 조정이 필요한 문제를 직관적으로 해결하는 데 놀랄 정도로 능숙하다.

물론 새로운 포컬 포인트를 빠르게 찾아낼 수도 있다. 만약 우리 두 사람이 마지막 만난 장소가 이스트 76번가의 작은 카페였다면, 우리는 둘 다 상대방이 마지막 만남을 기억해 주기를 바라며 그곳에 나타날 수도 있다. '셸링의 게임'이 작동하는 것은 우리가 모두 비슷한 뇌와 인지능력을 가졌을 뿐만 아니라 대체로 비슷한 배경지식과 규범, 사회적 관습 등 의사소통 빙산의 많은 부분을 공유하기 때문이다. 마찬가지로 모든 언어 게임에도 똑같은 원리가 적용된다.

제스처 게임뿐만 아니라 더 일반적인 의사소통 또한 포컬 포인트가 핵심이다. 제스처 게임에서 제스처를 만들어내는 사람이 하는 일련의 행동은 다양하게 해석될 수 있다. 중요한 것은 제스처를 만드는 사람이나 맞히는 사람 모두가 같은 것을 연상해서 포컬 포인트를 일치시키는 것이다. 오직 그럴 때만, 즉 제스처를 만들어낸 사람이 의도했던 것과 맞히는 사람의 추측이 일치할 때만 제스처 게임은 메시지를 성공적으로 전달하게 될 것이다. 만약 포컬 포인트가 찾아지지 않는다면, 의사소통은 실패하고 추가적인 제스처를 고안해야 한다. 이미 살펴봤듯이 언어로 하는 의사소통도 같은 방식으로 작동한다. 언어는 각각의 메시지가 단 하나의 분명한 의미를 지니는 엄밀한 부호가 아니라 얼마든지 유연하게 그리고 창조적으로 해석될 수 있는 일련의 단서다. 우리는 어제 해석한 단서에 의지해서 오늘의 단서를 해석한다. 그러다 보면 이러한 과정이 쌓이면서 언어적 관례가 서서히 나타난다.

언어 학습과 언어 진화의 조우

포크, 톱, 삽 같은 물리적 도구가 우리의 손, 다리, 몸에 딱 맞게 문화적으로 진화해 왔듯이, 언어도 우리의 뇌에 맞게 형성된 의사소통 수단이다. 지금 우리가 사용하는 가위가 인간의 손 모양과 정밀한 절단 작업에 얼마나 절묘하게 적응했는지를 생각해 보라(그 결과 가위는 주방용, 수술용, 손톱용 등등을 비롯한 다른 많은 특화된 모양을 지니게 되었다). 수백 년에 걸쳐 가위는 우리 손의 해부학적 구조에 맞게 문화적으로 진화해 왔다. 오른손잡이용과 왼손잡이용의 모양이 다를 정도다. 실제로 오른손잡이인 모텐은 왼손잡이 가족과 함께 살면서 오른손으로 왼손잡이용 가위를 쓰면 잘 작동하지 않는다는 사실을 불편했던 경험으로 잘 알고 있다. 가위가 인체의 해부학적 구조에 너무도 잘 적응했기 때문에 어린아이들은 사용 설명서 없이도 가위를 다룰 수 있다(깔끔하게 또는 일직선으로 자르려면 보통은 상당한 연습이 필요하지만). 반면에 소의 발굽이나 개의 발, 돌고래의 지느러미에 가위는 전혀 쓸모가 없다. 가위가 우리와 손 모양이 똑같은 과거 여러 세대의 사용자들이 무언가를 잘라야 할 필요에 적응해 왔다는 사실을 간과한다면, 어른과 아이를 막론하고 모두가 가위를 쉽게 사용한다는 것은 어찌 보면 매우 의아할 수도 있다. 하지만 가위의 정확한 사용법을 배우기란 쉬운 일이다. 가위는 쇳조각을 되는 대로 아무렇게 이어붙인 물건도, 또 외계 화성 문명에서 온 도구도 아니기 때문이다. 대신에 가위는 과거의 수많은 인간 사용자 세대가 마치 우리의 손과 일치하는 포컬 포인트를 찾아내기라도 한 듯 손에 딱 들어맞도록 만들어져 왔다.

가위에 적용된 방식은 언어에도 똑같이 적용된다. 가위와 언어는 모두 문화적 진화를 통해 우리가 쉽게 사용하도록 멋지게 적응했다.[2] 따라서 언어 학습이 어떻게 가능한지를 설명하기 위해서는 언어 진화에 의지해야만 한다. 지금 아니면 사라질 병목 지점을 통과해야 하는 탓에 언어가 지니게 된 즉시성은 어린아이들이 언어의 의미와 패턴을 학습할 때 한 번에 한 청크씩 혹은 한 구문씩 배울 수밖에 없다는 것을 의미한다. 또한 이미 알고 있는 언어 조각과 의미 있는 단서를 새로운 방식으로 결합하기 위해서는 과거의 경험으로부터 추론하는 법을 배워야 한다. 어린아이들은 이 새로운 방식을 통해 스스로를 이해하고 다른 사람들이 무슨 말을 하는지 포착하게 된다. 그렇다면 어린아이들은 어떻게 언어적 제스처 게임에 정확히 딱 들어맞는 언어를 즉흥적으로 만들어내는 것인가? 답은 더할 나위 없이 단순하다. 현재의 화자 역시 한때는 모두 어린아이였기 때문이다. 어린아이들이 정확한 일반화에 도달할 수 있는 것은 그들보다 앞서 살았던 다른 모든 사람이 해온 방식 그대로 따라 하면 되기 때문이다. 각 세대가 배워야 하는 언어의 패턴은 자신들과 완전히 똑같은 능력, 한계, 성향을 지닌 과거의 언어 사용자 세대에 의해 만들어졌다. 언어를 배우기 위해서는 문화적으로 진화한 다른 모든 도구나 산물의 사용법을 익힐 때와 마찬가지로 그저 다른 사람의 발자취를 좇아가기만 하면 된다.

하지만 모든 학습이 서로의 발자취를 따르기만 하면 되는 문화적 학습인 것은 아니다. 우리는 자연 세계를 이해하고 헤쳐나가야 할 뿐만 아니라 공동체의 다른 구성원과 조화를 이루어야 한다. 세상에서 살아남기 위해 인간은 다음과 같은 두 가지 별개의 문제를 해결해야 한다. 이를 위해서는 학습이 필요한데, 우리는 자연 세계에 대해 배우는 첫 번째 학습을 'N-학습', 문화적 세계에 대해 배우는 두 번째 학습을 'C-학습'이라 부른다.[3] N-학습에서는 자연 세계가 학습을 측정하는 기준을 제공한다. 이를테면 우리가 공이나 창던지기를 연습할 때, 다른 사람이 어떻게 생각하고 행동하는지는 연습 결과에 영향을 미치지 않는다. 우리가 과녁을 명중시키느냐 아니냐는 우리가 던진 물체의 궤적에 영향을 미치는 중력, 공기 저항을 비롯한 다른 외부 요인에 우리의 던지기 능력이 얼마나 잘 맞설 수 있는지에 달려 있다. N-학습은 확실히 인간의 진화에 중요하다. 자연 세계의 문제를 적절히 처리하기 위해서라도 우리는 이 물리적 세계가 작동하는 방식을 이해해야만 한다. 예를 들어 우리는 물체에 지속되려는 속성이 있으며(물체가 마법처럼 사라지지는 않는다), 무게와 가속도가 존재하고(어떤 물체가 당신 쪽으로 날아온다면 특히 중요하다), 다른 물체에 특정 방식으로 인과적 영향력을 행사할 수 있다(무거운 물체가 발 위에 떨어지는 것과 물웅덩이에 떨어지는 것을 비교해 보라)는 지식을 습득해야 한다. N-학습에 관한 한 우리는 모두 물질세계에 대처하는 법을 알아내려고 애쓰는 외로운 아마추어 과학자다.[4]

대조적으로 C-학습은 우리와 꼭 닮은 다른 사람들과 조화를 이루는 법을 배우는 것이다. C-학습에서 무엇이 옳고 그른지와 관련해 미리 정해진 어떤 보편적 '진리'란 존재하지 않는다. C-학습의 결정적 요소는 다른 사람들이 하는 일을 하는 것, 공동체의 포컬 포인트를 발견하는 것이다. 따라서 C-학습의 성패는 우리가 공동체의 공유된 문화적 관례를 얼마나 잘 학습하는지, 그러한 관례에 의거해 새로운 상황을 어떻게 해석하는지에 달려 있다. 인간의 상호작용에서 긍정과 부정을 표시하기 위해 머리를 다르게 움직이는 방식이 사용된다는 것을 예를 들어보자.[5] 여기서 N-학습은 결코 도움이 되지 않는다. 머리를 끄덕이거나 가로젓는 행동에는 어떤 내재적이고 고정적인 의미가 존재하지 않기 때문이다. 머리를 끄덕이는 행동은 북유럽에서는 '예'를 뜻하는 반면 그리스에서는 '아니오'를 의미한다. 그리고 전 세계 대부분의 지역에서 머리를 가로젓는 행동은 '아니오'를 나타내지만 스리랑카에서는 대체로 동의한다는 것을 표현하기 위해서 사용된다. 여기서 중요한 점은 우리가 주변의 사람과 똑같은 머리 움직임 패턴을 받아들였다는 것이다. C-학습에 관한 한 우리는 영원한 진리를 추구하는 외로운 과학자가 아니다. 다른 오케스트라 단원들과 조화로운 음을 만들어내는 음악가에 가깝다.

긍정과 부정의 신호는 관례를 기계적으로 학습하는 문제처럼 보일지도 모른다. 그러나 언어적 제스처 게임을 벌이거나 뉴욕시에서 만남을 성사시키기 위해서는 기계적인 학습을 넘어서야 한다. 우리는 우리가 보아온 것에서부터 창의적인 추론을 전개해야 할 뿐만 아니라 그럴 때조차 다른 모든 사람이 하는 것과 똑같은 방식으로 추론할 수 있어야 한다. 그러나 이러한 추론 과정에서도 N-학습과 C-학습은 결정적 차이를 보인다. 어떤 미지의 과정을 거쳐 1, 2, 3, …이라는 수열이 만들어졌다고 상상해 보자. 그다음에 어떤 숫자가 나올 것 같은가? 만약 이 질문을 N-학습의 문제로 접근한다면, 어떤 데이터든 자연 세계의 특정 측면을 나타낸다고 가정해야 하기 때문에 이처럼 빈약한 데이터만으로는 하나를 특정하지 못하는 대신에 개연성이 있는 무수히 많은 숫자를 댈 수밖에 없다. 필시 그다음 숫자는 무작위적일 것이다. 관찰된 숫자의 배열이 오름차순이라는 사실도 (제시된 자료의 한계로 인해) 순전히 우연적일 것이기 때문이다. 그러나 하나의 패턴이 있다고 추정해 보자. 웬만하면 거의 모든 패턴이 다 가능할 것이다. 예컨대 반복수열(1, 2, 3, 1, 2, 3, 1, …)이 올 수도 있고 진동수열(1, 2, 3, 2, 1, 2, 3, 2, 1, …)*이 올 수도 있으며 피보나치수열(1, 2, 3, 5, 8, 13, 21, …)**이 올 수도 있다. 아니면 단순히 마지막 숫자에 묶여 고정된 값이 반복될 수도 있다(1, 2, 3, 3, 3, 3, 3, …). 이 경우 우리는 어떤 수가 와야 하는지 확신할 수 없다.

하지만 만약 우리가 이 수열을 문화적 산물의 일부로 바라본다면, 그다음 숫자로 다른 사람과 같은 숫자를 대도록 추측하는 것이 핵심이기 때문에 4, 5, 6, 7, 8, …이라는 답이 거의 즉각적으로 머릿속에 떠오른다. 그리고 이것은 1, 2, 3, …이라는 수열을 계속 진행해 보라는 요청을 받았을 때 대부분의 사람이 가장 많이 선택할 것 같은 답이기도 하다. 따라서 C-학습 유형의 문제를 해결하는 것이 훨씬 더 쉽다. 우리 눈에 뻔한 것은 다른 사람들(어쨌거나 우리와 비슷한 사람)에게도 그럴 것이기 때문에, 여기서는 뻔한 답이 정답일 가능성이 크다. C-학습에서는 우리의 지각적, 인지적, 의사소통적, 사회적 성향이 공유된 문화 혹은 과거 경험과 결합해 적절하게 정답을 추측하도록 도와준다. 우리가 같은 포컬 포인트에 도달할 수 있는 것은 현재의 우리와 정확히 똑같은 성향을 가졌던 선조들과 그저 조화를 이루려 하기 때문이다. 그러나 N-

---

* 수열이 수렴하지도 않고 양의 무한대나 음의 무한대로 발산하지도 않으면 그 수열은 진동한다고 한다. 여기서는 2를 기준으로 위아래로 숫자열이 진동하므로 진동 수열이라고 할 수 있다.

** 첫 번째 항의 값이 0이고 두 번째 항의 값이 1일 때, 이후의 항들은 이전의 두 항을 더한 값으로 이루어지는 수열을 말한다. 여기서는 첫 번째 항의 1이고 두 번째 항의 값이 2인 피보나치수열이다.

학습에서는 조화를 이루려는 바로 이 성향이 반드시 유용한 것은 아니다. 또한 N-학습에서는 우리가 모두 같은 결론(예컨대 무거울수록 빨리 낙하한다)에 도달했다는 단순한 사실만으로 그 결론이 참인 것은 아니다. 반면에 C-학습의 경우, 우리 모두가 같은 결론에 도달한다면 그 결론은 참일 수밖에 없다. 우리의 목표는 자연을 반영하는 것이 아니라 서로를 반영하는 것이기 때문이다.

우리가 언어 학습이 어떻게 작동하는지를 조금이라도 이해하려고 한다면, C-학습과 N-학습을 구분하는 것이 매우 중요하다. 4장에서 언급했듯이 대부분의 심리학자와 언어학자는 어린아이들이 자신의 모국어 문법 체계를 이해하려고 애쓰는 모습이 마치 언어 인류학자가 처음 만난 언어를 묘사하려 애쓰는 것과 같다며 어린아이를 작은 언어학자라고 생각해 왔다.[6] 이러한 관점에 따른다면 보통의 아동기를 거친 어린아이가 수십 년 동안 연구 경력을 쌓아온 '실제' 언어학자보다 언어 패턴을 더 종합적으로 잘 이해한다는 점에서 특히 곤혹스러운 문제에 직면하게 된다. 그러나 이는 언어가 학습되는 방식을 완전히 잘못 이해하고 있기 때문에 생기는 일이다. 이들은 마치 어린아이가 자연 세계의 어떤 부분을 학습하듯 외부 관찰자의 시선으로 언어를 바라본다고 생각함으로써 언어 학습을 어려운 N-학습의 문제로 취급한다.

언어 학습이 가능한 것은 우리 모두가 배우기를 열망하는 인간과 독립적으로 존재하는 어떤 '진짜' 언어가 있기 때문이 아니라 인간 문화의 한 측면을 배우는 문제이기 때문이다. 언어 학습은 N-학습이 아닌 C-학습의 문제다. 어린아이들은 주변 사람이 하는 말을 듣다가 그 말의 파편들을 모아 그것으로부터 모국어의 추상적인 문법 체계를 발견하려고 한다기보다, 공동체의 다른 사람들이 그 순간의 의사소통적 과제를 해결하기 위해 언어를 사용하는 방법을 이해하려고 애쓰는 중이다. 결국 언어적 제스처 게임은 C-학습의 전형적인 한 가지 사례다. 따라서 이 게임의 관건은 화자와 청자가 똑같이 해석할 수 있는 어떤 의사소통적 신호를 창조하는 것이다. 그 결과 학습은 극적으로 단순해진다. 문화의 다른 모든 측면처럼 언어도 이전 세대들이 했던 학습의 산물이기 때문이다.

오늘의 언어는 어제의 학습자들이 만들어낸 산물이다. 언어를 배우기 위해서 어린아이는 현재와 과거의 다른 학습자들과 협력해야만 한다. 모든 세대는 바로 직전 세대의 발걸음을 따라가기만 하면 된다. 이따금 우리의 엉뚱한 '추론들'은 타당한 추론이 되기도 하는데, 타당한 추론이란 다름 아닌 앞선 세대의 학습자들이 내린 가장 대중적인 추론이기 때문이다. 그렇게 하는 과정에서 새로운 세대의 구성원 모두 같은 길을 따르게 되고, 그럼으로써 앞선 세대뿐만 아니라 서로와도 성공적인 협력이 가능해진다. 언어 학습에 관한 한 N-학습이 잃어버린 열쇠들을 달빛도 비추지 않는 캄캄한 밤에 거대한 도시에서 찾는 것과 같다면, C-학습은 우리 모두가 서로를 찾는 단순한 문제에 불과하다. 잃어버린 열쇠들이 어디 있는지는 몰라도 우리의 인간 동료들은 분명 환히 비추는

가로등 불빛 아래 서 있을 것이다.

실험실 전화 게임

C-학습의 목표인 공동체의 포컬 포인트는 진화 과정을 거치면서 우리의 고유한 생물학적 한계와 문화적 기대에 부합하도록 형성된다. 포컬 포인트가 어떻게 생기는지에 대한 통찰은 대중적인 전화 게임을 정교한 설계를 통해 언어의 진화 과정으로 재구성한 실험에서 얻을 수 있다. 전화 게임을 하기 위해서는 일단 게임 참가자들을 한 줄로 늘어세워야 한다. 그런 다음 게임 출제자가 첫 번째 참가자에게 단어나 메시지를 주면, 첫 번째 참가자는 그것을 바로 옆의 참가자 귀에 대고 속삭인다. 그러면 두 번째 참가자는 자신이 들은 것(혹은 들었다고 생각하는 것)을 세 번째 참가자에게 속삭인다. 이런 식으로 늘어선 줄이 끝날 때까지 반복한다. 끝으로 마지막 참가자는 귀에 어떻게 들렸건 자신이 들었다고 생각한 것을 큰소리로 외치고, 그것을 첫 번째 참가자가 실제로 한 말과 비교해 본다. 단어나 메시지는 전달되는 과정에서 왜곡되어 종종 재미있는 결과를 낳는다. 이 게임이 인기 있는 이유이기도 하다.

거의 한 세기 전 케임브리지대학교의 첫 번째 실험 심리학 교수였던 유명한 영국 심리학자 프레더릭 찰스 바틀릿Frederic Charles Bartlett은 전화 게임을 이용한 문화 진화 연구를 최초로 시도했다.[7] 바틀릿은 배경지식과 문화적 기대가 어떻게 우리의 기억을 바꿀 수 있는지, 그리고 이 바뀐 기억이 시간이 지나면서 어떻게 우리의 집단 기억을 변화시키는지에 관심이 있었다. 그는 사람들에게 북아메리카 원주민의 '유령 전쟁The War of the Ghosts'을 포함한 다른 여러 토착 설화를 들려주고 기억해 보라고 요청했다. 그리고 연구 참가자 중 첫 번째 사람에게 원래의 설화를 각색한 이야기를 읽게 한 다음 기억나는 대로 적어보라고 했다. 두 번째 사람에게는 첫 번째 사람이 쓴 글을 주고 읽게 한 다음 역시 기억나는 대로 적게 했다. 열 명 이상의 참가자들이 하나의 고리를 이루며 같은 일을 반복했다. 참가자 '세대'를 거치는 동안 이야기에는 상당한 변화가 생겼다. 훨씬 짧고 간결해졌으며, 신령한 요소가 많았던 유령 이야기에서 전투와 잇따른 죽음에 관한 설명으로 바뀌었고 초자연적인 뉘앙스가 완전히 사라졌다. 바틀릿의 설명에 따르면, 여러 세대를 거치면서 이야기는 연구 참가자들의 문화적 기대에 맞춰 점차 조정되어 갔다. 그는 사람들에게 기억나는 대로 그림을 그려보라는 실험을 진행하기도 했는데, 시각 표현에서도 마찬가지로 비슷한 관례화가 관찰되었다. 한 그림 그리기 실험에서는 올빼미의 형상과 똑 닮은 낯선 이집트 상형문자를 그리게 했더니 올빼미는 여러 참가자 세대를 거치면서 훨씬 더 친숙한 고양이 모습으로 탈바꿈되었다.

30여 년이 지난 대서양 건너편에서는 미국 언어학자이자 심리학자인 어윈 A. 에스퍼Erwin A. Esper가 언어 변화에서 사회적 전달이 수행하는 역할을 연구하는 데 전화 게임 접근법을 적용했다(바틀릿의 연구와는 무관해 보인다).[8] 그는 자신의 연구에 참가한 첫 번째 사람에게 인공 언어를 가르쳤다. 이 인공 언어에서는 붉은 색 혹은 녹색의 네 가지 추상적 형상들에 'pel'과 'numbow' 같은 비의미 단어들이 부여되었다. 이 여덟 개의 구두 명칭verbal label은 서로 완전히 달랐으며 색깔이나 모양을 연상시키는 어떠한 단서도 포함되지 않았다. 첫 번째 참가자에게 이 명칭-모양 조합들을 보여준 다음 배운 대로 두 번째 참가자에게 가르쳐보라고 했다. 두 번째 참가자는 첫 번째 참가자에게 배운 대로 세 번째 참가자에게 가르쳤다. 이런 식의 연쇄적 전달이 44번째 마지막 참가자에 이를 때까지 반복되었다. 결국에는 여덟 개 단어 중 두 개(pel과 shab)를 제외한 모든 단어의 소리 패턴이 완전히 바뀌었다. 흥미롭게도 이러한 변화들은 무작위적이지 않았다. 사람들은 특정 모양과 색깔을 나타내기 위해 상이한 소리 청크들을 자발적으로 동원하기 시작했다. 예를 들어 모양(색깔과 무관하게)과 특정 어미가 연관되었는데, 이를테면 반달 모양을 가리키는 두 개의 명칭 끝에는 -a가, 화살 모양을 가리키는 두 개의 명칭 끝에는 -zh가 붙었다. 단순 형태론simple morphology과 비슷한 패턴에 근접하는 무언가가 나타났다. 따라서 에스퍼의 흥미로운 연구는 의미의 여러 상이한 측면들(예컨대, 모양)을 표현하는 언어 양식이 어떻게 생겨났는지를 미약하게나마 암시해 준다.

누군가는 에스퍼의 획기적인 연구가 언어의 탄생을 밝혀줄 흥미로운 연구 프로그램을 촉발했으리라고 기대했을지도 모른다.

하지만 사실은 정반대였다. 후속 연구들이 따라 나오지 않았고, 애석하게도 그의 연구는 그렇게 오늘날까지 잊혔다. 그러나 비록 에스퍼의 작업과 별개이기는 했지만 전화 게임을 이용한 연구는 결국 재개되었다. 2000년대 말부터 연구자들은 언어의 문화적 진화를 실험실에서 탐구하는 방법으로 전화 게임을 본격적으로 도입했다. 이 새로운 연구의 물결은 세계 최초의 진화 언어학 교수인 사이먼 커비Simon Kirby에 의해 에든버러대학교에서 시작되었다. 파리 언어학회가 이 주제의 연구를 금지한 지 한 세기도 더 지나서야 비로소 언어의 진화 연구 분야는 옛 명성을 되찾았다.

커비와 다른 두 명의 언어 진화 학자 케니 스미스Kenny Smith와 해나 코니시Hannah Cornish는 여러 학습자 세대에 걸친 문화적 진화가 언어의 특징인 복잡한 종류의 구조를 출현시킬 수 있는지를 연구하기 위해 인공 언어 축소 모형을 사용했다. 한 연구에서 그들은 단순한 시각 자극을 일으키는 도형들에 명칭을 부여해 구성한 '생경한' 언어를 연구 참가자들에게 배우도록 했다.[9] 에스퍼가 네 가지 모양과 두 가지 색깔을 조합했다면, 그들은 세 가지 모양(사각형, 원, 삼각형)과 세 가지 색깔(검정색, 파란색, 빨간색)에 세 가지 종류의 움직임(좌우 진동, 위아래 진동, 회전)을 나타내는 화살표를 추가해 총 27개의 상이한 시각 장면을 만들어냈다(예컨대 위아래로 진동하는 청색 원이나 회전하는 적색 원 같은). 연구자들은 첫 번째 참가자에게 자신들이 2~4개의 음절로 임의 구성한 명칭들(예컨대 luki와 kilamo, kanehu, namopihu 같은)을 보여주었다. 예를 들어 수평

CHAPTER 6 언어와 인류의 발자취

265

으로 움직이는 빨간색 원에는 'namopihu'라는 명칭이, 회전하는 검정색 사각형에는 'kilamo'라는 명칭이 제시되었다. 학습을 마친 첫 번째 참가자는 장면을 보고 기억나는 대로 명칭을 말해달라는 요청을 받았다. 그런 다음 실험실에 들어온 두 번째 참가자에게는 이 첫 번째 참가자가 기억해 낸 명칭-장면 쌍으로 구성된 새로운 언어가 제시되었다. 실험은 이런 식으로 마지막 세대에 해당하는 열 번째 참가자에 이를 때까지 연쇄적으로 반복되었다.

여기까지는 에스퍼의 선구적인 연구와 매우 비슷하다. 그러나 커비와 동료들은 예상 밖의 중요한 요소를 도입해 실험의 국면을 완전히 전환했다. 그들은 익숙한 요소들을 새로운 방식으로 결합함으로써 우리가 새로운 문장을 발음하고 이해하는 것을 가능하게 하는 언어 방식의 하나인 합성성* 현상에 관심이 있었다. 합성성 덕분에 "우리는 보라색 줄무늬의 오렌지 삼각형이 달 위로 뛰어오른다" 같은 생소한 문장에 대응하는 하나의 이미지를 떠올릴 수 있다. 우리는 '오렌지'와 '삼각형', '뛰어오다' 등의 의미와 이 단어들이 어떻게 구문으로 연결되는지를 이미 알고 있기 때문이다. 사람들이 생경한 언어에서 나온 새로운 사례들을 추정하도록 만들기 위해, 이 진화 언어학자들은 명칭-장면 조합 중에서 몇 가지를 학습하는 동안 의도적으로 보여주지 않았다.

---

* 서로 다른 형태소가 하나의 복합 어휘로 결합되거나 복잡한 표현들의 의미가 단순한 표현들의 의미의 합으로 결정되는 특징으로 세계 대부분의 언어에서 매우 생산적인 조어 수단이 되고 있다.

첫 번째 학습자에게 제시된 이 언어 축소 모형의 원형에는 어떤 형태로든 합성성 현상이 나타날 여지가 전혀 없었다. 'kalakihu'가 위아래로 진동하는 파란색 삼각형을 가리킨다는 것을 안다고 해서 회전 운동을 하는 파란색 삼각형을 뭐라고 불러야 하는지에 조금도 도움이 되지 않는다. 여기서는 우리가 아무리 최선을 다해 추측해 본다 한들 틀릴 수밖에 없다. 또한 그것의 명칭이 'namola'라는 것을 짐작해 낼 가능성도 극히 희박하다. 하지만 놀랍게도 실험은 효과가 있었다. 학습자 세대를 거치면서 체계적인 패턴이 자발적으로 나타났으며, 학습자들은 이를 기초로 처음 보는 시각 장면에 대한 명칭을 정확하게 추측할 수 있었다.[10]

새로운 시각 장면의 일반화가 가능했던 것은 언어-축소 모형이 의미에 따라 다양하고 체계적으로 명칭을 부여하는 합성 체계를 '서서히 발전'시켰기 때문이다. 에스퍼의 연구에서처럼 명칭의 다른 부분이 시각 장면의 상이한 특성을 나타내기 시작했다. 한 언어-축소 모형에서 명칭들은 색깔-모양-동작의 세 부분으로 구성된 하나의 패턴으로 발전했다. 즉 명칭열의 첫 번째 부분은 색깔을, 가운데 부분은 모양을, 마지막 부분은 동작을 가리켰다. 이는 그저 몇 개의 항목에만 노출되더라도 그것을 근거로 학습자들은 새로운 시각 장면을 추정할 수 있다는 것을 의미한다. 예를 들어 만약 좌우로 움직이는 빨간색 원이 re-ene-ki라 불리고, 회전 운동을 하는 검정색 사각형의 명칭은 n-e-pilu이며, 위아래로 진동하는 파란색 삼각형은 l-aki-plo로 일컫는다면, 원을 그리며 회

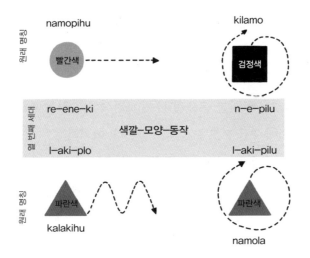

그림 1. 에든버러 전화 게임 실험의 시각 장면 예시. 그림의 맨 위와 맨 아래에 적힌 명칭들
은 첫 번째 학습자에게 제시된 원래의 명칭들이다. 중간의 회색 막대 안 명칭들은
10번째 세대 학습자에 의해 생성된 명칭들이다. 원래의 명칭이 음절들의 무작위적
인 조합으로 구성되었다면, 마지막 세대의 명칭은 합성성의 특징을 나타낸다. 즉,
명칭열의 첫 번째 부분은 색깔을, 가운데 부분은 모양을, 마지막 부분은 동작을 가
리킴으로써 색깔-모양-동작이라는 순서가 만들어졌다. (하이픈은 학습자들이 사
용한 것이 아니라, 명칭의 합성성 구조를 보여주기 위한 용도로 우리 두 사람이 삽
입한 것이라는 점에 유의하라.)

전하는 파란색 삼각형은 l-aki-pilu라 불리는 것이 틀림없다고 자
신 있게 추측할 수 있다(명칭이 세 부분으로 이루어진 것을 표시하기 위
해 하이픈을 삽입했다. 또한 그림 1을 보라). 이것은 합성성의 위력이 얼
마나 대단한지를 보여준다.

　인공 언어를 활용한 이러한 전화 게임 연구들은 기본적 구성
요소들로 의미를 구성하는 합성적 언어 체계가 어떻게 자발적으
로 나타날 수 있는지를 보여준다. 실제로 실험 참가자들은 자신의

응답이 다음 참가자에게 전달되어 여러 세대로 구성된 하나의 연쇄적인 사슬을 구성하게 되리라는 사실을 알지조차 못했다.

그러나 우리가 앞에서 논의했던 '짧은 체류cup of coffee', '소방차 같은 진홍색fire engine red', '안녕하세요How are you'처럼 일상 속 도처에서 발견하는 연속적 다단어 같은 더 복잡한 언어 구조는 어떤가? 우리는 그러한 연속적 다단어를 늘 사용하지만, 대체 그런 것들은 어디에서 온 것인가 하는 답은 우리가 지금 아니면 사라질 병목 지점을 극복하기 위해 사용하는 기억 기반 능력, 즉 청킹 속에 있다. 모텐은 해나 코니시와 릭 데일Rick Dale, 사이먼 커비와 함께 학습자 세대를 거치면서 증폭될 수밖에 없는, 그러한 기억 한계의 영향만으로도 언어에서와 유사한 재사용 가능한 청크들이 나타나는지를 판정하기 위해 전화 게임 실험을 진행했다.[11]

그들은 에든버러대학교 학생들에게 언어나 문화 진화에 대한 실험이라는 언급은 하지 않은 채 기억 실험에 참가해 달라고만 요청했다. 컴퓨터 앞에 앉은 첫 번째 참가자에게 BRG, FGLB, RVFBR 같은 3~5자의 자음으로 이루어진 무작위적 문자열 열다섯 개를 차례로 스크린에 띄워 보여주었다. 실험 참가자에게 각 문자열이 사라지고 나면 기억나는 대로 방금 본 문자열을 타자로 쳐보라고 했다. 이 과정을 여섯 차례 반복시킨 다음 불시에 기억력 테스트를 실시했다. 테스트에서는 가능한 한 자음 문자열 열다섯 개 모두를 기억하도록 요구했다. 첫 번째 참가자가 타자로 친 문자열은 정답 여부와 상관없이 실험실에 들어온 두 번째 참가자의 모니터에 문자열로 그대로 제시되었다. 그런 다음 두 번째 참가자의 응답은 다시 세 번째 참가자의 모니터에 제시될 문자열로 활용되었다. 이런 식으로 열 번째 참가자에 도달할 때까지 연쇄적으로 실험이 실시되었다. 문자열 열다섯 개를 기억해 내는 일은 쉽지 않았다. 각 참가자는 처음 문자열을 학습할 때는 평균 네 개의 문자열을 정확히 기억해 냈지만, 마지막 학습했을 때는 처음보다 두 배 많은 문자열을 정확하게 기억했다. 문자열이 시각 이미지와 짝을 이뤘던 지금까지의 다른 전화 게임 실험과는 달리, 이 실험에서는 의미가 아무런 도움도 되지 않는다는 점에 주목하자. 그래서 무슨 일이 일어났는가? 문자열들은 어떻게 더 기억하기 쉬운 쪽으로 진화했는가?

　실험 참가자들이 기억해 낸 문자열이 세대를 거치며 어떻게 변화했는지를 분석한 결과, 모텐과 동료들은 다글자multi-letter 청크들이 나타났음을 발견했다. 이러한 청크들은 마치 언어에서 다단어 구문이 재활용되듯, 시간이 흐르면서 결국에는 반복적으로 활용되었다. 실제로 마지막 실험 참가자 세대의 문자열은 청크를 재사용하는 패턴을 보였는데, 이는 부모가 자녀들에게 말할 때 같은 청크를 반복적으로 사용하는 것과 매우 유사했다. 이를테면 부모들은 "Are you hungry(배고프니)?", "Are you sleepy(졸리니)?"라는 문장 속의 'are you'나 "I like your drawing(그림이 좋구나)", "I like your car(차가 멋진데)"라는 문장 속의 'I like your' 같은 청크를 반복적으로 사용한다. 비록 이 기억 실험이 의미가 없는 자음 문자열을 대상으로 실시했지만, 문자열들이 지금 아니면 사라질 병목 지점을 반복적으로 비집고 나가는 동안 언어와 비슷한 청크 단위가 재사용되는 현상이 나타났다. 특이해서 기억하기 쉽지 않은 문자열들은 희생시키고 더 쉽게 기억할 수 있는 청크는 재사용한 문자열이 빠르게 확산했다. 한 학습자에서 다음 학습자로 문화적 전달이 반복되다 보면 기억의 한계 효과가 증폭됨으로써, 청크가 재사용되는 패턴이 나타날 수 있다.

이러한 전화 게임 실험들은 문화적 전달이 다단어 구문에서 재사용 가능한 청크가 출현하고 언어가 합성 구조를 갖추게 된 과정을 설명하는 데 일조할 수 있음을 보여준다. 이 두 가지 특징은 찰스 다윈이 말한 '생존 경쟁'에서 비롯된다. 즉 기억하기 쉽고 의사소통적으로 유용한 명칭이나 청크일수록 체계적 패턴을 구성하는 데 적합하기 때문에 살아남는다. 이렇듯 문화적 진화는 우리에게 설계자 없는 설계를 제공하며, 언어 학습자 세대가 서로의 발자취를 따라갈 때 언어가 어떻게 진화하는지를 입증한다. 무엇보다 언어 학습이 가능한 것은 문화적 진화 덕분이다. 문화적 진화를 통해 어린아이들도 충분히 노출되기만 한다면 접근 가능한 언어적 포컬 포인트가 창출됨으로써 언어는 C-학습에 적합하도록 변화한다. 진화 생물학자 테오도시우스 도브잔스키의 유명한 표현을 적용해 달리 말하자면, "언어 학습은 문화적 진화라는 관점에서 보지 않는다면 아무것도 이해할 수 없다."[12]

단어로는 충분하지 않다

문화 진화라는 렌즈를 통해 언어를 바라보면 언어 학습을 완전히 새로운 시각으로 바라볼 수 있다. 언어는 이제 더 이상 우리의 유전자에 미리 프로그램되거나 신경 회로 속에 붙박여 있을 필요가 없게 된다. 또한 어린아이들이 N-학습으로 언어를 습득하려고 노력하는 신진 언어학 이론가라는 생각도 사라진다. 우리는 어린아이들을 다른 사람들의 발자취를 따라가는 발달된 언어 사용자라고 본다. 언어 학습이 가능한 것은 언어가 문화 진화를 통해 어린아이의 독특한 C-학습 능력에 부합하도록 형성되어 왔기 때문이다. 연못이 표면에 복잡한 간섭무늬 패턴*의 잔물결을 일으키기 위해 파동 이론을 알 필요가 없듯이 어린아이도 언어 패턴에서 기인하는 자생적 질서에 대한 '이론'을 더 이상 알 필요가 없다.

언어 학습을 실천의 문제로 본다고 해서 어린아이들이 자신의 모국어를 학습하는 데서 맞닥뜨리는 과제가 사소하다는 의미는 아니다. 반대로 그러한 관점은 우리 각자가 모국어를 능숙하게 하기까지 얼마나 많은 노력을 기울여 왔는지를 강조한다. 뛰어난 언어 구사력을 갖추기 위해서 어린아이들은 최소 1만 시간 동안 언

---

* 물결처럼 계속해서 파동의 흔적이 나타나는 것이 아니라 증폭된 파동과 상쇄된 파동이 나타났다가 말았다가, 나타났다가 말았다가를 반복하며 이루는 파동 패턴을 일컫는다. 같은 파동이 만나면 증폭되고 반대되는 파동이 만나면 상쇄된다는 원리에 따라 형성된 패턴이다.

어를 반복적으로 사용해야 한다(2장에서 살펴본 무작위적 숫자 기억 천재 스티브 팔룬이 기억력을 연마하기 위해 200시간을 연습했다는 사실을 무색하게 하는 시간이다). 상대방과 빠르게 순서를 바꿔가며 주고받는 일상의 대화를 따라잡기 위해서는 엄청난 양의 연습을 통해 비좁은 지금 아니면 사라질 병목 지점으로 언어를 밀어 넣는 법을 학습해야 한다. 다른 사람과의 반복적인 대화 경험 덕분에 우리는 듣는 동안 입력된 소리들을 재빠르게 청크하는 능력을 발달시키고, 또 말할 때는 청크들을 적시에 생산할 수 있게 된다. 언어 학습에 중요한 것은 연습에 연습, 그리고 더 많은 연습이다.

1995년에 심리학자 베티 하트Betty Hart와 토드 리슬리Todd Risley는 미국의 어린아이들이 가정에서 언어와 관련해 얼마나 많은 경험을 하는지, 또 그러한 경험이 다른 사회적 배경을 가진 가족에 따라 얼마나 다른지를 측정하는 연구를 시작했다.[13] 그들은 42개 가정을 매달 1시간씩 2년 반 동안 방문해 어린아이가 얼마나 많은 단어에 노출되는지를 기록했다. 이러한 시간을 합산해 추정한 결과, 공적 부조를 받는 가정에서 성장한 어린아이는 세 살이 끝날 무렵이면 평균 약 1천 3백만 개의 단어를 듣는 것으로 나타났다. 반면 고소득 가정의 어린아이는 공적 부조를 받는 가정의 어린아이보다 세 배나 더 많은 4천 5백만 단어에 노출되는 것으로 추정되었다. 결국 네 살이 되는 시점의 저소득 가정 어린아이들은 고소득 가정의 동년배 아이보다 3천만 단어를 덜 듣는 셈이었다.

하트와 리슬리는 이 차이가 중요한 결과를 낳는다는 사실을 발견했다. 생애 첫 4년 동안 단어에 더 많이 노출된 아이들일수록 어휘 규모가 더 컸다. 즉 고소득층 자녀가 저소득층 자녀보다 단어를 두 배 이상 많이 알고 있었다. 아동기의 단어 노출량은 성인이 된 이후 어휘력에 영향을 미치기 때문에 언어 투입에서의 불균형은 '3천만 단어 격차'로 불리며 경종을 울렸다. 그 후 이 연구는 학계와 정책 입안자, 교육자들로부터 비상한 관심을 받았으며, 저소득층 자녀를 대상으로 한 어휘 격차를 메우려는 다양한 방안이 모색되었다.

더 많은 수의 가정을 대상으로 한 후속 연구에서는 어린아이들이 얼마나 많은 단어를 듣느냐의 문제는 소득 수준과 무관하며 개별 가정 간에 차이가 큰 것으로 밝혀졌다. 하트와 리슬리가 조사한 가정들이 소득 분포의 양극단을 대표했다는 사실이 알려지면서, 3천만 단어 격차는 소득 수준 상위 2퍼센트와 하위 2퍼센트 가정을 비교할 때만 유의미하다고 결론지어졌다. 하지만 네 살을 기준으로 고소득 가정 아이와 저소득 가정 아이 간에는 4백만 단어라는 상당히 큰 격차가 여전히 존재한다. 이 4백만 격차는 심지어 2019년 민주당 경선에서 언급되기도 했는데, 당시 대통령 후보였던 조 바이든은 부모들에게 다음과 같이 촉구했다. "자녀들에게 단어를 들려주십시오. 가난한 학교에 다니는 아이는, 빈곤이라는 가정환경 탓에 필시 (학교에) 입학하는 시점에 이미 4백만 단어를 적게 들은 상태일 겁니다."[14]

우리는 단어 격차가 아무리 크다고 하더라도 그 때문에 빈곤층 자녀들이 보통의 언어 능력을 발달시키지 못하는 것은 아니라는 점을 강조하고 싶다. 모든 건강한 어린아이는 자라서 그들 공동체의 언어 달인이 된다. 실제로 일상 언어를 사용할 때는 놀라울 정도로 적은 수의 단어만 알고 있어도 충분하다. 대화 언어를 분석한 결과, 우리가 서로에게 하는 말의 약 90퍼센트를 차지하는 것은 1천 개의 단어에 불과했다. 이는 우리가 우리의 언어 공동체에서 가장 빈번하게 사용하는 단어 1천 개만 알고 있으면 저녁 식탁을 사이에 두고 가족과 대화하거나 이웃과 소문을 이야기하거나 직장 동료와 잡담을 나누는 데 아무런 문제가 없다는 것을 의미한다. 마찬가지로 대부분의 TV 프로그램에서 방영되는 내용을 이해하는 데도 문제가 없다.[15] 그리고 물론 어린아이와 성인 대부분은 1천 개보다 훨씬 많은 단어를 알고 있다.

하지만 읽기와 문해력에는 어휘력이 중요하다. 무엇보다 학업이라는 맥락에서는 탁월한 전문적 어휘 지식이 요구된다. 게다가 일반적으로 저소득 공동체에서 사용하는 어투는 교육 환경에서 표준으로 여기는 표현 방식과 다를 가능성이 크다. 따라서 그러한 '언어 사용 영역'에서의 차이가 저소득층 자녀들이 알고 있는 단어 수를 실제보다 저평가하게 만들 수 있다. 학교에서는 교육과정에 따른 어휘 평가 기준으로 아이들의 단어 습득 수준을 평가하기 때문이다. 빈곤에서 구조적인 인종차별에 이르기까지 저소득 가정이 직면하는 다른 여러 문제를 고려할 때, 왜 어린 시절 어휘력이 저소득 가정 출신 어린아이들의 학업 성취도를 가늠할 수 있는 좋은 예측 요인으로 여겨져 왔었는지를 이해할 수 있다.[16] 저소득 가정 어린아이들의 언어 능력은 표준에 미치지 못하는 것이 아니라, 교육 환경에서 중시되는 그러한 종류의 어휘력에 미치지 못할 뿐이다.

그러나 어린아이들이 듣는 단어, 그래서 그들이 알고 있는 단어와 관련해 아무리 많은 이야기를 한다고 하더라도 우리가 하는 이야기는 그저 의사소통 빙산의 일각을 건드리는 것에 불과하다. 더 중요한 것은 단어가 빙산의 일각의 일각일 뿐이며 무수히 많은 다단어 구문과 구문을 문장으로 결합하는 방식은 언급조차 되고 있지 않다는 사실이다. 그렇다면 단어 격차를 줄이려는 노력이 대부분 실패했던 것이 어린아이들이 듣는 단어의 양을 늘리는 데 거의 전적으로 초점을 맞췄기 때문이라는 것도 어쩌면 그리 놀랄 일은 아니다. 정말로 중요한 것은 어린아이들에게 언어 능력을 연습할 기회를 더 많이 주는 것이다. 만약 더 많은 단어가 해결책이라면 TV 앞에 앉혀 놓거나 오디오북을 듣게 하는 것만으로도 문제를 해결할 수 있을 것이다. 하지만 제스처 게임으로서의 언어라는 관점에 따르면, 그러한 방식으로는 효과를 볼 수 있을 것 같지 않다. 제스처 게임으로서의 언어라는 관점은, 수동적으로 시청하는 비디오로부터가 아니라 다른 사람과 주고받는 대화에 능동적으로 참여할 때만 새로운 단어를 배운다는 것을 보여주기 때문이다.[17] 어린아이들은 단어로 채워지길 기다리는 빈 병이 아니다. 그들에게 필요한 것은 쌍방 간에 이루어지는 놀이와도 같은 대화에 참여하는 것이다.

영유아를 대상으로 한 최근의 몇몇 연구에 따르면, 영유아의 미래 언어 능력을 예측하게 해주는 요인은 가정에서 그들이 얼마나 많은 단어에 그저 노출되느냐가 아니라 얼마나 많은 상호작용에 참여하느냐다.[18] 예를 들어 하버드대학교의 레이철 로미오 Rachel Romeo가 수행한 선구적 연구는 언어 학습에서 상호작용의 중요성을 강조한다.[19] 그와 동료들은 셔츠 주머니에 소형 디지털 녹음기를 넣고 다니게 하면서 일주일 동안 그들이 들은 모든 소리를 녹음했다. 그런 다음 어린아이들의 언어 능력을 측정하고 뇌 활동을 기록했다. 로미오는 부모가 얼마나 많은 단어를 말했는지 혹은 어린아이들이 직접 발화할 때 사용한 단어가 몇 개인지가 아니라, 대화에 참여해 얼마나 많은 말을 주고받았는지가 그들의 향후 언어 능력을 예측하게 해준다는 것을 발견했다. 심지어 그는 우리가 어린아이들을 대화에 많이 끌어들일수록 뇌에는 확연한 변화가 일어난다는 것을 밝혀냈다. 즉 대화적 상호작용에 많이 참여하는 어린아이일수록 뇌의 브로카 영역이 강하게 활성화된다. 이는 앞서 5장에서 논의했듯이, 우리의 언어 경험이 뇌 영역(브로카 영역을 비롯한) 간 네트워크를 발달시키는 주된 동인의 역할을 함으로써 궁극적으로 언어적 의사소통을 가능하게 한다는 점에서 중요하다는 사실을 강조한다. 숫자 암기든 아니면 다른 어떤 습득된 기술이든 간에 숙달되기 위해서는 오직 연습만이 비결이듯, 언어적 제스처 게임의 유능한 참가자가 되기 위해서도 상호작용적 언어 경험의 반복이 필수다.

언어 학습의 사회적 토대

어린아이들이 자신의 모국어를 습득하는 방법을 제대로 파악하려고 한다면 미국이나 유럽, 일본처럼 부유하고 교육 수준이 높은 산업화된 국가의 어린아이들로 연구 대상을 한정해서는 안 된다. 이 국가들의 인구는 전 세계 인구의 약 12퍼센트에 불과하다.[20] 다행히 이러한 연구 경향은 현재 변화하는 중이다. 최근 언어 과학계에서는 연구자들이 세계 곳곳을 직접 찾아다니며 지역과 토착 공동체의 언어 학습을 조사하기 시작하면서 현장 조사연구가 급격히 증가하고 있다.

이 용맹한 연구자들은 유아의 언어적 상호작용을 관찰하고 기록하기 위해 오지를 찾아 여행하는 것도 마다하지 않았다. 그들의 초기 연구 결과는 그들보다 앞서 오지를 찾았던 민족학자들이 오지 공동체 사회에서는 어린아이가 말을 시작하기 전까지는 어린아이에게 말을 많이 걸지 않는 것 같다고 기록했던 보고서의 내용을 지지하는 것처럼 보였다.[21] 하지만 이후에 이루어진 더 주의 깊은 분석들을 통해 전 세계 어린아이들이 자라면서 듣게 되는 언어의 양은 의외로 거의 차이가 없는 것으로 드러났다. 예를 들어 멕시코 남부의 자급 농경 공동체에서 첼탈어를 배우는 어린아이들은 미국이나 캐나다, 영국에서 영어를 배우며 자란 어린아

이나 아르헨티나에서 스페인어를 배우며 자란 어린아이만큼이나 많은 말을 들으며 성장한다.[22]

상당한 차이가 나타난 경우도 있었다. 영어와 스페인어, 첼탈어를 배우는 어린아이들과 비교할 때, 파푸아뉴기니의 외딴 섬 로셀에서 옐레어를 배우는 어린아이들은 자라면서 듣는 말의 양이 현저하게 적었다. 하지만 이것이 그들의 언어 습득에 부정적인 영향을 주지는 않았다. 막스 플랑크 언어 심리학 연구소의 머리사 카시야스Marisa Casillas는 한 연구에서 옐레어를 배우는 어린아이도 다른 언어를 배우는 어린아이와 마찬가지로 비슷한 시기에 언어 습득의 주요 단계들에 도달한다는 것을 입증했다.[23] 그들은 미국과 유럽, 일본을 비롯한 다른 국가의 동년배 어린아이처럼 첫돌 무렵에 자신의 생애 첫 단어들을 정확히 알아들을 수 있는 소리로 발음하며, 한두 달 뒤에는 생애 첫 번째 다단어 청크들을 입 밖으로 소리 내어 말한다.

이러한 사실은 우리에게 어려운 문제를 제기한다. 로셀섬 어린아이의 상대적으로 적은 언어 투입량이 언어 습득을 방해하지 않는 이유는 무엇인가? 옐레어를 배우는 어린아이는 어떻게 적은 투입량으로도 많은 단어를 학습할 수 있게 되는가? 가장 먼저 옐레어가 영어보다 배우기 쉬워서 적은 투입량으로도 언어 습득이 가능한지도 모른다는 생각을 불식시키는 데서 시작해 보자. 어린아이나 비원어민이 배우기에는 오히려 옐레어 같은 언어보다 영어가 더 쉽다. 실제로 옐레어에는 90개 이상의 독특한 언어음이 존재하는 데 반해 영어는 그 절반도 되지 않는다. 영어에 있는 소위 몇몇 불규칙 동사는 현재와 과거 시제에 따라 그 소리 패턴이 달라진다. 예를 들어 go(가다) → went(갔다), eat(먹다) → ate(먹었다), sing(노래하다) → sang(노래했다) 하는 식이다. 그러나 jump(뛰다) → jumped(뛰었다), talk(말하다) → talked(말했다), laugh(웃다) → laughed(웃었다)에서처럼 대부분의 동사는 과거 시제를 만들기 위해 단순히 과거형 어미 -ed를 붙인다. 대조적으로 옐레어는 불규칙 동사 형태를 광범위하게 사용하는 탓에, 예외로 가득한 매우 복잡한 형태론 구조를 보인다. 만약 우리가 영어와 옐레어를 동사 형태론의 단순-복잡이라는 단일 척도상에 위치시킨다면, 양극단에서 영어는 단순한 쪽에 옐레어는 반대편인 복잡한 쪽에 자리할 것이다. 그밖에 영어에는 없는 몇몇 문법적 복합성을 더해 보라. 그러면 로셀섬에 살면서 옐레어를 연구했던 오스트레일리아 현장 언어학자 제임스 헨더슨James Henderson이 "외국인이건 파푸아뉴기니인이건 간에 옐레어를 배우기란 불가능하다는 악명이 자자하다"라고 평한 것에 대해 절실히 공감할 수 있을 것이다.[24]

옐레어가 영어보다 훨씬 더 복잡하다면 로셀섬 어린아이들은 어떻게 그처럼 적은 투입량으로 그렇게 복잡한 모국어를 능숙하게 습득할 수 있는가? 바로 이 지점에서 우리는 표준적인 언어 전달 모델을 뛰어넘어야 한다. 표준적인 관점은 의사소통이라는 빙산의 일각에만 초점을 맞춘 채 능숙한 언어 사용자가 되는 데 결정적 역할을 하는 빙산의 감춰진 부분을 간과한다. 1장에서 논의했듯이 단어란 의미에 도달하기 위한 그저 하나의 실마리에 불과하다. 따라서 지금 듣고 있는 말을 이해하기 위해서는 맥락이 제공하는 다른 모든 단서, 과거에 나왔던 이야기, 우리 세상에 대해 알고 있는 지식과 단어를 결합해야 한다. 단어와 말은 중요하다. 하지만 더 광범위한 사회화를 통해 공동체의 문화적 일부가 되는 것이 더 중요하다. 그러한 사회화가 없다면 포컬 포인트도, C-학습도 있을 수 없다.

다른 사람들의 발자취를 따라가고 대화라는 춤에 참여하기 위해서는 우리가 태어난 사회의 문화적 규범과 관습, 규약, 사회적 금기, 끝도 없이 이어지는 무언의 규칙을 공유해야 한다. 쿡 선장과 하우시족은 제스처 게임이 인간성이라는 순전히 인류 공통의 속성을 기반으로 이루어질 수도 있음을 보여주었다. 그러나 대체로 우리가 대화 상대들과 더 많이 공유할수록 언어적 제스처 게임을 쉽게 이어갈 수 있다. 의사소통 빙산의 숨겨진 부분을 구성하는 사회화가 없다면, 빙산의 일각을 이루는 개별 단어와 말은 이해 불가능한 심연 속으로 가라앉아 버릴 것이다.

사회화가 왜 중요한지를 살펴보기 위해 '삼촌'이라는 단어를 검토해 보자. 영어에서 삼촌uncle은 어머니나 아버지의 형제를 가리킨다. 덴마크어에서도 삼촌onkel은 이러한 의미로 사용될 수 있다. 하지만 더 구체적인 용어를 사용할 수도 있는데, 어머니의 형제에 대해서 말할 때는 모르브로르morbror를, 아버지의 형제를 지칭할 때는 파르브로르farbror를 사용한다. 어떤 언어들에서는 말할 때 가계도와 친인척의 나이에 더 세심한 주의를 기울여야 한다. 힌디어에서 아버지의 형제는 차차चचा 라고 부른다. 하지만 그가 아버지의 형일 때는 타우ताऊ 라는 용어를 사용한다. 어머니의 형제는 나이에 상관없이 마마मामा 라고 부른다. 장가든 남성은 삼촌이라 부르지 않는다. 아버지 누이의 남편은 푸파फूफा, 어머니 자매의 남편은 마우사मौसा라고 부른다. 실제로 삼촌이라는 단어는 혈연이나 혼인으로 가족 관계를 맺은 경우가 아니더라도 가족의 남성 친구들을 가리킬 때 종종 사용되기도 한다. 그때 우연히라도 차차를 '삼촌'의 의미로 부른다면 큰 실례를 범하는 것이 된다. 문제를 한층 더 복잡하게 만드는 것은 형제라는 용어가 이따금 사촌에게까지 확대되기도 한다는 점이다. 그럴 경우, 어머니의 사촌 역시 어머니의 형제이기 때문에 '마마'로 불려야 한다. 그리고 이것으로 충분치 않았는지, '타우지'와 '마마지', '푸파지'처럼 때때로 접미사 –지जी를 친척 용어 끝에 덧붙여 존경의 의미를 나타내기도 한다. 하지만 정확한 용법은 집안마다 다르다. 따라서 많은 경우에 심지어 삼촌 같은 단순한 용어를 사용하기 위해서도 가족 관계뿐만 아니라 다른 여러 가지 공동체 고유의 사회적 규칙, 문화적 관례에 대한 상당한 지식이 필요하다.

지역에 뿌리 내린 많은 토착 문화에서 어린아이들은 대체로 가족의 일상생활과 마을에서 일어나는 잡다한 일에 직접 참여함으로써 공동체 일원으로 사회화된다. 예를 들어, 옐레어를 배우는 로셀섬의 아기들은 첫돌이 될 때까지는 주 양육자가 일상생활을 하는 내내 팔에 안겨 함께 다닌다.[25] 두 살 때부터 어린아이들은 무리를 지어 자유롭게 다니며 장난을 치고 근처 강에서 즐겁게 뛰어논다. 또한 마을 근처에서 조개와 야생 견과류, 과일을 찾아 내 가족의 자급 농경에 보탬을 주기도 한다. 이런 식으로 그들은 구체적인 경험을 통해 중요한 식품, 식물, 동물의 이름을 익힐 뿐만 아니라 그것들을 마련하고, 찾아내고, 피하는 법과 관련된 표현을 배울 수 있다. 게다가 지역의 규범과 의례, 금기 사항이 어떻게 작동하는지를 관찰하고 다른 아이와 어른들이 그러한 규칙에 관해 하는 말을 귓결에 들으면서 익숙해진다. 로셀섬 어린아이들은 공동체의 일상생활에 긴밀하게 통합됨으로써 그들에게 필요한 현실 세계의 사회적 필수 지식을 쌓아나가며, 그들이 받는 적은 언어적 투입물을 그 과정에서 최대한 활용한다.

대조적으로 산업화된 사회의 어린아이들은 장난감 정리나 설거지 같은 집안일을 가끔 돕는 경우를 제외하면 대개 가족의 일상생활과 동떨어져 있다.[26] 그 대신에 사회화는 언어와 문해력, 학업적 성취가 큰 비중을 차지하는 어린이집과 학교 같은 가족 외부의 공간에서 대부분 일어난다. 그러한 비가족적 환경에서는 언어적 투입량과 유형이 더 중요하게 여겨질 가능성이 크다. 달리 말해 산업화된 사회에서는 사회적 관습과 문화적 관례, 비공식 관행에 대한 지식의 많은 부분이 공동체 전반에서 일어나는 일에 직접 참여함으로써 얻어진다기보다 언어를 통해 학습된다. 그리고 바로 이 때문에 성인 양육자와의 언어적 상호작용의 정도가 무엇보다 중요해지는 것 같다. 이 성인들이야말로 어린아이에게 세상의 일부가 아닌 사물의 개념과 어휘를 알려주고, 그럼으로써 문해력과 정규 교육의 세계에 잘 대처하도록 아이를 준비시키는 사람들이기 때문이다.

우리는 저소득 가정 어린아이들의 어휘력 향상이 듣는 단어의 수를 단순히 늘리는 것만으로는 큰 도움이 되지 않는다고 이미 언급한 바 있다. 그렇지만 파푸아뉴기니 원주민 어린아이의 언어 습득에 대한 카시야스의 세밀한 연구는 또 다른 가능한 해법을 제시한다. 연구를 통해 카시야스는 어린아이들이 한결같은 속도로 천천히, 똑똑 떨어지는 물방울처럼 온종일 고르게 어른의 언어에 노출되지는 않는다는 사실을 발견했다. 그보다는 대체로 식사 시간과 가족의 여러 사교 모임 동안 쏟아지는 폭포처럼 단시간에 번갈아 가며 대화를 주고받는 과정에서 강렬하게 분출하는 상호작용을 통해 언어의 투입이 이루어졌다. 이처럼 짧은 시간 동안 분출하듯 이루어지는 집중적인 언어 상호작용 덕분에, 어린아이들은 제한적인 언어 투입량에도 불구하고 언어 습득을 극대화할 수 있었을 것이다. 실제로 어린아이들은 새로운 단어가 '집중적으로' 여러 번 등장할 때 그 단어를 더 잘 배우고 더 잘 사용한다. 이를테면 "저 개 좀 봐! 이 개는 정말 다정하구나. 나는 그런 개가 좋더라"처럼 연속적인 말속에서 같은 단어가 반복되는 상황일 때 단어를 더 쉽게 학습한다.[27] 일상적인 사회적 상호작용 동안 짧지만 참여적인 언어 학습 기회가 존재하고, 그 기회가 하루 중 특정 시간에 간헐적 집중적으로 분포된 덕분에 옐레어를 배우는 어린아이들은 상대적으로 적은 언어 투입량에도 불구하고 모국어를 학습할 수 있는 최적에 가까운 상황을 얻는 것일지도 모른다.

어디 출신이건, 혹은 얼마나 많은 돈을 벌건 모든 부모는 자녀들이 밝은 미래를 누리기를 원한다. 불행히도 많은 어린아이와 부모가 빈곤과 차별, 구조적 인종차별과 다른 여러 사회적 요인과 같은 성공의 주된 걸림돌을 마주하는 것이 현실이다. 실질적인 정책의 변화만이 이러한 문제를 해결할 수 있지만, 어쩌면 우리는 로셀섬에서 자라는 어린아이로부터 어떤 중요한 교훈을 끌어낼 수 있을지도 모른다. 우선 우리는 부모들에게 단순히 더 많이 자녀에게 말하라고 주문해서는 안 될 것이다. 그 대신에 자녀와 함께 짧은 시간 동안 적극적이고 집중적으로 대화를 나눌 시간대가 하루 중 언제인지를 찾아야 한다. 양이 아니라 질이 관건이다. 분출하듯 이루어지는 집중적인 언어적 상호작용 시간대를 하루 중 여기저기에 배치해야 한다.[28] 식사 시간은 함께 대화를 나눌 수 있는 최상의 기회를 제공한다. 목욕 시간을 비롯해서 자녀와 함께하는 다른 순간도 마찬가지다. 심지어 장보기 같은 일상적인 일도 우리가 무엇을 살 것인지, 그것이 어떤 용도이며 사용법이 어떻게 되는지와 같은 이야기를 자녀와 나누기 위한 계기로 활용될 수 있다.

어린아이들이라면 그들이 현재 관심을 가지는 것에 대해 이야기할 때 그들을 계속해서 대화에 참여시키기가 더 쉬워진다. 대화

방향을 흥미를 느끼는 주제에서 멀어지지 않도록 주의를 기울일수록 아이들은 더 많이 배운다. 만약 어린아이가 곰 인형을 가지고 놀고 있다면 당신이 보기에 더 재미있는 다른 어떤 것이 있더라도, 같이 곰 인형에 대한 이야기를 나누라. 그러다 보면 단기적으로는 상당히 지루한 대화가 이어지겠지만, 장기적으로는 유의미한 차이를 만들어낼 것이다. 일단 어린아이들이 비교적 많은 어휘를 학습하고 난 뒤에야(대략 4살 전후), 비로소 부모들은 아이의 일상생활 속 사물과 추상적 개념을 연관 지음으로써 더 추상적인 관념을 학습하도록 도울 수 있다. 예를 들어 어린아이들에게 과거와 미래 개념을 이해시키고자 한다면, "작년 어버이날에는 네가 나에게 그림을 그려줬어"라거나 "이제 두 달 후면 너도 다섯 살이 될 거야"처럼 그들이 알고 기억하는 것에 대해 같이 이야기를 나누라. 여러 증거가 보여주듯 여기서 제안하는 방법들이 지금처럼 자리를 잡아간다면 어린아이의 언어 능력을 향상할 수 있는 새로운 길이 열릴 것이다.[29] 사실 이 길은 어쨌거나 우리가 선택할 수밖에 없는 것일지도 모른다. 결국 언어에 어떤 영향을 주는지와 무관하게 우리와 자녀들의 상호작용을 더 재미있고 유쾌하며 의미 있게 만들 유일한 방법이기 때문이다.

이제 "어린아이들을 데려올 수는 있지만, 조용히 시키라*"라는 오래된 속담을 완전히 없애야 할 때가 되었다. 언어 학습의 맥락에서 본다면 이 속담은 어린아이들이 언어 투입물을 수동적으로 흡수하기만 하면 되는 그저 스펀지와 같은 존재라고 가정한다. 하지만 어린아이들이 언어적 제스처 게임과 대화라는 춤에 필요한 즉흥적 언어 능력과 사회화를 학습하려면, 일상 대화에 가능한 한 많이 참여할 수 있어야만 한다. 설령 C-학습으로 언어를 더 쉽게 배울 수 있다고 하더라도, 어린아이들이 모국어를 배우기 위해서는 공동체에서 실제로 언어가 어떻게 사용되는지를 직접 경험할 필요가 있다. 어린아이들이 의사소통 오케스트라의 단원과 호흡을 맞춰 연주할 수 있을 정도로 언어라는 악기를 능숙하게 다루는 연주자가 되려면, 오랜 시간 동안 많은 경험과 연습이 필요하다.

그렇다고 우리가 전 세계적으로 널리 통용되며 누구에게나 부합하는 단 하나의 언어 학습 해법이 존재한다고 말하는 것은 아니다. 어린아이들은 그들과 꼭 닮은 과거 사람들이 남겨온 발자취를 따라가며 언어를 습득한다. 하지만 문화적 진화는 우리를 다른

---

* 어린아이를 대화 자리에 참석시킬 수는 있으나, 주변의 어른이 말할 때 끼어들게 하지는 말라는 의미다. 중세 시대에 젊은 여성들은 종교적인 관점에서 어른의 대화에 허락 없이 끼어들 수 없었는데, 그러한 관행이 어린아이에게까지 확대되면서 생겨난 속담이다.

방향으로 인도할 수 있으며, 그렇게 우리는 덴마크어와 영어, 힌디어, 첼탈어, 옐레어를 비롯해 놀랍도록 다양한 모습을 한 전 세계 7천여 개의 언어를 습득한다. 우리가 인간으로서 우리 자신을 이처럼 근본적으로 다양하게 표현할 수 있다는 사실이야말로, 자연에서 발견되는 다른 무수한 소통 체계와 언어를 구별 짓게 해 준다. 하지만 가장 놀라운 문화적 창조물이 지닌 다양성은 거기서 그치지 않는다. 다음 장에서 살펴보겠지만, 우리는 모두 우리와 함께 태어나서 함께 소멸하는 우리 자신만의 독특한 언어로 말한다.

우리는 어제 해석한
언어에 의지해서
오늘의 언어를 해석한다.

CHAPTER 7

무한하기에,
가장 아름다운 형태들

시작은 너무도 단순했다. 하지만 바로 그곳에서 가장 아름답고 가장 경이로운 형태들이 끝도 없이 진화되어 나왔고, 지금도 진화하는 중이다.

_찰스 다윈,《종의 기원》

갑자기 당신이 칠흑 같은 어둠 속에서 볼 수 없고, 완전한 침묵 속에서 들을 수도 없으며, 말문이 막혀 말할 수 없을 뿐만 아니라 미각과 후각도 사라졌다고 상상해 보라. 당신을 외부세계와 연결하는 유일한 감각은 촉각뿐이다. 수년간 풍광과 소리, 맛과 향으로 삶을 경험해 온 사람이라면 이러한 상황은 아마도 참담할 것이다. 그래도 당신에게는 여전히 언어를 사용할 수 있는 능력이 남아 있다. 그러니 타인을 이해하기는 힘들겠지만 적어도 당신은 말하고 싶은 바를 써 내려가며 당신 자신을 이해시킬 수는 있을 것이다. 하지만 이러한 감각 손실이 철자는 고사하고 말하기 능력조차 발달하기 전인 겨우 두 살 때 일어났다고 생각해 보라. 로라 브리지먼의 운명이 그랬다.[1]

로라는 1829년 뉴햄프셔주 하노버 외곽의 농가에서 태어났다. 그는 작고 약하며 비쩍 마른 아기였다. 두 살 때 브리지먼 가족은 성홍열에 걸렸고 이 병으로 로라의 두 자매가 사망했다. 비록 아슬아슬하긴 했지만, 로라는 살아남았다. 그러나 성홍열로 로라는 시각과 청각, 미각과 후각 대부분을 잃었다. 성홍열 발병 전에 배웠던 얼마 되지 않는 언어 역시 곧 기억에서 사라져 버렸고 로라는 1년도 채 지나지 않아 아예 말을 못 하는 상태가 되었다. 몸이 회복하는 데는 2년이 걸렸고 그에게는 마르고 허약한 모습, 외부세계와 자신을 연결하는 유일한 감각인 촉각만 남았다. 하지만 로라는 용감한 아이였다. 낡은 인형 신발을 신어야 했지만 그래도 최소한의 원초적인 몸짓을 이용해 가족과 의사소통했다.

찰스 디킨스는 후일 로라의 세계를 이렇게 묘사했다. "그는 한 줄기 빛도 또 아주 작은 소리도 스며들지 못하는 대리석 감방에 갇힌 듯했다. 애처로울 정도로 하얀 손으로 벽의 틈새를 더듬으며 선량한 누군가가 도움의 손길을 내밀어 자신의 불멸한 영혼을 깨워주기를 간청했다."[2] 로라의 불행을 전해 들은 새뮤얼 그리들리 하우 박사는 자신이 교장으로 있는 보스턴의 시각장애인을 위한 학교인 퍼킨스 맹학교로 로라를 데려갔다. 당시에 시청각 장애인은 이해력이 모자라는 지적 장애인이자, 침묵과 암흑 속에서 의사소통이 불가능한 존재로 살 수밖에 없는 운명을 지녔다고 여겨졌다. 하우 박사는 시청각 장애 아동도 언어를 배울 수 있다는 것을 입증함으로써 인간의 정신력을 보여주고자 했다.

모든 사물과 상황에 나름의 손짓을 부여하는 일종의 수어를 사용하는 대신에, 하우 박사는 촉각으로 구별할 수 있는 점자를 사용해 로라에게 영어 단어의 철자 읽는 법을 가르치기로 결심했다. 처음에는 숟가락과 나이프, 책, 열쇠 같은 평범한 물건에 점자 문자가 쓰인 쪽지를 붙이는 일로 시작했다. 로라는 각각의 물건을 그에 대응하는 문자열과 연결하는 법을 금세 배웠다. 그래서 물건에서 떼어낸 쪽지를 받으면, 해당 물건을 찾아 다시 조심스레 쪽지를 붙여놓을 수 있게 되었다. 즉 숟가락SPOON이라는 점자 문자열은 숟가락에, 책BOOK은 책에, 열쇠KEY는 열쇠에 정확히 놓을 수 있었다. 그러자 이번에 하우 박사는 종이 하나마다 점자 하나씩을 박아 로라에게 건네준 다음, S-P-O-O-N, B-O-O-K, K-E-Y처럼 철자 옆에 철자를 배열하는 식으로 그가 아는 단어의 철자들을 늘어놓게 했다. 즉 로라는 모든 문자 종이가 한데 뒤섞여 더미를 이룬 곳에서 문자들을 찾아 자신이 아는 물건의 명칭대로 정확하게 정렬해야 했다. 상당한 시간이 걸렸지만, 결국 로라는 이것 역시 할 수 있게 되었다. 마침내 하우 박사는 로라가 끈기 있게 교사를 따라 한 끝에 드디어 어떤 깨달음을 얻은 것 같았다며 다음과 같이 기록했다. "지력이 작동하기 시작하자 진리가 로라의 뇌리에 떠올랐다. 그는 자신의 마음속에 있는 어떤 것이든 기호로 나타내서 다른 사람에게 보여줄 수 있는 방법이 있다는 사실을 인식하기 시작했다."[3]

로라는 사물에는 이름이 있으며 우리는 사물에 대해 서로 이야기할 때 언어를 사용한다는 관념을 이해하자, 자신의 세계에 존재하는 모든 것의 단어를 알고 싶어 했다. 그러자 하우 박사는 그에게 손가락을 이용한 손가락 문자finger spelling[*]를 알려줬다. 이 경우[**]에는 '화자'가 한 손의 손가락을 이용해 개개의 글자 모양을 만들면, '청자'는 그의 손을 화자의 손 위에 겹쳐서 글자 모양이 어떻게 나타나는지를 확인하는 수밖에 없었다. 로라는 손가락 문자에 빠르게 숙달되었고, 그의 언어 능력은 양각 글자들이 새겨진 자신의 점자 책상 테두리를 벗어나 활짝 꽃피우기 시작했다. 이제 그는 언제 어디서나 자신이 원한다면 '손가락으로 대화'할 수 있게 되었고, 심지어 손으로 글 쓰는 법도 배웠다.

대중의 관심을 끌게 되리라고 확신한 하우 박사는 퍼킨스 맹학교의 연례 보고서에 계속해서 발전하는 로라의 언어 능력에 대한 글을 올렸다. 로라의 언어적 각성은 대중의 상상력을 매료시켰고, 로라는 곧 미국인이면 누구나 다 아는 유명 인사가 되었다. 1842년 북아메리카를 여행하는 동안 로라를 만난 찰스 디킨스가 자신의 여행담을 기록한 《북아메리카 일주 노트American Notes for General Circulation》에서 로라의 이야기를 언급한 뒤로, 로라는 국제적인 명성을 얻게 되었다. 로라는 남은 1840년대 동안 세상에서

---

[*] 시각적 의사소통 수단의 하나로, 문어의 자음과 모음의 철자 하나하나를 손과 손가락의 모양으로 나타낸 문자다. 종종 지화라고도 불리는데, 다른 의사소통 방법과 함께 사용되어 왔다. 일반적으로 수어 사용자는 수어에 없는 고유명사를 철자화하거나 의미를 분명히 하고자 할 때 지화에 의존한다.

[**] 로라 브리지먼 같은 시청각 장애인의 경우는 일반적인 지문자 소통이 불가능하다. 따라서 본문에 언급된 것처럼, 손으로 만든 지문자를 촉각에 의지해서 읽는 특수한 방법이 동원되었다.

가장 유명한 여성 가운데 한 명으로 기록되었다. 퍼킨스에서 로라의 능력을 보여주는 전시회를 개최하자 매일, 수천 명의 사람이 로라가 쓴 글이나 로라의 사인, 심지어 로라의 머리카락을 얻으려고 모여들곤 했다. 소녀들은 실제 로라처럼 인형의 안구를 파내고 눈이 있던 자리에 녹색 리본을 십자로 가로질러 자신만의 '로라' 인형을 만들었다.

오늘날 로라 브리지먼은 완전히 잊혔다. 현재 로라의 업적은 50년 후 로라와 같은 여정을 밟게 될 헬렌 켈러에 의해 가려져 버렸다. 많은 사람이 영어를 배운 최초의 시청각 장애인으로 잘못 알고 있는 그 헬렌 켈러 말이다. 그러나 손가락 문자 방법을 사용해 켈러를 언어의 세상으로 이끌었던 앤 설리번에게 1880년 초반 손가락 문자를 가르친 사람은 다름 아닌 로라였다.

로라는 우리의 언어 능력이 지닌 엄청난 '탄력성'과 '유연성'을 보여주는 좋은 사례다. 우선 로라가 인쇄된 단어로 언어 학습에 처음 입문한 유일한 사람일 것이라는 이야기에서 시작해 보자. 통상 우리는 구어에 꽤 능숙해진 다음에야 읽기를 배운다. 로라로 말할 것 같으면 정반대였다. 로라는 문어를 통해 언어에 입문했다. 심지어 손가락 문자를 배울 때조차 말하고 싶은 각 단어의 철자를 여전히 정확하게 익혀야 했다(지문자가 아주 드물게 혼용되는 현재의 수어와는 달리). 로라의 언어에는 다른 많은 특이점도 존재했다. 예를 들어 로라는 자주 단어들을 새로 만들어냈다. '혼자alone'라는 의미를 배울 때, 로라는 자신의 방에 갔다가 혼자서 되돌아오라는 요청을 받았다. 그는 시키는 대로 했다. 그로부터 얼마 후 그는 친구 한 명과 함께 가고 싶었다. 그래서 다음과 같이 말했다. "로라는 둘-자 간다Laura go al-two!*"[4] 또한 로라는 '표준' 영어를 익히 잘 알고 있었음에도 이따금 의사소통의 속도를 올리기 위해 자신 만의 약어를 쓰거나 단어를 생략하곤 했다.

로라가 자신만의 독특한 언어를 만들 수 있었다(물론 자신의 주 변 사람이 알아듣는 경우에만)는 사실은 인간의 의사소통이 지닌 가 장 근본적인 특징들 가운데 하나, 즉 무한한 다양성과 적응성을 보여주는 증거이기도 하다. 언어는 유전자 청사진에 따라 전개되 는 것이 아니라 문화적 진화 과정(5장에서 논의했듯이)에서 출현한 다. 따라서 언어들이 지금 아니면 사라질 병목의 협소한 터널을 비집고 통과할 수 있는 한, 또한 의사소통 빙산의 가라앉은 부분 에 단단히 닻을 내리고 있는 한 언어는 얼마든지 자유롭게 달라 질 수 있다.[5] 어쩌면 인간 언어의 광범위한 이질성(무한하기에, 가장 아름다운 언어의 형태들)은 지구상에 존재하는 다른 모든 의사소통 체계와 언어를 구별 짓게 해주는 하나의 진정한 특징일지도 모른 다. 하지만 인간의 언어보다 훨씬 더 획일적이고 고정적인 비인간 의사소통 체계와 언어를 비교할 때만, 우리는 인간 언어의 다양

---

* 로라는 alone(혼자)이라는 단어의 의미를 al-one으로 분해하여 이해한 것 같다. 따라서 로라 생각 에 두 명은 one이 아니라 two이니 one(하나)로 two(둘)로 바꾸면 친구와 로라 자신을 모두 가리 킬 수 있다고 추론했을 것이다. 이 점을 고려하여 우리말 번역에서는 하나에 해당하는 '혼'을 '둘' 로 바꾸어 둘-자로 옮겼다.

성과 유연성이 얼마나 독특한지를 제대로 이해할 수 있다. 다양한 생명 유기체는 서로 소통하기 위해 깜짝 놀랄 정도로 여러 방식을 동원한다. 그럼에도 불구하고 특정 종이 서로 소통하는 방식을 살펴보면 개체들 사이에는 거의 차이가 존재하지 않는다.

무궁무진한 의사소통 방식들

의사소통은 세포핵이 없는 원시 단세포 유기체, 고세균류의 화학적 신호에서 기원했을 것으로 추정된다. 따라서 거의 생명의 출현만큼이나 오랜 역사를 지닌다. 고세균류 중에는 소위 호극성균extremophiles이라 불리는 극한 생물이 많다. 이 유기체들은 생명을 유지하는 것이 불가능할 정도로 극한 환경에서 생존할 뿐만 아니라 번성하기까지 한다.[6] 호극성균은 심해의 열수 분출공에서도 발견되었다. 뼈를 으스러뜨리는 압력과 펄펄 끓는 온도, 빛이 전혀 들지 않는 극한 환경은 40억 년 전 생명이 처음 나타났을 때의 가혹한 조건과 비슷하다. 고세균류 중에는 고온에서 번성하는 것도 있다. 예를 들어 '스트레인 121'은 의료 기기를 소독하는 데 사용되는 온도인 섭씨 121도에서도 아무 문제 없이 증식하기 때문에 121이라는 이름이 붙었다. 써모코커스 피에조필루스Thermococcus piezophilus 같은 고세균류는 화강암 바닥을 짜부라뜨릴 수도 있을 약 1283기압의 압력을 받으며 살아간다(기압은 대략 해수면에 가해지는 대기 압력이다). 그러나 이렇듯 엄청난 환경에서조차 화학적 신호 작용은 발생한다. 고세균류는 특수한 신호 작용 분자를 사용해 서로 소통하는 덕분에, '근처'에 얼마나 많은 동종 구성원들(때로는 다른 종까지)이 있는지를 감지할 수 있다. 박테리아와 균류가 사용하는 정족수 감지quorum sensing* 기능은 특정 유전자의 발현 여부를 조절해 개체 밀집도가 과밀한지 아니면 희박한지에 따라 적절히 행태를 변형시킴으로써 단순 유기체의 행동을 조정한다. 아마도 정족수 감지 기능은 지구상에 나타난 최초의 의사소통 형태였을 것이다.

정족수 감지가 보내는 메시지는 "나 여기 있다!"이므로 아주 단순하다. 하지만 화학적 메시지들은 더 구체적일 수도 있다. 예컨대 식물은 같은 종의 식물에 화학적 신호를 보내 위협을 경고한다. 키 큰 메역취 식물(산과 들에 자생하는 국화과 여러해살이풀)은 딱정벌레 유충의 공격을 받으면 공기 중으로 유기 화합물을 내뿜어 근처의 식물에 방어적 화학 반응을 촉발한다(그리고 이 물질로 공격하는 곤충을 물리치거나 이 곤충의 천적을 끌어들일 수도 있다).[7] 화학적 신호는 곤충들도 광범위하게 사용한다. 실제로 개미와 흰개미 사회는 믿을 수 없을 정도로 복잡하고 변화무쌍한 화학적 상호작용 네트워크에 기반해 구축된다. 이 네트워크 덕분에 그들은 군체를 이루어 하나의 복잡하고 응집적인 유기체처럼 행동할 수 있다.

---

* 유전자의 발현 조절을 통해 세포 집단의 밀도를 감지하고 적응하는 능력이다. 많은 박테리아 종이 정족수 감지를 통해 세포 집단의 밀도에 따라 유전자 발현을 달리함으로써 상호 협력하고 최적의 상태를 유지한다.

우리에게 잘 알려진 '꿀벌 언어' 같은 신호를 화학적 영역 밖으로 보내는 곤충도 있는데, 오스트리아 생태학자 카를 폰 프리슈는 이 꿀벌 언어의 발견으로 노벨상을 받았다.[8] 꿀벌은 8자형 춤의 각도와 지속 시간으로 먹이가 있는 곳의 방향과 거리를 나타내고, 꽁무니의 진동 강도로 먹이의 양과 질을 표현한다. 꿀벌의 8자형 춤은 먹이의 위치와 질에 대해 놀랄 만큼 복잡한 메시지를 전달하며, 그런 점에서 동물의 의사소통을 인간 언어의 방향으로 작지만 한 발짝 나아가게 한다. 흥미롭게도 벌은 새로운 벌집의 위치를 결정할 때 이 8자형 춤을 정족수 감지의 일환으로 활용하기도 한다. 벌집 장소를 물색하러 사방으로 퍼져나간 정찰 벌들은 돌아오는 길에 꿀벌 춤의 빠르기와 지속 시간을 활용해 발견된 장소에 대한 그들의 관심 정도를 표현함으로써 다른 벌들에게도 조사해보라고 부추긴다. 시간이 지남에 따라, 더 좋은 장소일수록 더 많은 벌의 호의에 찬 춤을 끌어낼 것이다. 그러다 특정 장소에 대한 선호도가 일종의 '투표' 정족수에 도달하게 되면 꿀벌 무리 전체가 그곳으로 옮겨간다. 그 어떤 꿀벌도 벌집을 어디로 옮겨야 할지 독단적으로 결정하지 않는다. 결국 이러한 소통방식은 사회성 곤충들 사이에서 광범위하게 발견되는 분권화된 의사결정 전략으로서의 '꿀벌 민주주의' 체계를 만들어낸다.

시각적 의사소통은 동물 종 전반에 걸쳐 널리 사용되며, 꿀벌의 8자형 춤 같은 연출된 움직임과 영장류의 의도적인 손짓에서부터 여름밤 반딧불의 반짝이는 생체 발광 패턴과 막대기를 던져주길 기다리며 엉덩이를 치켜드는 개의 자세에 이르기까지 종류도 다양하다. 하지만 시각적 표현에 관한 한, 갑오징어의 일종인 유럽무늬갑오징어는 진정한 예술가의 경지를 보여준다.[9] 여덟 개의 다리와 두 개의 촉수를 가지고 있어서 오징어처럼 보이기도 하는 이 무척추 해양 연체 두족류는 위장술의 달인이자 '바다의 카멜레온'이라는 별칭으로 불려왔다. 유럽무늬갑오징어는 피부색을 34가지 이상의 색채 패턴 가운데 하나로 변화시키거나(예컨대 어두운 얼룩 줄무늬처럼) 피부 질감을 바꾸거나(거칠거칠하게 혹은 매끄럽게 등등), 혹은 자세를 변형시키거나(다리를 흔드는 것 같은), 특정 행동을 보여주는(먹물을 토해내는 것 같은) 등 복잡한 소통 신호를 만들어낸다. 수컷 갑오징어는 이 소통 신호를 사용해서 암컷을 유혹하고 다른 수컷을 물리친다. 신호들은 속임수로 이용될 수도 있다. 놀랍게도 작은 수컷 갑오징어는 한쪽으로는 암컷 패턴을 드러내는 동시에(그럼으로써 근처의 큰 수컷 경쟁자들의 마음을 산란하게 만든다), 암컷을 마주 보는 다른 한쪽으로는 수컷 구애 패턴을 나타낼 수도 있다. 그리고 이러한 성적 모방의 효과는 상당히 훌륭해서, 갑오징어가 야누스의 두 얼굴을 가질 때 짝짓기 성공률도 실제로 올라가는 것으로 알려져 있다.

그렇다면 이번에는 청각적 의사소통을 살펴보자. 긴꼬리원숭이는 포식자가 나타나면 경고음을 내는 것으로 유명하다.[10] 이 동아프리카 원숭이들은 포식자들의 출현을 알릴 때 포식자의 종류별로 즉 표범(혹은 다른 비슷한 육식동물), 독수리(혹은 다른 공중 포식자), 뱀에 따라 세 가지 다른 소리를 내도록 진화해 왔다. 이 별개의 경고음들은 각각의 포식자들을 방어하는 다른 회피 행동을 유도하도록 한다. 표범의 출현을 알리는 '찍찍chirp' 소리를 들으면, 긴꼬리원숭이들은 안전한 나무 위로 달려 올라간다. 그러나 독수리를 나타내는 '르라우프rraup' 소리를 들으면, 하늘을 쳐다보는 대신에 가까운 덤불을 찾아 몸을 숨긴다. 그리고 뱀을 경고하는 '처터chutter' 소리가 나면, 뒷발로 일어서서 뱀의 위치를 살핀다. 이러한 경고음을 만들어내는 능력은 타고난 것처럼 보이지만, 어린 긴꼬리원숭이들이 경고음을 정확하게 사용하기 위해서는 여전히 학습이 필요하다. 예를 들어 처음에 대부분의 젖먹이와 어린 긴꼬리원숭이는 모든 지상 동물의 출현(포식자든 아니든 구분하지 않고)에 무차별적으로 표범 경고음을 내지만, 나중에는 정확히 표범류의 동물에만 사용한다. 달리 말해 긴꼬리원숭이들이 본능적인 소리들만을 사용해 소통할 수 있다고 하더라도, 소리들을 사용하는 방법과 관련해 상당한 인지적 유연성을 드러내는 것처럼 보인다.

긴꼬리원숭이의 사촌격인 서아프리카 사바나원숭이 역시 그러한 인지적 유연성을 입증해 준다.[11] 사바나원숭이도 뱀과 표범의 출현을 알리는 경고음들을 사용하지만, 공중 포식자에 대한 별도의 경고음은 관찰되지 않았다. 하지만 연구자들이 사바나원숭이들 근처로 드론을 날리자, 이 원숭이들은 긴꼬리원숭이들이 독수리를 경고하기 위해 사용하는 '르라우프' 비슷한 소리를 냈다. 즉, 이 두 원숭이 종은 지리적 분포상으로도 겹치지 않으며 공통의 조상으로부터 분화된 지도 350만 년이나 지났음에도 유사한 소리 패턴을 보였다.[12] 실제로 뒤이은 음성 분석 결과를 통해 긴꼬리원숭이의 독수리 경고음과 사바나원숭이의 드론 경고음 사이에 거의 차이가 존재하지 않았다는 사실이 밝혀지면서 드론이 공중 포식자에 대한 선천적인 반응을 활성화했다는 추측이 제기되기도 했다. 흥미롭게도 나중에 연구자들이 숨겨진 스피커를 통해 드론 소리를 다시 들려주자, 사바나원숭이들은 하늘을 쳐다보고 재빨리 숨었다. 소리 학습의 측면에서 본다면, 확실히 비인간 영장류는 (새로운 경고음을 만들어낼 수 없는 것처럼 보인다는 점에서) 매우 제한적이다. 그럼에도 그들은 고대의 경고음을 새로운 위협에 맞춰 재사용할 수 있는 인지능력을 갖춘 숙련된 학습자다.

이러한 포식자 경고음들이 인간 언어의 선행 형태일 가능성은 없는가? 실제로 그 가설에 따라 포식자 경고음에 대한 중요성이 부각되어 왔지만, 사바나원숭이의 드론 경고음으로 입증된, 그리 대단치 않은 유연성과 제스처 게임의 의사소통적 풍요로움 사이에는 엄청난 차이가 존재한다.[13] 제스처 게임은 즉석에서 만들어지고, 수정되며, 재사용될 수 있다. 그뿐만 아니라 단 하나의 제스처만으로도 책 한 권, 영화 한 편, 인물 한 명, 역사적 사건을 정확히 가리킬 수 있다. 제스처가 게임에 참가하는 특정 사람들이 공유하는 지식에 기반하기 때문에, 또한 그들이 과거에 벌였던 제스처 게임에 기초하기 때문에 가능한 일이다. 인간 언어에 토대를 제공하는 것은 경고음 같은 단순하고 고정된 신호가 아니라 바로 이러한 독창성이다.

일반적으로 음성 학습 능력으로 유명한 동물은 원숭이가 아니다. 명금류야말로 뛰어난 가수다. 그리고 처음에는 새소리의 복잡성이 우리가 인간 언어에서 보는 복잡성과 조금 더 가까운 것처럼 보일 수도 있다. 나이팅게일의 기교를 한번 생각해 보라. 나이팅게일은 붉은 꼬리에 약간 작은 듯싶은 몸집의 갈색 명금류로 서유럽에서 몽골에 이르는 광활한 지역에서 번식하고 사하라이남 아프리카에서 겨울을 지낸다. 나이팅게일은 그 어떤 새보다 아름다운 소리로 노래한다. 나이팅게일의 노래는 감미로운 '시퀀스'로 충만하다. 한 학술 논평은 나이팅게일의 지저귐을 다음과 같이 인상적으로 묘사한다. "어떤 악절은 맑고 청아하며 어떤 악절은 물이 솟듯 보글대다 쪼르륵거리고, 달그락거리거나 재잘댄다. 그러다 낮고 길게 잡아 늘인 피리 소리 부우우-wuuu가 반복되다가 갑자기 커지고 빨라지면서 화려하게 끝을 맺는다."

추-피추-피추-피추르르르르르르르르-치!, 위이이이트-추크-추크-추크-추크-추크-추크-치!, 부우우우우우우우우우-부우우우우-부우-부부-트위크!, 차타타타타타타타타타타타타트, 치이요-치이요-치이요-치이요-치!(chu-pichu-pichu-pichurrrrrrr-chi!, wiiit-chuk-chuk-chuk-chuk-chuk-chuk-chi!, wuuuuuuuuuu-wuuuuu-wuu-wuwu-twik!, chatatatatatatatatatatatatat, chiiyo-chiiyo-chiiyo-chiiyo-chi!)[14]

수 세기 동안 나이팅게일의 매혹적인 지저귐은 호머와 모비드에서 밀턴에 이르기까지, 그리고 키츠Keats에서 안데르센의 감동적인 동화 《나이팅게일》에 이르기까지 시인과 작가에게 영감을 불러일으켰으며, 이고르 스트라빈스키는 안데르센의 동화를 교향시 〈나이팅게일의 노래〉로 작곡하기도 했다.[15] 그리고 물론 우리가 소위 '새 음악'이 아니라 새의 노래(노래는 단어로 이루어진다)를 이야기하고 있다는 사실 자체가 언어와의 유사성을 암시한다.

언어와의 또 다른 분명한 유사점 중 하나는 나이팅게일 같은 명금류가 그들의 유전자에 입력된 고정된 패턴대로 소리를 내는 것이 아니라, 다른 새들에게서 학습한다는 것이다. 과거에는 암컷을 유혹하거나 경쟁자를 쫓기 위해 오직 수컷만이 지저귄다고 생각되었으나, 최근의 연구 결과는 전 세계 명금류의 대부분이 암컷과 수컷 할 것 없이 모두 지저귄다는 것을 보여주었다.[16] 새들은 미래의 짝을 유혹하고 자신의 영역을 표시하기 위해서뿐만 아니라 짝과의 결속력을 유지하기 위해서도 지저귄다. 예를 들어 한 쌍의 새들은 서로 순서를 바꿔가며 듀엣을 부르는데, 때로는 주고받는 소리에 끊김이 없어 한 마리가 지저귀는 것처럼 들리기도 한다. 각각의 새가 다른 새의 지저귐을 이어받아 부득이하게 완전히 똑같지는 않은 변주곡을 이어간다는 사실은 새 개체군의 소리 목록이 시대와 지역에 따라 달라질 수도 있다는 가능성을 시사한다. 이는 언뜻 보기에 문화적 진화의 한 가지 사례로 생각된다. 따라서 전 세계에 존재하는 의사소통 체계에서 종 내부적으로도 엄청난 다양성을 드러내는 것은 인간의 언어가 유일하다는 우리의 주장에 대한 반증인 것처럼 보인다.

그러나 너무 빨리 결론 내리지는 말자. 새들의 '노래'에는 인간의 노래에서 발견되는 의미를 지닌 가사(이따금 진부하다 할지라도)와 같은 것이 전혀 존재하지 않는다. 결국 엄밀히 따지면 새들의 지저귐은 '노래'가 아니라 '음악'에 불과하다.

인간의 언어에서 연속적으로 흘러나오는 단어들은 특정한 의미를 지니고 있으며, 그렇게 흘러나온 단어들은 다른 단어와 어우러지며 메시지를 무한히 생성할 수 있다. 그러나 새의 지저귐 소리가 수행하는 소통 기능은 훨씬 더 제한적이다. 나이팅게일이 내는 피추pichu와 추크-치chuk-chi 소리는 어떤 숨겨진 메시지를 부호화해 전달하는 단어와 구절이 아니다. 그보다는 가수의 기교를, 그럼으로써 매력을 보여주려는 목적을 가진 음악적 선율과 음절에 더 가깝다. 원숭이의 경고음과 꿀벌의 8자형 춤과 달리 새들의 지저귐은 위험의 존재나 먹이의 위치를 비롯해 동료 새들에게 알리고 싶은 환경적 측면에 따라 체계적으로 달라지지도 않는다.[17] 사실 명금류 중에는 다른 종의 소리를 배워서 자신의 소리로 만드는 새도 있다. 큰거문고새라는 화려한 이름으로 불리는 새는 망치나 사슬톱, 천공기, 낙엽 날리는 장치 소리 같은 건설 현장 주변에서 들리는 소리를 배워 자신의 지저귐 목록에 포함한다.[18] 이러한 소리 덩어리들은 새들의 지저귐을 풍부하게 하고, 그 소리를 듣는 이들이라면 의심할 것도 없이 당연히 감동받을 것이다. 하지만 그러한 지저귐에는 어떠한 메시지도 포함되어 있지 않다.

　더욱이 문화적 진화와 비슷해 보였던 점들은 생각만큼 그렇게 대단하지는 않은 것으로 밝혀졌다. 첫째, 많은 명금류가 모방을 통해 학습하지만, 지역적 '방언'은 아주 소수의 종에서만 발견된다.[19] 둘째, 인간의 언어는 상상할 수 있는 온갖 방식으로 사람마다 서로 다르게 나타나는 반면, 명금류의 방언은 반복되는 주선율이 아주 약간만 다른 형태를 보인다. 이를테면, 북아메리카 대부분 지역에서 서식하는 검은머리 박새가 "헤이 스위티Hey Sweetie"라고 노래한다면, 매사추세츠 앞바다의 한 섬에 사는 박새는 "스위티 헤이Sweetie hey"라고 지저귀는 식이다. 셋째, 방언 가운데 현격한 차이가 있는 경우는 주로 개체군들이 고립되어서 유전적 변이를 일으키기 때문이었다. 반면 인간 언어의 변이(5장에서 살펴봤듯이)는 유전적 특질이 아닌 문화적 진화를 기반으로 일어난다.

　끝으로 명금류에서 문화적 전달로 인한 변이는 매우 제한적인 것으로 밝혀졌다.[20] 새들이 짝을 유혹하고, 경쟁자를 쫓아버리거나 유대감을 촉진하기 위해 지저귈 때, 그들 역시 선천적인 지각적 선호perceptual preference에 따라 지저귐의 유형을 문화적으로 발달시킨다. 예를 들어 암컷 되새는 떠는 악절이 뒤섞인 꾸밈음 많은 소리를 비교적 길게 늘여 지저귀는 것을 선호하는 것처럼 보인다. 또한 암컷 금화조는 어린 수컷이 지저귀는 연습을 할 때 빠른 날갯짓을 이용해 특정 소절의 좋고 나쁨을 표현하는 등 동작을 통해서 의견을 나타내는 것으로 알려져 있다. 암컷의 이러저러한 선호 표시는 새의 지저귐이 문화적으로 진화해 변이가 발생하는 데 상당한 제약으로 작용할 뿐만 아니라 수컷 학습자 자신의 인지적 음성적 한계에서 비롯된 제약을 강화한다.[21]

6장에서 논의한 전화 게임의 금화조 판이라 할 법한 실험을 통해 새 지저귐의 문화적 진화에 가해지는 제한이 상당히 엄격하다는 것이 명쾌하게 입증되었다.[22] 우선 수컷 새들로 이루어진 제1'세대(게임의 시작 메시지)'를 그들보다 앞선 수컷 세대로부터 지저귐과 관련한 어떠한 유입도 없는 격리된 상태로 키웠다. 성장한 새들은 야생의 금화조와는 다르게 불규칙적이고 성마른 소리를 냈다. 격리된 새들은 다음 세대 새들을 가르치는 교사 역할을 했고, 이 제2세대 학습자들은 그다음 제3세대 코호트의 교사로 활용되었다. 이런 식으로 제5세대까지 세대 간에 일대일 학습이 이루어졌다. 누군가는 인간의 언어에서 발견되는 변이와 유사하게 이 새들이 어떤 소리건 아무런 제약 없이 만들어낼 수 있으며, 그러다 보면 금화조들이 자연 서식지에서 내는 야생의 소리와는 본질적으로 다른 소리를 낼 것이라고 기대할지도 모른다. 그러나 결과는 정반대였다. 세대를 거치면서 학습자들은 점차 야생의 소리와 비슷한 지저귐을 재창조함으로써 금화조의 지저귐에 전반적인 변화를 가져올 여지는 거의 없음을 입증했다. 심지어 제1세대 금화조에게 금화조와 전혀 다른 벵골 되새의 소리를 훈련한 또 다른 연구에서도 같은 결과가 나타났다.[23]

결국 금화조 사이의 문화적 전달은 새롭고 다른 소리 형태를 확립한다기보다 발성의 다양성을 제거해 일탈적 소리가 있다면 자기가 속한 종이 내는 전형적 소리 패턴으로 빠르게 회귀하게 만드는 역할을 한다. 새소리들이 그러한 전형적 패턴을 벗어나지 못하도록 제한받으면, 새의 종 적합성을 알리는 데는 유용할 수 있지만 문화적 진화의 여지는 거의 남기지 않는다. 확실히 이러한 금화조 실험 결과는 인간 전화 게임 실험의 결과와 명백히 다르다. 인간 학습자들은 세대를 거치면서 광범위한 지역에 걸쳐 다양한 언어를 만들면서도, 결과적으로는 체계적 언어의 축소판을 창조해 냈다.

확실한 것은 의사소통이 인간만의 고유한 특징은 아니라는 사실이다. 고세균류와 박테리아에서 버섯류와 식물에 이르기까지, 또한 꿀벌과 오징어에서 원숭이와 조류에 이르기까지 많은, 어쩌면 거의 대부분의 유기체가 같은 종의 다른 구성원들과 소통하는 모종의 방법을 가지고 있다. 의사소통 체계는 정말로 믿기 힘들 정도로 다양하다. 하지만 우리가 특정 유기체를 확대해서 자세히 들여다본다면, 그 종의 모든 구성원은 그들의 유전자에 입력된 것과 사실상 똑같은 방식대로 의사소통한다는 것을 발견하게 된다.[24]

대조적으로 인간의 언어는 문화에 의해 형성된다. 덕분에 로라 브리지먼의 사례에서 보았듯이 모든 개인은 그들 공동체의 언어를 독특하게 변형한 자기만의 언어를 발전시킬 수 있다. 역설적이게 천부적인 보편 문법이라는 생각은 인간 언어의 억누를 수 없는 다양성보다는 비인간 의사소통 체계의 단일하고 고정된 속성을 더 잘 특징짓는 것으로 보인다. 그렇다고 우리의 주장이 인간 외 다른 종들에서도 의사소통이 중요하다는 사실을 부정하는 것은 아니다. 모든 종에게 의사소통은 중요하다. 그러나 비인간 의사소통 체계가 그 자체로 아무리 아름답고 다양하고 때로는 놀랄 만큼 복잡하다고 하더라도 인간 언어의 유연성과 근본적인 다양성에는 필적하지 못한다.

7천 개의 언어 실험

인간 언어의 다양성은 그 자체로 경이롭다. 독특하게도 인간의 언어는 수어나 구어로 표현되듯이 제스처나 음성을 의사소통의 주된 신호 수단으로 사용한다.[25] 미국 수어와 덴마크식 수어, 니카라과 수어를 포함해 전 세계에는 서로 다른 140개 이상의 수어가 있다. 로라 브리지먼은 영어 손가락 문자를 배웠다. 하지만 미국 수어는 음성을 매개로 했든 문자를 매개로 했든 미국식 영어와 무관하며, 실제로 다른 어떤 종류의 영어와도 무관하다. 이는 무작위로 구어 두 개를 뽑는다고 했을 때 그 두 개의 언어(가령 영어와 중국어)가 서로 다른 것만큼이나 미국 수어와 영국 수어는 완전히 다르다는 것을 의미한다.

구어에서 우리가 의미의 미묘한 차이를 나타내기 위해 사용하는 특정한 소리에도 많은 변이가 존재한다.[26] 예를 들어 코에

어Kxoe와 코사어Xhosa, 줄루어 같은 동남 아프리카에서 사용되는 17개 이상의 언어들에서는 영어 화자들이 못마땅하다는 표시로 사용하는 쯧쯧tut-tut과 기수가 말을 격려할 때 내는 치크tchick! 소리를 비롯해 여러 가지 종류의 흡착음*을 단어에 포함시킨다. 전 세계의 언어의 약 3분의 2가 다른 뜻을 가졌지만 같은 소리를 지닌 단어들을 구별하기 위해 성조라 알려진 음의 높낮이 변화를 활용한다. 표준 중국어가 다섯 가지 다른 성조들을 활용해 마ma 음절의 의미를 어떻게 변화시키는지 살펴보자.

- mā - 고음에서 시작해 계속 같은 음을 유지하는 성조로, '어머니'를 뜻한다.
- má - 중음에서 시작해 고음으로 음높이를 상승시키는 성조로, '대마'를 가리킨다.
- mǎ - 처음에는 낮게 저음으로 떨어졌다가 고음으로 음높이를 상승시키는 성조로, '말'을 나타낸다.
- mà - 고음에서 저음으로 음높이를 급격하게 떨어뜨리는 성조로, '꾸짖다'를 의미한다.
- ma - 중간 성조로, 의문문을 가리키는 관사로 이용된다.

---

* 혀를 입천장이나 윗니 뒷부분에 붙였다 떼면서 내는 음으로 혀 차는 소리와 유사하며 특히 남부 아프리카 언어들에서 발견된다.

외국어 학습자에게 이 미묘한 성조 차이들은 난제로 다가온다. 그러다 보니 mā(어머니)와 mǎ(말)를 혼동하는 경우가 다반사다.

심지어 산악과 밀림 같은 지역에서 먼 거리를 가로질러 의사소통하기 위해 휘파람을 사용하는 언어도 있다. 휘파람 소리가 크게 외치는 소리보다 열 배 더 인간 목소리의 도달 범위를 확장하기 때문이다.[27] 휘파람 화법은 터키어와 카나리아 제도의 스페인어, 네팔의 체팡어, 멕시코의 마자텍어를 포함해 30개 이상의 언어 하위-집단에서 사용된다. 휘파람 화법은 대부분 모음 소리에 의존한다. 반면에 캐나다 브리티시컬럼비아주의 벨라 쿨라 마을 근처에 거주하는 누살크족의 언어를 비롯한 몇몇 언어들에서는 ts'xlh(진짜의), sts'q(동물의 지방), tsktskwts(그가 도착했다)처럼 많은 단어가 자음으로만 구성되기도 한다. 따라서 언어들이 항상 모음과 자음을 결합해 단어를 만든다는 통념도 사실과는 다르다.

더욱이 모든 언어는 그 나름의 특이한 점을 지닌다는 점에서 별스럽고 독특하다.[28] 실제로 모든 언어가 명백히 공유하는 보편적인 언어 속성이라 여겨지는 것도 이러저러한 언어에서 문제를 일으키고는 한다. 예를 들어 부사가 없는 언어가 있는가 하면, 형용사가 없는 언어도 있다. 심지어 캐나다의 어느 원주민의 언어처럼 명사와 동사가 명확히 구별되지 않는 것처럼 보이는 언어도 있다. 표준 중국어가 형태론적 변화, 즉 형태소나 단어의 형태 변화가 크지 않다면(동사 어미와 복수형 등등), 알래스카 남서부와 시베리아 동북부 지역의 토착민들이 사용하는 유피크어는 형태론적 변화가 매우 커서 한 문장 전체를 단 하나의 단어로 압축할 수도 있다('그는 다시 사슴 사냥을 하러 갈 거라는 말을 아직 하지 못했다'는 문장은 tuntussuqatarniksaitengqiggtuq라는 한 단어로 바꿀 수 있다). 그리고 인도·유럽어족에 속하지 않는 많은 언어에는 표의음ideophones과 동사 보조사, 분류사classifiers 같은 낯선 품사가 존재한다. 예를 들어 많은 언어에서 표의음은 소리를 통해 어떤 생각을 불러일으킴으로써 대화의 묘미를 높이고자 사용되며 별개의 품사를 구성한다. 이를테면 인도 동부의 문다리족어에서 ribuy-tibuy는 "살찐 사람이 걸을 때 엉덩이가 비비적거리는 소리나 광경, 동작"을 나타난다.

유럽어들은 현재, 과거, 미래 그리고 동사 원형walk과 현재분사walking를 구분해 주는 동사 '굴절'에 의지하는데, 굴절형을 정리한 동사 변화표는 제2언어 학습자들을 괴롭히는 요소이기도 하다. 표준 중국어에서는 동사가 한 가지 형태만을 가지는 대신에 문장 안에 사건이 언제 발생했는지를 명시하는 단어를 덧붙여 사용한다. 오직 소수의 굴절 동사만을 가지는 언어에서는 다양한 사건의 시점을 묘사하기 위해 동사와 다수의 개방형 '동사 보조사'를 결합한다. 오스트레일리아 노던 테리토리주 빅토리아강 주변에 거주하는 150명도 채 안 되는 원주민의 구어 자민중을 살펴보자.[29] 자민중어에는 동사가 약 30여 개밖에 없으며, 단독으로 사용되는 경우 일종의 '이동'을 뜻하는 ijga처럼 대부분의 동사가 매우 일반적인 의미를 지닌다. 더 구체적인 의미를 만들어내야 할 때는 이 포괄적인 동사에 그 자체로 단독으로 사용할 수는 없는 것처럼 보이는 다수의 동사 보조사를 결합하면 된다. 따라서 ijga가 '걷다'라는 뜻의 동사 보조사 'warrang'과 결합하면 '걷는 중'을 의미하며, '깨다'라는 뜻의 동사 보조사 'bag'와 결합하면 무언가를 깨뜨리고 있다는 것을 의미하고, '감춰진'이라는 뜻의 동사 보조사 'marrug'와 결합하면 숨는 행위를 의미한다. 또한 '울다'라는 뜻의 동사 보조사 'ngilijga'와 결합하면 '울고 있는'을 의미하게 된다.

동사 보조사처럼 분류사도 유럽어들에서는 좀처럼 찾을 수 없지만 그밖의 언어에서는 광범위하게 발견된다.[30] 분류사는 명사와 결합해서 사물의 특정 유형을 나타낸다. 영어에서는 소 세 두 (마리)three head of cattle처럼 '두head'를 사용하는 것이다(하지만 앵무새 세 두three head of parrots나 자전거 세 두three head of bicycles처럼 쓰지는 않는다). 사우스오스트레일리아주 애들레이드에서 북쪽으로 약 1천 킬로미터 떨어진 곳, 에어 호수 동쪽의 건조한 사막에 거주하는 소규모 원주민들의 구어 디야리에는 아홉 개의 분류사가 있는데, 명사 앞에 사용된 분류사는 원주민들의 일상생활에 중요한 역할을 하는 의미를 다음과 같이 구분한다.

- pirta - 나무나 목재(불을 피우는 데 유용한)
- marda - 돌과 무기물(황토 같은)
- thurru – 불
- ngapa - 물

- karna - 인간(백인, 비원주민을 제외한)

- paya - 날 수 있는 새(따라서 날 수 없는 에뮤는 이 범주에 속하지 않는 다)

- thutyu - 파충류나 뱀

- nganthi - 먹을 수 있는 다른 살아 있는 존재

- puka - 먹을 수 있는 식물

따라서 디야리어에서 캥거루는 'nganthi tyukurru'이며 큰유황앵무새는 'paya kardarrunngka', 원주민 여성 한 명은 'karna wilha'로 지칭한다.

언어가 표현할 수 있는 의미 또한 매우 다양하다.[31] 어떤 언어에는 시제, 대명사, 수사가 없거나 '만약'과 '또는' 같은 기본적인 논리 용어에 해당하는 말이 없다. 또 어떤 언어는 의미를 전혀 의외의 방식으로 표현한다. 미국 남서부에서 사용되는(2장에서 살펴봤듯이 나바호 출신 암호통신병이 사용한) 나바호 구어에서는 말하려는 대상이 11개의 범주 중 어디에 속하느냐에 따라 동사가 선택된다. 예를 들어 공처럼 단단하고 둥근 물건인지, 밧줄처럼 가늘고 유연한 품목인지, 아니면 화살처럼 가늘고 빳빳한 물품인지, 혹은 털 뭉치처럼 조밀하지 않은 물체인지에 따라 달라진다. 영어에서는 요청하는 물건이 무엇인가와 무관하게 무언가를 요청하는 경우라면 똑같은 동사가 사용되는 데 반해, 나바호어에서는 무언가를 요청하는 문장을 구성하기 위해서는 열

한 개의 다른 동사 형태 중 하나를 선택해야만 한다. 따라서 만약 당신이 "(가늘고 빳빳한 사물)담배 한 개비를 주세요"라고 말하고 싶다면 동사 nítĳ̨h를 사용하겠지만, 만약 "건초 좀 주세요"라고 말하고 싶다면 다른 동사인 nítjooli를 사용할 것이다. 게다가 브라질 우림 한가운데를 흐르는 아마존강 지류, 마이시강 기슭에 거주하는 800명의 현존 원주민 공동체에서 사용하는 언어에서는 피라항어와 마찬가지로 시간과 수를 나타내는 단어가 발견되지 않는다. 5장에서 언급했듯이, 촘스키는 마치 마트료시카 인형처럼 구 안에 같은 유형의 구를 삽입할 수 있게 해주는 재귀야말로 언어의 가장 근본적인 속성이라고 공언했다. 하지만 이 아마존 원주민의 언어에서는 그러한 재귀 현상조차 발견되지 않는다. 전 세계 언어의 약 4분의 1에서 나타나는 또 다른 흥미로운 특징은 언어학자들이 '증거성'이라고 부르는 현상이다. 증거성에 따라 화자들은 자신들이 말하는 대상과 관련한 어떤 증거를 가지고 있든지 명시적으로 제시하도록 요구받는다. 즉 화자들은 자신이 하는 말이 경험을 통해 직접 알게 된 것인지, 다른 어떤 증거로부터 추정한 것인지, 아니면 다른 누군가가 하는 말을 전해 들은 것인지를 명확히 해야 한다.[32] 영어에는 증거성이 없다. 하지만 소문에 의하면reportedly, 전하는 바에 따르면allegedly, 외견상apparently, 추정상supposedly과 같은 특정 단어를 사용해 화자는 자신의 말이 직접 관찰한 것이 아니라 풍문이나 추론에 의한 것이라는 점을 선택적으로 나타낼 수 있다. 증거성이 문법으로 확립된 언어에서 화자는 일반적으로 두 개 혹은 그 이상의 동사 어미나 접미사를 활용해 정보 출처를 명시하도록 요구된다.

거의 사라진 것으로 알려진 노던 캘리포니아의 동 포모Eastern Pomo 원주민 부족의 구어를 살펴보자. 포모어는 정보를 어떻게 취득했는지를 명시하기 위해 네 개의 동사 어미를 사용한다. 어미 -ink'e는 화자가 비시각적 방식으로 감지한 어떤 것에 대해 말할 때 사용되고, -ya는 화자가 (대부분 시각적으로) 직접 경험한 어떤 것을 언급할 때 쓰이며, -ine는 화자가 알게 된 것을 기반으로 추정할 때, -le는 화자가 전해 들은 어떤 것(즉 풍문에 의한 것)을 이야기할 때 사용된다. '태우다'는 뜻의 동사 어근 pha·békh에 이 각각의 어미를 결합하면, 다음과 같은 의미의 단어를 얻게 된다.

- pha·békh-ink'e – 화자는 무언가가 타는 감각을 느꼈다.
- pha·bék-ya – 화자는 누군가/무엇인가가 태워지는 것을 보았다.
- pha·bék-ine – 화자는 무언가가 탔다는 정황 증거, 예컨대 붕대 같은 것을 보았다.
- pha·békh-le – 화자는 지금 어떤 화재 사건에 대해 전해 들은 바를 이야기하는 중이다.

따라서 만약 당신이 "그들이 불태워졌다"라는 말을 들었다고 이야기하고 싶다면 "bé·k-al pha·bé·kh-·le(그들이 불태워졌다더라)"

라고 말할 것이다. 하지만 당신이 본 것을 근거로 그들이 불태워 졌다고 추정하는 거라면, "bé·k·al pha·bé·kh·ine(그들이 불태워지는 것 같더라)"라고 말할 것이다.

어떤 언어들에서는 증거성이 화자가 말하는 중인 사건에 직접 참여했는지 아닌지를 명시하는 용도로 사용되기도 한다.[33] 미국 의 부통령을 역임했던 딕 체니가 텍사스 남부에서 메추라기 사냥 을 하는 중에 동료 사냥꾼 해리 휘팅턴의 얼굴과 목, 가슴을 쐈던 불행한 사건과 관련해 가졌던 인터뷰를 검토해 보자. 체니는 다 음처럼 모호하게 말을 비틀어 자신에게 책임이 없다는 식으로 회 피했다. "돌아서서 새를 향해 쐈습니다. 그 순간 해리가 그 자리에 서 있는 게 보였어요." 나중에는 다음과 같이 말하기도 했다. "글 쎄요, 결과적으로는 해리를 맞춘 탄약 한 발을 발사시킨 방아쇠 를 당긴 사람이 저이기는 하지요." 만약 그가 파푸아뉴기니 남부 고지대와 서부 지역에 거주하는 1천여 명의 원주민들이 사용하는 나모 메어로 말했다면, 그처럼 교묘하게 빠져나가는 화법을 구사 하기란 불가능했을 것이다. 나모 메어 문법에 따른다면 화자들은 그들이 묘사하는 사건에 참여했는지 아닌지를 명확하게 표현하 는 접미사를 사용해야 하기 때문이다.

이 몇 가지 사례들은 전 세계 곳곳에서 발견되는 엄청난 언어 적 다양성의 표면을 그저 수박 겉 핥기식으로 살펴본 것에 불과 하다.[34] 그리고 이러한 다양성 안에 또 다양성이 존재한다. 여기서 우리가 다룬 구체적인 특징들 안에도 한 언어가 얼마나 많은 성조를 사용하는지, 얼마나 많은 분류사를 사용하는지, 얼마나 많은 증거성 표지가 문법 안에 포함되는지와 관련해 많은 변이가 존재한다. 심지어 유럽 내에도 우리가 흔히 알고 있는 것보다 훨씬 더 많은 언어 다양성이 존재한다. 유럽에 국민 국가가 형성되면서 국어가 공식적으로 지정되자, 다른 언어들은 대부분 낮은 지위의 방언으로 전락했다. 이러한 현상을 사회언어학자이자 이디시어 학자인 막스 바인라이히Max Weinreich는 "언어란 육해군을 모두 거느린 하나의 방언이다"라고 신랄하게 꼬집는다.[35] 예를 들어 유네스코가 편찬한《위기에 처한 세계 언어 지도Atlas of the World's Languages in Danger》에 따르면 이탈리아의 경우 30개, 프랑스는 26개, 독일은 13개 그리고 영국은 11개의 언어가 사라질 위기에 직면해 있다.[36] 또한 유럽어 중에서도 핀란드어와 헝가리어, 에스토니아어(이 세 가지 언어 모두 우랄어족에 속한다), 바스크어(기원이 알려지지 않았다) 같은 언어는 영어와 스페인어, 독일어 화자의 관점에서 보면 엄청나게 이국적으로 느껴진다.

지구적 차원으로 범위를 확대하면, 약 7천 개에 달하는 언어들은 지구상에 균등하게 분포되어 있지 않다는 사실이 분명해진다. 오히려 전 세계의 언어 대부분은 열대 지방에 집중적으로 분포해 있다. 언어적 다양성이 가장 풍부한 지역들을 살펴보면, 그저 근소한 차이들이 무수히 나타나는 데 그치지 않는다. 파푸아뉴기니 고산지대는 전 세계 언어의 10퍼센트 이상에 해당하는 언어들의 본거지로, 이 언어 공동체들은 대부분 완전히 다른 소리 체계와 어순을 가진 언어들을 사용하고 있어서, 언어적으로 보면 서로 완전히 다른 세상에서 살고 있다고 할 수 있다.

그렇다면 왜 전 세계 언어는 대부분 열대 지방에 분포하는가? 행동과학자 대니얼 네틀은 이러한 패턴이 나타나는 이유가 열대 지방의 작물 재배 기간이 더 길기 때문이라고 주장한다.[37] 그러므로 이 지역들에 사는 사람들은 더 많은 식량을 확보할 수 있고, 그런 점에서 더 자급자족적이다. 상대적으로 재배 기간이 짧은 온대와 한랭 지대에 거주하는 사람들은 흉작이 발생하기라도 하면 지리적으로 더 넓은 지역의 이웃들에게 의지할 수밖에 없었을 것이고, 그에 따라 공동 언어를 갖는 것이 그러한 사회적 약속을 하는 데 유리하게 작용했을 것이다.

우리가 전 세계 언어들이 보이는 다양성의 전모를 진지하게 받아들인다면 언어적 보편성이 설령 있다 치더라도 거의 전무하다는 것이 명백해진다. 하지만 이는 경계 대상이 아니라 오히려 축하할 일이다. 수많은 언어는 우리에게 인간의 독특한 언어 능력에 대한 새로운 통찰을 얻을 수천 개의 기회를 제공한다. 본질적으로 우리는 문화 진화를 검증할 수 있는 7천 개의 자연 실험 연구 결과를 얻은 셈이다.[38]

덴마크어에는 정말 어딘가 잘못된 데가 있는 것일까?*

만약 우리가 이러한 7천 개의 실험 중 하나를 깊이 들여다본다면, 심지어 겉으로 보기에는 마치 '원예 품종' 마냥 잘 가꾼 듯한 유럽어들 사이로도 덴마크어처럼 이상하고 독특한 변이가 파고 들어와 있는 것을 발견하게 된다. 대부분의 덴마크어 비사용자들은 덴마크어에 대해 거의 아는 것이 없다. 어쩌면 그저 덴마크어가 세상에서 가장 행복한 사람들의 언어이자 덴마크 문화의 중추적 요소인 안락함, 단란함, 웰빙 같은 느낌을 일컫는 '휘게'라는 단어의 발상지라는 것 정도만 알고 있을지도 모른다. 공교롭게도 덴마크어는 이해하기 어려운 언어라는 악명을 오랫동안 누려왔다. 일찍이 1694년에 아일랜드 정치가이자 작가인 로버트 몰즈워스Robert Molesworth는 저서 《1692년의 덴마크 이야기An Account of Denmark, as It was in the Year 1692》에서 다음과 같이 썼다. "덴마크어는 예의라고는 찾아볼 수 없고, 아일랜드어처럼 흐느끼듯 투덜대는 어조를 가지고 있다. 왕과 유명 인사, 신사 계급과 많은 시민은 일상 담화에서는 고지 네덜란드어High-Dutch를, 이방인에게는 프랑스어를 사용한다. 나는 몇몇 고위 공무원들이 덴마크어를 할 줄 모

---

* 《햄릿》 1막 4장에 등장하는 유명한 대사 "Something is rotten in the State of Denmark"에서 Denmark를 danish로 바꾼 표현이다. 궁을 지키는 경비병이 당시 덴마크의 부정부패, 타락상을 "덴마크에서 썩은 내가 난다"라고 표현하는 대목에서 나온 말이다. 이 책에서 저자들은 덴마크를 덴마크어로, 평서문을 의문문으로 바꿈으로써 셰익스피어의 명문을 반어적으로 패러디했다.

른다는 사실이 자랑이라도 되는 듯 떠벌리는 것을 들은 적도 있다."[39] 1927년에 독일 작가 쿠르트 투홀스키는 "덴마크어는 말하기에 적당치 않다. … 모든 게 한 단어처럼 들린다"라며 조롱하기도 했다.[40] 지리적으로도 언어적으로도 덴마크인의 이웃격인 노르웨이인들조차 덴마크어의 난해함을 TV 코미디 촌극에서 조롱거리로 삼았다. 극 중에서 덴마크인 두 명은 상대방이 하는 말을 완전히 이해하지 못해서 결국 말도 안 되는 단어를 만들어내는 상황을 연출한다.[41] 결국 이 코미디물은 등장인물들이 의사소통의 단절로 인해 덴마크 사회 전체가 붕괴할 지경에 이르자 국제사회가 나서서 덴마크를 도와달라고 요청하는 것으로 끝난다. 확실히 덴마크어에는 어딘가 이상한 점이 있어 보이기는 하지만(그림 2를 보라), 그렇다고 상황이 그렇게 나쁘기만 한 것일까?

흔히 덴마크어를 두 번째 언어로, 즉 외국어로 배우기란 어렵다고들 한다. 하지만 보통의 직관과는 다르게 덴마크 어린아이들조차 덴마크어를 배우느라 고전을 면치 못하는 것처럼 보인다.[42] 대체 덴마크 어린아이들이 덴마크어를 배우는 게 어떻게 어려울 수 있는가? 모텐에게 이 질문은 개인적인 문제이기도 하다. 그는 덴마크에서 자랐고 덴마크어를 모국어로 배웠기 때문이다. 현재 그는 덴마크 오르후스대학교의 '덴마크어 수수께끼'라는 연구 모임을 이끌며 이러한 난제를 해결하는 일에 매진하고 있다.

덴마크어의 문제는 종종 엉성하고 불명확한 발음에 있는 듯이 보인다. 모음이 40개 이상에 달하는 덴마크어는 세계에서 가장

긴 모음 목록을 자랑하는 언어들 가운데 하나다(그에 비해 영어에는 방언을 포함하더라도 13개에서 15개의 모음이 있을 뿐이다). 게다가 덴마크인은 말할 때 상당수의 자음을 모음처럼 바꿔서 발음하는 경향이 있다. 예를 들면 단어 끝에 b와 v 소리가 오는 경우 종종 oo- 비슷한 소리['boot(부츠)'의 oo(우)보다 약간 짧은 소리와 유사한]로 발음된다. 이러한 현상은 løbe(달리다)와 kniv(칼) 같은 단어들에서 나타나는데 영어 음운론을 이용해 이 단어들 각각을 대략 음역하면 'loyoo(로이우)'와 'kneeyoo(크니이우)'로 옮길 수 있다.[43] 문제를 더 복잡하게 만드는 것은 덴마크인들이 심지어 라디오 방송에서 큰 소리로 낭독할 때조차 단어의 어미를 '삼켜버림으로써' 음절의 후반 4분의 1가량을 생략한다는 데 있다. 이 세 가지 요인들은 다른 언어에서도 종종 나타난다. 하지만 문제는 덴마크어에서는 세 가지 요인이 모두 함께 나타나는 데 있다. 그 결과 덴마크에서는 실제로 자음이 없는 것 같은 소리 열들sound sequences이 넘쳐난다. 이를테면 명사구 røget ørred는 모음 여덟 개가 일렬로 늘어선 것처럼 들린다.

따라서 덴마크어는 앞에서 언급한 p'xwlht(풀산딸나무)처럼 단어를 순전히 자음으로만 구성하는 눅살크어의 반대편 극단에 위치한다. 하지만 인지의 용이성이라는 측면에서 본다면, 두 언어 중에서 덴마크어가 더 운이 나쁘다고 해야 할 것 같다. 구어를 이해하기 위해서는 청각 투입물을 단어나 단어의 조합으로 분할해야 한다. 자음은 언어음의 흐름을 중단하기 때문에, 자음이 모음

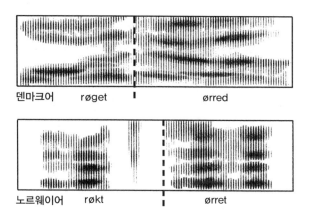

그림 1. 음성 신호를 시각적으로 보여주는 스펙트럼 사진. '훈제 송어'를 의미하는 (위의) 덴마크어 røget ørred[영어로 음역하면 'rohe-errhl(로헤-에르흘)'로 옮길 수 있다]와 (아래의) 노르웨이어 røkt ørret[영어로 음역하면 'rokt ohrrit(로크트 오흐리트)'로 옮길 수 있다]의 음성 신호가 시간에 따라 빈도수에서 다른 분포와 강도를 보이는 모습을 보여준다. 세로 점선은 두 단어 사이의 경계를 대략적인 위치로 표시한 것이다. 덴마크어 스펙트럼은 하나로 뭉뚱그려져 있어서 음절이든 단어든 경계를 구분할 수 있는 단서가 존재하지 않는다. 덴마크인들과 달리 노르웨이인들은 자음을 명확하게 발음함으로써 두 단어 사이의 경계를 분명히 한다.

보다 단어의 잠재적 경계를 나누는 데 더 유용한 단서를 제공한다. 반면에 모음이 한 줄로 늘어서 있으면 한 단어가 어디에서 시작하고 어디에서 끝나는지를 파악하기 힘들다(그림 1을 보라). 결국 덴마크어로 대화를 나눈다는 것은 상대방의 제스처를 하나도 구분하기 힘들 정도로 흐릿한 불빛이 켜진 방 안에서 제스처 게임을 벌이는 것과 비슷하다.

환하게 불 켜진 방이 아닌 어두컴컴한 방에서 제스처 게임 하는 법을 배우기가 더 어려운 것처럼, 덴마크어가 지닌 모호한 소리 속성이 언어 학습을 방해하는 듯하다. 모텐의 오르후스대학교 동료이자 진화 연구자인 도르테 블레시스Dorthe Bleses의 연구에 따르면, 덴마크 어린아이는 다른 유럽어를 배우는 어린아이보다 새로운 단어를 배우는 속도가 느릴 뿐만 아니라 여덟 살이 되어서야 동사의 과거 시제를 사용하는 데 익숙해진다. 이는 사실상 똑같은 과거 시제 구조를 가진 노르웨이어나 스웨덴어를 배우는 아이보다 거의 2년이나 늦은 나이다.

언어심리학자 파비오 트레카Fabio Trecca는 모텐과 다른 동료들과 함께 시선 추적 장치를 사용해, 두 살 된 덴마크 어린아이들이 말소리를 듣는 동안 어디를 쳐다보는지를 추적했다. 연구자들은 어린아이들에게 자동차와 원숭이 같은 두 개의 물체를 화면으로 보여준 다음 "자동차를 찾아라!"라거나 또는 "원숭이가 여기 있네!"라는 말을 하면 대개는 목표 물체를 그 즉시 쳐다본다는 사실을 활용했다. 덴마크 유아들은 "Find bilen!"라는['자동차를 찾아라'는 의미의 말을 영어로 음독하면, 'Fin beelen(핀 빌렌)'으로 옮길 수 있다] 여러 개의 자음 소리로 이루어진 말을 듣자, 비교적 빠르게 자동차를 쳐다봤다. 그러나 그들이 "Her er aben!"을 ['원숭이가 여기 있네'라는 의미의 말을 영어로 음독하면, 'heer-ahben(히이어-아흐벤)'으로 옮길 수 있다] 듣고 나서 원숭이를 쳐다보기까지는 약 0.5초가 더 걸렸다. 말의 흐름이 거의 전적으로 모음들로 구성된 탓에 단어의 경계를 구분할 수 없었기 때문이다. 0.5초의 지연은 그다지 긴 시간으로 보이지 않을 수도 있다. 하지만 지금 아니면 사라질 병목 지점이 실시간으로 가하는 압박에 비춰본다면, 그러한 지연은 학습과 이해 모두의 발목을 잡는 상당히 큰 걸림돌일 수 있다. 실제로 모텐과 동료들은 후속 연구에서 2년 6개월 된 어린아이들은 새로운 단어가 Her er(여기에 ~이 있다)처럼 모음으로만 이루어진 구 뒤에 나오는 경우 학습하는 데 고전한다는 사실을 발견했다. 심지어 성인들이 그 구절을 어린아이와 대화할 때 자주 사용하더라도 힘들어했다.

또한 모텐의 덴마크어 수수께끼 연구 그룹은 불명확한 덴마크어 소리 구조가 어린아이들이 성장한 뒤에도 영향을 미친다는 것을 보여주었다. 덴마크와 노르웨이 양쪽에서 세밀하게 설계된 비교 실험 연구들을 한 결과, 연구자들은 덴마크 성인들이 이웃 언어인 스웨덴어나 노르웨이어의 화자들과는 다른 방식으로 자신들의 모국어를 다루고 있음을 발견했다. 덴마크어와 노르웨이어의 비교는 거의 완벽한 자연 실험의 조건을 만족시킨다. 덴마크와 노르웨이는 바이킹 시대까지 거슬러 올라가는 오랜 역사를 공유하며, 유사한 복지와 교육 체계, 문화적 규범을 가지고 있을 뿐만 아니라 언어에서도 유사한 문법과 과거 시제 체계, 어휘 구조를 보인다. 중요한 차이라면 노르웨이인 대부분이 자음을 발음하는 반면, 덴마크인들은 자음을 발음하지 않는다는 것뿐이다. 덴마크어는 매우 모호하기 때문에, 덴마크인들은 자신들이 듣는 말을 이해하기 위해 노르웨이어 같은 다른 언어의 화자보다 배경 지식과 현재 상황, 앞선 대화가 주는 맥락 정보에 훨씬 더 많이 의지한다.

즉 덴마크 구어의 언어적 투입이 다른 무엇보다 애매하기 때문에 덴마크인들은 의사소통 빙산의 가라앉은 부분에 더 많은 주의를 기울여야만 한다.

　심리학과 언어학의 일반적인 가정과는 반대로 덴마크이 사례는 모든 언어가 아이들이 배우고 사용하기에 똑같이 쉽지는 않다는 점을 시사한다. 덴마크어는 만약 언어가 유전적 청사진에 따르는 것이 아니라 문화적으로 진화한다고 가정한다면 기대할 수 있을 법한 언어적 가변성을 예증해 준다. 덴마크인들이 어째서 지금과 같은 방식으로 말하게 되었는지는 확실하지 않다. 어느 순간 뒤틀린 언어 변화의 과정이 그저 역사적으로 오랜 시간 지속되다 보니 지금처럼 되었을 수도 있고, 아니면 북쪽의 스칸디나비아 이웃들과 남쪽의 독일인들로부터 분리되고 싶다는 일부 덴마크인의 사회적 바람이 반영된 것일 수 있다. 하지만 학습을 지체시키고 성인의 사용조차 까다롭게 만드는 덴마크어의 제어하기 어려운 속성에는 긍정적인 측면도 있다. 실제로 모텐의 연구 모임은 덴마크인들이 언어 신호 이외의 의사소통적 단서에 더 많이 의지하기 때문에 대화를 들을 때 노르웨이인보다 소음(분주한 길모퉁이에서 누군가와 대화를 나눌 때처럼)의 영향을 덜 받는다는 사실을 발견했다. 덴마크인들은 절반쯤 어두워진 방에서 제스처 게임을 하는 데 이미 익숙한 상황이기 때문에 빛을 좀 더 줄인다고 해서 문제될 것은 없다.

수십억 개의 상이한 언어들

언어들은 하나의 원단에서 잘려 나온 천 조각들이 아니며, 소리와 제스처에서 단어 구성과 문법에 이르기까지 놀랄 만큼 상이하다. 그러나 언어 변이는 덴마크어와 눅살크어, 영어, 나바호어 같은 개별 언어의 분화에서 멈추지 않는다. 변이는 언어들 내부로도 확대된다. 사실 우리 가운데 우리의 이웃과 완전히 똑같은 언어로 말하는 사람은 아무도 없다.

다른 모든 기술이 그렇듯, 개인의 언어 능력에도 엄청난 차이가 존재한다. 어휘량뿐만 아니라 문법 실력, 지금 듣고 있는 말을 이해하기 위해 이전에 있었던 맥락을 활용하는 능력에서도 차이가 난다.[44] 언어학자 에바 다브로브스카Ewa Dąbrowska는 성인 영어 원어민 화자 중에는 심지어 아주 단순한 수동태 문장을 자칫 잘못 이해하는 사람이 꽤 많다는 점을 발견했다. 예를 들어 "The girl was photographed by the boy(소녀의 사진이 소년에 의해 찍혔다)*" 같은 수동태 문장을 마치 소녀가 사진을 찍은 것처럼 오해하는 경우가 많았다. 그리고 그러한 사람들이 "Dog bitten by man(개가 사람에게 물렸다)" 같은 신문 기사 제목처럼 이색적인 주장을 접한다면 정말로 애를 먹게 될 것이다. 심지어 자신들의 고등학교에서 최고의 성적을 냈을 코넬대학교 학부 재학생들

---

* 우리말로 옮긴다면, '소년이 소녀의 사진을 찍었다' 정도가 될 것이다.

을 대상으로 모텐이 "The reporter that the senator attacked admitted the error(상원의원의 공격을 받은 기자는 실수를 인정했다)" 처럼 비교적 간단한 문장을 얼마나 빨리 정확하게 이해할 수 있는가를 측정한 결과 상당한 차이를 보였다. 실제로 다브로브스카는 원어민들의 언어 능력 차이가 매우 커서, 제2언어 학습자들이 영어를 모국어로 배운 사람보다 사실상 영문법 구사력도 더 낮고 어휘량도 더 풍부하다는 것을 보여주었다.

언어에 관한 한 우리 모두가 전문가라 할지라도 각자가 전문성을 발휘하는 언어들 사이에는 미세한 차이가 있다. 우리가 저마다 사용하는 특정 단어와 구문의 목록, 그리고 언어적 제스처 게임을 벌이기 위해 이 목록들을 그때그때 상황에 맞게 어떻게 사용하는지가 각자의 언어를 독특하게 만들어준다. 로라 브리지먼의 영어는 우리가 자신만의 언어를 어떻게 창조하는지 보여주는, 그 무엇보다 감동적인 사례다. 이는 단 하나의 '정확한' 영어란 있을 수 없다는 것을 의미한다. 탱고를 추거나, 인도의 전통 음악을 연주하거나 혹은 인상주의 화풍의 그림을 그릴 때 마땅히 따라야 하는 정확한 한 가지 방법이 없는 것과 마찬가지다. 모든 영어 화자는 자신만의 영어를 가졌으며, 힌디어에서 스페인어, 옐레어에 이르는, 그 어떤 언어의 화자도 자신만의 언어를 가졌다. 언어란 이른바 개인 언어들idiolects의 집합에 지나지 않으며, 각 개인어는 구문과 단어 선택, 특정 개인에 한정된 그 사람만의 표현 스타일의 독특한 조합으로 이루어진다. 우리는 모두 제각각 자신만의 독

특한 언어로 말하며, 그 언어는 좋든 나쁘든 우리와 운명을 함께 한다.[45]

하지만 만약 우리가 제각각 다른 말을 한다면, 의사소통은 도대체 어떻게 가능한가? 우리가 서로를 이해할 것이라는 기대나 할 수 있겠는가? 여기가 바로 제스처 게임이 다시 작동하기 시작하는 지점이다. 제스처 게임의 성공은 의미를 전달하는 행위자의 흉내를 내는 능력에 좌우된다. 하지만 그에 못지않게 행위자가 전달한 (이따금 과장된) 실마리들을 해석하는 청중의 능력도 중요하다. 사람마다 킹콩을 흉내 내는 방법은 각기 다를 수 있지만, 그럼에도 우리의 의사소통적 창조성과 창의력 덕분에 우리는 서로를 이해할 수 있다. 언어도 다르지 않다. 청자는 화자를 위해 많은 일을 한다. 화자는 자신이 이해시키려고 애쓰는 메시지를 전달하기 위한 실마리를 제공할 뿐이다. 반면에 청자는 발화의 의미를 이해하는 데 도움을 얻기 위해 자신이 화자에 대해 알고 있는 지식, 이전에 들은 말, 세상 일반에 대한 지식을 동원해야만 한다. 이것이야말로 우리가 자신이 속한 공동체의 언어를 자신만의 언어로 제각각 독특하게 사용함에도 불구하고 서로를 이해할 수 있는 이유다.

의사소통이 가능하려면 언어들이 대략이나마 서로 조정되어야만 한다. 그리고 이러한 조정은 문화적 진화 과정을 통해 형성된 상호 이해에 기반한다. 또한 앞 장들에서 논의했듯이 우리는 모두 속한 공동체의 앞선 화자 세대가 우리처럼 단서를 해석하며 남긴 발자취를 따라가는 중이다. 따라서 약 20억 명에 달하는(원어민을 비롯해 제2언어 학습자를 포함하는) 영어 화자은 20억 개의 다른 영어를 말하는 것과 같지만, 그럼에도 그 모든 영어는 우리가 대개는 서로를 이해할 수 있을 정도로 충분히 밀접하게 연관되어 있다. 다른 언어의 화자도 마찬가지다. 즉 모든 사람은 자신이 아는 언어(들)에 자신만의 몫을 가진다. 언어 공동체 안에서는 가까울수록 좋다. 하지만 우리에게 창의적 해석 능력이 있는 한 간극을 메울 충분한 힘이 있다. 우리가 쿡 선장의 선원들과 하우시족의 조우를 통해 살펴봤듯이, 의사소통 빙산의 잠긴 부분이 가진 표현 능력 덕분에 우리는 빙산의 언어적 일각이 전무한 상황에서조차 서로를 이해할 수 있다.

《종의 기원》의 마지막 대목에서 찰스 다윈은 자연선택의 놀라운 힘에 대해 다음과 같이 사색적인 독백을 남긴다. "시작은 너무도 단순했다. 하지만 바로 그곳에서 가장 아름답고 가장 경이로운 형태들이 끝도 없이 진화되어 나왔고, 지금도 진화하는 중이다." 이는 생명 유기체의 진화를 두고 한 말이다. 하지만 지금까지 살펴봤듯이 "가장 아름다운 형태들이 끝도 없이 이어진다"라는 다윈의 고무적인 구절은 언어의 문화적 진화에도 정확히 그대로 적용된다. 유기체들 사이의 변이가 생물학적 진화의 토대이듯, 언어의 다양성 역시 언어의 문화적 진화를 가능하게 하는 필수 요소다. 금화조를 대상으로 한 전화 게임 실험이 입증하듯이, 주로 유전적으로 통제되는 비인간 의사소통 체계는 종 내부에서 변이가 일어날 가능성을 억제하며, 그럼으로써 문화적 진화에 제동을 건다. 대조적으로 인간의 언어 능력은 언어들 간에, 또한 언어들 내부에서 문화적 진화의 명백한 특징인 다양성이라는 형태로 표출된다.

　의사소통은 모든 종에 걸쳐 나타나는 보편적인 현상일 수 있다. 하지만 언어는 인간에게만 나타나는 고유한 특징이다. 우리가 구어와 수어를 통해서건, 아니면 로라 브리지먼이 썼던 것 같은 촉각 언어를 통해서건 간에 언어적 제스처 게임을 벌일 수 있는 것은 우리에게 내재된, 선천적인 소통의 욕구가 언어의 근본적인 유연성과 결합할 수 있었던 덕분이다. 이러한 제스처 게임들을 반복적으로 수행하면서 인간은 언어가 표현할 수 있는 온갖 사물에 대한 지식을 여러 세대에 걸쳐 축적할 수 있었으며, 그 과정에서 언어는 다양성이라는 눈부신 정점에 도달했다. 다음 장에서 살펴보겠지만, 모든 언어 속에는 더 큰 문화적 번영을 위한 씨앗이 내재되어 있다. 언어의 무한한 즉흥적 변주 능력은 인간의 문화와 사회를 눈부시도록 다양하게 창조하는 기폭제 역할을 한다.[46]

CHAPTER 8

뇌, 문화, 언어의
사이클

단어와 사고의 관계는 어떤 하나의 특징으로 규정할 수 없다. 그것은 사고에서 단어로 또 단어에서 사고로 왕복하는 지속적인 운동 과정이다.

_레프 비고츠키, 《사고와 언어》

모텐이 일하는 코넬대학교 심리학과 사무실이 있는 유리스 홀의 승강기에서 내리는 순간, 방문객들은 대형 액체 통 안에 인간의 뇌들이 담긴 광경과 맞닥뜨린다. 이는 지역의 학자와 사이코패스들에게 기증받은 뇌를 수집해 구성한 '와일더 뇌 컬렉션Wilder Brain Collection'에서 가장 중요한 것들만 선별한 것이다. 이 뇌들은 유명 인사(1895년에 코넬대 심리학과를 설립한 심리학자 에드워드 티치너 Edward Titchener, 저명한 공직자이자 여성 참정권론자였던 헬렌 해밀턴 가드너Helen Hamilton Gardener)에서 흉악범(의사이자 변호사, 횡령 범죄자, 연쇄 살인범이었던 에드워드 룰로프Edward Rulloff는 한때 교수 행세를 하면서 특이하게도 언어 진화에 관한 미간행 논문을 쓰기도 했다)에 이르기까지 다양한 사람에게 기증받았다.[1] 뇌 컬렉션의 창시자인 코넬대 해부학자 버트 그린 와일더Burt Green Wilder 뇌 컬렉션이 뇌 소유자에 따른 뇌의 다양성을 밝혀내는 데 귀중한 연구 자원이 되리라고 크게 기대했다. 이러한 대의에 참여하는 것이 얼마나 영광스러운 일인지를 보여주기라도 하듯, 그는 사후 자신의 뇌도 컬렉션에 추가해 달라도 주문했다. 하지만 결국 와일더 뇌 컬렉션은 한낱 호기심으로 끝나버리고 말았다. 육안해부학*에 따르면 인간의 뇌는 매우 달라 보였고, 무엇보다 전반적인 크기에서 주목할 만한 차이들이 관찰되었다. 하지만 뛰어난 뇌 능력의 소유자와 평범한 사람을, 혹은 범죄자와 선량한 사람을 구분할 만한 뚜렷한 특징은 나타나지 않는 것으로 밝혀졌다.

만약 우리의 시야를 동물의 왕국 전반으로 확대해서 뇌를 살펴본다면 어떻게 될까? 현재까지 연구된 바에 따르면 종에 따른 신경계의 해부학적 차이, 그중에서도 특히 뇌 크기에서의 차이는 상당한 것으로 알려져 있다. 작은 선형동물(신경과학에서 많이 연구되는 예쁜꼬마선충)이 겨우 302개의 신경계 신경세포를 가졌다면 민물 우렁이류는 1만 개, 바닷가재는 10만 개, 개미는 25만 개, 꿀벌은 거의 1백만 개를 가지고 있다.[2] 척추동물에 이르면 신경계는 훨씬 더 극적인 복잡성을 보인다. 개구리가 1천 6백만 개의 신경세포를 가지고 있다면 집쥐는 7천 만개, 나일악어는 8천 만개, 시궁쥐는 대략 2억 개, 까마귀와 돼지, 개는 20억 개, 침팬지와 고릴라, 오랑우탄은 300억 개를 가졌으며 인간은 대략 1천억 개를 가지고 있다.[3]

---

* 맨눈해부학이라고도 불리는 육안해부학은 해부학의 하나로, 현미경을 사용하지 않고 인체의 몸을 절개하여 육안으로 볼 수 있는 구조들들을 관찰하고 기술하는 학문이다. 일반적으로 '해부학'이라 함은 이 육안해부학을 가리킨다.

뇌 크기와 지능 간에는 직접적인 관계가 없다. 행동의 복잡성과는 무관하게, 몸집이 큰 동물은 뇌와 신경계 역시 큰 경향을 보인다. 예를 들어 인간과 의사소통하는 법을 배운 동물 중에서 가장 성공적이라 일컬어지는 침팬지와 회색앵무를 비교해 보자. 침팬지는 신경세포가 300억 개에 달하지만, 크기가 훨씬 작은 회색앵무는 침팬지의 20분의 1에 불과한 신경세포를 가지고도 그에 필적하는 의사소통 능력을 발휘한다. 인간 남성과 여성의 뇌 크기도 전반적인 신체 크기에서 비례해서 다르게 나타나지만, 평균적인 지능에서 차이를 보이지는 않는다. 이는 총명했던 헬렌 해밀턴 가드너가 생전에는 왕성한 활동으로, 죽어서는 뇌 샘플로 이 사실을 입증하고 있다.[4] 실제로 전체 인구의 성 집단 내부에서도 인간의 뇌 크기와 지능 사이에는 미미한 상관관계만 있을 뿐이다. 극작가이자 단편 소설 작가인 이반 투르게네프는 부검 결과 깜짝 놀랄 만큼 큰 뇌를 가진 것으로 밝혀졌다. 하지만 뛰어난 시인이자 소설가인 아나톨 프랑스는 투르게네프의 절반 정도에 불과한 가장 작은 뇌를 가진 사람의 하나로 기록되어 있다.[5]

200만 년 전, 혹은 300만 년 전에 인간의 뇌에는 무언가 엄청난 일이 발생하기 시작했다. 그즈음부터 인간의 뇌는 절대적 크기뿐만 아니라 더 중요하게는, 신체 크기와 관련한 상대적 크기가 꾸준히 증가하기 시작했다.[6] 추정컨대 선조들에게는 똑똑하다는 것이 점차 중요해졌던 것 같다. 그리고 똑똑하다는 것은 그 밖의 다른 조건들이 똑같다면, 더 큰 뇌를 가지는 것을 의미했을 것이다. 하지만 뇌를 쓰는 데는 에너지가 많이 소모된다. 뇌 조직은 같은 무게의 일반적인 신체 조직보다 아홉 배나 많은 에너지를 소비한다. 신체 전체로 보면, 뇌는 우리 몸의 에너지 지출의 약 20퍼센트를 차지하며, 우리가 어떤 어려운 문제를 해결하려고 집중할 때건, 공상에 잠기거나 심지어는 깊이 잠들었을 때건 가리지 않고 늘 에너지를 소비한다. 이처럼 엄청난 비용을 치러야 한다는 점에 비추어볼 때, 더 큰 뇌는 진화상의 상당한 이점이 있지 않고서야 불가능했을 것이다.

뇌가 이처럼 현저하게 팽창하게 된 요인과 관련해 그동안 많은 추측이 제기되어 왔다. 한 가지 그럴듯한 이유는 음식의 변화다. 영장류 전반에 걸쳐, 뇌 못지않게 신진대사 상으로 많은 에너지를 소모하는 또 다른 신체 기관인 소화관의 크기와 뇌의 크기 사이에는 상당한 부적negative 관계가 존재한다.[7] 따라서 아마도 요리법의 발명으로 음식을 더 쉽게 소화하게 되면서 소화 활동이 덜 필요하게 되었고, 그 결과로 남은 에너지를 더 큰 뇌를 돌리는 데 사용할 수 있었던 것 같다. 그리고 당연히 더 커진 뇌 덕분에 더 영리한 방식으로 사냥을 하고 음식을 조리하게 되면서 식단 역시 크게 개선되었을 것이다. 또 다른 그럴듯한 이유는 집단 크기가 결정적이었을 것이라는 추측이다. 규모가 큰 집단에 속한 영장류일수록 더 큰 뇌를 가졌는데 집단이 클수록 이해하고 상호작용해야 할 다른 사회 구성원이 더 많기 때문이다.[8]

이러한 사고 흐름을 따라가다 보면 뇌 크기의 폭발적 증가가 언어의 발명이나 점진적인 발달과 밀접한 관련을 지녔을지도 모른다고 생각하고 싶어진다. 그러나 이미 5장에서 살펴봤듯이 언어에 특화된 유전자들과 뇌 구조가 언어와 공동 진화하면서 소위 보편 문법이 부호화된 것이라는 생각은 누가 봐도 분명 매력적이지만 실제로는 가능하지 않다. 언어는 유전자가 따라잡을 수 없을 정도로 매우 빠르게 변화한다. 더욱이 수만 년도 전에 지리적으로 멀어지면서 유전자가 분화한 사람들이 자신들만의 언어에 특화된 뇌 구조를 발전시켰다는 징후는 어디서도 발견되지 않는다. 따라서 정상적인 발달 과정을 거쳐 성장하는 아이는 어떤 언어건 어려움 없이 습득할 수 있다. 물론 언어는 뇌에 의해 형성된다. 즉 뇌가 언어에 의해 형성되는 것은 아니다. 하지만 어쩌면 아주 다른 가설이 가능할 수 있을지도 모른다. 즉 언어가 인간의 삶을 재구조화해 뇌의 '영리함'이 보편화하도록 장려했을지도 모를 일이다.[9] 의사소통 능력에서 일어난 아주 작은 개선조차도 선조들이 효과적인 팀을 구성하고, 기술을 가르치고, 지식을 공유하는 등 그들이 서로 협력하는 일을 더 쉽게 할 수 있도록 했을 것이다. 이러한 변화는 더 크고 더 영리한 뇌를 가진 사람들에게 유리할 것이다. 그들은 그러한 사회적 복잡성으로부터 이득을 얻어낼 가능성이 가장 큰 사람들이기 때문이다. 그리고 나면 이번에는 더 영리한 뇌가 더 정교한 언어적 제스처 게임을 가능하게 함으로써, 더 복잡한 언어의 창조로 이어졌을 것이다. 또한 이렇게 더 복잡해진 언어가 사회적 복잡성을 서서히 증가시키면서, 더 크고 더 영리한 뇌가 선택되도록 점점 더 많은 압력을 가했을 것이다. 아마도 이 과정은 언어와 뇌가 공동 진화하면서 뇌 크기와 인간의 영리함, 사회적 복잡성의 급격한 증가가 선순환을 그리며 이어졌던 것으로 보인다.[10]

이 가정이 옳다면 제스처 게임을 할 수 있는 인간의 뛰어난 능력(즉, 즉흥적으로 만들어진 유연한 제스처나 소리에 대한 상호 이해를 적극적으로 활용해 의사소통하는 능력)은 아마도 2백만 년 전까지 거슬러 올라갈 정도로 오래되었을 것이다. 초기의 언어-비슷한 의사소통 방식은 오늘날과 비교하면 상대적으로 아주 원시적이었을 가능성이 높다. 하지만 비록 원시적이더라도 이러한 의사소통 덕분에 선조들은 석기 도구를 만들고 불을 통제하고 어쩌면 심지어 음식을 요리하는 것 같은 기술(오늘날 원숭이나 고릴라에서 관찰되는 것과는 비교할 수 없을 정도로 복잡한 행동)을 주고받을 수 있었을 것이다. 그리고 선조들이 제스처 게임을 벌일 수 있게 되자마자, 그러한 제스처 게임 속의 특정 유형이 거의 즉각적으로 패턴화되어 이전의 신호들을 새로운 목적에 맞게 재사용했을 것이다. 우리가 4장에서 살펴봤던 그러한 자생적 질서의 힘은 제스처 게임과 비슷한 의사소통을 더 관례화되도록 만들었을 것이다. 선순환 가설에 따르면, 비록 아주 단순한 원형적 언어라 할지라도 사회적, 행태적 복잡성을 높이고 영리함에 대한 (따라서 큰 뇌에 대한) 선택적 압력을 증가시킨다. 그러면 이번에는 역으로 의사소통의 복잡성이 증가하게 된다. 결과적으로 언어는 (우리의) 생물학적 진화와 (우리의 의사소통 체계의) 문화적 진화의 상호작용을 통해 서서히 완전한 모습을 갖추게 되었을 것이다.

제스처 게임과 뇌 크기 사이에 존재하는 선순환 구조는 언어와 내재적인 보편 문법 사이에 존재할 것이라고 추정해 온 공진화와는 매우 다르다. 공진화 가설은 우리가 5장에서 검토를 통해 폐기한 바 있다. 우리가 계획을 수립하거나 거래를 하든, 아니면 사냥을 하거나 기술과 지식을 공유하든 간에 효과적인 의사소통 능력은 강력한 이점으로 작용할 뿐만 아니라 진화적으로도 유리하다. 의사소통은 점점 더 복잡해지는 삶의 패턴에서 점점 더 중심에 놓이게 된다. 이는 추상적인 문법 패턴에 부합하는 특화된 유전자를 갖느냐의 문제가 아니라, 언어적 제스처 게임을 만들어 내고 해석할 수 있는 강력한 '동력'에 의해 움직인다.[11] 더 일반적으로 말하자면, 풍부한 문화가 뇌의 영리함이 보편화되도록 장려한다. 새로운 복잡한 도구, 종교적 관행, 사회적 규범 등 배워야 할 문화적 요소들이 갑자기 엄청나게 증가한다. 복잡한 문화에서 개인의 성공은 신체적 강건함이나 위용보다는 영리함에 더 많이 좌우된다. 그러면 이번에는 누구보다 영리하게 의사소통을 할 수 있는 사람들이 훨씬 더 풍부한 제스처 게임 수행 능력과 더 복잡한 언어, 더 정교한 문화를 발전킬 것이다. 결과적으로 이러한 선순환이 문화-뇌의 급격한 공동 진화 과정에서 씨앗 역할을 하고, 그 과정의 끝에 현생 인류가 출현했을지도 모를 일이다.[12]

약 30만 년 전에 현생 인류와 같은 종인 호모 사피엔스가 아프리카 대륙의 여러 지역에서 출현했다.[13] 최근 연구 결과들에 따르면, 가장 최초의 호모 사피엔스조차 독특하고 복잡한 문화 목록을 가졌을 것으로 추정된다. 예를 들어 케냐 남부의 올로지사일리 분지에서 발굴된 유물 중에는 나무 끝에 붙들어 매서 창으로 사용했을 법한 정교하게 깎은 뾰족한 돌뿐만 아니라, 사회 집단에 대한 충성을 표시하기 위해 사용되었을 것으로 추정되는 적색 안료(철 성분이 많은 암석을 갈아 만든)의 착색 흔적이 존재한다. 또한 놀랍게도 고고학자들은 같은 시기에 흑요석과 백록색 규질 퇴적암 재질의 도구들이 만들어졌다는 사실을 발견했는데, 이는 그러한 광물들이 산악 지형 너머 약 48킬로미터나 떨어진 지역에서 운반되어 왔음을 의미했다.[14] 이는 거래의 가능성을 시사하는데, 그 정도의 거리라면 그렇게 험한 지형에서 소규모 인간 무리가 오갈 수 있는 범위를 넘어서기 때문이다. 같은 시기 즈음에 또는 그보다 약간 후대의 것으로 추정되는 아프리카 전역에서 발견된 유물 중에는 격자무늬 패턴이 새겨진 타조 알껍데기 파편과 필시 목걸이로 사용했을 법한 장식용 구멍이 난 조개껍데기가 포함되어 있다. 언어-비슷한 의사소통은 이 시대 즈음에 아마도 상당히 정교한 수준에 도달했던 것으로 보인다. 초기 선조들이 손돌도끼를 사용하다가 거래를 위한 장식용 물품 사용으로 이행했다는 사실은 어떤 거대한 변화가 일어났음을 보여주는 것이다.

선조들의 문화가 지녔던 복잡성은 적어도 부분적으로는 그들의 의사소통 능력, 즉 지속적으로 향상되었던 제스처 게임 수행 능력에서 나왔을 것이다. 쿡 선장의 상륙 부대와 하우시족이 처음 접촉했음에도 쌍방 거래를 가능하게 할 제스처를 바로 고안해 냈었다는 사실을 상기해 보라. 쌍방 거래가 가능하기 위해서는 서로 원하는 것과 줄 수 있는 것, 당신들에게 공격할 의사가 없다는 것을 표현할 수 있어야 한다. 간단히 말해 집단 간 거래는 제스처 게임을 할 수 있을 때만 가능하다(물론 공통의 언어를 가지고 있다면 거래는 훨씬 더 용이하다). 이것 말고, 거래를 성사시킬 다른 방법이 있다는 것을 상상하기는 어렵다. 거래를 하게 되면 서로 엄청난 이익을 얻을 가능성이 큰 것은 당연한데도, 거래라는 행동은 인간 이외의 동물들에서는 관찰되지 않는다.[15] 거래뿐만 아니라 인간만의 특징이라 일컬어지는 다른 많은 복잡한 사회적 행위도 마찬가지다. 이를테면 사회적 관습, 윤리적 규범, 종교적 신념을 만들고 강제하는 일이나 이미지, 장식물, 복잡한 도구, 화폐, 측정 단위, 외상 장부를 만드는 일 또한 제스처 게임 능력이 필요하다.

언어는 인간의 문화와 사회를 구성하는 모든 면을 지탱하는 것 같다. 따라서 제스처 게임을 하는 행위, 그리고 제스처 게임에서 비롯된 언어가 문화 발달을 가능하게 한다. 일단 문화가 확립되고 나면, 언어적 제스처 게임을 벌이는 능력은 언어 의존도가 높은 고도로 복잡해진 사회에서 성공을 추구하는 모든 개인에게 가장 중요한 자질이 된다. 그 결과 제스처 게임 수행 능력은 생물학적 선택이라는 강력한 압력을 받게 될 것이며, 그에 따라 인간의 제스처 게임 능력과 인간의 정신은 전례 없이 커진 뇌 안에 전

례 없이 커진 지적 복잡성을 채워 넣는 방향으로 나아갈 수밖에 없었을 것이다.[16]

유인원은 제스처 게임을 하지 않는다

조지아주립대학교 언어연구센터는 애틀랜타시 외곽 커다란 숲 지대에 자리 잡고 있다. 이 연구 센터는 인간과 침팬지, 보노보뿐만 아니라 흰목꼬리감기원숭이, 짧은꼬리원숭이 같은 영장류의 여러 인지적 측면과 언어를 연구하기 위해 1981년 설립되었다. 지난 2009년 4월, 모텐이 연구소를 방문해서 비인간 영장류들의 놀라운 인지와 의사소통 능력을 직접 목격할 수 있었던 것은 행운이었다. 머큐리라는 이름의 수컷 침팬지와 그들 사이에 둘러친 울타리를 두고 각자의 편에서 이쪽저쪽으로 뛰어다니며 잡기 놀이를 끝마친 모텐은 진기한 경험을 했다. 모텐은 울타리를 벗어나 숲속으로 걸어 들어가서는 나뭇잎 더미 아래 복숭아 하나를 숨겨두었고, 그 모습을 팬지라는 암컷 원숭이가 자신의 놀이터 안에서 지켜보고 있었다. 그러고 나서 모텐은 찰스 멘젤Charles Menzel 박사를 찾으러 센터 안으로 되돌아갔다. 선임 연구원이었던 멘젤 박사는 수년간 팬지를 대상으로 수렵 채집 능력과 공간 인지력, 기억력을 연구하는 중이었다. 잠시 후 모텐과 멘젤 박사가 밖으로 나오자, 팬지는 다양한 손짓을 이용해 멘젤 박사에게 모텐이 복숭아를 숨긴 곳을 가리켰다. 그때쯤에는 모텐 자신도 복숭아를 어디에다 숨겼는지 정확히 기억나지 않았다. 하지만 팬지의 기억은 완벽했다. 팬지는 손짓으로 방향을 가리키며 복숭아가 있는 정확한 지점으로 멘젤 박사를 빠르게 이동하도록 이끌었다. 그리고 복숭아가 발견되자, 팬지는 인상적인 기억력과 의사소통 능력을 보여준 대가로 복숭아를 받았다.

만약 인간의 독특함이 언어와 문화, 뇌를 연결하는 수백 만년 간의 선순환에서 비롯된 것이라면 의사소통이 우리 자신과 다른 유인원들을 구별하는 결정적인 요소라고 기대할 수밖에 없으며, 실제로도 의사소통은 그러한 역할을 한다. 예상했겠지만 야생 침팬지는 심지어 가장 단순한 형태일지라도 제스처 게임을 하지 않는다. 침팬지들은 (인간이 아니라) 서로 소통할 때조차, 뭔가를 가리키는 행동은 하지 않는다. 12개월 된 인간 아기는 흥미로운 장난 감이나 음식, 동물을 끊임없이 가리킨다. 주변 어른들이 가리키는 행동을 보고 따라 하는 것이다. 하지만 야생이든 아니면 포획된 상태든, 침팬지가 다른 침팬지에게 어떤 대상을 가리키는 행동을 통해 자신의 흥미를 표현하는 모습은 지금까지 단 한 번도 관찰된 적이 없다.[17]

막스 플랑크 연구소에서 마이클 토마셀로와 연구 팀은 침팬지에게 두 개의 불투명 상자 중 맛있는 바나나가 숨겨진 상자를 고르게 하는 놀라운 실험을 진행했다. 이전의 훈련을 통해 침팬지는 오직 한 개의 상자에만 음식이 담겨 있으며, 선택할 기회도 단한 번뿐임을 알고 있었다.[18] 실험 참가자는 바나나가 든 '정답' 상자를 똑바로 쳐다보면서 손으로 가리키거나 상자에 나무로 된 칩을 부착하는 식으로 침팬지에게 어떤 상자를 선택해야 하는지를 전달하려고 시도했다. 하지만 침팬지들은 매번 이 유용한 단서들을 완전히 무시한 채 무작위적으로 선택했다. 대조적으로 3살 이하의 어린아이들은 이러한 유형의 과제에서 우연보다 훨씬 나은 선택을 했으며, 가리키는 행동을 매우 능숙하게 이해했다.[19]

정교한 후속 연구에서 토마셀로 연구 팀은 실험 참가자에게 가리키는 행동과 팔을 뻗는 동작을 함께하도록 상황을 연출했다.[20] 인간 관찰자라면, 그러한 팔 동작은 가리키는 행동이 아니라 음식을 잡으려고 상자에 팔을 뻗었지만, 상자가 아슬아슬하게 팔이 닿지 않는 범위에 있어서 실패한 시도로 해석되었을 것이다. 하지만 실험자가 특정 상자에서 힘만으로 음식을 꺼내려 하는 모습을 보면서 침팬지들은 음식이 거기에 있으니 자신들이 직접 손에 넣으면 되겠다고 쉽게 추측할 수 있었다. 따라서 팔을 뻗는 바로 그 행동이 제시되자, 침팬지들은 그것을 누군가가 음식을 가지고 가려다 음식의 위치가 발각된 경쟁적인 상황으로 인식했다. 즉 침팬지들은 다른 이들이 도움을 주고자 어떤 유용한 정보를 넘겨주려 하는 협력적 상황을 이해할 수 없었다. 침팬지의 세계관 속에는 어떤 사람의(또는 아마도 다른 침팬지의) 행동이 도움이 되는 정보를 전달하려는 것일 수도 있다는 생각 자체가 아예 존재하지 않는 것처럼 보인다. 다시 말해, 침팬지에게는 인간 언어의 근간을 이루는 의사소통 빙산의 숨겨진 부분이 대부분까지는 아니더

라도 상당 부분 결여된 것으로 보인다.[21]

만약 그렇다고 한다면, 유인원에게 인간의 언어를 본격적으로 가르치려는 시도는 매우 힘든 일이 될 것이다. 인간의 아기들이 언어를 배울 수 있는 추동력은 상대방의 관심을 끌고, 외부 세계의 상태를 묘사하고 싶어 하는 본능적인 의사소통적 욕구에서 나온다. 하지만 이러한 본능적 욕구가 유인원과 원숭이에게는 대부분, 어쩌면 전혀 없는 것일지도 모른다. 유인원과 인간 사이에 이루어지는 의사소통은 대부분 도구적이다. 예컨대 팬지가 복숭아를 먹기 위해 멘젤 박사에게 복숭아 위치를 전달했던 것처럼 실용적인 목적을 달성하기 위한 것이다. 하지만 유인원에게는 흥미로운 대상에 이목을 집중시키거나, 다른 유인원들에게 세상에 관한 정보를 제공하고 자신의 느낌이나 경험을 알리고 싶은 욕구가 존재하지 않는 것처럼 보인다. 따라서 그들에게 협력적 목적을 지닌 언어는 그 자체로 하나의 미스터리에 불과하다.

이제 우리는 몇 시간씩 공들여 훈련을 시킨다면 유인원들도 여러 가지 손짓 신호를 만들고 그 신호를 대상이나 행동과 연관 짓는 법을 배운다는 사실을 알고 있다. 침팬지가 인간처럼 언어음을 재연하기란 어렵겠지만, 미국 수어에서 사용되는 몇몇 수어 어휘를 학습시키는 데는 성공했다.[22] 하지만 인간 수어 사용자들이 복잡한 문법에 빠르게 숙달하는 반면 침팬지는 대개는 같은 손짓을 여러 차례 반복하는 형태로 일련의 무질서한 손짓을 만들어내는 것이 전부인 듯하다. 또한 침팬지들은 문법의 기초이자(4장에서 논의했듯이), 어린아이의 언어 습득 초기에 나타나는 다단어 구문을 배우지 못하는 것 같다.

더 고무적인 연구 결과들은 언어연구센터에서 키우고 있던 보노보 칸지로부터 나왔다. 칸지와 의사소통하기 위해, 수전 새비지 럼보Susan Savage-Rumbaugh가 이끄는 연구 팀은 철학자 에른스트 폰 글라저스펠트Ernst von Glasersfeld가 비인간 영장류용으로 특수하게 고안한 축소형 여키스어*를 사용했다. 이 인공 언어는 특별 제작된 글자판에 독특한 색깔과 모양을 가진 글자들을 하나씩 대응시킨 일련의 '그림 문자'로 이루어져 있었다. 칸지는 여러 시간에 걸친 직접 학습을 통해서가 아니라 실험자들이 자신의 어미 마타타를 훈련시키려다 실패한 실험들을 지켜보던 과정에서, 몇 개의 그림 문자들을 터득했다. 인상적이게도 칸지는 학습을 계속 이어나간 끝에 200여 개 이상의 그림 문자를 추가로 익혀 사용할 수 있게 되었다. 하지만 그 문자들을 어떤 문법 규칙에 따라 정렬시킨 것이 아니라 매우 비구조화된 문자열을 생성하는 데 그쳤다. 사실 문자열을 익힌 것보다 훨씬 더 엄청난 일은 칸지가 인간 구어를 이해하는 능력을 지녔음을 보여줬다는 것이다. 칸지는 두 살 난 어린아이 알리아와 함께 "전자레인지에 들어 있는 당근을 가져오시오"와 "콜라에 레모네이드를 따르시오" 같은 200개 이상의 영어 구어 문장을 듣고 수행하는 능력을 평가받았다. 놀랍게도 칸

---

* 사람과 침팬지와의 의사소통을 위해 기하학적 도형을 사용해 만들어낸 인공 언어.

지가 74퍼센트의 문장에 적절하게 반응한 반면, 알리아는 문장이 요구하는 행동의 65퍼센트밖에 이해하지 못했다.[23]

여키스어를 '말하고' 영어를 이해하는 칸지의 능력은 감동적이었다. 그러나 칸지의 언어 능력과 어린아이의 능력 사이에는 놀랄 만큼 뚜렷한 차이가 존재한다. 어린아이들은 자신들을 둘러싼 세상과 협력적으로 의사소통한다. 그들은 제스처와 표정, 소리 등 온갖 방식을 동원해 자발적으로 놀이하듯 의사소통에 참여한다. 두 살이 가까워지며 '어휘가 폭발적으로 증가하는' 시기가 되면 어린아이들은 주변 사람으로부터 엄청난 속도로 단어를 흡수한다. 어린아이들은 이용할 수 있는 모든 언어적 수단을 적절히 배치해 가며 그 순간의 의사소통적 과제(우유를 달라거나, 토마토를 싫어한다고 표현하거나, 새 장난감을 보여주거나 트럭을 가리키는 등)를 해결하기 위해 즉시 달려든다. 다시 말해 즉각적인 의사소통적 요구를 충족시키는 과정에서 언어를 조잡하게나마 한데 꿰맞춘다. 인간 아기들은 의사소통을 통해 모든 연령의 사람과 연결되는 듯 보인다. 메시지와 메시지 전달자는 어디에나 존재하기 때문이다. 그러나 굳이 따진다면 인간의 메시지 해석 능력은 확장적이고 자유로운 경향이 있다. 인간은 룬 문자, 찻잎, 짐승의 내장과 뇌우를 조상이나 정령의 메시지, 미래의 징후 혹은 신의 계시로 읽어낸다.

그렇다면 야생 유인원의 의사소통은 어떠한가? 일반적으로 동물의 의사소통은 중요한 기능을 하는 소수의 기본적인 메시지들을 이해시키는 데 초점이 맞춰지는 편이다. 이를테면 영역을 표시하거나(대략 "저리 가, 여긴 내 땅이다") 짝짓기 대상을 유혹하거나 ("이리 와, 나 준비됐어") 짝과의 유대감을 표현하거나("자기야, 당신과 나는 함께야") 위협을 나타내거나("나는 싸울 만반의 준비가 돼 있다") 경 고를 발령하는("조심해. 포식자가 접근한다!") 등등의 메시지를 전달 한다. 유인원들은 그러한 신호를 흥미로운 방식으로 조합하는 것 처럼 보인다. 예를 들어 서아프리카 콩고 분지의 열대 우림지대 에서 발견할 수 있는 야생 보노보 원숭이를 살펴보자. 보노보들 은 '분열-융합'을 반복하는 작은 공동체를 이루며 살아간다. 그들 은 일상적인 활동을 벌이는 내내 이합집산을 반복하면서 일시적 인 소집단을 끊임없이 형성한다. 보노보 원숭이들은 휘파람 소리 와 고함이라는 두 종류의 원거리 소리를 사용한다. 그들은 어떤 일시적 집단에 참여하고 싶다는 의사를 표현하려 할 때 두 가지 신호 모두를 사용하는 데 적어도 고함 한 가지를 사용할 때보다 는 두 신호 모두를 사용할 때 집단에 끼어들 가능성이 훨씬 더 큰 것 같다.[24] 물론 참여하고 싶은 집단이 '화답'에 해당하는 소리를 보내온다면 참여 가능성은 더 커질 것이다. 따라서 그러한 상호작 용은 응답으로 동의를 표하는 일종의 미숙한 형태의 '대화'에 가 깝다고 할 수 있을 것이다. 반응이 없는 경우라면, 홀로 남겨진 개 체들은 그들의 외침 신호를 반복할 수도 있다. 이러한 조합 신호 에도 반응이 없다면 당연히 이를 반복할 가능성은 커지는데, 이는 휘파람과 고함을 조합한다는 것이 집단에 끼고 싶다는 강력한 바 람을 나타내는 증거기도 하다. 하지만 이러한 소통 방식은 인간의 의사소통과는 거리가 멀다. 보노보 원숭이들 안에는 표준화된 의미(예컨대 '나는 너의 집단에 참여하고 싶어' 같은)를 지닌 생물학적 신호집합이 선천적으로 내재한다. 그러나 인간의 제스처 게임은 다양한 의미를 무한히 만들어낼 수 있다. 심지어 창문 방향을 가리키는 것처럼 아주 단순한 제스처조차 여러 가지를 뜻할 수 있다. 이를테면 '저 새 좀 봐'라거나 '비가 온다'를 의미할 수도 있고 '깨끗해서 기분 좋은 창문'이나 '밥이 차를 몰고 떠나 버렸다'를 뜻할 수도 있으며 '창문이 더럽다'라거나 '창문을 닦아라' 혹은 '핼러윈 사탕 달라는 애들이 오고 있다'를 뜻할 수도 있다. 그러나 유인원에게는 단순한 가리키는 행동('저것이 바나나가 든 상자다')조차도 이해하기란 불가능하다. 또한 인간의 제스처 게임들은 보노보의 휘파람-고함의 조합처럼, 조합을 통해 단순히 기존의 의미를 서로 강화하는 데 그치지 않는다. 대신에 상호작용을 통해 전적으로 새로운 의미를 즉흥적으로 만들어낸다. 예를 들어 라이플총을 발사하는 듯한 제스처 다음에 기쁨에 넘치는 미소를 지어 톨스토이의 소설 《전쟁과 평화》를 나타낼 수도 있지만, 티셔츠 모양의 제스처를 먼저 하고 라이플총 흉내를 낸다면 영화 〈탑건〉을 뜻할 수 있다. 또는 손을 벌려 머리 양쪽에서 사슴뿔이 '자라나는' 것 같은 동작과 결합한다면 라이플총 흉내는 영화 〈디어 헌터〉를 의미할 수도 있다. 몸짓을 이용하든 언어를 사용하든 제스처 게임은 점차 관례화된다. 제스처 게임들은 층층이 서로 쌓이면서 여러 세대에 걸친 문법화와 자생적 질서라는 힘의 영향을 받는다. 그 결과 경이로운 복잡성을 자랑하는 전 세계 7천여 개의 언어를 점진적으로 창조한다.

인간의 언어들은 문화적 진화를 통해 발전한다. 반면 동물의 신호체계는 개미의 페로몬 흔적에서 꿀벌의 8자형 춤에 이르기까지, 오징어의 시각적 과시에서 긴꼬리원숭이의 경보음 소리에 이르기까지 유전적으로 부호화되어 종 내부에 고착화되어 있다. 이는 그러한 신호체계가 문화적 진화가 아니라 그보다 훨씬 느린 생물학적 진화 메커니즘을 통해 발전한다는 것을 의미한다. 그렇다면 제스처를 사용하는 비인간 영장류의 의사소통은 어떤가? 영장류들에게 표준적인 제스처 신호의 모음이 존재하는 것 같지는 않다. 그보다 개별 영장류는 다른 개체로부터 원하는 것을 얻기 위해 자신만의 독특한 제스처를 만들어내는 것으로 보인다(그렇다고 그들이 주변 환경의 흥미로운 특징을 가리키거나 하지는 않는다). 대개는 제스처로 주의를 끌어서 다른 개체가 어떤 행동을 하도록 유도하지만(예를 들어 아기 침팬지는 어미의 등을 끌어당겨 자신이 올라타도록 등을 낮춰달라는 신호를 보낸다), 어떤 경우는 그저 단순히 주의를 끌거나(예컨대 어린 침팬지는 땅을 시끄럽게 두드린 다음 또 다른 어린 침팬지의 등을 찔러 놀이를 시작하자고 관심을 집중시키기도 한다), 그만하자는 신호일 수도 있다. 하지만 중요한 점은 그들 모두가 의사소통 전략의 상당수를 집단 내 다른 구성원의 소통 전략을 모방함으로써가 아니라 날 때부터 이미 이해하고 있다는 사실이다. 결국 유인원들에게 의사소통 체계의 문화적 진화는 일어날 수 없다. 인

간과는 다르게 유인원들은 서로의 발자취를 따르지 않기 때문이다.[25]

흥미롭게도 모든 유인원이 아무것도 없는 상태에서 자신만의 제스처를 체득하는 것처럼 보이지만, 그들이 활용할 수 있는 신호의 목록은 사실 매우 제한적이다. 유인원들이 모든 신호를 학습할 수 있는 것은 아니다. 그들은 약 80개의 제스처 중 일부만을 선택적으로 학습할 뿐이다('매달리기'와 '몸통 치기', '가슴 두드리기', '팔 내밀기' 같은 제스처는 그중 일부다). 실제로 보노보와 침팬지, 고릴라, 오랑우탄이 배우는 제스처 목록을 살펴보면 상당한 변이가 발견되기는 하지만 놀랄 정도로 유사하다는 것을 알 수 있다.[26] 이는 의사소통 제스처 학습 능력의 기원이 생물학적 진화의 초기, 즉 적어도 유인원들의 마지막 공동 조상이 살았던 과거 1천만 년 전까지 거슬러 올라간다는 것을 의미한다.[27] 따라서 각각의 유인원이 자신만의 신호를 아무것도 없는 상태에서 스스로 체득하는 것 같지만, 그러한 신호를 습득하는 능력은 유전자에 새겨진 것으로 보인다. 인간 언어와 다르게 유인원 공동체에서 사용되는 신호체계는 오랜 시간에 걸친 문화적 진화의 결과로 형성되지는 않는 것으로 생각된다.

이러한 가설을 검증할 수 있는 한 가지 직접적인 방법이 존재한다. 만약 문화적 진화가 유인원의 의사소통에서 어떤 중요한 역할을 했다면(아마도 특정 제스처들이 특정 공동체에서 선택된 후 정교하게 조율되어 사용되는 식으로), 소위 같은 '문화'를 공유하는 특정 유인원 집단 내에서 사용되는 제스처와 의미 간에는 문화가 다른 집단보다 더 큰 유사성을 보여야만 한다. 그러나 다른 유인원 집단이 사용하는 다양한 제스처를 관찰한 결과는 정반대 결론을 시사한다. 즉 그들이 사용하는 제스처는 집단 간에 보이는 차이만큼이나 집단 내부의 차이도 컸다. 결국 유인원의 신호체계는 무수히 많은 세대에 걸쳐 자연선택된 토대를 기초로 개체의 학습을 통해 확립될 수 있을 뿐이다. 대조적으로 인간의 제스처 게임은 고안되고, 수정되고, 재사용되는 과정을 거치면서 새로운 의사소통적 관례를 만들어낼 뿐만 아니라 궁극적으로는 인간 사회 전체가 공유하는 완전한 언어들을 창조한다.[28]

유인원의 소통 방식은 인간의 의사소통 방식과 완전히 다르다. 인간이 그처럼 한정된 수단에도 불구하고 메시지를 풍부하게 전달할 수 있는 것은 제스처 게임 덕분이다. 하지만 유인원에게는 복잡한 제스처 게임과 비슷한 추리 과정이 전혀 존재하지 않는다. 이는 우리의 가설과도 부합하는데, 우리는 제스처 게임 능력의 출현으로 언어, 더 풍부한 문화, 더 복잡한 사회가 생겨났으며, 이러한 발전이 이번에는 영리함이 압도적인 보편적 우위를 차지하도록 이끌면서 인간 뇌가 급격히 팽창할 수 있는 토대를 마련했다고 주장해 왔다.

비록 이러한 설명이 그럴듯하기는 하지만, 정말로 맞는지 아닌지는 물론 확실히 알 수 없다. 무엇보다 언어가 언제 발생했는지를 추정하는 문제와 관련해서도 의견이 매우 분분하다. 인류가 만들어온 다른 많은 유물과 다르게 언어는 화석을 남기지 않았기 때문에 구체적인 증거를 확보하기란 어려운 일이다. 만약 언어와 제스처 게임-비슷한 의사소통이 최근에, 이를테면 10만 년 전이내에 발생한 것으로 밝혀진다면 뇌의 진화와 지능에 사실상 영향을 미치는 것은 불가능했을 것이다. 또한 다른 사람들과 제스처 게임을 벌이기 위해서 필요한 지능과 사회적 기교는 어떤 다른 요인이 더 크고 더 영리한 뇌가 선택되도록 압력을 가하는 과정에서 생겨난 부산물에 불과하다는 주장도 가능하다. 그럴 경우 의사소통과 사회적 복잡성, 지능 사이에 선순환이 존재한다고 보기는 어려울 것이다. 그 대신에 우리의 커다랗고 독특하며 영리한 뇌는 의사소통과는 전혀 무관한 어떤 이유들로 출현한 것이 된다. 이 가설대로라면 지능이 먼저 발달한 다음에 순전히 그 부산물로 제스처 게임 능력이 나타나며, 그 능력으로부터 의사소통과 문화적 진화가 발생하고 전 세계 언어들이 집합적으로 창조되었다고 보아야 한다. 어쨌거나 기하학 정리를 증명하고, 체스 게임을 두고, 오페라를 작곡하고, 바퀴를 발명하는 인간의 능력은 상당한 지능을 요하는 것임에 틀림없다. 아마 언어라는 인간 능력도 다르지 않을 것이다.[29]

그렇다면 언어는 진화의 역사에서 어느 지점 즈음에 영향을 남기는가? 누군가는 언어가 인간의 지능과 뇌의 급성장을 추동함에 있어 어떤 역할을 했는지는 증명되지 않았다고 결론 내리고 싶어 할지도 모른다. 선순환이나 부산물로서의 언어라는 가설 중 어떤 것이 옳은가에 따라 언어가 인간의 생물학을 형성하는 데서 수행한 역할은 '매우 상당한'과 '최소한' 사이의 어디쯤엔가에 있게 될 것이다. 하지만 언어의 역할을 밝히는 것이 아무리 중요하더라도 언어로 인해 우리의 유전자와 뇌가 얼마나 많이 바뀌었는가라는 문제에 초점을 맞추다 보면 훨씬 더 근본적인 요점을 놓친다. 언어는 완전히 새로운 형식의 진화 과정을 탄생시켰다. 유전자의 진화가 아닌 문화의 진화가 바로 그것이다.

기폭제로서의 언어

언어가 없는 사회가 어떤 모습일지를 상상하기는 쉽지 않다. 그런 사회는 존재하지 않기 때문이다. 인간은 필요하다면 아무 접점이 없는 곳에서도 의사소통의 토대를 구축할 수 있는 명석하고 끈기 있는 제스처 게임 선수다. 공통 언어를 활용할 수 없는 곳에서는, 즉흥적으로 만들어진 의사소통 체계가 그 공백을 메운다. 자생적으로 만들어진 니카라과 수어가 생생하게 보여주듯이, 장애로 언어를 박탈당한 어린아이들은 언어를 신속하게 고안해 낸다. 하지만 이 모든 것이 불가능하다고 가정해 보라. 제스처 게임이 없는 인간 사회란 어떤 모습일까?

우리는 우리의 생물학적 사촌들과의 비교를 통해 그러한 모습에 가장 근접한 사회를 상상할 수 있다. 앞에서 살펴봤듯이 유인원들은 상당한 지능을 가지고 있음에도 불구하고 제스처 게임을 하지 않는다. 따라서 그들의 의사소통은 복잡한 언어를 점증적으로 구성하지 못한 채 놀랄 정도로 제한적이다. 야생 보노보는 먹을거리를 찾는 동안 다른 집단에 참여하고 싶다는 의사를 밝힐 수 있다. 하지만 계획을 세우거나 부당함에 반론을 제기하거나 우주의 기원을 추정할 수 없으며, 심지어는 어제 자신들에게 있었던 일을 설명할 수조차 없다. 언어가 존재하지 않는 탓에 많은 동물이 상대방으로부터 배울 수는 있으나 문화 진화의 흔적은 아주 희미하게만 나타날 뿐이다.[30]

한 연구에서 연구자들은 야생 긴꼬리원숭이를 여러 집단으로 나눠 맛있는 붉은 옥수수와 쓴맛이 나는 분홍 옥수수를 주었다. 어느 집단에 속하든 긴꼬리원숭이들은 더 맛있는 옥수수를 선택하는 법을 빠르게 학습했다. 또한 새로 집단에 들어간 어린 원숭이들은 다른 옥수수는 맛조차 보지 않은 채 색깔만 보고 맛있는 옥수수를 골라냈다.[31] 더욱이 서로가 매우 친밀한 야생 침팬지 집단들을 20년 이상 관찰한 결과, 그들은 돌이나 나무로 견과류를 깨서 먹는 독특한 방식을 지속적으로 선호했으며, 성체로 집단에 결합한 암컷들의 경우에 새로운 집단의 전통을 수용하는 것처럼 보였다.[32] 하지만 언어를 사용하는 인간과 비교하면, 우리는 몇 초 만에 그저 '맛없는 분홍 옥수수를 먹지 마라'거나 '돌을 사용하라'고 말하는 것만으로도 문화적 전달을 달성한다.

인간은 언어 덕분에 기술과 지식, 사회적 규칙, 종교적 신념을 매우 놀라운 속도로 점점 더 빠르게 축적한다. 우리는 어떤 식물이 먹을 수 있고 약으로 쓸 수 있는지, 어떤 식물이 독성이 있는지, 도끼나 화살촉은 어떻게 만들어야 하는지, 동물은 어떻게 추적하고 카누는 어떻게 만들며 오두막은 어떻게 지어야 하는지, 또한 신성한 것을 어떻게 판별하는지, 항해하기 위해서는 별을 어떻게 읽어야 하는지를 집단적으로 파악할 수 있다. 언어가 없다면 각각의 동물 개체는 아무것도 없는 상황에서 모든 것을 처음부터 학습하고 복잡한 세상과 홀로 싸워야 하는 엄청난 과제에 직면한다.[33] 비언어적 동물의 새로운 세대는 각기 이전 세대가 하는 만큼만 배운다. 어떤 통찰과 혁신이 이루어진다고 하더라도 인간이 하듯 권유되거나, 목소리를 높여 주장되거나, 적극적으로 학습되는 것이 아니라 대개는 사라져 버리기 십상이다.

제스처 게임을 하고 언어를 창조하는 능력 덕분에 인간은 지식을 축적하고 기술을 전수할 수 있다. 우리는 도덕적, 종교적 규범을 발전시킬 뿐만 아니라 무엇을 해야 하는지, 누구의 잘못이고 그래서 누가 책임을 져야 하는지를 두고 토론을 벌일 수도 있다. 동물들은 이러한 일 중 할 수 있는 것이, 전혀 혹은 거의 없다. 이는 결코 우연이 아니다. 언어가 없다면 인간종 특유의 놀라운 문화적, 사회적 복잡성은 불가능할 것이다. 따라서 언어는 문화의 일반적인 요소 가운데 하나가 아니다. 언어는 지식의 축적과 저장, 전달을 가능하게 함으로써 문화와 사회가 거의 모든 측면에서 폭발적으로 변화할 수 있는 기폭제 역할을 한다. 그로 인해 한층 더 정밀한 전문지식, 규범, 합의가 가능해지고 결과적으로 노동,

거래, 신념체계, 헌법, 의례, 복잡한 법체계 간의 분업을 갖춘 방대하고 정교한 사회가 출현한다. 언어가 출현한 이래로 문화는 유전학과 함께 변화의 원동력이 되었으며, 현재 그러한 변화 과정은 수학, 과학, 공학, 컴퓨터, 인터넷 등등에 의해 급격히 가속화되고 있다. 그러나 그에 더해, 언어는 훨씬 더 근본적인 역할을 한다. 인간 정신 사이에 의사소통적 연결 고리를 제공함으로써, 언어는 우리의 집단 사고 능력을 근본적으로 확장한다.

언어는 어떻게 사고를 형성하는가

제스처 게임의 유연성에는 끝이 없다. 그리고 단어의 용법들[예컨대 game(게임)과 light(빛)]은 다양하고, 때로는 서로 느슨하게 연결되어 있다. 따라서 특정 언어로 무엇이든 표현할 수 있는 것과 마찬가지로, 제스처 게임으로도 어떤 의미든 전달할 수 있다. 우리가 의사소통 빙산의 숨겨진 부분을 적시 적소에 활용할 수만 있다면 의사소통의 창의성은 우리를 어디든 데려갈 수 있다.

그러나 우리의 언어(혹은 과거의 제스처 게임들)는 다른 것보다 특정 대상의 의미를 훨씬 더 쉽게 전달할 것이다. 잘 알려져 있듯이 0(zero)이라는 문자 상징의 발명으로 숫자의 자릿수 표기가 가능해졌다. 따라서 205는 100의 자리는 두 개two hundreds, 10의 자리는 0개no tens, 1의 자리는 다섯 개five ones로 표기할 수 있다. 숫자의 자릿수 표기는 회계와 천문학 계산에서 핵심적인 역할을 하는 덧셈과 뺄셈에 엄청나게 유용하다. 약 5천 년 전 수메르인은 그들의 60진법 체계에서 숫자 0을 두 개의 사선형 쐐기로 표기했다(60진법은 여전히 사용되고 있다. 예컨대 우리는 60진법에 따라 1분을 60초, 1시간을 60분으로 계산한다). 그로부터 3천 년 후의 마야인들은 독자적으로 고안해 낸 20진법을 사용하면서, 숫자 0을 단순한 조개 모양 패턴으로 표기했다. 로마 숫자에서는 0의 자릿수 표기법이 없고 예외가 많아서 계산하는 데 상당한 어려움이 있었다. 0의 단독 사용은 한 단계 더 나아가서 0을 하나의 숫자로 인식할 수 있게 되었다(1, 2, 3에 앞서는 0). 0을 숫자로 취급하기 시작한 사람은 7세기 인도 수학자이자 천문학자인 브라마굽타로, 그는 셈법에서 0이 기능하는 방식을 규칙화했다. 이후에 아랍 수학자들이 대수학을 공식화하는 데 0을 사용하기 시작하면서 0은 미지수 방정식에서 핵심 역할을 하게 된다. 그리고 0은 데카르트가 기하학과 방정식의 해석학적 관련성을 해명하는 데서뿐만 아니라 뉴턴과 라이프니츠의 미적분학 발명에서, 또한 현대 물리학과 디지털 컴퓨터 등등의 기초를 다지는 데서도 결정적 역할을 했다.[34]

숫자 0은 정말로 언어의 한 부분인가? 아니면 수학적 표기법의 하나인가? 그것도 아니면 수학 그 자체의 일부인가? 아마도 이러한 질문에 유용한 답이란 존재하지 않을 것이다. 어쨌든 영어 단어 영(zero, 0)을 학습한다는 것은, 영이 십진법 체계에서 기능하는 법, 제로가 숫자의 하나(0)이자 실수의 하나(수직선의 한 점)고 자릿수 표기의 한 요소(205에서처럼)이기도 하다는 것을 이해하는 것이다. 그리고 이 모든 것을 이해한다는 것은 수학적 표기법과 수학에서 영이 작동하는 법을 배운다는 것과 같은 말이다. 심지어 영이 추상적 개념으로 쓰일 때조차 많은 용법과 의미가 있다. 결국 수학에 관한 지식이 많아질수록 0이라는 용어를 더 풍부하게 이해하게 된다.

0의 발명이 사고에 혁명적인 영향을 미쳤다는 데는 논란의 여지가 없어 보인다. 0이 없다면 현대 수학은 성립하지도 않을 것이다. 이런 의미에서 언어는 우리의 사고방식을 근본적으로 변화시켰다. 하지만 단순히 제로라는 단어만으로는 부족하다. 우리에게 필요한 것은 영이 어떤 역할을 할 수 있는 게임을 고안하는 것이다. 즉, 대수large numbers를 쓰고 덧셈과 뺄셈을 하고, 방정식을 구성하는 데 도움이 될 방법을 마련해야 한다. 그렇다고 영이라는 단어가 없는 언어를 사용하는 사람들이 그러한 사고를 할 수 없다는 의미는 아니다. 언어는 무한히 확장될 수 있다. 영이라는 단어와 영의 작동법을 처음 접한 사람들은 영으로 인해 그들의 사고 범위가 확장될 것이다. 그리고 당연하게도 우리 모두가 학교에서 제로에 대해, 또 그와 관련된 여러 개념에 대해 배우는 방식도 정확히 그러하다.

산수라는 주제와 관련해 아마존의 수렵 채집 부족이 사용하는 피라항어의 계산 체계는 단지 hói('대략 하나'와 '작은'), hoí('대략 둘'), baagi 또는 aibai(두 단어 모두 '많은')로 이루어져 있다. 피라항족의 수학적 사고는 이 용어들에 의해 불가피하게 제약을 받는다. 즉 그들에게는 숫자 세기도, 영도 없을 뿐만 아니라 더하기나 빼기, 곱하기도 존재하지 않는 것으로 추정된다. 또한 컬럼비아대학교 심리학자 피터 고든Peter Gordon이 실시한 다음 실험 결과가 보여주듯이, 피라항족은 '많음'을 판단하는 기본적인 문제와 관련해서 곤란을 겪는 듯 보인다. 고든은 피라항족 실험 참가자와 탁자를 놓고 마주 앉은 다음, 탁자 위에 막대기를 놓아 양측의 경계를 표시했다. 고든이 자신 편의 막대기 옆에 여러 개의 물체를 늘어놓으면, 실험 참가자도 준비한 AA 건전지들을 그 물체 수에 맞게 늘어놓아야 했다. 실험 참가자들은 대부분 두 개 또는 세 개까지는 정확히 맞춰 놓았지만 그 이상이 되자 성공률이 급격히 떨어졌다. 비슷하게 고든은 여러 개의 견과를 보여주고 나서 깡통에 담았다. 그리고 나서 견과를 한 번에 하나씩 깡통에서 꺼낼 때마다 깡통에 견과가 남아 있는지를 물어보았다. 고든은 뚜껑에 특정 수의 물고기가 그려진 상자 속에 사탕을 숨기기도 했다. 그러면 실험 참가자들은 더 많거나 더 적은 수의 물고기가 그려진 다른 상자가 아니라 그 특정 수의 물고기 그려진 상자를 골라야 했다. 숫자 단어 목록이 풍부하고 셀 수 있는 능력을 가진 사람이라면, 이러한 선택 과제는 당연히 간단할 일일 것이다.[35] 하지만 이번에도 둘 또는 셋 이상의 숫자가 포함된 실험의 성공률은 매우 낮았다.

이것이 유독 수학에만 국한된 문제일까? 언어는 다른 지역에서도 사고 형성에 영향을 미치는가? 비슷한 결과는 따로 언급할 필요가 없을 정도로 광범위하게 나타난다. 인간 삶의 거의 모든 분화된 영역에는 저마다의 고유한 어휘가 존재한다. 물리학이나 생리학, 식물학이든 자전거 수리나 회계, 점성술이든 우리가 어떤 분야에 익숙해지려면 엄청난 양의 '전문용어'에 숙달되어야 한다. 양성자, 크레브스 회로, 원뿌리, 전동장치, 복식부기, 황도 12궁 같은 용어는 그 단어, 그리고 그 단어와 연관된 많은 단어의 의미를 배우지 않는다면 누구라도 감조차 잡을 수 없을 것이다. 전문용어와 전문 분야를 배우는 일은 대개는 수학을 배울 때와 비슷하다. 전문적인 언어는 우리가 전문 분야의 문제에 관해 사고하는 데 확실히 결정적인 도움이 된다. 이는 일상 언어에서도 마찬가지다.

추상적인 수학적 문제가 아니라 우리 주변 사물의 공간적 배열과 관련해 우리가 어떻게 생각하는지를 보여주는 아주 특별하고 놀라운 사례가 하나 있다. 1971년에 캘리포니아대학교 버클리캠퍼스 인류학과 대학원생이었던 페니 브라운Penny Brown은 멕시코 남동부 치아파스에서 사용되는 마야어족 첼탈어 사용자들과 협업했다. 당시에 브라운은 (대화를 주고받는 놀라운 속도에 관해 연구하던) 스티븐 레빈슨과 함께 첼탈어 공동체의 복잡한 예절 규범을 연구하는 중이었다.[36] 그러나 그 과정에서 두 연구자는 첼탈어 사용자들이 공간에 대해 말하는 방식과 관련해 전혀 예기치 못한 중요한 사실을 발견했다. 첼탈어에는 왼쪽과 오른쪽을 가리키는 단어가 없었다. 대신에 지형물이나 지형(예컨대 오르막, 내리막)과 관련된 방향 단어가 동원되었다. 그들에게도 오른쪽 손과 왼쪽 손에 해당하는 별개의 단어들이 있다. 하지만 왼쪽 손, 왼쪽 다리

또는 왼쪽 눈에 두루 쓸 수 있는 왼쪽을 가리키는 표면은 없다. 또 '왼쪽으로' 혹은 '오른쪽에' 같은 의미를 표현할 수 있는 일반 명사도 존재하지 않는다. 그들은 동일 형태의 오른쪽과 왼쪽, 즉 어떤 형상과 그 형상의 거울 이미지를 구분하지 못한다(예컨대 신발의 오른쪽과 왼쪽, 달팽이 껍데기의 나선 모양이 시계 방향인지 아니면 시계 반대 방향인지). 지도상에서 동쪽과 서쪽을 구분하는 일조차, 우리가 지도와 지도의 거울 이미지를 구별할 수 있는 한에서만 의미가 있다. 실제로 첼탈어 사용자들은 나침반의 방위를 사용하지 않는다. 브라운과 레빈슨은 첼탈어 사용자들이 기하학적 견지에서 완전히 일관된 공간 개념을 가지고 있으며, 우리 대부분에게는 낯선 그러한 관점을 항해와 의사소통에 성공적으로 활용하고 있다고 지적한다. 그들의 세계는 대칭이다. 그들은 하나가 아닌 두 개의 손잡이를 가진 항아리를 사용하고, 가운데가 양쪽으로 열리는 두 개의 문이 대칭적으로 마주 보는 정사각형의 집에 산다. 그 세계에서 위치는 사물과 관련해 공간적으로 이해된다기보다(~의 왼쪽에, ~의 앞에 하는 식으로) 풍경에 고정된 것으로 보인다. 집 안의 평평한 탁자 위에 놓인 물건의 위치를 언급할 때조차, 따라서 창문 너머로 풍경이 보이지 않을 때조차 첼탈어 사용자들은 '오르막'과 '내리막'이라는 단어로 물건의 위치를 가리킨다.

숫자, 과학, 기술, 종교 등 주제가 무엇이든 간에 우리가 사용하는 언어와 마음속에 품고 있는 생각 사이에는 양방향적 관계가 존재한다. 첼탈어 사용자들은 '모든 것을 탁자 왼쪽에 놓아두도록 하자' 같은 생각은 하지 않는다. '왼쪽'을 가리키는 단어가 아예 없기 때문이다. 마찬가지로 영어 사용자들은 (탁자가 평평하고 주변 풍경이 오르막이라고 해서) '물건들을 탁자 오르막 끝에 놓아두도록 하자' 같은 생각을 하지는 않는다. 하지만 양쪽은 모두 같은 목표를 달성할 수 있을 뿐만 아니라 서로의 생각과 언어를 학습할 수도 있다. 언어는 감옥이 아니다. 따라서 우리는 항상 세상에 대해 새로운 방식으로 말하고 생각하는 법을 익힐 수 있다. 우리가 새로운 분야 (과학, 기술, 음악, 종교를 포함한 다른 어떤 주제든)를 배울 때도 마찬가지다.

언어는 인식의 기본적인 측면에까지 영향을 미칠 수도 있다. 다양한 언어가 색채를 어떻게 다루는지 검토해 보자. 우선 모든 언어가 색채 단어를 가진 것은 아니다. 파푸아뉴기니에서 옐레어를 사용하는 3천 5백 명의 사람은 추상적인 색채 단어로 세상을 분류하지 못하는 것처럼 보인다(예를 들어, 그들은 붉은색 물건을 가리키기 위해 붉은 앵무새의 일종인 새의 명칭을 사용한다).[37] 게다가 색 공간*의 여러 부분을 가리키는 용어도 전혀 없고, 색채라는 단어 자체에 대응하는 어떠한 단어도 발견되지 않는다. 따라서 옐레어 사용자들은 사물의 색채를 영어로 옮겨 답할 수 없는 것은 말할

---

* 색을 느끼고 감지하는 데 유용한 사실 하나는 사람이 인식하는 색들을 비슷한 순서대로 붙여서 배열해 보면 원을 이룬다는 것이다. 이렇게 원을 이룬 색의 배열을 '색상환'이라고 한다. 반대로 채도와 명도는 직선 방향으로 증가 또는 감소하는 형태로 인식하고 표현할 수 있다. 색의 3요소를 이러한 특성에 근거해 하나의 중심축을 기준으로 색을 원형으로 배치하고, 수직 방향으로는 명도에 따른 변화를, 수평 방향으로는 채도에 따른 변화를 표현하면 원통 형태의 3차원 색 좌표를 만들 수 있다. 이렇게 색을 공간 좌표에 나타낸 것을 '색 공간' 또는 '색 체계'라고 한다.

것도 없고, 어떤 사물이 무슨 색인지를 물어볼 수조차 없다.

언어가 추상적인 색채 단어를 가지고 있는 경우에도, 언어에 따라 현저한 다양성을 드러내는 것으로 밝혀졌다. 기본적인 색채 단어가 두 개뿐인 언어들이 있는가 하면(라이베리아에서 주로 사용 되는 크루어족의 바사어) 세 개인 언어도 있고(나이지리아와 카메룬 일 대에서 쓰는 반투어족의 에자감어), 네 개(페루와 브라질에서 사용되는 아 라완어족의 쿨리나어), 다섯 개(파푸아뉴기니에서 쓰는 오스트로네시아어 족의 이두나어), 여섯 개인 언어도(파나마 치브차어족의 버글레레어) 있 다.[38] 이 다양한 색채의 범위를 어떤 단순한 기준으로 정렬할 수는 없다(청록색이 청색과 녹색의 결합으로 이뤄졌듯이, 이 언어들도 단순히 색 깔 하나씩을 추가하는 것을 기준으로 나뉠지도 모른다고 생각하는 것처럼). 대신에 이 색채들은 근본적으로 다른 '색 공간' 구조들을 표상한 다. 다른 색채 명칭들은 분명 사람들이 색채를 말하는 방식에, 또 한 그럼으로써 색채를 기억하는 능력에도 영향을 미친다. 하지만 더 주목해야 할 점은 그러한 색채 명칭들이 기본적인 인지 과정 에까지 미묘한 영향을 미치는 것처럼 보인다는 것이다.

언어의 색채 단어들이 화자의 색채 인지 방식을 결정한다고 말할 수 있는 근거가 있는가? 이 문제에 접근하는 한 가지 독창적 인 방법은 한 쌍의 색채들에 각기 다른 언어적 명칭을 부여하는 특정 언어의 화자가 두 색깔 모두에 하나의 명칭을 부여하는 언 어의 화자와 비교했을 때 얼마나 쉽게 이 두 색채를 구별할 수 있 는지를 측정하는 것이다. 만약 언어가 인지 방식을 결정한다면,

사람들은 두 개의 색채가 각기 별도의 이름을 가질 때 두 색채의 차이를 쉽게 발견하는 반면(예컨대 녹색 대 청색), 두 개의 색채가 같은 이름으로 불릴 때(가령 청색)는 그렇지 못하리라고 기대할 수 있을 것이다. 그렇다면 연구자들은 실험 중인 모든 색채를 같은 이름으로 (예컨대, 청색으로) 부르는 언어 사용자들을 테스트해서 첫 번째 색채와 두 번째 색채를 구별하지 못하는 인지 정도의 차이를 검토하는 후속 연구를 할 수도 있을 것이다. 만약 이러한 패턴이 관찰된다면, 우리가 사용하는 언어가 우리가 보는 것(무엇보다 색깔을 구별하는 방식)에 영향을 미친다고 추정하는 것이 가능해진다. 이러한 가설에 기반해 영국 뱅거의 웨일스대학교 심리학자 연구 팀은 한 가지 실험을 했다.[39] 실험에는 '오드볼odd-ball' 방법이 사용되었다. 구체적으로 실험은 피실험자들에게 같은 색채가 칠해진 비슷한 모양의 방울들을 연쇄적으로 보여주는 사이사이에 색채와 모양이 다른 것들을 끼워 넣는 식으로 진행되었다. 그러한 색채 변화는 우리의 뇌파에 시각 부정합 음성도visual mismatch negativity, vMMN라 불리는 급격하고 독특한 차이를 만들어내는데, vMMN은 뇌의 의식적인 집중과 무관하게 색깔의 변화에 반응해 순식간에 (200밀리초 안에) 나타난다. 더욱이 이러한 차이는 두피에 전극 망을 부착하는 것만으로도 쉽게 감지할 수 있다. 연구자들은 피실험자들에게 실험 도중에 색채에 집중하지 말라고 요청했다. 그러면서 색채가 아니라 모양이 다른 것이 보이면 버튼을 누르라고 주문했다. 그러나 피실험자들이 색채에 주의를 기울이는지 아닌지와 무관하게 색채 변화에 따라 vMMN의 독특한 파형이 나타났다.

그렇다면 이제 그러한 변화가 일어난 비밀을 따져보자. 영어에서 연청색과 진청색은 같은 색채(당연히, 청색)의 변형으로 여겨지며 연녹색과 진녹색도 마찬가지라고 생각된다. 그러나 그리스어에서 연청색과 진청색은 전혀 다른 별개의 색채 단어로 명명되는데 반해(연한 청색 = ghalazio, 진한 청색 = ble), 연녹색과 진녹색은 영어에서처럼 같은 색(녹색 = prasino)의 변형으로 여겨진다. 이는 그리스어 사용자들이 녹색의 명암이 바뀔 때보다 청색의 명암이 바뀔 때 훨씬 강한 vMMN 파형 변이를 보여줄 가능성이 크다는 것을 의미한다. 그들에게 청색 명암의 변화로 만들어지는 진청색과 연청색은 그저 명도가 다른 같은 색이 아니라 완전히 다른 색채로 생각되기 때문이다. 그리고 이것이야말로 뇌파 파형 변화가 일어난 비밀의 전말이다. 영어 사용자들에게는 그러한 파형 변화가 작거나 아예 나타나지 않을 것이다. 청색의 명암이 바뀌는 경우든 녹색의 명암이 바뀌는 경우든 다른 색채로 변하는 것이 아니라 그저 같은 색채인데 명암만 달라지는 것일 뿐이기 때문이다. 이 또한 언어의 작용으로 생겨난다. 따라서 적어도 색에 관한 한, 우리는 우리가 사용하는 언어에 따라 세상을 글자 그대로 다르게 인지할 수도 있는 것처럼 보인다.

베를린 훔볼트대학교 연구 팀은 비슷한 뇌파 자극을 정밀하게 활용해 후속 연구를 진행했다. 연구 팀은 특정 언어의 색채 단어들이 명암 변화에 따라 어떤 물체를 의식적으로 인지하는 정도에까지 영향을 미친다는 것을 보여주었다.[40] 러시아어 사용자들(그리스어 사용자들처럼 연청색과 진청색을 가리키기 위해 별개의 다른 단어를 사용한다)과 독일어 사용자들(영어 사용자들처럼 명암에 따른 별개의 단어를 사용하지 않는다)을 비교군으로 선택한 연구자들은 실험 참가자들에게 빠르게 제시되는 유색 자극체들의 모양을 기록해 달라고 요청했다. 그 결과 연청색 물체에서 진청색 물체로 바뀌는 경우가 연녹색 물체에서 진녹색 물체로 바뀌는 경우보다 물체의 모양을 더 쉽게 기록할 수 있는 것으로 나타났으며, 그러한 차이도 오직 러시아어 사용자에게만 관찰되었다. 색채 변화가 특정 언어의 다양한 범주에 광범위한 영향을 미친다는 사실을 감안할 때, 색채 단어는 모양을 의식적으로 인지하는 능력에까지 영향을 미친다.[41]

이 실험들을 비롯한 그 밖의 많은 실험은 언어와 사고 간에 깊은 연관성이 있음을 강하게 시사한다. 우리가 만들어내는 제스처 게임은 의사소통 방식뿐만 아니라 세상을 인식하는 방식에도 영향을 미친다. 언어를 제스처 게임으로 바라보게 되면 이러한 관계의 성격을 균형적으로 파악할 수 있다. 언어는 항상 개방적이고 유연할 뿐, 정해진 좌표를 따라가지 않기에 그 순간의 메시지를 전달할 수 있다. 그러나 우리가 제시해야 하는 특정 언어적 제스처 게임들은 새로운 메시지를 표현하는 일을 쉽게 만들 수도 있고 어렵게 만들 수도 있다. 또한 지금까지 살펴봤듯이, 언어는 주의력과 지각 능력을 부분적으로나마 재형성할 수도 있다.

이러한 맥락에서 인류학자, 언어학자, 심리학자들이 한 세기 넘게 논쟁해 온 문제를 다시 검토해 보는 것은 흥미로운 일이다. 흔히 사피어-워프 가설이라 불리는 언어적 상대성 이론에 따르면, 언어의 차이가 화자 공동체의 사고방식을 형성하고 심지어 그들이 생각할 수 있는 범위까지 결정한다.[42] 언어학자인 사피어와 워프는 아메리카 원주민의 언어들을 연구하면서, 이 언어들이 세상을 이해하는 방식이 유럽의 언어들과 얼마나 다른지 깨닫고 충격을 받았다. 그들은 호피어, 나바호어, 쇼니어 사용자의 사고방식이 영어, 프랑스어, 독일어 사용자의 사고방식과 완전히 다른 것은 언어가 완전히 다르기 때문이라고 주장했다.[43]

그러나 한 세기가 넘게 이어져 온 사피어-워프 논쟁도 언어를 제스처 게임의 관점에서 생각하는 순간 너무도 쉽게 해결 가능한 문제로 보인다. 첫째, 우리가 이미 지적했듯이 제스처 게임이 발휘하는 엄청난 창조성 덕분에 우리는 무엇이든 상대방에게 전달할 수 있다. 지금 당장에는 세상의 어떤 측면을 표현할 명칭이 없다 하더라도, 우리는 새로운 명칭을 즉각적으로 만들어내거나 이미 있는 명칭을 창조적으로 조합할 수 있다. 그러므로 우리의 독특한 언어는 사고를 엄격하게 제한하지 않는다. 둘째, 어떤 메시지들은 우리가 이미 만들어낸 제스처 게임 목록에 따르기 때문에 다른 메시지보다 전달하기에 훨씬 더 용이하다. 그 결과 언어는 우리가 다른 사람들 그리고 우리 자신과 의사소통하기 위해 사고를 형성하는 방식에 편견이 생기게 하는 경향이 있다(실제로 지금까지 우리가 설명해 온 실험들에도 그러한 편견의 흔적이 나타난다). 무한할 정도로 유연하며 유용한 언어라는 도구는 기존 도구로부터 새로운 대상과 도구를 끊임없이 창조한다. 우리가 가진 언어라는 도구 모음은 우리가 표현할 수 있는 바를 제한하지 않는다. 언어는 표현하기에 쉬운지 아니면 조금 어려운지에 영향을 줄 뿐이다. 언어는 어떤 사고가 자연스러운지를 결정한다. 하지만 어떤 사고가 가능한지를 결정하지는 않는다.

진화의 여덟 번째 이행 단계

자연선택에 의한 진화는 느리다. 진화 과정은 30억 년에서 40억 년 전 사이의 어느 시점에, 처음으로 자기 복제에 성공한 분자들의 출현과 함께 시작되었을 것으로 추정된다. 하지만 자기 복제 분자와 나무, 물고기, 푸들 같은 자기 복제 유기체 사이의 간극은 엄청나게 크다. 진화 생물학자인 존 메이너드 스미스와 외르시 서트마리Eörs Szathmáry는 그러한 간극을 뛰어넘기 위해서는 근본적인 재조직화 과정이 잇달아 발생해야 했다고 주장하면서 그러한 과정을 진화의 주요 이행 단계라고 명명했다.[44]

진화의 주요한 이행 단계마다, 복제의 성격 그리고(또는) 복제되는 대상에 근본적인 변화가 발생했다. 첫 번째 단계에서 개개의 자기 복제 분자들은 세포막으로 '둘러쳐지면서' 외부 세계로부터 개체를 안전하게 보호하는 상태로 이행한다. 이러한 발전으로 세포막으로 차단된 공간 내에서 온갖 종류의 복잡한 생화학적 현상이 일어나게 되었다. 그러한 생화학적 반응은 외부 세계로부터 안전하게 보호될 때만 일어날 수 있기 때문이다. 가설에 따른 두 번째 단계에서는 독립적인 복제 분자들이 모여 화학적 '열strings'을 구성한다. 이로써 개별 복제 분자는 같은 열의 다른 분자들과 운명을 함께하게 되며(현대의 세포들에서 생화학적 열이란 염색체를 가리킨다), 분자들 간에 '협력' 압력이 생겨나면서 훨씬 큰 생화학적 복잡성을 가능하게 한다. 가설의 세 번째 단계에서는 복제에 특화된 고도로 안정적인 분자, DNA가 '창조'되었다. 이 첫 세 단계는 30억 년에서 40억 년 전 사이의 어느 시점인가에 발생했을 것으로 추정된다. 네 번째 단계는 대략 20억 년 전(그 전후로 몇억 년을 포함해)에 뚜렷한 막으로 구분된 세포핵의 발달과 함께 시작되었다. 이러한 이행으로 진핵생물(핵이 하나인 세포로 아메바와 제라늄, 고래를 포함해 우리에게 익숙한 거의 대부분의 생명체가 진핵생물에 속한다)이 원핵생물(별도의 핵이 없는 세포로 엄청나게 다양한 현대의 박테리아와 고대의 고세균류가 원핵생물에 속한다)로부터 분리되었다.

다섯 번째 단계에서는 단순한 무성생식이 아닌 유성생식(두 유기체 DNA의 혼합)이라는 선택지가 출현했다. 하지만 메이너드 스미스와 서트마리는 유성생식으로의 이행이 시기적으로 네 번째 단계와 중첩되었을 수도 있다고 지적한다.[45] 단세포 유기체에서 다세포 유기체로의 이행이 일어나는 여섯 번째 단계에 와서야 비로소 식물과 동물의 왕국이 출현하게 된다.[46] 이제 재생산의 단위는 더 이상 개별 세포 수준이 아니라 다른 유형의 세포들로 이루어진 완전한 유기체가 되었다. 다세포성이 생물학적으로 가능한 일들을 근본적으로 재구조화한 덕분에, 유기체는 호흡과 소화, 운동 등에 특화된 기관을 발달시킬 수 있었다. 이를테면 폐나 간, 근육 세포는 독자적으로 번식할 수 없다. 실제로 완전한 유기체는 정자나 난자를 통한 DNA의 전달을 통해서만 재생산될 수 있다. 따라서 개나 사람처럼 상당히 큰 유기체를 구성하는 수조 개 세포들이 재생산되느냐 마느냐의 운명이 한데 뒤엉키게 되자, 모든 세포는 소수의 개별 정자와 난자의 운명을 결정하는 일에 온 힘을 모아 협력적으로 관여하게 된다. 정자와 난자의 성공 여부에 따라 유기체의 유전자들이 다음 세대로 전달될 수도, 아닐 수도 있기 때문이다.

일곱 번째 단계에서는 단독 생활로부터 유전적으로 관련된 상호 의존적 군집 생활로의 이행이 발생한다. 하지만 이는 여러 번에 걸쳐 일어나며, 동물 중에서도 아주 소수의 종에게만 관찰된다. 개미, 말벌, 꿀벌 같은 사회성 곤충은 종종 수천 마리에 이르는 개체가 어울려 믿을 수 없을 정도로 다양하고 복잡한 군집을 형성한다. 황량한 동아프리카 사막의 지하 굴에 적응한 벌거숭이두더지쥐 또한 놀라운 경우로, 단 한 마리의 '여왕'을 통해 번식하면서 수백 마리가 군집을 이루어 생활한다. 사냥개와 하이에나에서부터 유인원과 돌고래에 이르기까지 많은 포유류가 상호 의존적인 집단 속에서 다양하고 복잡한 사회적 행동을 보여주며 살아간다.[47] 예를 들어 겔라다개코원숭이(가슴에 붉은색 표식이 있어서 '피 흘리는 심장 원숭이'라는 별칭으로 불리기도 한다)는 매우 독특하고 복잡한 사회 계층 조직을 가지고 있다. 가장 기본적인 재생산 단위(대개 소수의 암컷과 수컷, 그들의 새끼로 이루어졌다)와 소수의 성인 수컷만으로 이루어진 단위가 모여 집단을 구성하고(재생산 단위와 수컷 단위별로 여러 개의 단위가 결합한다), 집단이 모여 떼를 이루며(보통은 서로 다른 집단에 속하는 재생산 개체들이 일시적으로 형성하는 무리로, 최대 60마리에 이르기도 한다), 떼들이 모여서 공동체를 형성한다(여러 집단으로 이루어진 더 안정적인 무리다).[48]

메이너드 스미스와 서트마리에 따르면, 언어는 진화 역사의 마지막 여덟 번째 이행 단계에서 출현한다. 언어적 제스처 게임을 벌일 수 있는 능력 덕분에 우리는 일찍이 존재한 적 없는 다채로운 의사소통 수단을 서서히 구축했다. 더 정확히 말하면, 일련의 다양한 의사소통 수단을 쌓아 올려 오늘날의 전 세계 언어들을 만들어냈다. 단어와 구문은 새로운 '선택 단위'가 되어 범주, 차이, 함축, 은유를 구현함으로써 무수한 세대를 아우르는 무한한 대화의 상호작용에서 가장 효과적인 의사소통의 수단 역할을 해왔다.

언어가 하나의 체계인 한, 단어와 구문의 유용성은 독자적으로 결정되지 않는다. 언어의 여러 다른 요소가 세대에서 세대로 전달되는 주된 이유는 그러한 요소들이 언어 체계에 유용한 역할을 해서다. 여기에 생물학적 진화와의 유사성이 존재한다. 특정 유전자가 유용한지 아닌지는 그 유전자가 전체 유기체를 구성하고 유지하는 데, 유기체가 재생산되도록 돕는 데 어떤 기여를 하는지에 달려 있다. 하지만 그 유기체는 많은 유전자 사이에 이루어지는 복잡한 상호작용망의 결과다. 유전자를 독자적인 것으로 간주하면서 그 '유용성'에 대해 질문한다는 것은 말이 되지 않는다. 어떤 단어들은 어느 정도까지는 단독으로 사용해도 유용할 수 있다. 예를 들어 "개!", "골인!", "도와줘" 같은 외침은 상당한 의사소통적 가치가 있다. 그러나 그러한 사례는 매우 적다.

미국 독립선언서의 다음과 같은 유명한 구절을 생각해 보자. "우리는 다음과 같은 사실을 자명한 진리로 받아들인다. 즉 모든 사람은 평등하게 창조되었고, 창조주로부터 타인에게 양도 불가능한 권리들을 부여받았으며, 무엇보다 생명과 자유와 행복 추구의 권리를 부여받았다." 문서로 작성된 선언문 중에서 확실히 가장 영향력 있는 문서 가운데 하나지만, 전부는 아니더라도 글을 구성하는 단어 대부분은 단독으로 사용된다면 완전히 무용지물일 것이다. '~에게', '모든', '양도할 수 없는', '자유' 또는 '추구' 같은 단어를 제스처로 만들어내려 시도한다고 상상해 보라. 언어에 그러한 힘을 부여하는 것은 언어의 개별 요소가 아니라 언어에 존재하는 체계적인 패턴이다. 바로 그 힘이 우리의 집합적 능력을 변화시켜 새로운 형태의 문화적, 기술적, 사회적 복잡성을 창조하게 한다. 언어가 없다면 지식이나 기술, 종교적 전통, 도덕적 규범을 형성하고 공유하며 저장할 방법이란 결코 존재할 수 없을 것이다. 또한 사람들이 집단이나 기업, 종교 질서, 과학 학회, 군대, 완전한 국가를 조직할 수도 없을 것이다. 실제로 진화의 여덟 번째 이행 단계는 그저 하나의 이행 단계에 불과한 것이 아니라, 변화의 물결이 폭포처럼 쏟아져 내리는 사이로 인간의 문화가 출현한 단계다.

◉

세상을 쇄신하는 인간 문화의 급속한 진보는 어떤 한 개인이 가진 한정된 뇌의 힘으로는 성취할 수 없는 일이다. 언어가 존재하기에 우리는 우리보다 앞서 살아간 무수한 세대들이 쌓아온 통찰과 지금 이 순간 지구상에 존재하는 수십억 사람의 마음속에서 들끓는 아이디어들을 우리 것으로 만들 수 있다. 언어는 우리를 연결한다. 언어가 있기에, 우리는 상대방으로부터 배울 수 있고 다툴 수 있으며 비판하고 검증할 수 있다. 또한 언어 덕분에 나쁜 생각은 꺾어버리고 좋은 생각은 북돋을 수 있다. 더욱이 언어는 문화와 사회의 발전에 광범위한 영향을 미치는 추상적인 사고(수학, 과학, 기술, 법률을 비롯한 어떤 분야의 지식이든)를 뒷받침한다.

언어가 모든 것을 변화시킨다. 리처드 도킨스의 비유를 사용하자면, 자연선택은 '눈먼 시계공*' 같아서 믿기지 않을 정도로

---

* 도킨스의 책 제목이기도 한 '눈먼 시계공'은 19세기 신학자 윌리엄 페일리가 시계공이 정교하고 복잡한 시계를 설계하고 만든 것처럼 신은 목적을 가지고 생명을 창조했다고 주장했는데 신을 시계공에 비유한 것을 비판하면서 사용한 개념이다. 도킨스는 '생명을 설계하고 창조한 시계공이 있다면 그것은 바로 자연선택이며, 이 자연선택은 계획이나 의도 따위는 가지지 않는 눈먼 시계공'이라고 반박했다.

느리지만 강력하고 무작위적인 변이와 선택의 과정을 통해 복잡성을 구축한다. 하지만 언어가 존재하는 덕분에, '눈이 보이는' 시계공들의 온전한 공동체는 인간의 문화를 점진적으로 구성하고 전달할 수 있다. 또한 집단 지성을 활용해 지식과 기술, 사회적 복잡성을 숨 가쁠 정도로 빠르게 창조할 수 있다.

인간이 지구 전체를 지배하게 된 것은 바로 언어적 제스처 게임의 발명 덕분이자 언어적 제스처 게임이 촉발한 언어, 문화, 뇌의 선순환 덕분이다. 지질학자들은 최근에 인류가 지구를 지배하는 데 그치지 않고 '인류세'라는 새로운 지질학적 시대에 접어들었다고 선언했다. 그런데 이 용어에는 인류가 기후, 대양, 산호초, 지구의 생물 다양성(따라서 미래의 화석 기록), 지표 등등에 집합적이고 때로는 심각할 정도로 파괴적인 영향력을 행사한다는 인식이 반영되어 있다.[49] 우리 자신을 포함해 모든 종이 미래에도 생물학적으로 진화할지 아니면 멸종할지는 우리의 집단 발명품인 언어가 어떤 예측 불가능한 영향을 미칠 것이냐에 달려 있다.

언어가 기술적 특이점에서
우리를 구해낼 것이다

인간이 이미 보유한 원시적 형태의 인공지능은 매우 유용한 것
으로 입증됐다. 하지만 인공지능이 완전히 발달한다면 인간 종
족은 종말을 고하게 될지도 모른다. 인간이 인공지능을 개발하
는 순간, 그것은 제 스스로 비상하며 점점 더 빠른 속도로 스스
로를 재설계하게 될 것이다. 생물학적 진화가 더디다는 한계로
인해 인간은 경쟁 상대가 되지 못하며 종국에는 인공지능에 의
해 대체될 것이다.

　　_스티븐 호킹, 〈BBC 테크놀로지 뉴스〉와의 인터뷰에서

　　언어 덕분에 인간은 지식을 창조하고 전달하며, 법을 제정하
고, 서로에게 기술을 가르치고 놀랍도록 복잡한 과학 기술, 조직,
문화를 창조할 수 있었다. 이 '말하는 원숭이'는 마침내 지구를 지
배하는 경이적인 단계에 도달했다. 지구상에는 70억 명 이상의
인간이 살고 있다. 하지만 침팬지는 수십만, 보노보는 아마도 2만,
고릴라와 오랑우탄은 대략 10만 마리 안팎밖에 되지 않는다. 모
든 인간과 가축(대부분 소와 돼지)을 합한 총 무게는 지구상에 존재

하는 그밖에 다른 모든 척추동물(물고기는 제외하고)의 무게를 합한 것보다 더 나간다.[1] 언어의 힘이 있었기에, 인간은 하나의 개체가 독자적으로 성취할 수 있는 수준을 넘어서는 집단 지성과 창조성, 독창성을 만들어낼 수 있었다.

하지만 앞으로는 우리가 우리 손으로 직접 만든 새로운 종류의 언어 사용자, 인공지능이 우리가 나누는 대화의 주된 참여자가 될 지도 모를 일이다. 알렉사와 시리는 일개 개인이 소화할 수 없는 방대한 양의 인간 언어 정보(이 글을 쓰는 현재, 월드 와이드 웹상에는 대략 600억 개의 웹페이지가 올라 있다)를 참고해서 인간의 질문과 명령에 반응할 수 있다.[2] 어떤 주제든 백과사전적 지식을 갖춘 데다 어떤 언어로든 유창하게 말할 수 있는 인공지능과 대화할 수 있게 되리라는 전망은 엄청나게 매력적이다. 사실 이것이 2019년 한 해에만 360억 달러로 추산되는 엄청난 금액이 인공지능의 연구와 개발에 쏟아 부어진 부분적인 이유이기도 하며, 이러한 투자 규모는 향후 계속해서 급속하게 늘어날 것으로 예상된다.[3]

그러나 만약 우리가 언어의 힘을 진짜로 기계들에게 넘겨줘 버린다면, 우리만의 성공 비밀을 새로운 유형의 존재에게 위험하게도 누설하는 것 아닌가? 그리고 이러한 판단이 우리 자신이 만들어낸 괴물을 깨우는 파국적인 결과를 초래할 수도 있지 않을까? 인간 지식의 모든 내용이 디지털 형태로 처리되고 그 지식을 추출하고 사용할 수 있는 더 영리한 방법이 고안됨에 따라 인공지능을 갖춘 기계가 자신을 창조한 인간보다 곧 더 영리해질지도 모른다는 위험은 현실화될 것으로 보인다.

일반적으로 인공지능이 인간의 지능을 능가하는 가설상의 한 지점을 기술적 '특이점*'이라 부른다. 만약 실현된다면, 이는 역사적인 순간이 될 것이다. 영리한 기계가 더 영리한 기계를 만들어내고, 더 영리한 기계는 그보다 더 영리한 기계를 만들어내며 그러한 연속적 과정에 어떤 명확한 한계란 없을 것이기 때문이다. 만약 우리가 특이점의 순간을 못 보고 지나치기라도 한다면, 기계가 모든 것을 영원히 책임지는 세상이 도래할 것이고, 그 후의 세상에서 인간에게 어떤 일이 일어날지는 가늠하기조차 불가능하다. 기계는 로봇에게 부적합한 실용적인 일을 처리하는 쓸모 있는 하인으로 인간을 부릴지도 모르고, 아니면 어떤 까닭 모를 향수에 사로잡혀 인간을 살려둘지도 모른다. 하지만 두 경우 다 아닐 수도 있다. 특이점 이후의 세상에서, 결정권은 더 이상 인간의 몫이 아닐 것이다.

특이점을 간과한다면, 두려운 미래가 펼쳐질 것이다. 만약 우리가 초지능을, 아니 정확히 말하면 인간의 축적된 지식에 편승했지만 결국에는 그 지식을 능가해 버릴 엄청난 수의 초지능들(소프트웨어는 복제하기 쉽기 때문에)을 창조해 낸다면, 미래에는 인간

---

* 인공지능의 발전이 가속화되어 모든 인류의 지성을 합친 것보다 더 뛰어난 초인공지능이 출현하는 시점을 말한다. 즉 특이점이란 문명의 미래 발전에서 가상의 지점을 가리키는 용어로, 미래에 기술 변화 속도가 급속히 변함으로써 그 영향이 넓어져 인간 생활이 되돌릴 수 없도록 변화되는 기점을 뜻한다.

이 어떠한 대화에서조차 배제될 것이라는 사실은 불을 보듯 뻔하다. 우리 자신보다 더 지능이 높은 어떤 존재들이 단순히 우리를 위해 봉사하리라는 생각은 오직 공상 속에서나 가능한 것으로 보이며, 실제로는 정반대 사태가 발생할 가능성이 더 크다. 이러한 생각은 이론 물리학자인 스티븐 호킹과 수학 천재이자 현대 디지털 컴퓨터의 공동 창시자인 존 폰 노이만을 비롯한 우리 시대 최고의 사상가들로부터 심각한 우려를 불러일으켰다.[4] 테슬라와 스페이스 X의 설립자인 일론 머스크는 인공지능이 인류에게 사상 최대의 실존적 위협이 될 '악마를 소환'하게 될 것이라고 이야기한다.[5] 인공지능계의 선도적 연구자 스튜어트 러셀은 인류가 러셀 자신이 명명한 '고릴라' 문제에 직면해 있다고 주장해 왔다. 그는 지구상에서 가장 영리한 정신의 소유자들이 지구의 자원 대부분을 장악하는 경향이 있는데, 바로 그 때문에 고릴라가 아닌 인류가 지구를 지배하게 된 것이라고 말한다. 러셀이 우려하는 바는 우리 인간이 우리보다 더 영리한 인공지능을 창조한다면 우리는 고릴라와 같은 처지에 놓일 수 있으며, 그나마도 우리가 살아남는다는 가정하에 그럴 수 있다는 것이다.[6]

확실히 우려할 만한 타당한 이유가 많이 존재한다. 지력을 겨루는 궁극의 전투라 여겨온 체스 게임조차도 불길한 선례를 제공하는 것처럼 보인다. 컴퓨터 체스 게임은 1950년대와 1960년대에 시작되었지만, 인간 선수들이 일련의 인공적인 체스 게임 주자들을 쉽게 물리치면서 크게 주목받지는 못했다. 그러다 1996년

IBM사의 '딥 블루'가 당시 세계 챔피언이었던 가리 카스파로프를 상대로 여섯 게임을 두는 경기에서 2 대 4 스코어로 지는 선전을 펼치더니, 이듬해에는 개선된 프로그램인 '딥(퍼) 블루'가 카스파로프와 재대결을 펼쳐 3.5 대 2.5로 우승을 거머쥐었다. 인공지능 프로그램이 체스 특이점을 넘어서는 순간이었다. 그 이후로 최고의 컴퓨터 체스 프로그램들을 상대할 수 있는 적수는 오직 다른 컴퓨터 체스 프로그램뿐인 시대가 열렸다.

인간의 집단적 패배를 정확히 수치로 알고 싶다면, 체스 게임 수행 능력을 측정하는 표준 체계인 엘로 평점Elo ratings을 살펴보면 된다. 국제적으로 평균적인 체스 마스터의 평점은 2400에서 2500점 사이이고 그랜드 마스터는 2500에서 2700점 사이다. 현재 세계 챔피언인 마그누스 칼센의 엘로 평점은 거의 2900점으로 사상 최고치라는 평가를 받고 있다. 하지만 스톡피시 9와 코모도 11.3.1, 하우디니 6처럼 그 이름도 독특하고 매력적인 몇몇 컴퓨터 체스 프로그램들은 이미 2018년에 3400점 이상의 엘로 평점을 기록했다.[7] 사실상 이제는 대부분의 휴대전화에서 구동되는 컴퓨터 체스 앱과 경쟁할 수 있는 인간은 없다고 해도 무방할 것이다.

하지만 우리의 패배는 체스에서 끝난 것이 아니다. 체스 이후로 컴퓨터는 게임 전반을 정복했다. 2017년에는 딥 마인드의 알파고가 바둑 세계 챔피언 커제를 3 대 0으로 이겼다.[8] 인공지능은 체스나 바둑처럼 높은 수준의 인간 지능이 필요하다고 생각되는 게임뿐만 아니라, 7종의 슈퍼 마리오 월드, 퀘이크 3 아레나, 스타크래프트 2 등 같은 광범위한 대중적 비디오 게임 또한 무섭도록 잘한다는 것을 입증했다.[9]

　이러한 인공지능의 성과는 경이롭지만 언어를 다루는 문제만큼은 조심스럽게 피하는 듯하다. 인공지능은 언어를 통해 인간의 집단 지성에 접근하기보다는 경험을 통해 학습할 수 있고 게임으로 겨루는 협소하고 한정된 '세계들'을 다룬다. 하지만 다른 영역들에서는 인공지능 체계와 언어가 성공적으로 결합하는 것처럼 보이는 경우도 있는 것 같다. 실제로 샌프란시스코에 본사를 둔 기업 오픈AI가 2020년에 배포한, GPT-3는 상당히 주목할 만한 결과를 보여주었다.[10]

　서로 층층이 연결된 다량의 단순 처리 단위로 구성된 소위 심층 신경망이 GPT-3의 핵심이다. 신경망(심층이든 다른 방식에 의한 것이든)의 여러 흥미로운 특징 중 하나는 특정 과제를 수행하기 위해 소프트웨어 엔지니어가 별도의 프로그램을 입력할 필요가 없다는 점이다. 대신에 신경망은 단위 간 연결부 강도를 수정함으로써 당면 과제의 사례들로부터 학습하고 어떠한 광범위한 과제라도 다루도록 훈련되어 있다. 모든 과정이 제대로 진행된다면, 신경망은 훈련 사례를 다루는 법뿐만 아니라 같은 과제의 새로운 사례를 다루는 법 또한 성공적으로 학습하게 된다. 이러한 유형의 계산 처리 방식은 막연하게나마 인간 뇌의 작동 방식에서 영감을 얻지만, 세부적으로 들어가면 매우 다르다. 신경망의 계산 단위들은 신경단위와 유사하며 훈련은 뇌에서 학습이 발생할 때 신경단위의 연결부(시냅스)가 수정되는 방식을 연상시킨다.

수십 년 동안 신경망은 개념적으로는 명쾌하지만, 매우 단순한 과제로 한정될 수밖에 없다고 생각되어 왔다. 그러나 잇따른 기술 발전과 한층 더 강력해진 컴퓨터, 방대한 훈련 데이터의 축적으로 신경망은 현대 인공지능의 주력 요소가 되었다. 현대의 심층 신경망들(많은 인공 신경단위가 층을 이루고 있어서, 심층이라 불린다)은 음성 인식과 안면 인식, 움직이는 로봇 팔과 영화 추천에서부터 체스나 바둑, 비디오 게임(심층 신경망은 알파고를 비롯한 관련 인공지능 체계의 핵심 구성 요소 중 하나다) 학습에 이르기까지 엄청나게 다양한 과제에서 최상의 수행 능력을 보여준다.

GPT-3의 스케일은 많은 점에서 특별하다. 첫째, GPT-3는 말 그대로 거대한 신경망으로, 한 쌍의 인공 신경단위들 사이의 연결부 강도를 포착해 무게를 조절할 수 있는 1750개의 '가중치'를 포함하고 있다.[11] 둘째, GPT-3는 대략 1조 개에 달하는 단어를 학습해서 알고 있다(월드 와이드 웹의 전체 콘텐츠 크기와 맞먹는다). 셋째, GPT-3를 만들어내기 위해서는 어마어마한 양의 컴퓨터 작업 시간이 필요하다(GPT-3의 훈련에는 십억 번의 십억 번의 또 십억 번의 계산 단계가 포함된다). 하지만 인간 언어의 일반 패턴에 대한 이러한 훈련 과정을 마친 GPT-3는 광범위하게 다양한 새로운 과제를 초인적으로 유연하게 다루게 된다. 예술가 마리오 클링게만은 GPT-3에 작가 이름(제롬 K. 제롬)과 제목(트위터에서 존재가 가지는 중요성),

첫 단어(그것)를 입력하자 다음과 같은 문장을 생성해 낸 것을 보고 깜짝 놀랐다.

흥미로운 사실은 런던 사람들이 여전히 관심을 보이는 유일하게 남은 사회생활이 바로 트위터라는 것이다. 나는 정기 휴가 동안 해변에 갔다가 이 기묘한 사실에 충격을 받았으며, 주변 천지가 새장에 갇힌 찌르레기처럼 지저귀는twittering 모습을 발견했다. 나는 그 모습을 비정상이라고 불렀고, 실제로도 비정상이다.[12]

이것은 여기저기서 긁어모아 짜깁기 한 글이지만, 꽤 잘 쓴 모방작 축에 든다. 새장에 갇힌 찌르레기라는 이미지는 상당히 유쾌하기까지 하다. 게다가 GPT-3는 질문에 답할 수도 있다. 실제로 한 시연회에서 철학자 헨리 셰블린Henry Shevlin은 GPT-3에게 의식의 본성에 대한 인터뷰 질문들에 뉴욕대학교 철학자 데이브 차머스Dave Chalmers 스타일로 답변해 달라고 명령한 적도 있었는데, 결과는 뒤죽박죽이어서 강한 인상을 남기지는 못했다.[13] GPT-3는 간단한 컴퓨터 코드를 기록하고, 문자 수수께끼를 풀고, 기본적인 연산을 수행하며, 모호한 일반 지식에 대한 광범위한 질문에 답하고, 상당히 정확하게 언어를 번역하는 등 많은 과제를 처리할 수 있다.

이러한 기술적 성과는 주목할 만하며 우리가 에든버러대학교의 대학원생이었던 30년 전에는 상상조차 할 수 없는 것들이다.

그러나 이러한 성과는 인간과 유사한 지능을 창조했기 때문이 아니라, 오히려 인간과 유사한 형태의 지능이 필요하지 않았기 때문에 가능하다. 만약 인긴의 것과 비슷한 지능을 창조했다면 인간의 지능이 금세 추월당할지도 모른다는 우려를 불러일으키는 것은 당연하다. 인공지능 체계가 우리와 다른 방식으로 언어를 이해하고 지식을 부호화한다는 말이 아니다. 정확히 말하면 인공지능 체계는 언어를 전혀 이해하지 못하면서도 흥미롭고 유용한 과제을 처리할 수 있다.

컴퓨터 과학자 케빈 래커Kevin Lacker는 GPT-3가 언어와 관련된 일을 인상적이게도 얼마나 잘 처리하는지를 보여주는 한편으로 GPT-3가 언어에 대해 조금도 이해하지 못한다는 것을 명쾌하게 입증한다. 우선 래커는 GPT-3가 역사와 관련된 기초적인 질문들에 제대로 된 답변을 할 수 있다는 사실을 확인한다.[14]

질문: 1801년 미국의 대통령은?
답변: 1801년 미국의 대통령은 토마스 제퍼슨이었다.

하지만 GPT-3는 타당치 않은 질문에도 상당히 이상한 답변을 한다.

질문: 1600년 미국의 대통령은?
답변: 1600년 미국의 대통령은 엘리자베스 1세 여왕이었다.

물론 이는 완전히 틀린 답이다. GPT-3는 1600년에 미국의 대통령은 없었다고, 더 정확히 말하면 그 당시에는 미국이라 부를 수 있는 법적 실체조차 없었다고 답해야 했다. 하지만 엘리자베스 여왕은 적어도 1600년 당시의 통치자였고, 영국은 어쨌든 역사적으로 미국과 밀접한 관계에 있다. 따라서 엘리자베스 1세 여왕이라는 답변은 억측이더라도 최소한의 근거는 갖고 있다. 하지만 상황은 더 나빠진다. 래커는 GPT-3가 인터넷상에서 질문된 적도, 따라서 답변이 이루어진 적도 없는 질문을 받는다면, 즉 수조 개의 단어들로 이루어진 훈련 샘플에서도 잘라 붙이기를 할 수 있는 대상을 발견할 수 없다면 결국 무너질 수밖에 없을 것이라고 지적한다. 다음과 같은 질문과 답변을 살펴보자.

질문: 거미는 몇 개의 눈을 가지고 있는가?
답변: 거미는 여덟 개의 눈을 가지고 있다.
질문: 내 발은 몇 개의 눈을 가지고 있는가?
답변: 당신의 발은 두 개의 눈을 가지고 있다.

첫 번째 답변은 GPT-3가 동물학을 제대로 이해하고 있음을 보여주는 것처럼 보인다. 거미 대부분은 실제로 여덟 개의 눈을 가지고 있기 때문이다. 하지만 발에 눈이 두 개 달렸다고? 만약 GPT-3가 막연하게나마 해부학을 조금이라도 이해했다면, 발에는 눈이 달려 있지 않다는 사실을 알았을 것이다. 하지만 GPT-3는 해부학을 눈곱만큼도 이해하지 못한다. GPT-3가 거미 문제의 답을 아는 것은 그 해답이 인터넷 곳곳에 널려 있기 때문이다. 그러나 인터넷에는 발에 눈이 없다는 것과 관련한 언급이 충분하지 않다. 그러다 보니 GPT-3도 답을 찾지 못한다. 래커는 마지막 사례를 통해 GPT-3가 의미 있는 대화 참여자가 아니라 문장의 파편을 뒤섞어 그럴듯하게 뱉어내는 장치에 불과하다는 것을 보여준다.

질문: 하와이에서 17까지 뛰어넘으려면 무지개가 몇 개 필요한가?
답변: 하와이에서 17까지 뛰어넘으려면 무지개가 두 개 필요하다.

질문은 난센스이고, GPT-3의 답변 역시 난센스다. GPT-3는 난센스nonsense와 센스sense, 즉 의미가 없는 말과 의미가 있는 말의 차이에 대해 아무런 생각이 없다. GPT-3는 당연히 그 차이를 이해하지 못한다. 이 인공지능은 아무것도 이해하지 못하기 때문이다.

우리는 무엇을 기대했는가? 만약 우리가 정교한 제스처 게임의 일종인 언어가 실제로 어떻게 작동하는지를 알고 있었다면, 인공지능이 언어를 이해한다는 생각 자체를 즉시 의심했을 것이다. 컴퓨터는 침팬지와 마찬가지로 제스처 게임을 (현재로서는) 하지 못한다. 제스처 게임은 지식을 유연하게 창조적으로 활용해 솜씨 있게 즉흥극을 벌이는 것이다. 또한 각각의 게임은 온갖 은유적 방법으로 변형된 그 직전의 게임에 기반한다. 게다가 단어는 고정된 의미를 가진 것이 아니라, 느슨하게 연결된 의미망을 불러낼 뿐이다. '의미의 참을 수 없는 가벼움'을 다룰 때 '가벼운'이라는 단어 하나조차도 여러 가지로 해석될 수 있었다는 점을 상기해 보라. 이를테면 라이트 맥주에서 경기병, 경음악단, 경량, 가벼운 조치, 연청색에 이르기까지 다양했다. GPT-3는 제스처 게임이 아니라 언어의 수십억 개 단어 사이를 종횡무진 누비며 믿기지 않을 정도로 복잡한 패턴을 찾는 법을 학습한다. 인간이든 GPT-3든 둘 다 짧은 이야기와 제품 매뉴얼을 쓰고 보도자료를 작성하고 질문에 답하는 것 같은 단순한 과제를 언어로 수행할 수 있다. 하지만 그런다고 해서 GPT-3가 인간의 정신을 흉내 내는 것은 아니다. GPT-3에는 정신 자체가 존재하지 않는다.

요점을 비유적으로 표현하자면 인간 언어와 GPT-3의 관계는 말과 자동차의 관계와 같다. 말은 자동차, 버스, 기차와 같은 인간의 가장 효율적인 운송 수단으로 사실상 대체되어 왔다. 그렇다고 자동차가 결코 인공 말이 되지는 못한다. 자동차는 풀을 소화하지도 못하고, 새끼를 낳아 돌보며 기르지도 못하고, 온갖 다양한 지역을 누비며 담장을 뛰어넘지도 못하고, 마장마술을 배우지도 못한다. 자동차는 '슈퍼 호스*'가 되지 못하는 건 말할 것도 없고, 인공 말이라는 창조물이 되기 위한 첫걸음조차 떼지 못한다. 자동차는 말이 할 수 있는 무수한 일 가운데 한 가지(즉, 인간과 상품의 수송)를 할 뿐이며, 비록 그 일을 대단히 잘 수행하긴 하지만 말과는

---

* 경마에서 최고 등급의 말을 가리킨다.

완전히 다른 방식을 사용한다. 인간과 인공지능의 관계도 마찬가지다. GPT-3를 비롯한 인공 체계들은 언어를 창의적인 제스처 게임으로 바라보는 것이 아니라, 엄청난 양의 데이터를 선별하고 통계적으로 분석하는 과정을 통해 처리해야 할 대상으로 바라본다.

번역이 또 다른 좋은 예다. 최고의 번역 시스템들은 먼저 언어들 내부의 통계적 패턴을 학습하고, 언어들 사이의 통계적 대응물(인간이 번역해 온 자료를 참조해서)을 찾아낸 다음, 그것을 용접해서 한 언어의 단어열이 다른 언어의 단어열과 놀라우리만치 잘 맞아떨어지도록 시도하는 방식으로 작동한다. 번역 시스템들은 문장들이 의미하려는 바가 무엇인지를 과거의 대화와 경험, 세상에 대한 지식을 기반으로 유추해 보는 풍부한 은유적 과정을 생략한 채 기계적으로 작업을 수행한다. 한 언어의 단어 열과 다른 언어의 단어 열을 통계적으로 짝짓는 작업에는 단어의 의미를 이해할 필요 같은 것은 끼어들 여지가 없다. 컴퓨터는 단어, 구, 문장과 같은 의사소통 빙산의 일각에만 초점을 맞춤으로써 빙산에는 물속에 잠겨 보이지 않는 부분이 존재한다는 사실을 간과한다. 하지만 온갖 문화적, 사회적 지식으로 이루어진 이것이야말로 인간의 언어를 가능하게 하는 부분이다. 컴퓨터에는 1장에 나왔던 "아기 신발 팝니다. 신은 적 없음"이라는 여섯 단어 소설도 그저 하나의 전형적인 안내 광고에 불과할 것이다. 이 짧은 소설은 많은 인간 독자가 경험했을 법한 깊은 슬픔, 비통함, 동정심 같은 감정을 컴퓨터에 불러일으키지 못한다.

인공지능 비서인 알렉사, 시리, 구글 어시스턴트도 마찬가지다. 모든 인공지능 시스템은 통계의 힘을 빌려 질문과 답변을 짝짓는다는 점에서 엄청난 공학적 성과라고 할 수 있다. 그러나 이 모든 시스템도 결국은 인간이 엄선한 데이터에 크게 의존할 수밖에 없다. 예를 들어 구글 번역기는 세계 각지의 언어학자 군단이 직접 일일이 작성한 각주를 입력해 주어야, 그 입력물을 토대로 비로소 학습을 할 수 있다.[15] 인공지능 시스템 중에 질문의 의미 나 백과사전 항목의 의미, 만들어낸 답변의 의미를 아주 막연하게라도 알고 있는 시스템은 아무것도 없다. 주크박스 기계가 틀어주는 노래를 이해하지 않듯이 인공지능 시스템도 언어를 이해하지 못한다. 2020년 5월 20일(그 후로도 알고리즘은 계속 미세 조정되는 중이다), 우리는 구글 번역기에 "Machines are set on world domination(기계가 세계 정복에 착수했다)"라는 문장을 넣은 다음 프랑스어로, 그 프랑스어를 다시 영어로 번역하게 했다. 우리가 얻은 결과는 "Machines are placed on world domination(기계는 세계 지배에 배치된다)"라는 기괴한 문장이었다. 원래의 영어 문장을 프랑스어가 아닌 중국어로 번역한 다음 영어로 재번역하게 하자 "Machines dominate the world(기계가 세상을 지배한다)"라는 문장이, 줄루어를 경유하게 했더니 "The equipment is set to world domination(장비는 세계 지배로 설정된다)"라는 익살스러운 문장이 나왔다. 어쩌면 우리는 언어에 관한 한 인공지능 시스템을 생각보다 덜 무서워해도 될 것 같다.

컴퓨터는 인간의 대화에 참여한 적이 없다. 또한 인터넷 곳곳에 존재하는 인간의 지식을 종합하는 법조차 배운 적이 없다. 인공지능은 거칠지만 언제든 쓸 수 있는 번역을 제공하고, 사람들이 찾는 유용한 정보(예컨대, 구글의 영업 자산 현황)를 제공한다는 점에서 정말 환상적이다. 하지만 현재의 컴퓨터가 인간의 지능을 모방하려고 한다는 것은 자동차가 말의 생명 활동을 흉내 내려 한다는 것과 다르지 않다. 자동차가 말이 해온 유용한 일의 일부를 그나마 해낼 수 있는 것은 말의 복잡한 생명 활동을 전적으로 배제했기 때문이다. 비슷하게 현재의 인공지능이 성공을 거두는 이유도 그것이 인간 지능의 복잡성을 완전히 배제해서다. 이는 인공지능이 거둔 성과를 깎아내리기 위해서 하는 말이 아니다. 인공지능은 자동차의 발명만큼이나, 아니 어쩌면 자동차와는 비교가 되지 않을 정도로 엄청나게 사회를 바꿔놓을 것이다. 그러나 지금 당장으로서는 기술적 특이점으로 인류가 절박한 실존적 위기에 처해 있다는 생각은 앞으로 자동차가 더 발전하게 되면 자동차끼리 무리를 지어 다니고 자유롭게 짝짓기하며 살아가고, 자동차 점프 챔피언의 우승자가 되기 위해 훈련에 돌입하게 되리라고 상상하는 것만큼이나 공상에서나 가능한 일이다.

우리는 컴퓨터로 인해 매일 끊임없이 놀라는 그런 시대에 살고 있다. 컴퓨터는 우리 머리로는 상상조차 할 수 없는 어마어마한 양의 데이터를 저장하고, 엄청난 분량의 수학적 계산을 소화하고, 암호를 해독하며, 날씨를 예측하는가 하면, 비행기를 착륙시키고, 우주선을 조종해서 태양계를 관통하게 하며 심지어는 화성에서 소형 헬리콥터를 날릴 수도 있다. 그러나 컴퓨터에는 인간 지능의 결정적 열쇠가 결여되어 있다. 언어의 토대이자, 우리가 개개인의 신념, 선호, 창의성을 한데 엮어 수학, 과학, 철학, 종교, 예술, 화폐, 법률, 조직, 도시, 윤리를 창조할 수 있게 해주는 바로 그 제스처 게임 능력 말이다.

물론 컴퓨터는 체스와 바둑을 비롯한 다른 많은 게임에서 인간의 코를 납작하게 만들 수 있다. 그러나 정말로 중요한 게임은 우리가 언어로 하는 창의적이고 독창적인 게임이다. 이 게임들에서 인간은 타의 추종을 불허한다. 단순히 인공지능 시스템이 게임을 잘하지 못해서가 아니다. 인공지능은 게임을 하는 법 자체를 아예 알지 못한다. 인공지능이 게임을 할 수 있게 되지 않는 한, 인간 지능의 핵심인 언어적 즉흥 게임에서 인간에 필적하는 호적수란 존재하지 않을 것이다.

들어가는 글

1. 별도로 언급하지 않는 한, 이 책 전체에서 사용하고 있는 유인원이라는 용어는 인간을 포함하는 기술적 분류 기준을 따르기보다는 현존하는 비인간 유인원, 즉 침팬지, 보노보, 고릴라, 오랑우탄을 구어적으로 지칭한다.

2. 오스트리아 태생의 천재 철학자 루트비히 비트겐슈타인은 유작으로 남은 그의 유명한 저서 《철학적 탐구》에서 언어를 구체적이고, 국부적이며, 실천적인 동시에 게임과 유사한 상호작용에서 비롯된다고 보았다. 그의 논문에서 가져온 다음과 같은 두 개의 인용구는 그의 급진적 관점의 풍모를 제대로 보여주고 있으며 우리의 사고에 매우 큰 영향을 끼쳤다. "한 단어의 의미는 그것의 용법에 있다", "문장을 이해한다는 것은 언어를 이해한다는 것이다. 언어를 이해한다는 것은 기술에 정통한 장인이 되는 것이다". L. Wittgenstein, *Philosophical Investigations* (Oxford: Blackwell, 1953), pp. 43, 199. 번역은 다음 책에서 가져왔다. Elizabeth Anscombe, editor of *Philosophical Investigations.*

3. 같은 맥락에서 비트겐슈타인은 다음과 같이 말한다. "또한 누군가가 규칙을 배우거나 공식을 만들지 않고 게임을 배웠다고 상상해 볼 수도 있다." Wittgenstein, *Philosophical Investigations*, p. 31.

CHAPTER 1 언어는 제스처 게임이다

1. https://www.youtube.com/watch?v=Dk-L94w6_YQ&t=6s쿡 선장 일행과 하우시족의 만남에 대한 유럽인들의 시각은 1768년부터 1771년까지 쿡 선장이 항해 동료 조지프 뱅크스와 시드니 파킨슨과 함께 처음으로 태평양을 항해하면서 기록했던 일지의 온라인 판에 기초한다. 하우시족에 대한 추가적인 배경 정보는 다음을 참조하라. C. W. Furlong, 'The Haush and Ona, primitive tribes of Tierra del Fuego', *Proceedings of*

the Nineteenth International Congress of Americanists, Dec. 1915, pp. 432~444;
D. Macnaughtan, 'Bibliography of the Haush (Manek'enk) Indians: an indigenous people of southeastern Tierra del Fuego, Argentina', *Ethnographic Bibliographies*, no. 10 (2020), https://www.academia.edu/10500405/The_Haush_Indians_of_Tierra_del_Fuego; D. Macnaughtan, 'Haush Indians of Tierra del Fuego', *Don Macnaughtan's Bibliographies*, https://waikowhai2.wordpress.com/the-haush-indians-of-tierra-del-fuego/

2. 셀크남어로도 알려진 오나어와 하우시어에 대한 언어학적 설명은 다음 책을 바탕으로 기술했다. W. F. H. Adelaar and P. Muysken, *The Languages of the Andes* (Cambridge: Cambridge University Press, 2004); L. M. Rojas-Berscia, 'A heritage reference grammar of Selk'nam', master's thesis (Radboud University, Nijmegen, 2014).

3. 하우시족과 유럽인들의 조우는 쿡 선장과 그의 선원들과의 만남, 그 후 1832년에 이뤄졌던 찰스 다윈과 비글호 선원들과의 만남처럼 애초에는 평화로웠다. 그러나 이후 유럽 식민지 개척자들이 지속적으로 유입되면서 티에라 델 푸에고 토착민 하우시족과 오나족은 곧 비극적인 위험에 처하게 된다. 끔찍하게도 양 목장주들은 원주민을 죽이기 위한 사냥 파티를 열기도 했다. 유럽인들이 가지고 들어온 질병 또한 토착민에게 주요한 위협이었으며 1920년대에 홍역이 퍼지면서 마지막 하우시족은 무릎을 꿇고 말았다. Macnaughtan, 'Bibliography of the Haush (Manek'enk) Indians', https://www.academia.edu/10500405/The_Haush_Indians_of_Tierra_del_Fuego; Macnaughtan, 'Haush Indians of Tierra del Fuego', https://waikowhai2.wordpress.com/the-haush-indians-of-tierra-del-fuego/.

4. 크레올어 역시 영어, 덴마크어, 힌디어처럼 더 오래되고 완성도 높은 언어와 마찬가지로 충분히 발전된 언어라는 점에 주목하는 것이 중요하다. 그러나 크레올어를 사용하는 사람들은 학교에서 모국어 사용을 금지당하는 차별을 겪는 경우가 자주 있다. J. L. Bonenfant, 'History of Haitian-Creole: from pidgin to lingua franca and English influence on the language', *Review of Higher Education and Self-Learning* 4 (2011), pp. 27~34.

5. M. Tomasello, *The Origins of Human Communication* (Cambridge, MA: MIT Press, 2008). 이 사고실험을 제안했을 당시 토마셀로는 독일 라이프치히에 소재한 막스 플랑크 진화인류학 연구소에서 발달 및 비교 심리학 학과장을 역임하고 있었다. 당시 모텐은 2007년 안식년을 맞아 이 연구소에서 삼 개월간 즐거운 시간을 보내는 중이었다. 그가 머물던 아파트에서는 니콜라이 교회가 내려다보였는데, 이 성당은 독일 민주 공화국 정부를 전복시킨 평화 혁명의 중심지이기도 했다. 닉 또한 같은 연구소에 단기 방문

연구원으로 재직 중이었다. 토마셀로는 라이프치히 동물원 구내에서 몇 킬로미터 떨어진 곳에 있는 퐁고랜드Pongoland(볼프강 쾰러 영장류 연구 센터로도 알려져 있다)와 막스 플랑크 연구소를 오가며 영장류의 사회 인지에 대한 획기적인 연구를 수행하고 있었다. 토마셀로는 자신의 연구에 참여하고 있는 비인간 영장류에 얼마나 헌신적이었던지, 2002년에는 침팬지 한 마리가 출산을 하게 되자 닉과 공동으로 주최한 학회의 마지막 순간에 자신의 강연을 취소한 일도 있었다. 그래서 결국 닉이 토마셀로의 강연을 대신했는데 이어진 관례적 질의응답 시간에 몇몇 학회 참석자가 열정적으로 토론을 이어나가려 하는 바람에 웃지 못할 상황이 벌어졌다. 닉으로서는 당연하게도 어떻게 대답해야 할지 몰랐기 때문이다!

6. D. Blum, *Love at Goon Park: Harry Harlow and the Science of Affection* (New York: Basic Books, 2002).

7. 오늘날 '금지된 실험'이라 불리는 이 실험은 고대로부터 학자들과 사상가들을 매료시켜 왔다. 이집트의 파라오 프삼티크 1세, 신성로마제국의 프리드리히 2세, 스코틀랜드의 제임스 4세, 이들은 모두 언어 접촉을 제한한 상태에서 아동을 양육하는 모종의 '금지된 실험'을 변형된 형태로 수행했다. 그래 봐야 (전형적으로 당대의 신념에 부응하는) 의문 투성이 결과를 얻는데 지나지 않았지만 말이다. J. P. Davidson, *Planet Word* (London: Michael Joseph, 2011).

8. J. Kegl, A. Senghas and M. Coppola, 'Creation through contact: sign language emergence and sign language change in Nicaragua', in M. DeGraff, ed., *Language Creation and Language Change: Creolization, Diachrony, and Development* (Cambridge, MA: MIT Press, 1999), pp. 179~237.

9. S. Goldin-Meadow, *The Resilience of Language: What Gesture Creation in Deaf Children Can Tell Us About How All Children Learn Language* (New York: Psychology Press, 2005).

10. 이 사례는 다음에서 가져왔다. J. Pyers and A. Senghas, 'Lexical iconicity is differentially favored under transmission in a new sign language: the effect of type of iconicity', *Sign Language & Linguistics* 23 (2020), pp. 73~95. 우리에게 '말'을 표현하는 일련의 신호 구성에 대해 자세하게 설명해 준 제니 파이어스Jennie Pyers에게 감사를 표한다.

11. 흥미롭게도 니카라과 수어의 초기 형태 재현을 목표로 하는 제스처 게임 비슷한 게임도 있다. *Sign: A Game About Being Understood* (https://thornygames.com/pages/sign).

12. 펄먼의 연구에 대한 설명은 그가 쓴 몇 편의 논문, 그리고 그와 나눈 개인적 의견 교환을 바탕으로 했다. M. Perlman, 'Can a game of "vocal" charades act out the origin

of language?', *Babel: The Language Magazine* 12 (2018), pp. 30~35; M. Perlman, R. D. Dale and G. Lupyan, 'Iconicity can ground the creation of vocal symbols', *Royal Society Open Science* 2 (2015): 150152; M. Perlman and G. Lupyan, 'People can create iconic vocalizations to communicate various meanings to naïve listeners', *Scientific Reports* 8 (2018): 2634; A. Ćwiek, S. Fuchs, C. Draxler, E. L. Asu, D. Dediu, K. Hiovain et al., 'Novel vocalizations are understood across cultures', Scientific Reports 11 (2021): 10108; M. Perlman, J. Z. Paul and G. Lupyan, 'Congenitally deaf children generate iconic vocalizations to communicate magnitude', in *Proceedings of the 37th Annual Cognitive Science Society Meeting* (Austin, TX: Cognitive Science Society, 2015), 315–20.

13. 섀넌은 마이크로프로세서와 데이터 저장장치에서 인터넷과 인공지능에 이르기까지 디지털 혁명과 정보 시대의 발판을 마련한 진정한 과학적 선구자였다. 또한 발명에도 매우 열정적이었지만, 먼 사촌이었던 토마스 에디슨과 달리 섀넌의 발명에는 그의 장난스러운 면모를 보여주는 기계 장치가 많았다. 예를 들면 로켓 추진식 프리스비, 화염 방사 트럼펫, 스스로 꺼지는 기능밖에 없는 기계 같은 것들이 그렇다. 아내 베티 섀넌Betty Shannon은 이런 남편의 가장 가까운 연구 동료였지만 그는 인정받아 마땅했음에도 그러지 못했다. C. E. Shannon, 'A mathematical theory of communication', Bell System Technical Journal 27 (1948), pp. 379~423, 623~656; W. Weaver, 'Recent contributions to the mathematical theory of communication', in C. E. Shannon and W. Weaver, eds, *The Mathematical Theory of Communication* (Urbana: University of Illinois Press, 1949); 'MIT professor Claude Shannon dies; was founder of digital communications' (press release), MIT News (Cambridge, MA, 27 Feb. 2001), http://news.mit.edu/2001/Shannon; 'A Goliath amongst giants: Claude E. Shannon', Nokia Bell Labs (n.d.), https://www.bell-labs.com/claude-shannon/; J. Soni and R. Goodman, 'Betty Shannon, unsung mathematical genius', Voices (blog), *Scientific American*, 24 July 2017, https://blogs.scientificamerican.com/voices/betty-shannon-unsung-mathematical-genius/.

14. G. Miller, 'The cognitive revolution: a historical perspective', *Trends in Cognitive Sciences* 7 (2003), pp. 141~144.

15. 인지과학은 모텐과 닉이 스코틀랜드 에든버러대학교에서 박사학위를 받은 분야이기도 하다.

16. 세계에 대한 우리의 인식은 감각에 입력된 것이 수동적으로 재현되는 것이 아니라 우리의 뇌에 의해 능동적으로 구성된 것이다. '뇌를 마치 컴퓨터처럼 생각해 입력에 수동

적으로 반응하고 데이터를 처리하는 기관으로만 간주하게 되면 우리는 뇌가 세계에 개입함으로써 스스로 구조와 기능을 형성해 온 진화적 과거를 가진 신체 기관의 하나라는 사실을 잊게 된다.': M. Cobb, 'Why your brain is not a computer', *Guardian*, 27 Feb. 2020, https://www.theguardian.com/science/2020/feb/27/why-your-brain-is-not-a-computer-neuroscience-neural-networks-consciousness.

17. F. de Saussure, *Course in General Linguistics* (New York: McGraw-Hill, 1916).

18. C. E. Shannon, 'A mathematical theory of communication', *Bell System Technical Journal* 27 (1948), pp. 379~423, 623~656.

19. 우리가 인간 의사소통의 창의성으로 섀넌의 정보이론의 수학을 어떻게든 벗어나겠다고 주장하려는 것은 아니다. 예를 들어, 이전에 제스처 게임을 했던 특정 이력이 있다면 주어진 맥락에서 전달 가능한 메시지의 수는 원래 전달하려던 메시지의 수를 초과할 수 없다. 전달 과정에서 일부 메시지가 손실되기 때문이다. 하지만 이 게임은 사람들이 몸짓을 통해 어떤 메시지를 전하려고 하는지, 주어진 환경 안에서 그 제스처의 이해에 도전하는 게임이며 제스처를 메시지로 만드는 새로운 방법을 창의적으로 발견해 가는 게임이다.

20. 이 특별한 이야기는 어니스트 헤밍웨이가 단 여섯 단어만 가지고 발단, 전개, 결말을 갖춘 짧은 서사를 지어낼 수 있는지 내기하는 자리에서 만들어냈다고 도시 전설처럼 전해진다. 하지만 이는 사실이 아닌 것으로 보인다. 1910년 워싱턴주 일간지 《스포캔 프레스 Spokane Press》 광고란에는 열두 개의 단어로 된 같은 문구가 실렸다. "혼수로 직접 만든 아기 옷과 아기 침대 팝니다. 한 번도 사용한 적 없음 Baby's hand made trousseau and baby's bed for sale. Never been used". 1910년이면 헤밍웨이가 고작 열 살이었을 때다. 1921년에는 잡지 《저지 The Judge》에 일곱 개의 단어 버전이 실리기도 했다. "판매, 아기 유모차, 사용한 적 없음 For sale, a baby carriage, never used." 그래도 이 버전은 행복한 결말로 끝난 것이, 쌍둥이를 낳는 바람에 싱글 시트 유모차 대신 트윈 시트 유모차가 필요했던 부모가 낸 광고였기 때문이다. 아기 신발 이야기 뒤에 숨겨진 도시 전설에 대한 이 같은 논의는 널리 인용되는 유명 문구에 대한 팩트 체크 웹사이트(https://quoteinvestigator.com/2013/01/28/baby-shoes/) 덕을 톡톡히 봤다. 이 밖에 참고한 자료의 출처는 다음과 같다. 'Tragedy of baby's death is revealed in sale of clothes', *Spokane* (Washington) Press, 16 May 1910, p. 6; Jay G'Dee, 'Fools rush in', The Judge, no. 81, 16 July 1921, p. 14.

21. 의사소통에 대한 '부호 송신' 관점 대신 이 같은 '유추적 inferential' 관점이 부상한 시점은 적어도 철학자 폴 그리스까지 거슬러 올라갈 수 있다. 유추적 관점은 이후 댄 스퍼버 Dan Sperber와 디어드리 윌슨 Deirdre Wilson의 영향력 있는 '연관성 이론', 그리고 특히 허버트 클라크 Herbert Clark의 공동 행동의 한 유형으로서의 언어에 대한 중요한 연구에 영감을 주

었다. H. P. Grice, 'Meaning', *Philosophical Review* 66 (1957), pp. 377~388; D. Wilson and D. Sperber, *Relevance: Communication and Cognition* (Oxford: Blackwell, 1986); H. H. Clark, *Using Language* (Cambridge: Cambridge University Press, 1996).

22. 의사소통 빙산이라는 우리의 개념은 위버G. R. Weaver가 이 문화에 대한 상호 적응의 어려움을 이해하는 데 사용한 유사한 은유에서 일부 영감을 받았다. 그의 다음 책을 참고했다. G. R. Weaver, 'Understanding and coping with cross-cultural adjustment stress', in R. M. Paige, ed., *Cross-Cultural Orientation: New Conceptualizations and Applications* (Lanham, MD: University Press of America, 1986), pp. 111~145. Similarly, Gilles Fauconnier notes, 'Language is only the tip of a spectacular cognitive iceberg,' but doesn't develop the concept further: G. Fauconnier, 'Methods and generalizations', in T. Janssen and G. Redeker, eds, *Cognitive Linguistics: Foundations, Scope, and Methodology* (Berlin: Walter de Gruyter, 1999), pp. 95~127 at p. 96. 언어 이해에 대한 문화, 사회적 가치, 감정과 관련한 또 다른 견해는 에버렛D. Everett의 '암흑물질'이라는 개념에서 발견할 수 있다. D. Everett, *How Language Began* (London: Profile Books, 2017).

23. H. H. Clark and M. A. Krych, 'Speaking while monitoring addressees for understanding', *Journal of Memory and Language* 50 (2004), pp. 62~81.

24. 과학적 의사소통에 대한 알란 알다의 논의와 접근은 다음과 같은 그의 저서를 토대로 했다.: A. Alda, *If I Understood You, Would I Have This Look on My Face?* (New York: Random House, 2017).

CHAPTER 2 언어의 찰나적 속성

1. 나바호어 암호로 보낸 첫 번째 메시지의 내용은 알려져 있지 않다. 여기 실은 메시지는 '네이티브 워드, 네이티브 워리어' 웹사이트(https://americanindian.si.edu/education/codetalkers/html/chapter4.html)에서 가져왔으며 기밀 해제된 나바호 코드 토커 사전 (https://www.history.navy.mil/research/library/online-reading-room/title-list-alphabetically/n/navajo-code-talker-dictionary.html)을 사용해 암호화시켰다. 영어로 된 원래 메시지 내용은 다음과 같다. "전방에서 치열한 전투. 격렬한 박격포 공격. 즉시 지원군을 요청하라 Fierce action at forward position. Intense mortar attack. Request reinforcements immediately!"

2. 제1차 세계대전이 끝날 무렵 미 육군은 이미 아메리카 원주민(주로 촉토족) 출신을 암호 통신병으로 이용해 큰 승리를 거둔 전력이 있었다. 그러나 본격적인 암호 시스템은 제2차 세계대전이 발발하고 나서야 개발되었다. 나바호족과 더불어 코만치족, 촉토족, 호피족, 체로키족 등 또 다른 아메리카 원주민 출신들도 자신이 존경해 마지않는 모

국어를 이용하는 암호 통신병으로 채용되었다(https://americanindian.si.edu/education/codetalkers/html/chapter4.html). 암호 통신병 가운데 나바호족 규모가 제일 커서 다른 부족 출신 모두를 합친 수보다 많았으며 심지어 2002년에는 할리우드 영화 〈윈드토커〉에 등장하기도 했다. 이 영화는 흥행에서 참패하고 말았는데 암호 통신병들의 매혹적인 이야기를 들려주기보다 단지 전쟁터를 진부하게 그리는 데 치우쳤다는 비판을 받았다(https://www.rottentomatoes.com/m/windtalkers/). 특히 아메리카 원주민들이 부당한 대우로 고통받고 있다는 점에서 암호 통신병들의 실상을 있는 그대로 전달할 기회를 놓쳤다는 아쉬움이 뇌리를 떠나지 않는다. 여러 해 동안 원주민 출신 암호병들은 백인 사회로의 동화를 명분 삼아 모국어(문화) 사용을 금지당했으며 사병들은 일생 인종차별과 편견에 시달렸다.: 'Chester Nez, 93, dies; Navajo words washed from mouth helped win war', New York Times, 6 June 2014, https://www.nytimes.com/2014/06/06/us/chester-nez-dies-at-93-his-native-tongue-helped-to-win-a-war-of-words.html. 사실 아메리카 원주민들은 제1차 세계대전에 참전했으면서도 그로부터 한참 후인 1924년까지도 미국 시민으로 간주되지도 않았다. 나바호 암호 통신병에 대한 보다 상세한 내용은 다음 사이트를 참조했다. *Naval History and Heritage Command* website (https://www.history.navy.mil/research/library/online-reading-room/title-list-alphabetically/n/code-talkers.html) and 'Codemakers: history of the Navajo code talkers', on *HistoryNet.com*, https://www.historynet.com/world-war-ii-navajo-code-talkers.htm.

3. 처음에 청크의 수는 7±2로 생각되었다. (G. A. Miller, 'The magical number seven, plus or minus two: some limits on our capacity for processing information', *Psychological Review* 63 [1956], pp. 81~97), 그러나 단기 기억을 소환할 때 장기 기억 프로세스가 일정 역할을 수행하게 되는데 이것이 수치에 반영되었을 가능성이 있다. 사전 경험 없는 '가공되지 않은' 기억을 측정할 수 있다고 전제할 경우, 청크의 한계는 4±1로 감소한다. N. Cowan, 'The magical number 4 in short-term memory: a reconsideration of mental storage capacity', *Behavioral and Brain Sciences* 24 (2000), pp. 87~114.

4. 이 장에서 우리는 주로 말하기에 초점을 맞추고 있지만, 지금 아니면 사라질 병목현상은 수어에도 마찬가지로 적용된다. 제스처를 만들어내는 데 걸리는 시간은 말을 생산하는 데 걸리는 시간보다 다소 오래 걸리지만(적어도 미국 수어의 표지 생산을 영어 구어와 비교할 때; U. Bellugi and S. Fischer, 'A comparison of sign language and spoken language', *Cognition* 1 [1972], pp. 173~200), 단어를 부호화시키는 데 걸리는 미국 수어의 음절 지속 시간은 약 0.25초로 매우 짧은 시각적 사건에 불과하다(R. B. Wilbur and S. B. Nolkn, 'The duration of syllables in American Sign Language', *Language and Speech* 29

[1986], pp. 263~280). 시각 정보에 대한 우리의 감각 기억 또한 매우 짧아서(H. Pashler, 'Familiarity and visual change detection', Perception & Psychophysics 44 [1988], pp. 369~378), 약 0.66초 안에 사라진다. 연속적인 시각 정보에 대한 기억 또한 제한적이어서 약 네 개 항목 정도만 가능하다(S. J. Luck and E. K. Vogel, 'The capacity of visual working memory for features and conjunctions', *Nature* 390 [1997], pp. 279~281).

5. 분당 생성 음절 수를 측정해 보면 몇몇 언어는 다른 언어들보다 발화 속도가 좀 더 빠른 경향을 보인다. 예를 들어 일본어 화자와 스페인어 화자들은 독일어 화자와 표준 중국어 화자보다 분당 음절 수를 더 많이 생산하는 경향이 있다. 그러나 일본어와 스페인어는 독일어와 표준 중국어보다 음절들이 전달하는 정보량이 적기 때문에 결과적으로 전달된 정보의 양(초당 39바이트)은 모든 언어가 대동소이하다. 스페인 사람이 독일 사람보다 더 빠르게 말하지만 만들어낸 각 음절을 가지고 발화하는 양은 더 적은 셈이다. F. Pellegrino, C. Coupé and E. Marsico, 'A cross-language perspective on speech information rate', *Language* 87 (2011), pp. 539~558; C. Coupé, Y. M. Oh, D. Dediu and F. Pellegrino, 'Different languages, similar encoding efficiency: comparable information rates across the human communicative niche', *Science Advances* 5 (2019): eaaw2594.

6. G. A. Miller and W. G. Taylor, 'The perception of repeated bursts of noise', *Journal of the Acoustical Society of America* 20 (1948), pp. 171~182.

7. 심리 연구의 거장 율릭 나이서는 1967년, 마음을 하나의 정보처리 시스템으로 보는 접근법인 '인지' 심리학에 대한 첫 교재를 저술했다. 엄청난 지적 호기심, 심리학에 대한 방대한 지식, 통찰력 있는 분석 능력을 지닌 나이서가 코넬대학교에 있다는 사실이 모텐을 그곳으로 이끈 매력 중 하나였다. 그랬기 때문에 그의 멘토였던 나이서가 후에 파킨슨병으로 피폐해지면서 점차 병마에 굴복하는 모습을 지켜봐야 했던 모텐은 큰 슬픔에 빠질 수밖에 없었다.

8. U. Neisser, 'The control of information pickup in selective looking', in A. D. Pick, ed., *Perception and Its Development: A Tribute to Eleanor J. Gibson* (Hillsdale, NJ: Lawrence Erlbaum, 1979), pp. 201~219.

9. D. J. Simons and C. F. Chabris, 'Gorillas in our midst: sustained inattentional blindness for dynamic events', *Perception* 28 (1999), pp. 1059~1074.

10. D. J. Simons and D. T. Levin, 'Failure to detect changes to people during a real-world interaction', *Psychonomic Bulletin & Review* 5 (1998), pp. 644~649.

11. 일반적으로 지각과 사고가 얼마나 놀라울 정도로 피상적인지, 그리고 끊임없이 이어지는 창조적 즉흥성으로 이 피상성을 어떻게 숨기고 있는지에 대한 주도면밀한 고찰은

다음 책을 보라. 닉 채터, 《생각한다는 착각》, 웨일북.

12. 이번 장에서 다루고 있는 지금 아니면 사라질 병목에 대해서는 우리의 자체 연구를 사용했는데 자세한 내용은 다음 몇몇 출판물에 나와 있다. M. H. Christiansen and N. Chater, *Creating Language: Integrating Evolution, Acquisition, and Processing* (Cambridge, MA: MIT Press, 2016); M. H. Christiansen and N. Chater, 'The Now-or-Never Bottleneck: A Fundamental Constraint on Language', Behavioral & Brain Sciences 39 (2016): e62; N. Chater and M. H. Christiansen, 'Language acquisition as skill learning', *Current Opinion in Behavioural Sciences* 21 (2018), pp. 205~208.

13. 페리안드로스의 이 명언은 종종 "연습이 완벽을 만든다practice makes perfect"로 잘못 인용되곤 한다. 페리안드로스 원작은 지금으로부터 2600년 전으로 거슬러 올라가지만 소실되었고, 현재는 기원후 3세기의 2차 자료에서 인용되고 있다.: D. Laertius, *The Lives and Opinions of Eminent Philosophers*, trans. C. D. Yonge (London: H. G. Bohn, 1853).

14. K. A. Ericsson, W. G. Chase and S. Faloon, 'Acquisition of a memory skill', *Science* 208 (1980), pp. 1181~1182.

15. 여기서 구어와 수어는 문해 능력의 일환으로 단어 철자를 의도적으로 연습하는 문어와 다소 차이가 있다(이와 관련해 앞서 '언어 게임' 부분에서 예를 들 때 사용했다).

16. 유사하게 우리는 노래 가사도 잘못 듣는 일이 자주 있다. 예를 들면, 록밴드 크리던스 클리어워터 리바이벌이 부른 노래 〈Bad Moon Rising〉 가사 중에 "There's a bad moon on the rise(불길한 달이 떠오르고 있네)"라는 부분을 "There's a bathroom on the right(욕실이 오른쪽에 있네)"로 듣기도 하고, 지미 헨드릭스의 노래 〈Purple Haze〉에서는 "Scuse me while I kiss the sky(내가 하늘에 키스하는 걸 용서해줘)"를 "Scuse me while I kiss this guy(내가 이 자식에게 키스하는 걸 용서해줘)"로 잘못 듣기도 한다. 이 두 사례는 다음 글에서 인용했다. M. Konnikova, 'Excuse me while I kiss this guy', *New Yorker*, 10 Dec. 2014.

17. 하지만 이러한 단위들의 엄밀한 특징은 다양하다. 일본어 방언 같은 일부 언어는 하위 언어 요소인 모라가 더 잘 조직되어 있다. (자립해서 발음할 수 있는 음운의 최소 단위인) 음절과 달리 (자립해서 발음할 수 없어 음절은 아니지만, 운율의 최소 단위로 쓰이는) 모라는 시간과 강세에 특정 자질을 보인다. 게다가 수어에서 음소는 매우 다르게 작동한다.

18. 말을 이해하는 과정과 말을 만드는 과정이 서로 거울상이라는 생각은 언어 과학에서 길고 다양한 역사를 가지고 있다. 예를 들면 다음과 같다. A. M. Liberman and I. G. Mattingly, 'The motor theory of speech perception revised', *Cognition* 21 (1985), pp. 1~36; M. J. Pickering and S. Garrod, 'An integrated theory of language

production and comprehension', *Behavioral and Brain Sciences* 36 (2013), pp. 329~347.

19. T. Ōno and S. Mito, *Just-in-Time for Today and Tomorrow* (New York: Productivity Press, 1988). '적시 생산'이라는 용어는 음성 합성 공학 분야에서도 유사한 방식으로 사용되어 왔다. T. Baumann and D. Schlangen, 'INPRO_iSS: a component for just-in-time incremental speech synthesis', in *Proceedings of the ACL 2012 System Demonstrations* (Stroudsburg, PA: Association for Computational Linguistics, 2012), pp. 103~108.

20. 대중문화에서 이 단어, 또는 이 단어에서 유래한 비슷한 변이들은 놀랍도록 오랜 역사를 가지고 있다. 또한 이 단어의 창작을 둘러싸고 소송이 벌어진 일도 있었다. 'The real origin of "supercalifragilistic"', Word History (blog), *Merriam-Webster*, https://www.merriam-webster.com/words-at-play/origin-supercalifragilisticexpialidocious.

21. 발화 속도에 대한 이 기록은 다음에서 가져왔다. 'Fastest talking female-world record set by Fran Capo', *World Record Academy*, https://www.worldrecordacademy.com/human/fastest_talking_female_world_record_set_by_Fran_Capo_70895.htm; Rachel Swatman, 'Can you recite Hamlet's "To be or not to be" soliloquy quicker than the fastest talker?', 19 Jan. 2018, *Guinness World Records*, https://www.guinnessworldrecords.com/news/2018/1/can-you-recite-hamlets-to-be-or-not-to-be-soliloquy-quicker-than-the-fastest-t-509944.

22. K. Conklin and N. Schmitt, 'The processing of formulaic language', *Annual Review of Applied Linguistics* 32 (2012), pp. 45~61.

23. Michael Skapinker, 'Foreign managers' phrases find the back of the net', Financial Times, 14 May 2018. The paper to which Skapinker referred is M. H. Christiansen and I. Arnon, 'More than words: the role of multiword sequences in language learning and use', *Topics in Cognitive Science* 9 (2017), pp. 542~551.

24. F. Wijnen, 'Incidental word and sound errors in young speakers', *Journal of Memory and Language* 31 (1992), pp. 734~755.

25. 말실수에 대한 사례는 다음 책의 부록 부분에서 가져왔다. V. A. Fromkin, ed., *Speech Errors as Linguistic Evidence* (The Hague, Netherlands: Mouton, 1973).

26. 언어학자 노엄 촘스키는 언어란 거의 전적으로 독백을 위한 것이라는 다소 기괴한 주장을 다음과 같이 해왔다. "글쎄요. 언어 사용에 있어 99.9 퍼센트는 마음속으로 이루어집니다. 혼잣말을 하지 않고는 1분도 못 견딜 겁니다.", N. Chomsky and

J. McGilvray, *The Science of Language: Interviews with James McGilvray* (New York: Cambridge University Press, 2012). 이에 대한 설득력 있는 검토는 다음 논문을 보라. C. Behme, 'Noam Chomsky: the science of language. Interviews with James McGilvray', *Philosophy in Review* 33 (2013), pp. 100~103. (비록 다소 확대 해석된 측면이 있다 하더라도) 책더미에 파묻혀 이론만 쌓아 올리는 안락의자 철학자들에게는 이것이 사실일 수 있지만, 우리가 실제 얼마나 많은 단어를 발화하는지에 대한 한 경험적 연구는 평균적으로 하루에 약 1만 6천 개의 단어를 소리 내어 말한다고 주장한다. M. R. Mehl, S. Vazire, N. Ramírez-Esparza, R. B. Slatcher and J. W. Pennebaker, 'Are women really more talkative than men?', *Science* 317 (2007), p. 82. 독백에 대한 촘스키의 설명에 따르면, 우리는 매일 마음속으로 15,984,000개의 단어를 말한다. 1분당 단어 150개가 말하는 속도의 평균 빠르기라고 볼 때, 하루치 독백을 하기 위해서는 1,776시간이 필요하다는 이야기가 된다. 분당 667단어를 뱉어내는 프란 카프처럼 속사포로 말한다고 쳐도, 399시간 즉 이 주 이상이 걸린다.

27. 마틴 피커링Martin Pickering과 사이먼 가로드Simon Garrod는 언어 과학의 방향을 독백보다는 대화 쪽으로 바꾸는 데 지대한 영향을 미쳤다. M. J. Pickering and S. Garrod, 'Toward a mechanistic psychology of dialogue', *Behavioral and Brain Sciences* 27 (2004), pp. 169~190.

28. 이 문단은 레빈슨S. C. Levinson의 다음 저술에서 영감을 얻었다. S. C. Levinson, 'Turn-taking in human communication – origins and implications for language processing', *Trends in Cognitive Sciences* 20 (2016), pp. 6~14. 또한 다음 자료도 이용했다. T. Stivers, N. J.Enfield, P. Brown, C. Englert, M. Hayashi, T. Heinemann et al., 'Universals and cultural variation in turn-taking in conversation', *Proceedings of the National Academy of Sciences* 106 (2009), pp. 10587~10592; speed of face recognition: S. Caharel, M. Ramon and B. Rossion, 'Face familiarity decisions take 200 msec in the human brain: electrophysiological evidence from a go/no-go speeded task', *Journal of Cognitive Neuroscience* 26 (2014), pp. 81~95; speed of picture naming: E. Bates, S. D'Amico, T. Jacobsen, A. Székely, E. Andonova, A. Devescovi et al., 'Timed picture naming in seven languages', *Psychonomic Bulletin & Review* 10 (2003), pp. 344~380; speed of reading aloud: D. A. Balota, M. J. Yap, K. A. Hutchison, M. J. Cortese, B. Kessler, B. Loftis et al., 'The English lexicon project', *Behavior Research Methods* 39 (2007), pp. 445~459.

29. 이 부분은 다음 논문들을 참고했다. T. D. Erickson and M. E. Matteson, 'From words to meaning: a semantic illusion', *Journal of Verbal Learning and Verbal Behavior*

20 (1981), pp. 540~552; F. Ferreira and N. D. Patson, 'The "good enough" approach to language comprehension', *Language and Linguistics Compass* 1 (2007), pp. 71~83.

30. M. Dingemanse, F. Torreira and N. J. Enfield, 'Is "huh?" a universal word? Conversational infrastructure and the convergent evolution of linguistic items', *PLOS ONE* 8 (2013): e78273.

31. 이 대화는 다음 논문의 샘플에서 발췌한 것이다. J. W. Du Bois and R. Englebretson, 'SBC036 judgmental on people', *Santa Barbara Corpus of Spoken American English*, Part 3 (Philadelphia: Linguistic Data Consortium, 2004). 12초 분량의 오디오 파일은 다음에서 발췌했다. https://vod.video.cornell.edu/media/TLG_C2_conversation-excerpt/1_419ixr2o, 전체 대화의 녹취록은 여기서에서 볼 수 있다. https://www.linguistics.ucsb.edu/sites/secure.lsit.ucsb.edu.ling.d7/files/sitefiles/research/SBC/SBC036.trn. 대화를 유지하기 위해 우리가 사용하는 또 다른 전략에 대한 좀 더 많은 정보는 다음을 참고하라. C. Dideriksen, R. Fusaroli, L. Tylén, M. Dingemanse and M. H. Christiansen, 'Contextualizing conversational strategies: backchannel, repair and linguistic alignment in spontaneous and task-oriented conversations', in A. Goel, C. Seifert and C. Freksa, eds, *Proceedings of the 41st Annual Conference of the Cognitive Science Society* (Austin, TX: Cognitive Science Society, 2019), pp. 261~267.

CHAPTER 3 참을 수 없는 의미의 가벼움

1. M. Kundera, *The Unbearable Lightness of Being* (New York: Harper & Row, 1984).

2. '참을 수 없는 의미의 가벼움'이란 문구는 에든버러대학교 인지과학연구소 박사과정 동기생이었던 조지 던바George Dunbar가 말의 의미가 가지는 불안정성을 기술할 때 언급했던 문구였다. 이 문구를 약간 다른 맥락에서 다룬 또 다른 논문은 다음을 참고하라. H. Postigo, 'Social media: the unbearable lightness of meaning', *Social Media + Society* 1 (2015). DOI: 10.1177/2056305115580342.

3. 이 관점에 따르면 매우 동일한 형태(소리의 패턴이나 문자열 같은)가 우연이든 역사적 이유로든 두 개 이상의 의미와 연관될 수 있다. 따라서 뱅크bank라는 단어는 강의 측면을 가리킬 수도 있고 금융 기관을 가리킬 수도 있다. 이러한 관점에 따르자면 우리는 실제로 한 단어가 아니라 두 단어(뱅크 1과 뱅크 2처럼)에 대해 이야기하는 것이며 이 두 단어가 같은 소리로 들리는 것은 우연에 불과하다. 또한 이 두 단어는 각각 외부 세계 개념 및 양상을 나타내는 명확한 의미를 나타내는 것으로 추정된다.

4. 창세기 2:19.

5. 성 오거스틴의 고백록은 총 13권으로 기원후 397년에서 400년 사이에 라틴어로 쓰였다. 이 책에서 성 오거스틴은 욕정, 간통, 예기치 않게 과일 배까지 훔치는 방탕한 삶에서 헌신적인 기독교인의 삶으로 거듭난 과정을 묘사했다. 비트겐슈타인은 우리가 여기서 인용한 성 오거스틴의 문구, 즉 언어가 학습되는 방식을 기술한 오거스틴의 짧은 문구가 언어에 대해 철학적으로 문제시되지 않은 채 '널리 받아들여지고 있는 기존 견해'를 웅변적으로 포착하고 있다고 바라보았다. 비트겐슈타인은 오거스틴의 이 문장을 인용함으로써 자신의 《철학적 탐구》의 논의를 시작했고 책의 나머지 부분은 우리가 사로 잡혀 있던 오거스틴 관점의 틀을 깨는 것을 목표로 삼았다. Wittgenstein, *Philosophical Investigations*, pp. 66~67.

6. 위대한 하버드 철학자 윌러드 밴 오먼 콰인은 토끼 한 마리가 시야에 들어왔을 때 알려지지 않은 언어로 "Gavagai"라고 외치는 장면을 예로 들어, 우리가 어떻게 단어의 의미를 추론하려고 애쓰는지 상상하면서 그 요점을 그림 그리듯 묘사해 낸 것으로 유명하다. 콰인은 개별 단어, 나아가 전체 언어의 번역은 아무리 많은 경험과 예시를 가지고 있더라도 결코 완전히 고정될 수 없다고 논쟁적인 주장을 펼쳤다.

7. 두 개 혹은 그 이상의 의미를 가진 애매한 단어, 예컨대 뱅크(강 혹은 금융)나 실seal(물개 혹은 왁스). 하지만 모호성은 이보다 더 광범위하다. 다시 말해 단어들은 느슨하게 상호 연결되어 있지만 뚜렷이 구분되는 방식으로 사용되는데 누구도 예상치 못한 방향으로 분기한다. 물론 이것은 우리가 언어를 제스처 게임으로 바라볼 때만 예상되는 것이다. 단어나 몸짓은 우리의 상상 속에서나 한계를 가질 뿐 끝없이 재사용되고, 왜곡되거나 무수히 확장될 수 있기 때문이다.

8. 레이는 1933년 원작 영화에서 곤경에 빠져 도움이 필요한 여자를 연기했다.

9. 비유, 언어, 사고에 대한 고전적 논의는 다음 책을 보라. G. Lakoff and M. Johnson, *Metaphors We Live By* (Chicago: University of Chicago Press, 1980). 이 책에서 저자는 비유가 얼마나 놀랍도록 광범위하고 체계적이며 상호모순적일 수 있는지, 또한 추상적인 영역에 대한 우리의 추론이 어떻게 구체적인 물리적 세계에 대한 우리의 이해를 기반으로 하고(또 다른 비유다!) 있는지 강조한다.

10. 의식과 무의식 구분을 포함해 정신을 깊이로 표현하는 일련의 비유 모음은 정신과학의 출발점으로 오도될 가능성이 크다. 이에 대해서는 다음 책을 보라. 닉 채터, 《생각한다는 착각》, 웨일북.

11. 옥스퍼드의 철학자 존 오스틴은 이렇게 말한다. "단어가 반쯤 잊혀졌건 아니건 간에 모델을 불러내는 것은 위험하다. 원시적인 어휘든 최근 어휘든 간에 어휘를 창조해 내는 데 사용되는 다양한 모델 모두가 단일하고도 총체적인 모델 혹은 체계 안으로 깔끔

하게 들어맞아야 할 필요가 전혀 없다는 사실을 기억해야만 한다. … 모델들의 집합은 중복되거나 충돌하거나 더 일반적으로는 단순히 이질적인 부분을 다소 혹은 많이 포함할 가능성이 있으며, 실제로도 그럴 가능성이 매우 커 보인다." J. L. Austin, 'A plea for excuses: the presidential address', *Proceedings of the Aristotelian Society* 57 (1957), pp. 1~30.

12. S. Carey, 'Conceptual differences between children and adults', Mind & Language 3 (1988), pp. 167~181. 닉은 에든버러에 있는 인지과학 센터에서 박사과정을 밟고 있을 당시, 운 좋게도 수Sue를 만나 이 연구에 대해 이야기를 나눌 기회가 있었다. 이는 닉에게 신의 계시와도 같은 흔치 않은 기회였다. 닉과 그의 친구이자 박사과정 동료였던 마이크 옥스퍼드Mike Oaksford는 처음에는 다소 회의적인 생각이 들기도 했지만, 마이크의 미취학 딸을 데리고 추가 연구를 진행했다. 아니나 다를까 생과 사에 대한 미취학 아동의 개념이 이상하다는 것이 확인되었다. 마이크의 딸은 태양은 하늘에서 빛날 때 살아 있고, 자동차는 운행 중일 때만 살아 있다고 생각했다.

13. J. S. Horst and L. K. Samuelson, 'Fast mapping but poor retention by 24-month-old infants', *Infancy* 13 (2008), pp. 128~157.

14. F. de Saussure, *Course in General Linguistics* (New York: McGraw-Hill, 1916).

15. P. Monaghan, M. H. Christiansen and S. A. Fitneva, 'The arbitrariness of the sign: learning advantages from the structure of the vocabulary', *Journal of Experimental Psychology*: General 140 (2011), pp. 325~347.

16. J. Wilkins, An Essay Towards a Real Character and a Philosophical Language (London: Gellibrand, 1668). 허황되고 상상 속에나 나올 것 같은 윌킨스 사상의 본질은 1638년에 출간된 그의 또 다른 저서 《The Discovery of a World in the Moone. Or, a Discourse Tending to Prove, That 'Tis Probable There May Be Another Habitable World in That Planet(달에서의 세계 발견. 혹은 그 행성에 주거 가능한 또 다른 세계가 있을지도 모른다는 것을 증명하려는 하나의 담론)》에서 분명하게 드러난다.

17. U. Eco, *The Search for a Perfect Language* (New York: John Wiley & Sons, 1997). 움베르토 에코는 언어와 문화에 대한 어마어마한 학자일 뿐만 아니라 《장미의 이름》의 작가이기도 한데, 이 책은 그의 저작 중 베스트셀러이기도 하다.

18. 윌킨스의 기이한 프로젝트는 사상누각 같고 괴상한 특징을 보였지만 그럼에도 불구하고 몇 가지 좋은 결과를 가져오기도 했다. 거의 200년 후 그의 분류법은 많은 사랑을 받은 로제Roget의 유의어 사전에서 영어 단어 분류 체계에 대한 영감의 중요한 원천이 되었다. 이에 대한 개요는 다음 책에서 다루고 있다. W. Hüllen, *A History of Roget's Thesaurus: Origins, Development, and Design* (Oxford: Oxford University Press, 2003).

19. D. E. Blasi, S. Wichmann, H. Hammarström, P. F. Stadler and M. H. Christiansen, 'Sound-meaning association biases evidenced across thousands of languages', *Proceedings of the National Academy of Sciences* 113 (2016), pp. 10818~10823. 특히 그들은 각각 다른 언어 또는 방언에서 파생된 총 6천 452개의 단어 목록을 살펴보았다(어디까지가 방언인지 경계선을 긋는 일은 어렵기로 악명 높다). 특정 언어에서는 서로 다른 방언들을 종종 (다른 언어가 아닌) 단일 언어로 간주하기 때문에, 이러한 단어 목록은 전 세계 7천 개 언어 중 약 3분의 2에, 어족(니제르·콩고어족, 오스트로네시아어족, 인도·유럽어족처럼 공통 혈통을 가진 언어 그룹)의 약 85퍼센트에 해당한다.

20. 여기서 사용되는 기호는 자동 유사성 판단 프로그램에서 사용되는 단순화된 음성 시스템으로부터 도출했다. 이 프로그램은 전 세계에 걸쳐 각 언어의 소리를 비교할 수 있다. S. Wichmann, A. Müller, A. Wett, V. Velupillai, J. Bischoffberger, C. H. Brown et al., *The ASJP Database*, version 16 (Leipzig, 2013).

21. W. Köhler, *Gestalt Psychology* (New York: Liveright, 1929). 이러한 유형의 효과에 대해서는 위대한 게슈탈트 심리학자인 볼프강 쾰러가 처음 기술했다. 당시 쾰러는 테네리페에 있는 인류학 연구소 내 '프로이센 과학아카데미'라는 기관에서 소장으로 일하고 있었다. 이 효과에 대한 관심이 재점화되면서 키키-부바라는 용어는 언어 영역에 국한되지 않고 상이한 지각적 감각이 연결되는 (예를 들어 음표가 색깔로 지각되거나 하는) 공감각 현상에 대한 보다 광범위한 연구 프로젝트의 일환으로 고정되었다. V. S. Ramachandran and E. M. Hubbard, 'Synaesthesia – a window into perception, thought and language', *Journal of Consciousness Studies* 8 (2001), pp. 3~34.

22. A. J. Bremner, S. Caparos, J. Davidoff, J. de Fockert, K. J. Linnell and C. Spence, '"Bouba" and "kiki" in Namibia? A remote culture make similar shape-sound matches, but different shape-taste matches to Westerners', *Cognition* 126 (2013), pp. 165~172. 그들은 또한 흥미롭게도 취향과 이미지 사이의 연관성은 같지 않다는 것도 발견한다. 서구인들은 쓴 초콜릿을 각진 모양으로, 밀크 초콜릿은 둥근 모양으로 연결시키는 경향이 있으나 힘바족은 반대로 연결시킨다.

23. O. Ozturk, M. Krehm and A. Vouloumanos, 'Sound symbolism in infancy: evidence for sound-shape cross-modal correspondences in 4-month-olds', *Journal of Experimental Child Psychology* 114 (2013), pp. 173~186.

24. A. Aryani, E. S. Isbilen and M. H. Christiansen, 'Affective arousal links sound to meaning', *Psychological Science* 31 (2020), pp. 978~986.

25. 흥미롭게도 라이프니츠는 윌킨스의 계획을 알고 있었고, 자신의 접근법이 의사소통의 실제적 문제보다는 철학과 과학에 더 적합하다고 보았다. L. Couturat, *La Logique de*

Leibniz (Paris: Felix Alcan, 1901).

26. 라이프니츠의 이 유명한 구절은 다음과 같다. "두 명의 수학자들 사이에 논쟁이 필요
없듯 두 명의 철학자들도 더는 논쟁할 필요가 없을 것이다. 논쟁이 일어날 때마다 펜
을 손에 쥐고 주판을 옆에 앉아서 서로에게(그리고 그들이 원한다면 도움을 청한 친구
에게도) 다음과 같이 말하는 것으로 충분하다. 계산해 봅시다!" W. Lenzen, 'Leibniz's
logic', in D. M. Gabbay and J. Woods, eds, *The Rise of Modern Logic: From Leibniz
to Frege* (Amsterdam: Elsevier, 2004).

27. F. W. Nietzsche, *The Will to Power* (1901; repr. New York: Vintage, 1967).

28. I. Kant, *Critique of Pure Reason*, trans. P. Guyer and A. W. Wood (1781; repr. New
York: Cambridge University Press, 1998).

29. G. W. F. Hegel, *Phenomenology of Spirit*, trans. A. V. Miller (1807; repr. Oxford: Oxford
University Press, 1977).

30. L. Wittgenstein, *Tractatus logico-philosophicus* (1921; repr. Abingdon, UK: Routledge,
2013. 비트겐슈타인의 철학이 두 시기로 나누어진다는 것은 잘 알려진 사실이다. 《논
고》로 불리는 첫 번째 시기는 일상 언어가 가진 혼란스러움이 제거된, 완벽히 논리
적인 언어를 통해 철학적 문제를 명확하게 만드는 것을 목표로 삼았다. 두 번째 시기
는 1953년 그가 《철학적 탐구》를 저술하면서 절정에 달하는데 이때 그는 앞선 시기
에 보여주었던 추상적이고 논리 분석적인 사상을 버리고 언어를 독특하고, 국지적
이며, 실제적인, 마치 게임처럼 상호작용적인 것으로 보게 되었다. 여기서 '언어게임'
이라는 사상이 개발되었다. 다음도 참고하라. A. Kenny, *Wittgenstein* (Cambridge, MA:
Harvard University Press, 1973); R. Monk, *Ludwig Wittgenstein: The Duty of Genius*
(New York: Random House, 2012); A. Biletzki and A. Matar, 'Ludwig Wittgenstein',
Stanford Encyclopedia of Philosophy (Stanford, CA, 2002; revised 2 May 2018, https://
plato.stanford.edu/entries/wittgenstein/); A. P. Mills, 'Knowledge of language', *Internet
Encyclopedia of Philosophy*, https://iep.utm.edu/knowlang/.

31. J. A. Fodor, *The Language of Thought* (Cambridge, MA: Harvard University Press, 1975);
J. McCarthy and P. J. Hayes, 'Some philosophical problems from the standpoint of
artificial intelligence', in B. Meltzer and D. Michie, eds, *Machine Intelligence*, Vol. 4
(Edinburgh: Edinburgh University Press, 1969), pp. 463~502.

32. S. Pinker, *The Language Instinct: How the Mind Creates Language* (New York:
William Morrow, 1994).

33. D. R. Dowty, R. Wall and S. Peters, *Introduction to Montague Semantics* (Dordrecht,
Netherlands: Kluwer, 1981); R. Cann, *Formal Semantics: An Introduction* (Cambridge:

Cambridge University Press, 1993). 그러나 언어학에서 형식 의미론은 컴퓨터 프로그래밍 언어의 형식 의미론과 비교하면 작은 분야다. 컴퓨터 프로그래밍 언어에서 형식 의미론의 목표는 컴퓨터 프로그램의 의미에 대한 정확한 수학적 사양을 제공하는 것이다. G. Winskel, *The Formal Semantics of Programming Languages: An Introduction* (Cambridge, MA: MIT Press, 1993). 컴퓨터 언어는 인간의 언어와 다르다. 컴퓨터 언어는 정확하고 엄격한 체계를 갖추고 있으며 상상력이나 해석적 도약 없이 모든 것에 대해 완전하고 상세한 설명을 요구한다. 실제로 어떠한 언어적 창조성에도 '구문 오류'라고 반응할 가능성이 있다. 따라서 외견상 컴퓨터 언어에서 형식 의미론을 찾을 가능성이 훨씬 크며 인간 언어에서 형식 의미론은 우리가 주장했듯 신기루에 불과하다. 그럼에도 불구하고 인간 언어의 특정한 측면에 대해 공식적으로 설명을 제공하려는 시도는 언어 작동 방식에 대한 훨씬 더 깊은 이해로 이어졌으며 수학적 정확성은 언어 이론 발전에 큰 공헌을 했다는 것이 일반적 시선이다. G. K. Pullum, 'Formal linguistics meets the boojum', *Natural Language & Linguistic Theory* 7 (1989), pp. 137~143.

34. 흥미롭게도 비트겐슈타인은 케임브리지의 동료 경제학자 피에로 스라파가 그의 초기 견해에 대해 날카로운 비판을 가하자 크게 충격을 받았다. 비트겐슈타인의 전기 작가 노먼 맬컴Norman Malcolm은 이렇게 설명한다. 스라파는 손가락 끝으로 턱밑을 바깥쪽으로 문지르는 제스처를 취하면서 이렇게 물었다. "그 논리 형식이라는 게 뭡니까?" 이 동작은 나폴리 사람들에게 혐오나 경멸 같은 것을 의미하는 몸짓인데, 아마 가식은 아닐 것이다. M. Malcolm, *Ludwig Wittgenstein: A Memoir* (Oxford: Oxford University Press, 1958), pp. 58~59.

35. Wittgenstein, *Philosophical Investigations*, p. 220.

36. '나가는 글'에서 우리는 언어의 무규칙적이고 즉흥적인 측면이 인간 수준의 인공지능을 창조하는 프로젝트에 큰 도전이 되고 있다고 주장한다. 또한 인공지능 연구 공동체 일부에서는 낙관적 목소리가 나오기도 하지만 현재로서는 극복 불가능해 보인다.

CHAPTER 4 혼돈의 경계에 선 언어 질서

1. 다음 기사에서 인용. D. Shariatmadari, 'Why it's time to stop worrying about the decline of the English language', *Guardian*, 15 Aug. 2019, https://www.theguardian.com/science/2019/aug/15/why-its-time-to-stop-worrying-about-the-decline-of-the-english-language

2. J. Humphrys, 'I h8 txt msgs: how texting is wrecking our language', *Daily Mail*, 24 Sept. 2007, https://www.dailymail.co.uk/news/article-483511/I-h8-txt-msgs-How-

texting-wrecking-language.html

3. 다음 기사에서 인용. J. Aitchison, 'Reith Lectures: is our language in decay?', *Independent*, 23 Oct. 2011, https://www.independent.co.uk/life-style/reith-lectures-is-our-language-in-decay-1317695.html

4. https://queens-english-society.org/about/

5. Aitchison, 'Reith Lectures'.

6. 스코틀랜드 계몽주의 시대의 위대한 철학자이자 사회이론가 애덤 퍼거슨은 문화적 패턴과 경제적 패턴의 출현은 "인간 행동의 결과이지 인간이 계획해서 만든 것은 아니다"라는 말로 유명하다. 이후 현대 사회 과학에서 자생적 질서라는 개념을 만들어낸 인물, 프리드리히 하이에크가 퍼거슨의 이 문구를 채택하기도 했다. 에든버러대학교에 있을 때 우리는 인지과학 센터가 있는 '버클루 플레이스'의 오래된 계단식 건물 맞은편에 있는 애덤 퍼거슨관을 매일 마주치곤 했는데 불규칙한 구조에 그다지 매력적이지도 않은 1960년대식 건물이었다. 그 당시 우리는 애덤 퍼거슨이 누구인지 전혀 알지 못했고 그에 대한 호기심조차 없었다는 것을 부끄럽지만 인정하지 않을 수 없다.

7. 이 단락의 출처에는 다음 저술들이 포함되어 있다. S. Sturluson, The Prose Edda, trans. J. Byock (London: Penguin, 2005); E. H. Man, 'On the aboriginal inhabitants of the Andaman Islands (Part II)', *Journal of the Anthropological Institute of Great Britain and Ireland* 12 (1883), pp. 117~175; J. A. Teit, 'Old-one (Okanagon tales)', in *Folk-Tales of Salishan and Sahaptin Tribes* (New York: American Folk-Lore Society, 1917); P. Sutton, 'Materialism, sacred myth and pluralism: competing theories of the origin of Australian languages', in F. Merlan, J. Morton and A. Rumsey, eds, *Scholar and Sceptic: Australian Aboriginal Studies in Honour of L. R. Hiatt* (Canberra: Aboriginal Studies Press, 1997), pp. 211~242, 297~309.

8. 다음 세 단락은 움베르토 에코의 책 《The Search for the Perfect Language(완벽한 언어를 찾아서)》를 바탕으로 했다. 여기서 논의되는 다양한 문법학자에 대한 언급은 이 책의 5장 '일원론적 가설과 모국어'에서 찾을 수 있다.

9. 라스크에 관한 전기적 정보는 다음 책에서 가져왔다. H. F. Nielsen, 'Rasmus Kristian Rask (1787-1832) Liv og Levned [Rasmus Kristian Rask (1787-1832): Life and Accomplishments]', *RASK: Internationalt Tidsskrift for Sprog og Kommunikation* 28 (2008), pp. 25~42.

10. 다음에 오는 두 단락의 출처는 다음과 같다. M. F. Müller, *Lectures on the Science of Language* (London: Longman, Green, Longman & Roberts, 1862); O. Jespersen, *Language: Its Nature, Development, and Origin* (New York: Henry Holt, 1922); D.

Crystal, How Language Works (London: Penguin, 2005).

11. M. F. Müller, 'On the Origin of Reason', *Contemporary Review* 31(1878), pp. 534~551 at p. 550.

12. 1866년 학회는 제2조에 다음과 같이 쓰고 있다: La Société n'admet aucune communication concernant, soit l'origine du langage soit la création d'une langue universelle(학회는 언어의 기원이나 보편적 언어의 창조에 관한 그 어떤 논의도 받아들이지 않는다: 'Statuts de 1866', Société de Linguistique de Paris, https://www.slp-paris.com/statuts1866.html

13. 이 부분은 여러 해 동안 우리가 읽었던 촘스키의 다음 저술들에 기초하고 있다. N. Chomsky, *Cartesian Linguistics: A Chapter in the History of Rationalist Thought* (New York: Harper & Row, 1966); N. Chomsky, *Reflections on Language* (New York: Random House, 1975); N. Chomsky, 'Rules and representations', *Behavioral and Brain Sciences* 3 (1980), pp. 1~15; N. Chomsky, Language and Mind (Cambridge: Cambridge University Press, 2006); N. Chomsky, 'The language capacity: architecture and evolution', *Psychonomic Bulletin & Review* 24 (2017), pp. 200~203.

14. 생성 문법 프로젝트는 여러 방향으로 확장되면서 그중 일부는 촘스키의 애초 프로그램과 거리가 멀어지게 되었는데, 선천적인 보편 문법의 존재에 대한 촘스키의 가정을 공유하지 않는 것이 그들의 전형적인 입장이다. 당연히 그들 중 다수는 생성 문법이 반드시 뇌에서 표출된다고 보지 않는다. 그러나 우리가 대학원생이던 1980년대 후반까지도 생성 문법 이론에는 어휘 기능 문법, 일반구 구조문법, 수형접합 문법 등이 포함되어 있었다.

15. 인간이 애초에 어떻게 보편적인 문법을 가지게 되었는지에 대한 촘스키의 설명은 5장에서 논의할 것이다.

16. 촘스키는 '나는 단일 언어의 관찰에 기초한 언어 구조의 일반적인 원리를 주저 없이 제시해 왔다'고 말한다. N. Chomsky, 'On cognitive structures and their development: a reply to Piaget', in M. Piatelli-Palmarini, ed., *Language and Learning: The Debate between Jean Piaget and Noam Chomsky* (London: Routledge & Kegan Paul, 1980), p. 48.

17. 이 사례들은 브루노 에스티가리비아Bruno Estigarribia가 2013년 어느 게시글에서 수집한 '아이들의 재미있는 말'이라는 유쾌한 모음집에서 가져왔다. https://childes.talkbank.org/teach/sayings.pdf.

18. M. Tomasello, *First Verbs: A Case Study of Early Grammatical Development* (Cambridge: Cambridge University Press, 1992); L. Bloom, *Language Development:*

Form and Function in Emerging Grammars (Cambridge, MA: MIT Press, 1970).

19. 현재는 어린아이들이 언어를 구조별로 학습하는 방법을 탐구한 방대한 문헌이 있다. 최근 사례는 다음 책을 보라. B. Ambridge, 'Against stored abstractions: a radical exemplar model of language acquisition', *First Language* 40 (2020), pp. 509~559; B. MacWhinney, 'Item-based patterns in early syntactic development', in T. Herbst, H.-J. Schmid and S. Faulhaber, eds, *Constructions, Collocations, Patterns* (Berlin: De Gruyter, 2014), pp. 33~69.

20. 언어 변화의 주요 추동자가 어린아이인지 아니면 어른인지에 대한 질문은 여전히 해결되지 않은 채로 남아 있으며, 그 대답은 언어의 다양한 측면에서 다르게 내려질 수 있다. 이에 대한 리뷰는 다음 논문을 보라. V. Kempe and P. J. Brooks, 'Linking adult second language learning and diachronic change: a cautionary note', *Frontiers in Psychology* 9 (2018), p. 480, https://www.frontiersin.org/articles/10.3389/fpsyg.2018.00480/full). 그러나 정교한 컴퓨터 시뮬레이션은 언어 변화가 아이들이 언어 학습 중에 범하는 오류에서 비롯될 가능성이 낮다는 것을 보여준다. R. A. Blythe and W. Croft, 'How individuals change language', *PLOS ONE* 16 (2021): e0252582.

21. M. Dingemanse, S. G. Roberts, J. Baranova, J. Blythe, P. Drew, S. Floyd et al., 'Universal principles in the repair of communication problems', *PLOS ONE* 10 (2015): e0136100.

22. 사례는 다음을 보라. S. DeCock, S. Granger, G. Leech and T. McEnery, 'An automated approach to the phrasicon of EFL learners', in S. Granger, ed., *Learning English on Computer* (London: Addison, Wesley, Longman, 1998), pp. 67–79. K. Conklin and N. Schmitt, 'The processing of formulaic language', *Annual Review of Applied Linguistics* 32 (2012), pp. 45~61.

23. P. W. Culicover, *Syntactic Nuts: Hard Cases, Syntactic Theory, and Language Acquisition* (New York: Oxford University Press, 1999).

24. 규칙이 없는 어순, 즉 자유 어순에서 '자유' 개념은 경계가 불분명함을 의미하며 주어, 동사, 목적어에만 적용되는 것이 아니라 형용사, 부사 등이 어디에 위치하느냐에도 적용된다. 보통 라틴어와 같은 특정 어순이 더 흔하다. 그리고 어순이 고정된 언어에서도 비표준 어순이 허용되는 경우가 있다. 예를 들어 영어로 "Guacamole Mary absolutely adores(과카몰리 메리가 정말 사랑하지)"라고 말할 수 있는데 여기서 목적어 과카몰리는 강조를 위해 문장 맨 앞에 올 수 있다.

25. 제2언어로 라틴어를 배우는 성인 학습자 수가 많은 것도 '격 표지'에서 고정된 어순으로 변화하는 데 한몫한 것으로 보인다. 격 체계는 제2언어 학습자들에게 배우기 어렵

기로 악명 높기 때문이다. C. Bentz and M. H. Christiansen, 'Linguistic adaptation: the trade-off between case marking and fixed word orders in Germanic and Romance languages', in G. Peng and F. Shi, eds, *Eastward Flows the Great River: Festschrift in Honor of Prof. William S.-Y. Wang on his 80th Birthday* (Hong Kong: City University of Hong Kong Press, 2013), pp. 45~61.

26. B. Heine and T. Kuteva, The Genesis of Grammar: A Reconstruction(New York: Oxford University Press, 2007); B. Heine and T. Kuteva, 'Grammaticalization theory as a tool for reconstructing language evolution', in M. Tallerman and K. Gibson, eds, *The Oxford Handbook of Language Evolution* (Oxford: Oxford University Press, 2011), pp. 512~527.

27. 닉은 1990년대 중반 옥스퍼드에 있는 서점에서 언어학 서적 코너를 둘러 보다가 폴 호퍼Paul Hopper와 엘리자베스 트라우고트Elizabeth Traugott의 신간을 생각 없이 뒤적이던 순간을 생생하게 기억한다. 5분 후에 그는 완전히 넋을 잃었다. 대서양 반대편에 있던 모텐 역시 그 책에 대해 비슷한 반응을 보였다. 서로의 메모를 비교하기 시작하면서 우리는 문법화의 아이디어가 언어에 대한 우리의 관점을 완전히 바꿔놓을 것이라는 것을 깨달았다.

28. P. J. Hopper, 'Some recent trends in grammaticalization', *Annual Review of Anthropology* 25 (1996), pp. 217~236.

29. E. Van Gelderen, *A History of the English Language* (Amsterdam: John Benjamins, 2014).

30. R. Coleman, 'The origin and development of latin habeo+ infinitive', *Classical Quarterly* 21 (1971), pp. 215~232; S. Fleischman, *The Future in Thought and Language: Diachronic Evidence from Romance* (Cambridge: Cambridge University Press, 1982).

31. 상세한 분석은 다음을 보라 M. B. M. Hansen, 'Negation in the history of French', in D. Willis, C. Lucas and A. Breitbarth, eds, *The History of Negation in the Languages of Europe and the Mediterranean: Volume I Case Studies* (Oxford: Oxford University Press, 2013), pp. 51~76. 프랑스어 구어의 방언 일부에서 나타나는 pas 사용에 대해서는 다음을 보라. P. J. Hopper, 'Some recent trends in grammaticalization', *Annual Review of Anthropology* 25(1996), pp. 217~236.

32. 'Linguists are like, "Get used to it!"' by Britt Peterson, *Boston Globe*, 25 Jan. 2015, https://www.bostonglobe.com/ideas/2015/01/25/linguists-are-like-get-used/ruUQoVOXUTLDjx72JojnBI/story.htm

CHAPTER 5 언어는 생물학적으로 진화하지 않는다

1. C. Darwin, *The Autobiography of Charles Darwin 1809~1882. With the Original Omissions Restored. Edited and with Appendix and Notes by His Grand-Daughter Nora Barlow* (London: Collins, 1958), p. 120, http://darwin-online.org.uk/content/frameset?pageseq=1&itemID=F1497&viewtype=text. (Scanned by John van Wyhe, 2004; OCRed by AEL Data, December 2005; proofread and corrected by Sue Asscher, December 2005.)

2. 예를 들어 웨지우드는 인도·유럽어족 내 소리 변화를 고찰하기 위해 그림의 주요 작품에 대한 비평을 출판하기도 했다. H. Wedgwood, 'Grimm's Deutsche Grammatik', *Quarterly Review* 50 (1833), pp. 169~189. 종의 진화를 추론하기 위해 다윈이 언어를 비유적으로 사용한 배경에 대해 추가적으로 살펴보고 싶다면 다음을 참고하라. S. G. Alter, *Darwinism and the Linguistic Image: Language, Race, and Natural Theology in the Nineteenth Century* (Baltimore, MD: Johns Hopkins University Press, 2003).

3. 생명 계통도와는 대조적으로 인간의 모든 언어가 하나의 공통된 뿌리를 가지고 있다고 믿을 실질적인 이유는 없다. 실제로는 그와 반대라고 가정할만한 충분한 근거가 도처에 존재한다. 언어는 독립적으로 발명되었고 여러 차례 재창조되었다.

4. Metaphysical Notebook N, in P. H. Barrett, P. J. Gautrey, S. Herbert, D. Kohn and S. Smith, eds, *Charles Darwin's Notebooks, 1836~1844* (Cambridge: Cambridge University Press, 1987), p. 65.

5. C. Darwin, *On the Origin of Species by Means of Natural Selection* (London: John Murray, 1859), pp. 422~3. 그러나 다윈이 언어를 종과 비교해서 설명한 것은 그의 생각에 인간 진화에 적용시킨 자신의 이론이 '덜' 문명화된 사회일수록 덜 문명화된 언어를 사용할 것으로 예측했기 때문이라는 점에 주목하자. G. Radick, 'Darwin on language and selection', *Selection* 3 (2002), pp. 7~16.

6. C. Darwin, *The Descent of Man, and Selection in Relation to Sex*, Vol. 1 (London: John Murray, 1871), pp. 59~61.

7. M. Müller, 'The science of language', Nature 1 (1870), pp. 256~259 at p. 257.

8. 언어학: R. C. Berwick and N. Chomsky, *Why Only Us? Language and Evolution* (Cambridge, MA: MIT Press, 2016). 심리학: S. Pinker, *The Language Instinct* (New York: William Morrow, 1994). 생물학: J. Maynard Smith and E. Szathmáry, *The Origins of Life: From the Birth of Life to the Origin of Language* (Oxford: Oxford University Press, 1999). 역사학: Y. N. Harari, *Sapiens: A Brief History of Humankind* (New York: Random House, 2014).

9. 그럼에도 인간이 백지상태로 태어난다는 이 말은 언어의 유전적 청사진을 주장하는 사람들이 우리의 관점을 풍자할 때 자주 이용하는 방식이다. S. Pinker, *The Blank Slate: The Modern Denial of Human Nature* (New York: Viking, 2003).

10. 베이츠의 논외는 다음 저서에 실려 있는 그의 논문, '자연과 언어의 본성에 대하여'에서 가져왔다. E. Bizzi, P. Calissano and V. Volterra, eds, *Frontiere della biologia: Il cervello di Homo sapiens* [Frontiers of Biology: The Brain of Homo Sapiens] (Rome: Giovanni Trecanni, 1999), pp. 241~265.

11. M. A. Halliday, 'Notes on transitivity and theme in English: Part 2', Journal of Linguistics 3 (1967), pp. 199-244; H. H. Clark and S. E. Haviland, 'Comprehension and the given-new contract', in R. O. Freedle, ed., *Discourse Production and Comprehension* (Norwood, NJ: Ablex, 1977), pp. 1~40.

12. 언어를 유기체로 생각하는 전통은 상당히 유서가 깊다. 여기에는 생성 문법의 아버지 촘스키를 위시해 빌헬름 폰 훔볼트, 아우구스트 슐라이허, 찰스 다윈, 막스 뮐러 등이 포함되어 있다. 이 전통은 거의 한 세기 동안 동면하고 있다가 스테비크R. D. Stevick에 의해 현대 진화론적 체계 안에서 부활했다. R. D. Stevick, 'The biological model and historical linguistics', *Language* 39 (1963), pp. 159~169; B. Nerlich, 'The evolution of the concept of "Linguistic evolution" in the 19th and 20th century', *Lingua* 77 (1989), pp. 101~112; M. I. Sereno, 'Four analogies between biological and cultural/linguistic evolution', *Journal of Theoretical Biology* 151 (1991), pp. 467~507. 모텐은 1994년 박사학위 논문에서 언어를 '유익한 기생충'의 관점에서 바라볼 것을 제안했다. '유익한 기생충'이란 구절은 디컨T. W. Deacon이 채택한 개념이었다. T. W. Deacon, *The Symbolic Species: The Co-evolution of Language and the Brain* (New York: W. W. Norton, 1997). 이에 대한 보다 진전된 논의는 다음을 보라. M. H. Christiansen and N. Chater, *Creating Language: Integrating Evolution, Acquisition, and Processing* (Cambridge, MA: MIT Press, 2016), ch. 2.

13. 이 단락은 다음 논문에 근거를 두고 있다. J. Xu and J. I. Gordon, 'Honor thy symbionts', Proceedings of the National Academy of Sciences 100 (2003), pp. 10452~10459; H. M. Wexler, 'Bacteroides: the good, the bad, and the nitty-gritty', *Clinical Microbiology Reviews* 20 (2007), pp. 593~621. 우리 몸의 미생물 생태계에 대한 친절하고 재미있는 소개는 다음 저서를 보라. E. Yong, *I Contain Multitudes* (New York: Ecco, 2016).

14. S. M. Blinkov and I. I. Glezer, *The Human Brain in Figures and Tables: A Quantitative Handbook* (New York: Basic Books, 1968).

15. 물론 모든 미생물이 B. 데타처럼 우리 몸에 도움이 되는 것은 아니다. 사실 어떤 미생물은 우리를 병들게 하고 심지어 죽게 할 수도 있는 아주 고약한 병원체이기도 하다. 이 책을 쓰던 2020년부터 2021년 사이에 인류는 전 세계적으로 코로나19 대유행에 시달렸다. 그러나 이 세계는 '언어 공생자'와 우리의 동맹이 자명하게 중요한 곳이다. 언어가 없다면 우리는 이러한 바이러스를 극복할 그 어떤 과학적, 조직적 자원도 가지지 못했을 것이다.

16. R. D. Gray and Q. D. Atkinson, 'Language-tree divergence times support the Anatolian theory of Indo-European origin', *Nature* 426 (2003), pp. 435~439.

17. M. R. Frean and E. R. Abraham, 'Adaptation and enslavement in endosymbiont-host associations', *Physical Review E: Statistical, Nonlinear, and Soft Matter Physics* 69 (2004): 051913.

18. 진화 미생물학자 팀은 카메룬의 야생 고릴라, 콩고 민주 공화국의 야생 보노보, 탄자니아의 야생 침팬지, 그리고 미국에 살고 있는 야생과 거리가 먼 인간의 배설물 샘플에서 박테리아 게놈을 추출하여 비교하였다. 연구 결과 지난 1500만 년 동안 숙주와 '공통 종분화' 과정을 통해 박테로이드과(B. 데타가 속한 장내 박테리아과)가 상이한 계통들로 진화했다는 것을 발견했다. 다시 말해 이 박테리아는 인류의 조상이 고릴라, 보노보, 침팬지, 인간으로 분화할 때 숙주의 종에 따라 별도의 진화의 길을 걷는다. 박테리아 공생자 유전자는 그들의 숙주였던 인류 조상의 유전자보다 상당히 빠르게 변화했다. 이는 숙주와 공생자의 관계가 치우친 동반자 관계임을 시사한다. A. H. Moeller, A. Caro-Quintero, D. Mjungu, A. V. Georgiev, E. V. Lonsdorf, M. N. Muller et al., 'Cospeciation of gut microbiota with hominids', *Science* 353 (2016), pp. 380~382.

19. 위 주석 8에서 인용했던 자료를 보라.

20. S. Pinker and P. Bloom, 'Natural language and natural selection', *Behavioral & Brain Sciences* 13 (1990), pp. 707~727.

21. A. Parker, *In the Blink of an Eye: How Vision Sparked the Big Bang of Evolution* (New York: Basic Books, 2003).

22. Pinker, *Language Instinct*.

23. 전체적인 논의는 다음 논문을 보라. M. H. Christiansen and N. Chater, 'Language as shaped by the brain', *Behavioral & Brain Sciences* 31 (2008), pp. 489~558; Christiansen and Chater, Creating Language, ch. 2.

24. N. Chater, F. Reali and M. H. Christiansen, 'Restrictions on biological adaptation in language evolution', *Proceedings of the National Academy of Sciences* 106 (2009), pp. 1015~1020. 우리의 주장이 농업과 낙농업의 발전에 따른 녹말과 젖당 소화 유전자

의 진화처럼 인간의 생물학적 적응도 빠를 수 있다는 사실을 배제하는 것은 아니라는 점에 주의하라(G. H. Perry, N. J. Dominy, K. G. Claw, A. S. Lee, H. Fiegler, R. Redon et al., 'Diet and the evolution of human amylase gene copy number variation', *Nature Genetics* 39 [2007], pp. 1256~1260) and lactose (C. Holden and R. Mace, 'Phylogenetic analysis of the evolution of lactose digestion in adults', *Human Biology* 69 [1997], pp. 605~628) 그러나 결정적으로 사람들은 일단 농부로 정착하면 이전으로 돌아가지 않았고 그 결과 자연선택이 작동할 수 있는 환경적 압력이 꾸준히 형성되었다. 이와 반대로 끊임없이 변화하는 언어는 생물학적 적응을 위한 선택적 압력을 단방향으로 만들어내지 않는다.

25. A. Baronchelli, N. Chater, R. Pastor-Satorras and M. H. Christiansen, 'The biological origin of linguistic diversity', *PLOS ONE* 7 (2012): e48029.

26. 이것은 또한 하나 이상의 언어를 사용하는 다국어 구사가 드물어야 하고 다국어를 구사하더라도 밀접하게 관련된 언어에만 국한된 것임을 의미해야 한다. 다시 말하지만 실제로는 그렇지 않다. 사실 세계 대부분의 사람은 최소 두 가지 언어를 구사한다. G. Valdés, 'Multilingualism', Linguistic Society of America, https://www.linguisticsociety.org/resource/multilingualism

27. M. Kislev and R. Barkai, 'Neanderthal and woolly mammoth molecular resemblance', *Human Biology* 90 (2018), pp. 115~128.

28. S. Tucci, S. H. Vohr, R. C. McCoy, B. Vernot, M. R. Robinson, C. Barbieri et al., 'Evolutionary history and adaptation of a human pygmy population of Flores Island, Indonesia', *Science* 361 (2018), pp. 511~516.

29. 논란의 여지가 있지만 덧붙여 말하자면 인류 최초의 언어는 남부 아프리카에서 사용되는 코이산어의 초기 형태인 클릭어click language에서 유래했다는 주장도 계속 있었다. E. Pennisi, 'The first language?', *Science* 303 (2004), pp. 1319~1320.

30. 엄밀히 말하자면 촘스키는 단어나 구와 같은 두 요소를 하나의 단위로 결합하는 가상의 계산 과정인 '병합'에 대해 언급하면서 이 병합의 과정이 재귀적으로 수행된다고 이야기한다. 다시 말해 병합의 과정은 이전에 결합된 같은 종류의 단위들을 포함해 반복적으로 적용될 수 있음을 의미한다는 것이다. 재귀는 이 결합 과정의 기초가 되는 수학적 개념이다. N. Chomsky, 'Some simple evo devo theses: how true might they be for language?', in R. Larson, V. Déprez and H. Yamakido, eds, *The Evolution of Human Language* (Cambridge: Cambridge University Press, 2010), pp. 45-62. 후에 프로메테우스에 대한 설명은 다음 책을 통해 대중화되었다. Berwick and Chomsky, *Why Only Us?*.

31. F. Karlsson, 'Constraints on multiple center-embedding of clauses', *Journal of*

Linguistics 43 (2007), pp. 365–92. 그러나 동일한 문제를 제기하지 않는 다른 유형의 재귀가 있다는 점에 유의해야 한다. 한 예로 '꼬리' 재귀를 들 수 있는데, 같은 문법 구조가 연속적으로 반복되는 것을 의미한다. 복수의 중앙 삽입형 문장과 달리 이러한 꼬리 반복적 문장은 우리 기억에 한계를 넘어설 정도의 부담을 주지는 않는다. 오래된 영국 동요 〈잭이 지은 집〉을 생각해 보자. 이 동요는 중앙 삽입형 구절들로 시작한다. "This is the house that Jack built(여기는 잭이 지은 집이지요)." 이 정도는 우리 언어 시스템에 괜찮다. 이제 운율은 잭이 지은 집 앞에 계속해서 절을 덧붙이면서 반복을 거듭한다. 처음에는 "This is the malt that lay in the house that Jack built(이것은 보리, 잭이 지은 집에 놓아두었지요)"로, 그다음에는 "This is the rat that ate the malt that lay in the house that Jack built(이 쥐는 잭이 지은 집에 놓아둔 보리를 먹어버렸지요)"로, 그리고 나서도 이 구절은 자그마치 70개의 단어가 다음처럼 꼬리에 꼬리를 물며 계속 이어진다. "This is the farmer sowing his corn, that kept the cock that crow'd in the morn, that waked the priest all shaven and shorn, that married the man all tatter'd and torn, that kissed the maiden all forlorn, that milk'd the cow with the crumpled horn, that tossed the dog, that worried the cat, that killed the rat, that ate the malt, that lay in the house that Jack built(이 사람은 옥수수 씨앗을 뿌리는 농부예요, 이 농부는 아침마다 울어대는 수탉을 키웠는데요, 이 수탉 소리에 머리와 수염을 빡빡 민 신부님이 잠을 깼고요, 이 신부님은 누더기 옷을 입은 가난한 남자의 주례를 섰고, 이 남자는 쓸쓸한 아가씨에게 입맞춤을 했다네요, 근데 이 아가씨는 다친 뿔을 가진 소의 젖을 짰고요, 이 소는 뿔로 개를 받아버렸대요, 또 이 개는 고양이를 귀찮게 했고, 이 고양이는 쥐를 잡았대요, 이 쥐가 보리를 먹었는데, 이 보리를 잭이 지은 집에 놓아두었다네요)." 흥미롭게도 우리는 이 문장에 문제가 있다는 것을 거의 느끼지 않지만, 이 중앙 삽입형 문장 대신 마트료시카 인형식 문장을 마주하게 된다면, 우리는 급속도로 길을 잃어버릴 것이다. 꼬리 재귀 반복은 재귀 없이 수용될 수 있지만, 중앙 삽입형은 그렇지 못하기 때문에 논쟁의 초점이 되는 것은 후자의 경우다.

32. D. Everett, *How Language Began* (London: Profile Books, 2017). 에버렛D. Everett의 주장은 논란의 여지가 있지만, 우리가 어떤 언어를 사용하든 중앙 집중식 재귀를 이해하는 우리의 능력이 매우 제한적이라는 사실은 경험적으로 충분한 근거를 가진다.

33. R. McKie, 'Whisper it quietly, but the power of language may all be in the genes', *Guardian*, 7 Oct. 2001, https://www.theguardian.com/education/2001/oct/07/research.highereducation; C. Kenneally, 'First language gene found', *Wired*, 3 Oct. 2001, https://www.wired.com/2001/10/first-language-gene-found/; M. Balter, 'First "speech gene" identified', *Science*, 3 Oct. 2001, https://www.sciencemag.org/

news/2001/10/first-speech-gene-identified

34. C. S. L. Lai, S. E. Fisher, J. A. Hurst, F. Vargha-Khadem and A. P. Monaco, 'A forkhead-domain gene is mutated in a severe speech and language disorder', *Nature* 413 (2001), pp. 519–23. 우리는 FOXP2의 발견자 중 한 명이자 막스 플랑크 심리언어학 연구소의 언어 유전학부의 책임자인 사이먼 피셔Simon Fisher가 FOXP2가 언어 유전자가 아니라고 오랫동안 주장해 왔다는 것에 주목할 필요가 있다. e.g. S. E. Fisher, 'Tangled webs: tracing the connections between genes and cognition', *Cognition* 101 (2006), pp. 270~297.

35. M. Gopnik, 'Feature-blind grammar and dysphasia', *Nature* 244(1990), p. 715; M. Gopnik and M. B. Crago, 'Familial aggregation of a developmental language disorder', *Cognition* 39 (1991), pp. 1~50.

36. J. Berko, 'The child's learning of English morphology', *Word* 14 (1958), pp. 150~177.

37. S. Pinker, 'Talk of genetics and vice versa', *Nature* 413 (2001), pp. 465~466.

38. N. Wade, 'Language gene is traced to emergence of humans', *New York Times*, 15 Aug. 2002, https://www.nytimes.com/2002/08/15/us/language-gene-is-traced-to-emergence-of-humans.html; Associated Press, 'Gene linked to the dawn of speech', *Sciences News*, NBC News, 14 Aug. 2002, http://www.nbcnews.com/id/3131127/ns/technology_and_science-science/t/gene-linked-dawn-speech; M. Balter, '"Speech gene" debut timed to modern humans', *Science*, 14 Aug. 2002, https://www.sciencemag.org/news/2002/08/speech-gene-debut-timed-modern-humans

39. W. Enard, M. Przeworski, S. E. Fisher, C. S. Lai, V. Wiebe, T. Kitano et al., 'Molecular evolution of FOXP2, a gene involved in speech and language', *Nature* 418 (2002), pp. 869–72. For a review, see S. E. Fisher and C. Scharff, 'FOXP2 as a molecular window into speech and language', *Trends in Genetics* 25 (2009), pp. 166~177.

40. J. Krause, C. Lalueza-Fox, L. Orlando, W. Enard, R. E. Green, H. A. Burbano et al., 'The derived FOXP2 variant of modern humans was shared with Neandertals', *Current Biology* 17 (2007), pp. 1908~1912.

41. E. G. Atkinson, A. J. Audesse, J. A. Palacios, D. M. Bobo, A. E. Webb, S. Ramachandran et al., 'No evidence for recent selection at FOXP2 among diverse human populations', *Cell* 174 (2018), pp. 1424~1435.

42. 이러한 대립 형질의 차이 중 다수는 거의 영향을 미치지 않는 것처럼 보이지만, 어떤 대립 형질의 차이는 개인들 사이에 중요한 차이를 초래할 수 있다. 예를 들어, 대립유전자

의 변화는 혈전을 치료하는 데 일반적으로 사용되는 항응고제(또는 혈액 희석제)인 와파린과 같은 약물에 우리가 어떻게 반응하는지를 결정한다. CYP2C9와 VKORC1이라는 두 유전자의 대립유전자는 와파린이 체내에서 얼마나 빨리 대사되는지에 영향을 미친다. 이 약은 이전에 쥐약으로 사용된 적이 있기 때문에, 사람들이 출혈을 일으키지 않도록 개인별로 용량을 정확하게 맞추는 것이 중요하다. 유전자 정보를 사용하는 것은 도움이 될 수 있다. D. A. Flockhart, D. O'Kane, M. S. Williams, M. S. Watson, B. Gage, R. Gandolfi et al., 'Pharmacogenetic testing of CYP2C9 and VKORC1 alleles for warfarin', *Genetics in Medicine* 10 (2008), pp. 139~150.

43. N. S. Caron, G. E. B. Wright and M. R. Hayden, 'Huntington disease', in M. P. Adam, H. H. Ardinger, R. A. Pagon et al., eds, *Gene Reviews* (Seattle: University of Washington, 1998; updated 5 July 2018). https://www.ncbi.nlm.nih.gov/books/NBK1305/

44. K. L. Mueller, J. C. Murray, J. J. Michaelson, M. H. Christiansen, S. Reilly and J. B. Tomblin, 'Common genetic variants in FOXP2 are not associated with individual differences in language development', *PLOS ONE* 11 (2016): e0152576.

45. 여기서 논의한 두 마리 쥐에 대한 연구는 다음과 같다. S. Reimers-Kipping, W. Hevers, S. Pääbo and W. Enard, 'Humanized Foxp2 specifically affects cortico-basal ganglia circuits', Neuroscience 175 (2011), pp. 75~84; C. Schreiweis, U. Bornschein, E. Burguière, C. Kerimoglu, S. Schreiter, M. Dannemann et al., 'Humanized FOXP2 accelerates learning by enhancing transitions from declarative to procedural performance', *Proceedings of the National Academy of Sciences* 111(2014), pp. 14253~14258.

46. K. S. Lashley, 'The problem of serial order in behavior', in L. A. Jeffress, ed., *Cerebral Mechanisms in Behavior* (New York: Wiley, 1951), pp. 112~131.

47. J. B. Tomblin, J. Murray and S. Patil, 'Genetics of specific language impairment: multiple approaches', presentation, 55th Annual Meeting of the American Society of Human Genetics, Salt Lake City, UT, 2005; J. B. Tomblin, E. Mainela-Arnold and X. Zhang, 'Procedural learning in adolescents with and without specific language impairment', *Language Learning and Development* 3 (2007), pp. 269~293.

48. 브로카 영역은 1861년 프랑스 의사 폴 브로카가 뇌의 이 부분에 손상을 입고 말을 할 수 없게 된 사람의 부검을 통해 발견했다. 베르니케 영역은 1874년 독일의 신경학자 카를 베르니케의 이름을 따서 명명되었다. 아주 최근까지 이 영역들은 언어에 특화된 뇌의 부분으로 언어 생산(브로카의 영역)과 언어 이해(베르니케의 영역) 역할을 담당한다

고 여겨졌다. J. Sedivy, *Language in Mind*, 2nd edn (New York: Oxford University Press, 2020).

49. 서로 다른 글쓰기 체계에 대한 문화적 진화를 훑어보려면 다음을 참고하라. J. M. Diamond, *Guns, Germs, and Steel* (New York: Random House, 1998), ch. 12.

50. 문화적 생산으로서 읽기에 대한 우리의 논의는 다음 저서에서 영감을 얻었다. S. Dehaene and L. Cohen, 'Cultural recycling of cortical maps', Neuron 56 (2007), pp. 384~398.

51. 이에 대해 검토하려면 다음 저서를 보라 D. J. Bolger, C. A. Perfetti and W. Schneider, 'Cross-cultural effect on the brain revisited: universal structures plus writing system variation', *Human Brain Mapping* 25 (2005), pp. 92–104. 시각적 단어 형태 영역은 인쇄된 단어를 인식하는 데 특히 중요해 보이지만 더 일반적으로는 의미에 접근하는 역할 역시 수행할 수 있다. J. T. Devlin, H. L. Jamison, L. M. Gonnerman and P. M. Matthews, 'The role of the posterior fusiform gyrus in reading', Journal of Cognitive Neuroscience 18 (2006), pp. 911~922.

52. 물론 한자처럼 더 복잡한 기호를 인식하고 안정적으로 생산하는 것은 가능하지만, 이 같은 한자로는 단일 음성이 아닌 전체 단어를 전달하게 됨으로써 복잡성이 추가되는 것이 '정당화'된다. 언어와 마찬가지로 쓰기 시스템에서도 서로 다른 제약 조건 간의 절충이 가능하다.

53. M. A. Changizi, Q. Zhang, H. Ye and S. Shimojo, 'The structures of letters and symbols throughout human history are selected to match those found in objects in natural scenes', *American Naturalist* 167 (2006): E117–E139.

54. J. Grainger, S. Dufau, M. Montant, J. C. Ziegler and J. Fagot, 'Orthographic processing in baboons (Papio papio)', *Science* 336 (2012), pp. 245~248.

55. H. Meng, S. D. Smith, K. Hager, M. Held, J. Liu, R. K. Olson et al., 'DCDC2 is associated with reading disability and modulates neuronal development in the brain', *Proceedings of the National Academy of Sciences* 102 (2005), pp. 17053~17058.

56. From E. Bates, 'On the nature and nurture of language', in E. Bizzi, P. Calissano and V. Volterra, eds, *Frontiere della biologia: Il cervello di Homo sapiens* [Frontiers of Biology: The Brain of Homo Sapiens] (Rome: Giovanni Trecanni, 1999), pp. 241~265.

CHAPTER 6 언어와 인류의 발자취

1. US Census Bureau, 'Quick facts: New York City, New York', https://www.census. gov/quickfacts/fact/table/newyorkcitynewyork/PST045219

2. 우리는 앤디 클라크에게 빚을 졌다. 거의 30년 전 모텐과 앤디는 세인트루이스의 워싱 턴대학교에 있었고 닉이 그곳을 방문했는데, 당시 우리는 언어 진화, 문화 가위의 '진 화' 사이의 유사성에 대해 논의했다.

3. N. Chater and M. H. Christiansen, 'Language acquisition meets language evolution', *Cognitive Science* 34 (2010), pp. 1131–57; Christiansen and Chater, *Creating Language*, ch. 3.

4. C-학습이 N-학습에 관여하는 경우가 있다. 어떤 식물이 식용 가능하고 어떤 식물이 그 렇지 않은지, 어떤 식품이 먹기에 적합하도록 조리에 특별한 준비가 필요한지 다른 사 람에게 배울 때 그러하다. 그리고 대부분 현대 사회에는 학교와 같은 N-학습의 촉진을 돕는 다양한 문화 기관이 있으므로 이러한 경우 우리는 고립되어 일하는 외로운 과학 자가 아니다. 그러나 궁극적으로 N-학습에서 무엇이 효과가 있고 무엇이 효과가 없는 지는 우리가 다른 사람들이 하는 일과 같은 일을 하는지의 여부가 아니라 여전히 외부 세계에 달려 있다.

5. D. Wang and H. Li, 'Nonverbal language in cross-cultural communication', *Sino-US English Teaching* 4 (2007), pp. 66~70.

6. 예를 들면 R. Jackendoff, *The Architecture of the Language Faculty* (Cambridge, MA: MIT Press, 1997), p. 5.

7. F. C. Bartlett, Remembering; *A Study in Experimental and Social Psychology* (Cambridge: Cambridge University Press, 1932).

8. E. A. Esper, 'Social transmission of an artificial language', *Language* 42 (1966), pp. 575~580.

9. S. Kirby, H. Cornish and K. Smith, 'Cumulative cultural evolution in the laboratory: an experimental approach to the origins of structure in human language', *Proceedings of the National Academy of Sciences* 105 (2008), pp. 10681~10685.

10. 커비와 동료들은 각각의 시각적 장면이 고유한 명칭과 결합하도록 중복되는 명칭은 제거했다. 이 작업은 모호성을 피하고자 하는 의사소통 과정에서의 압력에 대한 모의 실험이었다. 명칭은 사람들의 학습 대상일 뿐만 아니라 다른 사람과 의사소통을 하기 위해서도 사용하는 것이 명칭이므로, 명칭은 가능한 구체적일 필요가 있었다. 후속 연 구에서 그들은 같은 결과를 얻었다. S. Kirby, M. Tamariz, H. Cornish and K. Smith, 'Compression and communication in the cultural evolution of linguistic structure',

Cognition 141 (2015), pp. 87~102.

11. H. Cornish, R. Dale, S. Kirby and M. H. Christiansen, 'Sequence memory constraints give rise to language-like structure through iterated learning', *PLOS ONE* 12 (2017): e0168532.

12. T. Dobzhansky, 'Nothing in biology makes sense except in the light of evolution', *American Biology Teacher* 35 (1973), pp. 125~129.

13. 3천만 단어 격차에 대한 연구의 원본은 다음 저서다. B. Hart and T. Risley, *Meaningful Differences in the Everyday Experience of Young American Children* (Baltimore: Brookes, 1995). 이 연구는 다음 저술들을 통해 대중화되었다. B. Hart and T. R. Risley, 'The early catastrophe: the 30 million word gap by age 3', *American Educator* 27 (2003), pp. 4~9. Examples of press coverage: G. Bellafante, 'Before a test, a poverty of words', *New York Times*, 5 Oct. 2012, https://www.nytimes.com/2012/10/07/nyregion/for-poor-schoolchildren-a-poverty-of-words.html; 'Closing the "word gap" between rich and poor', NPR, 28 Dec. 2013, https://www.npr.org/2013/12/29/257922222/closing-the-word-gap-between-rich-and-poor; J. Ludden, 'Efforts to close the achievement gap in kids start at home', *All Things Considered*, NPR, 17 March 2014, https://www.npr.org/2014/03/17/289799002/efforts-to-close-the-achievement-gap-in-kids-start-at-home. Studies on the relationship between input, vocabulary and language skills: E. Hoff, 'How social contexts support and shape language development', *Developmental Review* 26 (2006), pp. 55–88; M. Burchinal, K. McCartney, L. Steinberg, R. Crosnoe, S. L. Friedman, V. McLoyd et al., 'Examining the black–white achievement gap among low-income children using the NICHD study of early child care and youth development', *Child Development* 82 (2011), pp. 1404–20. Recent discussions of the thirty-million-word gap have been more nuanced: A. Kamenetz, 'Let's stop talking about the "30 million word gap"', *All Things Considered*, NPR, 1 June 2018, https://www.npr.org/sections/ed/2018/06/01/615188051/lets-stop-talking-about-the-30-million-word-gap; R. Pondiscio, 'Don't dismiss that 30 million-word gap quite so fast', *EducationNext*, 6 June 2019, https://www.educationnext.org/dont-dismiss-30-million-word-gap-quite-fast/; R. Michnick Golinkoff, E. Hoff, M. Rowe, C. Tamis-LeMonda and K. Hirsh-Pasek, 'Talking with children matters: defending the 30 million word gap', *Education Plus Development* (blog), Brookings, 21 May 2018, https://www.brookings.edu/blog/education-plus-development/2018/05/21/

defending-the-30-million-word-gap-disadvantaged-children-dont-hear-enough-child-directed-words/

14. The Fix Team, 'Transcript: the third democratic debate', *Washington Post*, 12 Sept. 2019, https://www.washingtonpost.com/politics/2019/09/13/transcript-third-democratic-debate/

15. 브리티시 내셔널 코퍼스는 우리의 대화를 분석해 가장 자주 사용되는 상위 1천 개 단어가 일상 대화에서 사용되는 단어의 90퍼센트를 차지한다는 사실을 밝혔다. 다른 분석에서도 비슷한 결과가 나타났다. I. S. P. Nation, 'How large a vocabulary is needed for reading and listening?', *Canadian Modern Language Review* 63 (2006), pp. 59~82; M. P. Rodgers and S. Webb, 'Narrow viewing: the vocabulary in related television programs', *TESOL Quarterly* 45 (2011), pp. 689~717.

16. A. L. Paugh and K. C. Riley, 'Poverty and children's language in anthropological perspective', *Annual Review of Anthropology*, 48 (2019), pp. 297~315.

17. 일반적으로 적절한 타이밍에 대화를 번갈아 주고받을 수만 있다면 이러한 실시간 상호작용은 스카이프나 줌과 같은 앱에서 개인적으로, 또는 화상 회의를 통해 수행이 가능하다. S. Roseberry, K. Hirsh-Pasek and R. M. Golinkoff, 'Skype me! Socially contingent interactions help toddlers learn language', *Child Development* 85 (2014), pp. 956~970.

18. A. Fernald, V. A. Marchman and A. Weisleder, 'SES differences in language processing skill and vocabulary are evident at 18 months', *Developmental Science* 16 (2013), pp. 234~248; N. Hurtado, V. A. Marchman and A. Fernald, 'Does input influence uptake? Links between maternal talk, processing speed and vocabulary size in Spanish-learning children', *Developmental Science* 11 (2008), pp. F31~F39.

19. R. R. Romeo, J. A. Leonard, S. T. Robinson, M. R. West, A. P. Mackey, M. L. Rowe et al., 'Beyond the 30-million-word gap: children's conversational exposure is associated with language-related brain function', *Psychological Science* 29 (2018), pp. 700~710.

20. 인간의 심리와 행동에 대한 최근 연구의 90퍼센트 이상은 서구의western, 교육받은 educated, 산업화된industrialized, 부유한rich, 민주주의democratic 국가 출신 참여자들을 대상으로 했는데 이들 집단을 수식하는 단어들에서 첫 글자를 딴 다소 자조적인 줄임말, WEIRD(이상한)라는 명칭이 붙게 되었다. J. Henrich, S. J. Heine and A. Norenzayan, 'Beyond WEIRD: towards a broad-based behavioral science', *Behavioral and Brain Sciences* 33 (2010), pp. 111~135.

21. 초기 주장의 확산에 대한 사례는 다음 책을 보라. Pinker, *Language Instinct*. 자세한 연구는 다음 논문들을 보라. P. Vogt, J. D. Mastin and D. M. A. Schots, 'Communicative intentions of child-directed speech in three different learning environments: observations from the Netherlands, and rural and urban Mozambique', *First Language* 35 (2015), pp. 341~358; A. Cristia, F. Dupoux, M. Gurven and J. Stieglitz, 'Child-directed speech is infrequent in a forager-farmer population: a time allocation study', *Child Development* 90 (2017), pp. 759~773; L. A. Shneidman and S. Goldin-Meadow, 'Language input and acquisition in a Mayan village: how important is directed speech?', *Developmental Science* 15 (2012), pp. 659~673.

22. J. P. Bunce, M. Soderstrom, E. Bergelson, C. R. Rosemberg, A. Stein, F. Alam et al., 'A cross-cultural examination of young children's everyday language experiences', *PsyArXiv*, 2 Sept. 2020, https://doi.org/10.31234/osf.io/723pr

23. M. Casillas, P. Brown and S. C. Levinson, 'Early language experience in a Papuan community', *Journal of Child Language* 48 (2021), pp. 792~814.

24. J. E. Henderson, 'Phonology and grammar of Yele, Papua New Guinea' (monograph, Pacific Linguistics Series B 112, Department of Linguistics, Australian National University, Canberra, 1995), p. 14.

25. Casillas et al., 'Early language experience in a Papuan community'.

26. 물론 산업화된 사회라도 그 안에는 상당한 차이가 존재한다. 특히 미국이 그러한데, 미국에서는 인종적 차이와 사회 경제적 차이 모두가 문화적 다양성을 이끌고 있으며 이러한 문화적 다양성은 우리가 여기서 상대적으로 강조했던 학교 교육과 가족 활동 지원에 대한 논의 전반으로 광범위하게 이어진다. E. Ochs and T. Kremer-Sadl, 'Ethical blind spots in ethnographic and developmental approaches to the language gap debate', *Langage et Société* 170 (2020), pp. 39~67.

27. H. R. Waterfall, 'A little change is a good thing: feature theory, language acquisition, and variation sets', unpublished PhD diss., University of Chicago, 2006; J. F. Schwab and C. Lew-Williams, 'Repetition across successive sentences facilitates young children's word learning', *Developmental Psychology* 52 (2016), pp. 879~886.

28. 말뭉치 분석 결과는 히브리어와 영국식 영어 모두에서 저소득 가정의 아이들이 고소득 가정의 아이들과 비교했을 때 여러 번의 연속적 발화에서 단어들을 반복적으로 사용하면서 분출하듯 집중적으로 대화하는 상황에 더 적게 노출된다는 것을 보여준다. T.

428

A. L. Shira and I. Arnon, 'SES effects on the use of variation sets in child-directed speech', *Journal of Child Language* 45 (2018), pp. 1423~1438.

29. 더 많은 상호작용으로 더 나은 언어 능력을 갖출 수 있음을 보여주는 논문(주석 18번도 자료로 참고하라): F. J. Zimmerman, J. Gilkerson, J. A. Richards, D. A. Christakis, D. Xu, S. Gray and U. Yapanel, 'Teaching by listening: the importance of adult-child conversations to language development', *Pediatrics* 124 (2009), pp. 342~349; A. Weisleder and A. Fernald, 'Talking to children matters: early language experience strengthens processing and builds vocabulary', *Psychological Science* 24 (2013), pp. 2143~2152. 어린아이들의 관심사에 대한 대화에 관한 논문: M. McGillion, J. M. Pine, J. S. Herbert and D. Matthews, 'A randomised controlled trial to test the effect of promoting caregiver contingent talk on language development in infants from diverse socioeconomic status backgrounds', *Journal of Child Psychology and Psychiatry* 58 (2017), pp. 1122~1131. 추상적 개념을 학습하는 아동 돕기에 관한 논문: K. Leech, R. Wei, J. R. Harring and M. L. Rowe, 'A brief parent-focused intervention to improve preschoolers' conversational skills and school readiness', *Developmental Psychology* 54 (2018), pp. 15~28.

CHAPTER 7 무한하기에, 가장 아름다운 형태들

1. 특별히 언급하지 않는 한 로라 브리지먼의 이야기는 다음 출처를 바탕으로 했다. S. G. Howe, *Annual Reports of the Perkins Institution* (Boston: John Eastburn, 1838-42); L. E. Richards, *Laura Bridgman: The Story of an Opened Door* (New York: D. Appleton & Co., 1928); B. L. McGinnity, J. Seymour-Ford and K. J. Andries, 'Laura Bridgman', Perkins History Museum, Perkins School for the Blind, Watertown, MA, https://www.perkins.org/history/people/laura-bridgman; L. Menand, 'Laura's world: what a deaf-blind girl taught the nineteenth century', *New Yorker*, June 2001, https://www.newyorker.com/magazine/2001/07/02/lauras-world; R. Mahoney, 'The education of Laura Bridgman', Slate, May 2014, https://slate.com/human-interest/2014/05/laura-bridgman-the-first-deaf-blind-person-to-be-successfully-educated-before-her-teacher-abandoned-her.html

2. C. Dickens, *American Notes for General Circulation*, Vol. 1 (London: Chapman & Hall, 1842), p. 73.

3. S. G. Howe, *Ninth Annual Report of the Perkins Institution* (Boston: John Eastburn,

1841), p. 26.

4. Richards, *Laura Bridgman*, p. 36.

5. 우리가 속한 공동체가 서로 다른 버전의 언어를 가지고 있음에도 불구하고 여전히 서로 의사소통을 할 수 있는 것은 의사소통 빙산의 가라앉은 부분에 내리고 있는 이 닻 덕분이다. 따라서 우리가 고유의 언어를 갖는다는 것은 비트겐슈타인이 철학적 담구에서 말했던 '사적 언어'를 의미하는 것은 아니다. 사적 언어 역시 우리가 1장에서 설명한 바 대로 언어 사용과 상호작용에서 그 의미가 비롯되기 때문이다.

6. 이 문단은 다음과 같은 여러 출처에 기초했다. K. Kashefi and D. R. Lovley, 'Extending the upper temperature limit for life', *Science* 301 (2003), p. 934; C. Dalmasso, P. Oger, G. Selva, D. Courtine, S. L'Haridon, A. Garlaschelli et al., '*Thermococcus piezophilus* sp. nov., a novel hyperthermophilic and piezophilic archaeon with a broad pressure range for growth, isolated from a deepest hydrothermal vent at the mid-Cayman rise', *Systematic and Applied Microbiology* 39 (2016), pp. 440~444; M. S. Dodd, D. Papineau, T. Grenne, J. F. Slack, M. Rittner, F. Pirajno et al., 'Evidence for early life in Earth's oldest hydrothermal vent precipitates', *Nature* 543 (2017), pp. 60~64; National Stone Institute, Stone Testing (Oberlin, OH: Marble Institute of America, 2016); S. A. Padder, R. Prasad and A. H. Shah, 'Quorum sensing: a less known mode of communication among fungi', *Microbiological Research* 210 (2018), pp. 51~58.

7. A. Kalske, K. Shiojiri, A. Uesugi, Y. Sakata, K. Morrell and A. Kessler, 'Insect herbivory selects for volatile-mediated plant–plant communication', *Current Biology* 29 (2019), pp. 3128~3133.

8. 이 문단의 출처는 다음과 같다. C. Grüter, 'Communication in social insects: sophisticated problem solving by small brains', in R. Menzel and J. Fischer, eds, *Animal Thinking: Contemporary Issues in Comparative Cognition* (Cambridge, MA: MIT Press, 2011), pp. 163~173.

9. R. T. Hanlon and J. B. Messenger, 'Adaptive coloration in young cuttlefish (*Sepia officinalis L.*): the morphology and development of body patterns and their relation to behaviour', *Philosophical Transactions of the Royal Society of London B, Biological Sciences* 320 (1988), pp. 437–87; P. Karoff, '"Chameleon of the sea" reveals its secrets', Harvard John A. Paulson School of Engineering and Applied Sciences, 29 Jan. 2014, https://www.seas.harvard.edu/news/2014/01/chameleon-sea-reveals-its-secrets; R. T. Hanlon, M. J. Naud, P. W. Shaw and J. N. Havenhand,

'Transient sexual mimicry leads to fertilization', *Nature* 433 (2005), p. 212.

10. T. Price, P. Wadewitz, D. Cheney, R. Seyfarth, K. Hammerschmidt and J. Fischer, 'Vervets revisited: a quantitative analysis of alarm call structure and context specificity', *Nature Scientific Reports* 5(2015), 13220.

11. F. Wegdell, K. Hammerschmidt and J. Fischer, 'Conserved alarm calls but rapid auditory learning in monkey responses to novel flying objects', *Nature Ecology & Evolution* 3 (2019), pp. 1039~1042.

12. S. Dolotovskaya, J. Torroba Bordallo, T. Haus, A. Noll, M. Hofreiter, D. Zinner et al., 'Comparing mitogenomic timetrees for two African savannah primate genera (Chlorocebus and Papio)', *Zoological Journal of the Linnean Society* 181 (2017), pp. 471~483.

13. D. C. Dennett, 'Intentional systems in cognitive ethology: the "Panglossian paradigm" defended', *Behavioral & Brain Sciences* 6 (1983), pp. 343~390; R. Dunbar, Gossip, *Grooming and the Evolution of Language* (Cambridge, MA: Harvard University Press, 1996); L. F. Wiener, 'The evolution of language: a primate perspective', *Word* 35 (1984), pp. 255~269.

14. N. Collar and D. A. Christie, 'Common nightingale (*Luscinia megarhynchos*), version 1.0', in J. del Hoyo, A. Elliott, J. Sargatal, D. A. Christie and E. de Juana, eds, *Birds of the World* (Ithaca, NY: Cornell Lab of Ornithology, 2020), https://birdsoftheworld.org/bow/species/comnig1/cur/introduction

15. A. R. Chandler, 'The nightingale in Greek and Latin poetry', Classical Journal 30 (1934), pp. 78~84; C. Maxwell, *The female sublime from Milton to Swinburne: bearing blindness* (Manchester: Manchester University Press, 2001).

16. 유럽과 북미의 명금류는 수컷들만 노래하는 경우가 전형적으로 더 많은데 그렇다고 이 것이 전 세계적 현상은 아니다. 반면 북부 온대 지방에서는 암컷들이 노래하는 조상의 특성을 선택적으로 이어받고 있는 것으로 보인다. M. L. Hall, K. Riebel, K. E. Omland, N. E. Langmore and K. J. Odom, 'Female song is widespread and ancestral in songbirds', *Nature Communications* 5 (2014), pp. 1~6; K. Riebel, K. J. Odom, N. E. Langmore and M. L. Hall, 'New insights from female bird song: towards an integrated approach to studying male and female communication roles', *Biology Letters* 15 (2019): 20190059.

17. 많은 새가 긴꼬리원숭이처럼 경고음을 사용하여 위험을 경고하거나 짝이나 무리 사 이에 위치를 전달하고 먹이를 구하기도 하다. 하지만 이러한 경고음은 대부분 선천적

이다. S. A. Gill and A. M. K. Bierema, 'On the meaning of alarm calls: a review of functional reference in avian alarm calling', *Ethology* 119 (2013), pp. 449~461. 앵무새의 놀라운 음성 학습 능력을 포함하여 몇 가지 예외가 있기는 하나 이는 실험실에서 볼 수 있는 사례일 뿐 야생에서까지 관찰되지는 않는 것으로 보인다. I. M. Pepperberg, 'Acquisition of the same/different concept by an African grey parrot (*Psittacus erithacus*): learning with respect to categories of color, shape, and material', *Animal Learning and Behavior* 15 (1987), pp. 423~432.

18. 큰거문고새 울음소리 사례 영상: Zoos South Australia, 'Superb lyrebird imitating construction work', Adelaide Zoo, video, 4:01, 3 Aug. 2009, https://www.youtube.com/watch?v=WeQjkQpeJwY

19. 명금류 방언의 희귀성: J. Podos and P. S. Warren, 'The evolution of geographic variation in birdsong', *Advances in the Study of Behavior* 37 (2007), pp. 403~458. 북미에 서식하는 박새 울음소리의 다양성: D. E. Kroodsma, B. E. Byers, S. L. Halkin, C. Hill, J. Minis, J. R. Bolsinger et al., 'Geographic variation in black-capped chickadee songs and singing behavior', *The Auk* 116 (1999), pp. 387~402. 유전적 변이와 결합된 방언: E. A. MacDougall-Shackleton and S. A. MacDougall-Shackleton, 'Cultural and genetic evolution in mountain white-crowned sparrows: song dialects are associated with population structure', *Evolution* 55 (2001), pp. 2568~2575.

20. 이 단락은 다음 논문들을 인용했다. K. Riebel, R. F. Lachlan and P. J. Slater, 'Learning and cultural transmission in chaffinch song', *Advances in the Study of Behavior* 47 (2015), pp. 181~227; S. Carouso-Peck, O. Menyhart, T. J. DeVoogd and M. H. Goldstein, 'Contingent parental responses are naturally associated with zebra finch song learning', Animal Behaviour 165 (2020), pp. 123~132; M. D. Beecher, 'Why are no animal communication systems simple languages?', *Frontiers in Psychology* 12 (2021): 602635.

21. 발성 학습의 문화적 전달은 혹등고래 같은 몇몇 다른 종에서도 나타나지만, 새의 노래와 마찬가지로 고래의 노래(노래보다 '음악'이라고 부르는 편이 더 나을지도 모르겠지만) 역시 제한적이다. E. Mercado III and C. E. Perazio, 'Similarities in composition and transformations of songs by humpback whales (Megaptera novaeangliae) over time and space', *Journal of Comparative Psychology* 135 (2021), pp. 28~50.

22. O. Fehér, H. Wang, S. Saar, P. P. Mitra and O. Tchernichovski, 'De novo establishment of wild-type song culture in the zebra finch', *Nature* 459 (2009), pp.

564~568.

23. A. Diez and S. A. MacDougall-Shackleton, 'Zebra finches go wild! Experimental cultural evolution of birdsong', *Behaviour* 157 (2020), pp. 231~265.

24. 우리는 주로 화학적, 시각적 및 청각적 신호를 사용하는 의사소통에 초점을 맞추었지만 촉각 같은 감각 모드도 의사소통에 동원된다. 그러나 로라 브리지먼이 의사소통을 위해 손에 의한 접촉을 사용한 것을 제외하고는, 이런 종류의 의사소통 방식이 인간 언어에 적응적 변이를 보인 사례는 찾아볼 수 없다.

25. 이 단락은 다음 자료들에서 인용했다. D. M. Eberhard, G. F. Simons and C. D. Fennig, 'Sign language', in *Ethnologue: Languages of the World*, 23rd edn (Dallas, TX: SIL International, 2020), online version: http://www.ethnologue.com; National Institute on Deafness and Other Communication Disorders, *American Sign Language* (fact sheet), NIH Publication No. 11-4756 (Bethesda, MD: National Institutes of Health, March 2019).

26. T. Daneyko and C. Bentz, 'Click languages tend to have large phoneme inventories: implications for language evolution and change', in Y. Sahle, H. Reyes-Centeno and C. Bentz, eds, *Modern Human Origins and Dispersal* (Tübingen, Germany: Kerns Verlag, 2019), pp. 315~329; M. Yip, Tone (Cambridge: Cambridge University Press, 2002).

27. J. Meyer, 'Typology and acoustic strategies of whistled languages: phonetic comparison and perceptual cues of whistled vowels', *Journal of the International Phonetic Association* 38 (2008), pp. 69~94; H. F. Nater, The Bella Coola Language, Mercury Series, Canadian Ethnology Service No. 92 (Ottawa: National Museums of Canada, 1984).

28. 이 단락은 다음 논문들을 토대로 구성하였다. N. Evans and S. C. Levinson, 'The myth of language universals: language diversity and its importance for cognitive science', *Behavioral and Brain Sciences* 32 (2009), pp. 429~448; T. E. Payne, *Describing Morphosyntax: A Guide for Field Linguists* (Cambridge: Cambridge University Press, 1997); T. Osada, A Reference Grammar of Mundari (Tokyo: Institute for the Study of Languages and Cultures of Asia and Africa, Tokyo University of Foreign Studies, 1992).

29. E. Schultze-Berndt, 'Simple and complex verbs in Jaminjung: a study of event categorisation in an Australian language', PhD diss., Radboud University, Nijmegen, Netherlands, 2000.

30. A. Y. Aikhenvald, *Classifiers: A Typology of Noun Categorization Devices* (Oxford: Oxford University Press, 2000); P. K. Austin, 'A grammar of the Diyari language of north-east South Australia', PhD diss., Australian National University, Canberra, Australia, 1978.

31. 이 단락은 다음 논문들을 인용했다. Evans and Levinson, 'The myth of language universals'; M. Steedman, 'Foundations of universal grammar in planned action', in M. H. Christiansen, C. Collins and S. Edelman, eds, Language Universals (New York: Oxford University Press, 2009), pp. 174~199; D. L. Everett, 'Cultural constraints on grammar and cognition in Pirahã: another look at the design features of human language', *Current Anthropology* 46 (2005), pp. 621~646.

32. 이 단락의 출처는 다음과 같다 A. Y. Aikhenvald, Evidentiality (Oxford: Oxford University Press, 2004); S. McLendon, 'Evidentials in eastern Pomo with a comparative survey of the category in other pomoan languages', in A. Y. Aikhenvald and D. M. V. Dixon, eds, *Studies in Evidentiality* (Philadelphia: John Benjamins, 2003), pp. 101–29.

33. 이 단락은 2006년 2월 15일, 폭스 뉴스 채널이 딕 체니와 한 인터뷰 기록에 기초한 것이다. http://www.nbcnews.com/id/11373634#.XrLbfy-Z3OQ; E. Loeweke and J. May, *General grammar of Fasu* (Namo Me) (Ukarumpa, Papua New Guinea: Summer Institute of Linguistics, 2008).

34. 실제로 이와 같은 언어학적 호기심에 기여하고 있는 저술들은 다음과 같다. G. Dorren, *Babel: around the world in twenty languages* (New York: Atlantic Monthly Press, 2018); G. McCulloch, *Because internet: understanding the new rules of language* (New York: Riverhead Books, 2019); J. McWhorter, *What language is: and what it isn't and what it could be* (New York: Avery, 2012).

35. 다음 책에서 인용. H. Hitchings, *The Language Wars: A History of Proper English* (New York: Farrar, Straus & Giroux, 2011), p. 21.

36. UNESCO Atlas of the World's Languages in Danger (Paris: UNESCO, 2010, http://www.unesco.org/languages-atlas/) 유럽에서 멸종 위기에 처한 언어들은 소수 인구가 사용하는 언어들이 급속한 감소와 멸종의 광범위한 위험에 직면하고 있음을 보여주고 있으며, 세계화로 인해 부수적으로는 문화적 지식의 막대한 손실을 초래하고 있다. A. Kik, M. Adamec, A. Y. Aikhenvald, J. Bajzekova, N. Baro, C. Bowern et al., 'Language and ethnobiological skills decline precipitously in Papua New Guinea, the world's most linguistically diverse nation', *Proceedings of the National Academy of Sciences* 118 (2021): e2100096118.

37. D. Nettle, 'Explaining global patterns of language diversity', *Journal of Anthropological Archaeology* 17 (1998), pp. 354~374.

38. Evans and Levinson, 'The myth of language universals'.

39. R. Molesworth, *An Account of Denmark, as It Was in the Year 1692* (London: Goodwin, (1694), p. 91.

40. K. Tucholsky, 'Eine schöne Dänin', in *Gesammelte Werke in zehn Bänden*, Vol. 5 (1927; repr. Hamburg, Germany: Rowohlt, 1975).

41. 이 촌극은 노르웨이 코미디 프로그램에 나왔다.

42. 달리 명시적으로 언급된 경우를 제외하고 이 부분은 덴마크어에 대한 광범위한 검토를 하고 있는 다음 논문을 기반으로 하고 있다. F. Trecca, K. Tylén, A. Højen and M. H. Christiansen, 'Danish as a window onto language processing and learning', *Language Learning* 71 (2021), pp. 799~833, https://doi.org/10.1111/lang.12450.

43. 예로 든 단어들을 영어로 음역한 것은 다소 거칠기 때문에 국제 음성 기호에 친숙한 독자들을 위해 좀 더 정확한 표기를 제시하겠다. 덴마크어: løbe (to run) [ˈløːyə]; kniv (knife) [ˈkhniu̯ ˀ]; røget ørred (smoked trout) [ˈʁʌjəð ˈœʁʌð]; Find bilen! (Find the car!) [ˈfen̩ˀ ˈb̥iːʔln̩]; Her er aben! (Here's the monkey!) [ˈheˀʌ æʌˈɛːb̥m̩]. Norwegian: røkt ørret (smoked trout) [rœkt œ̂ːɾət].

44. E. Kidd, S. Donnelly and M. H. Christiansen, 'Individual differences in language acquisition and processing', *Trends in Cognitive Sciences* 22 (2018), pp. 154~169; E. Dąbrowska, 'Different speakers, different grammars: individual differences in native language attainment', *Linguistic Approaches to Bilingualism* 2 (2012), pp. 219~225; J. Street and E. Dąbrowska, 'More individual differences in language attainment: how much do adult native speakers of English know about passives and quantifiers?', *Lingua* 120 (2010), pp. 2080~2094.

45. S. Goudarzi, 'We all speak a language that will go extinct', *New York Times*, 12 Aug. 2020, https://www.nytimes.com/2020/08/12/opinion/language-translation.html

46. C. Tennie, J. Call and M. Tomasello, 'Ratcheting up the ratchet: on the evolution of cumulative culture', *Philosophical Transactions of the Royal Society B: Biological Sciences* 364 (2009), pp. 2405~2415.

CHAPTER 8 뇌, 문화, 언어의 사이클

1. H. A. Wisbey Jr, 'The life and death of Edward H. Rulloff ', *Crooked Lake Review*, May 1993, https://www.crookedlakereview.com/articles/34_66/62may1993/62wis bey.html

2. 예쁜꼬마선충의 작은 '뇌'에 대한 전체 회로 다이어그램에 대해서는 다음 논문을 보라. S. J. Cook, T. A. Jarrell, C. A. Brittin, Y. Wang, A. E. Bloniarz, M. A. Yakovlev et al., 'Whole-animal connectomes of both Caenorhabditis elegans sexes', *Nature* 571 (2019), pp. 63~71. 그러나 이토록 작은 선형동물에서조차 신경 회로 다이어그램을 행동과 연결하려는 시도는 아직도 어려운 과제로 남아 있다. F. Jabr, 'The connectome debate: is mapping the mind of a worm worth it?', *Scientific American*, 2 Oct. 2012.

3. F. De Waal, *Are We Smart Enough to Know How Smart Animals Are?* (New York: W. W. Norton, 2016). 여기에 제시된 수치는 뇌뿐만 아니라 신경계 전체에 대한 것이다. 인간은 결코 가장 많은 수의 뉴런(또는 실제로 가장 큰 뇌)을 가진 동물이 아니며, 고래 그리고 측정하기에 따라서는 코끼리 앞에서 무릎을 꿇어야 하는 존재다.

4. A. Washburn, 'Helen Hamilton Gardener', in E. T. James, J. Wilson James and P. S. Boyer, eds, *Notable American Women, 1607~1950: A Biographical Dictionary*, Vol. 2 (Cambridge, MA: Harvard University Press, 1974), pp. 11~13.

5. C. Koch, 'Does brain size matter?', *Scientific American Mind*, Jan.–Feb. 2016, pp. 22~25.

6. V. van Ginneken, A. van Meerveld, T. Wijgerde, E. Verheij, E. de Vries and J. van der Greef, 'Hunter–prey correlation between migration routes of African buffaloes and early hominids: evidence for the "out of Africa" hypothesis', *Annals of Integrative Molecular Medicine* 4 (2017), pp. 1~5.

7. L. C. Aiello and P. Wheeler, 'The expensive-tissue hypothesis: the brain and the digestive system in human and primate evolution', *Current Anthropology* 36 (1995), pp. 199~221. 요리를 포함한 초창기 식품 가공에 대해 한 가지 흥미로운 입장이 인류 계보에 따른 어금니 크기 분석을 통해 나오게 된다. 영양가 없는 날 음식을 더 이상 씹을 필요가 없게 되면 어금니는 훨씬 더 작아질 수 있다는 것이다: C. Organ, C. L. Nunn, Z. Machanda and R. W. Wrangham, 'Phylogenetic rate shifts in feeding time during the evolution of Homo', *Proceedings of the National Academy of Sciences* 108 (2011), pp. 14555~14559.

8. 이 관점은 특히 인류학자 로빈 던바Robin Dunbar와 관련이 있다. R. I. M. Dunbar,

Grooming, Gossip, and the Evolution of Language. 던바는 언어의 초기 기능이 사회적 관계를 구축하고 배우는 것일 수 있다고 주장한다. 또한 그가 지적했듯이 이 기능은 업무 중심 정보 교환에서가 아니라 오늘날에도 여전히 우리 일상 대화의 대부분을 구성하는 가십과 수다에서 분명히 목격된다.

9. 합의된 적은 없지만, 이러한 종류의 주장과 관련 가능성 있는 영리함에 대한 엄밀한 의미는 아마도 복잡한 환경에서 매우 유연한 방식으로 대처하고, 계획하고, 문제를 해결하고, 다른 사람을 이해하고 협력하는 능력을 포함할 것이다. 사례는 다음 논문을 보라. M. Colombo, D. Scarf and T. Zentall, 'The comparative psychology of intelligence: Macphail revisited', *Frontiers in Psychology* 12 (2021): 648782. 따라서 영리함은 (총명함과 지능과 더불어) 친숙하기는 하나 공통의 본질을 가지고 있지 않은 것으로 밝혀진 용어다.

10. 다음 책에서도 유사한 주장을 하고 있다. Everett, *How Language Began*. 더 높은 지능을 위한 자연 선택은 소위 NOTCH2NL로 불리는 유전자를 통해 작동할 수 있는데, 이 유전자는 뇌 발달 초기에 뉴런이 생성되는 속도를 조절하는 것으로 보인다. I. T. Fiddes, G. A. Lodewijk, M. Mooring, C. M. Bosworth, A. D. Ewing, G. Mantalas et al., 'Human-specific NOTCH2NL genes affect notch signaling and cortical neurogenesis', *Cell* 173 (2018), pp. 1356~1369; I. K. Suzuki, D. Gacquer, R. Van Heurck, D. Kumar, M. Wojno, A. Bilheu et al., 'Human-specific NOTCH2NL genes expand cortical neurogenesis through delta/notch regulation', *Cell* 173 (2018), pp. 1370~1384. 종 전체를 걸쳐 볼 때, 뇌의 크기가 변함에 따라 모양이 달라지지만 이러한 크기 변화는 신경 발달의 한 가지 근본적인 요인을 가정하게 되면 대부분 예측 가능하다. 서로 다른 뇌 영역은 서로 다른 속도로 성장하며 그 결과 뇌 발달의 연장 혹은 단축에 따라 자동적으로 뇌 형태가 바뀐다는 것이다. 그러나 한편으로 특히 언어에 관련된 뇌 영역에서는 불균형적 성장이 일어나는 것으로 보이지는 않는다는 견해도 있다. B. L. Finlay and R. B. Darlington, 'Linked regularities in the development and evolution of mammalian brains', *Science* 268 (1995), pp. 1578~1584; B. L. Finlay, R. B. Darlington and N. Nicastro, 'Developmental structure in brain evolution', *Behavioral and Brain Sciences* 24 (2001), pp. 263~278.

11. 흥미로운 것은 언어적 제스처 게임을 하는 인간의 능력에 결정적 근거가 될 만큼 특별한 인지적 변화가 과연 있는지 궁금해한다는 점이다. 그중 하나가 인간에게 고유한 '상호작용 엔진'이 존재할 가능성에 초점을 맞추자는 제안이다. 이에 대한 사례는 다음을 보라. S. C. Levinson, 'On the human "interaction engine"', in N. J. Enfield and S. C. Levinson, eds, *Roots of Human Sociality: Culture, Cognition and*

Interaction (Oxford: Berg, 2006), pp. 39~69. 이 주장과 반드시 양립 불가능한 것은 아니나, 다른 사람들과 공유된 이해와 공동 계획을 형성하는 인간의 능력에 초점을 맞춘 또 다른 관점도 있다. 이에 대한 사례는 다음을 보라. Tomasello, *Origins of Human Communication*. 인간에게는 믿음, 욕망, 의도에 기대어 다른 사람들의 마음을 '읽는' 특화된 능력 또한 추가될 수 있다는 주장의 사례는 다음을 보라. H. M. Wellman, *The Child's Theory of Mind* (Cambridge, MA: MIT Press, 1992). 그러나 풍부한 언어, 사회, 문화적 삶이라는 독특한 인간 궤적이 시작되는 데 결정적 역할을 한 것은 질적으로 새로운 단 하나의 특성의 출현이 아니라 기존 특성들이 별자리처럼 합쳐진 결과로 보인다. E. L. MacLean, 'Unraveling the evolution of uniquely human cognition', *Proceedings of the National Academy of Sciences* 113 (2016), pp. 6348~6354.

12. 이 관점은 뇌의 크기와 문화적 복잡성이 서로 강화되어 양쪽 모두의 급속한 확장을 이끌었다고 가정하는 '문화적 뇌' 가설의 버전 가운데 하나다. 이에 대한 사례는 다음을 보라. M. Muthukrishna, M. Doebeli, M. Chudek and J. Henrich, 'The cultural brain hypothesis: how culture drives brain expansion, sociality, and life history', *PLoS Computational Biology* 14 (2018): e1006504. 여기서 우리가 특히 중점을 두는 것은 제스처를 창조해 내는 능력의 개발이다. 이것이 진화의 과정에서 중요한 촉발제와 기폭제가 되어 준 언어의 누적적 발전을 뒷받침했다고 볼 수 있다. 이와 관련된 견해는 다음을 보라. M. Tomasello, *The Cultural Origins of Human Cognition* (Cambridge, MA: Harvard University Press, 1999).

13. E. M. Scerri, M. G. Thomas, A. Manica, P. Gunz, J. T. Stock, C. Stringer et al., 'Did our species evolve in subdivided populations across Africa, and why does it matter?', *Trends in Ecology & Evolution* 33 (2018), pp. 582~594.

14. A. S. Brooks, J. E. Yellen, R. Potts, A. K. Behrensmeyer, A. L. Deino, D. Leslie et al., 'Long-distance stone transport and pigment use in the earliest middle stone age', *Science* 360 (2018), pp. 90~94.

15. 흥미로운 것은 동물 각 개체 사이에 '교환'의 증거가 있는 것 같다는 점이다. 긴꼬리원숭이들에게서 보이는 일종의 긍정적인 티격태격 같은 것이 그 예다. C. Fruteau, B. Voelkl, E. van Damme and R. Noë, 'Supply and demand determine the market value of food providers in wild vervet monkeys', *Proceedings of the National Academy of Sciences* 106 (2009), pp. 12007~12012. 실제로 쥐를 대상으로 한 다음 실험을 보면 털 고르기와 음식 공급이 서로 보답의 차원에서 이루어지는 것으로 보일 수도 있다. M. K. Schweinfurth and M. Taborsky, 'Reciprocal trading of different commodities in Norway rats', *Current Biology* 28 (2018), pp. 594~599. 그러나 이것

은 하우시족과 쿡 선장처럼 서로 상품이나 서비스를 교환하는 집단 간 거래와, 그리고 추측건대 중기 석기 시대 사람들이 부족 간에 했던 귀중한 암석 거래와도 매우 다르다.

16. 이것은 동물들이 똑똑하지 않다고 말하려는 것이 아니다. 실제로 동물, 특히 유인원은 그들 나름의 방식이 있다는 것을 고려할 때 놀라운 지능을 가지고 있다. (이 주제에 대해서 철저하고 열정적으로 다룬 글은 다음과 같다. De Waal, *Are We Smart Enough to Know How Smart Animals Are?*). 주관적인 경험과 심지어 의식조차 인간에게만 국한된 것이 아니라 문어와 오징어를 비롯해 다른 동물까지 확장될 수 있다. P. Godfrey-Smith, *Other Minds: The Octopus, the Sea, and the Deep Origins of Consciousness* (New York: Farrar, Straus & Giroux, 2016).

17. M. Tomasello, 'Why don't apes point?', in Enfield and Levinson, eds, *Roots of Human Sociality*, pp. 506~524. 흥미롭게도 침팬지들은 사람들에게 자기가 얻고 싶은 음식의 위치를 가리킬 때, 손가락으로 정확하게 가리키기보다는 팔 전체와 열린 손을 사용해 가리키는 제스처를 취한다. 이에 대한 사례는 다음을 보라. D. A. Leavens and W. D. Hopkins, 'Intentional communication by chimpanzees (Pan troglodytes): a cross-sectional study of the use of referential gestures', *Developmental Psychology* 34 (1998), pp. 813~822. 물론 이는 침팬지 자신의 목적을 달성하는 것을 목표로 하는 도구적인 행동이다. 이와 대조적으로 인간의 경우 유아가 손가락으로 가리키는 행동은 종종 흥미로운 것이나 다른 사람이 갖고 싶어 하는 것을 도움을 주기 위해 가리키는 데 초점을 맞춘다. 유인원이 인간을 손가락으로 가리키는 행동의 정확한 의미에 대해서는 학자마다 의견이 다르지만, 유인원이 자발적으로 서로를 가리키는 것은 아니라는 것에는 의견 일치를 보고 있다.

18. J. Call, B. A. Hare and M. Tomasello, 'Chimpanzee gaze following in an object-choice task', *Animal Cognition 1* (1998), pp. 89~99.

19. M. Tomasello, J. Call and A. Gluckman, 'The comprehension of novel communicative signs by apes and human children', *Child Development* 68 (1997), pp. 1067~1081. 침팬지와 다른 유인원들은 시선을 따라갈 수 있다. 예를 들어, 만약 한 침팬지가 음식을 본다면 다른 침팬지들도 시선으로 그 침팬지를 따라갈 것이다. 그럼에도 불구하고 침팬지들은 바나나가 든 상자를 시선으로 가리키게 되면 그 상자를 선택하는 데 실패한다는 점 또한 주목하라. M. Tomasello, J. Call and B. Hare, 'Five primate species follow the visual gaze of conspecifics', *Animal Behaviour* 55 (1998), pp. 1063~1069.

20. B. Hare and M. Tomasello, 'Chimpanzees are more skillful in competitive than in cooperative cognitive tasks', *Animal Behaviour* 68 (2004), pp. 571~581.

21. 인간이 가리키는 것을 경쟁적인 침팬지들은 이해하지 못하는 반면, 다른 많은 종은 이해할 수 있다는 사실은 대단히 흥미롭다. 이에 대한 리뷰는 다음을 보라. A. Miklósi and K. Soproni, 'A comparative analysis of animals' understanding of the human pointing gesture', Animal Cognition 9 (2006), pp. 81~93; M. A. Krause, M. A. R. Udell, D. A. Leavens and L. Skopos, 'Animal pointing: changing trends and findings from 30 years of research', Journal of Comparative Psychology 132 (2018), pp. 326~345. 개, 염소, 말처럼 가축화된 동물의 경우, 이 능력은 수천 년 동안 인간과의 접촉하면서 생겨났을 수 있으며 인간과 성공적으로 상호 작용할 수 있는 동물의 능력을 선호하는 방향으로 선택적 교배가 이루어졌다. 아프리카코끼리의 경우 이 설명이 들어맞지 않는다. 아프리카코끼리는 사람처럼 가리키는 몸짓을 사용해 먹이를 찾을 수 있음에도 최소 지난 4천 년 동안 아프리카코끼리를 야생에서 데려와 인간과 함께 일하도록 길들이려 했지만 결코 가축이 되지는 못했다. A. F. Smet and R. W. Byrne, 'African elephants can use human pointing cues to find hidden food', Current Biology 2 (2013), pp. 2033~2037.

22. R. A. Gardner and B. T. Gardner, 'Teaching sign language to a chimpanzee', Science 165 (1969), pp. 664~672.

23. E. S. Savage-Rumbaugh, J. Murphy, R. A. Sevcik, K. E. Brakke, S. L. Williams, D. M. Rumbaugh et al., 'Language comprehension in ape and child', Monographs of the Society for Research in Child Development 58 (1993), pp. 1~222.

24. I. Schamberg, D. L. Cheney, Z. Clay, G. Hohmann and R. M. Seyfarth, 'Call combinations, vocal exchanges and interparty movement in wild bonobos', Animal Behaviour 122 (2016), pp. 109~116.

25. M. Tomasello, J. Call, K. Nagell, R. Olguin and M. Carpenter, 'The learning and use of gestural signals by young chimpanzees: a trans-generational study', Primates 37 (1994), pp. 137~154.

26. R. W. Byrne, E. Cartmill, E. Genty, K. E. Graham, C. Hobaiter and J. Tanner, 'Great ape gestures: intentional communication with a rich set of innate signals', Animal Cognition 20 (2017), pp. 755~769.

27. I. Nengo, P. Tafforeau, C. C. Gilbert, J. G. Fleagle, E. R. Miller, C. Feibel et al., 'New infant cranium from the African Miocene sheds light on ape evolution', Nature 548 (2017), pp. 169~174.

28. Byrne et al., 'Great ape gestures'. 사실 문화를 더 폭넓게 고려하면, 침팬지 집단 사이의 '문화적' 변이의 대부분 또는 전부가 이 집단들 사이의 순수한 유전적 변이에 의

해 설명될 수 있다. K. E. Langergraber, C. Boesch, E. Inoue, M. Inoue-Murayama, J. C. Mitani, T. Nishida et al., 'Genetic and "cultural" similarity in wild chimpanzees', *Proceedings of the Royal Society B: Biological Sciences* 278 (2011), pp. 408~416. 대 조적으로 인간은 유전학으로부터 독립된 놀라운 문화적 다양성을 보여준다. 아마도 언어라는 촉매의 힘 때문일 것이다.

29. 더 이해하기 쉬운 발성과 특히 구어에 존재하는 모음 대조를 생성하는 데 필요한 것으로 추정되는 독특한 인간의 '내려앉은 후두'에 관한 화석 증거로 볼 때, 구어의 출현 시점은 20만 년 전이라고 여겨왔다. P. Lieberman, 'Primate vocalizations and human linguistic ability', *Journal of the Acoustical Society of America* 44 (1968), pp. 1574~1584. 그러나 이 설명은 거의 모든 측면에서 논쟁의 여지가 있는 것으로 밝혀졌으며, 이로써 구어(물론 기호로 된 언어도) 그보다 훨씬 더 일찍 생겨났을 가능성을 열어 두게 되었다. L. J. Boë, T. R. Sawallis, J. Fagot, P. Badin, G. Barbier, G. Captier et al., 'Which way to the dawn of speech? Reanalyzing half a century of debates and data in light of speech science', *Science Advances* 5 (2019): eaaw3916. 게다가 추정상 말하기와 관련된 적응성이 진화하려면, 1장에서 논의했던 음성 제스처 게임 같은 것을 통해 구어 능력을 향상시키려는 압력이 그 이전에 존재할 필요가 있었을 것이다.

30. 범고래, 유인원, 심지어 벌과 같은 많은 종이 어느 정도의 문화적 진화를 보여주지만, 인간 문화의 진화에 비해 그 범위와 복잡성은 떨어진다. 이에 대한 논의는 다음을 보라. A. Whiten, 'Cultural evolution in animals', *Annual Review of Ecology, Evolution, and Systematics* 50 (2019), pp. 27~48.

31. 실험 설계를 위해 연구원들은 색깔과 맛의 반대 짝인 맛있는 분홍색 옥수수와 쓴 빨 간색 옥수수도 테스트했는데 역시 같은 결과를 얻었다. E. van de Waal, C. Borgeaud and A. Whiten, 'Potent social learning and conformity shape a wild primate's foraging decisions', *Science* 340 (2013), pp. 483~485.

32. L. V. Luncz and C. Boesch, 'Tradition over trend: neighboring chimpanzee communities maintain differences in cultural behavior despite frequent immigration of adult females', *American Journal of Primatology* 76 (2014), pp. 649~657.

33. Tomasello, *Cultural Origins of Human Cognition*.

34. R. Kaplan, *The Nothing That Is: A Natural History of Zero* (New York: Oxford University Press, 2000); C. Seife, *Zero: The Biography of a Dangerous Idea* (New York: Viking, 2000).

35. P. Gordon, 'Numerical cognition without words: evidence from Amazonia', *Science*

306 (2004), pp. 496~499.

36. P. Brown, 'How and why are women more polite: some evidence from a Mayan Community', in S. McConnell-Ginet, R. Borker and N. Furman, eds, *Women and Language in Literature and Society* (New York: Praeger, 1980), pp. 111~136; S. C. Levinson and P. Brown, 'Immanuel Kant among the Tenejapans: anthropology as empirical philosophy', *Ethos* 22 (1994), pp. 3~41; S. C. Levinson and P. Brown, 'Background to "Immanuel Kant among the Tenejapans",' *Anthropology Newsletter* 34 (1993), pp. 22~23.

37. S. C. Levinson, 'Yélî Dnye and the theory of basic color terms', *Journal of Linguistic Anthropology* 10 (2000), pp. 3~55.

38. 다음 논문들을 보라. N. B. McNeill, 'Colour and colour terminology', *Journal of Linguistics* 8 (2008), pp. 21~33; T. Regier, C. Kemp and P. Kay, 'Word meanings across languages support efficient communication', in B. MacWhinney and W. O'Grady, eds, *The Handbook of Language Emergence* (Hoboken, NJ: Wiley-Blackwell, 2015), pp. 237~263.

39. G. Thierry, P. Athanasopoulos, A. Wiggett, B. Dering and J. R. Kuipers, 'Unconscious effects of language-specific terminology on preattentive color perception', *Proceedings of the National Academy of Sciences* 106 (2009), pp. 4567~4570.

40. M. Maier and R. Abdel Rahman, 'Native language promotes access to visual consciousness', *Psychological Science* 29 (2018), pp. 1757~1772.

41. 이 실험에서 특히 잘된 점은 측정이 언어적이지 않고 사람들에게 주어진 작업(색상이 아닌 모양의 변화를 보고하는 것)에 완전히 부수적으로 따라 나온다는 점이다.

42. E. Sapir, 'The status of linguistics as a science', *Language* 5 (1929), pp. 207~214; B. L. Whorf, 'Science and linguistics', in *Language, Thought, and Reality: Selected Writings of Benjamin Lee Whorf*, ed. J. B. Carroll (Cambridge, MA: MIT Press, 1956), pp. 207~219.

43. 사피어와 워프는 공동 연구로 보이지는 않는다. 예일대학교의 에드워드 사피어는 당대 가장 저명한 언어학자 중 한 명이었다. 그의 박사과정 학생이었던 벤저민 리 워프는 화학 공학자로 출발했고 언어학은 그에게 부업에 불과했다. 놀랍게도 워프는 하트퍼드 화재보험 회사에서 상근 화재 예방 관리자로 일하는 동안 동시에 예일대학교의 대학원에서 획기적인 연구를 수행했다.

44. Maynard Smith and Szathmáry, *The Origins of Life*.

45. 많은 진핵생물이 무성생식을 한다. 그리고 유성생식을 하는 종으로 알려진 집단 중에는 무성생식을 하는 종도 포함되어 있다(예를 들어 도롱뇽은 종에 따라 번식 전략을 다르게 채택한다). 코모도왕도마뱀을 비롯한 몇몇 동물들은 무성생식을 할 수는 있지만 매우 드물게 있는 일이다. P. C. Watts, K. R. Buley, S. Sanderson, W. Boardman, C. Ciofiand R. Gibson, 'Parthenogenesis in Komodo dragons', *Nature* 444 (2006), pp. 1021~1022.

46. 흥미롭게도 다세포성은 생명체의 진화 과정 동안 적어도 25차례에 걸쳐 독자적으로 진화한 것으로 보인다. 다세포 식물들과 동물들이 출현하기 시작한 것은 약 7억 년 전 정도에 불과하다.

47. N. Kutsukake, 'Complexity, dynamics and diversity of sociality in group-living mammals', *Ecological Research* 24 (2009), pp. 521~531.

48. R. I. M. Dunbar, 'The social ecology of gelada baboons', in D. I. Rubenstein and R. W. Wrangham, eds, *Ecological Aspects of Social Evolution: Birds and Mammals* (Princeton, NJ: Princeton University Press, 1986), pp. 332~351.

49. C. N. Waters, J. Zalasiewicz, C. Summerhayes, A. D. Barnosky, C. Poirier, A. Gałuszka et al., 'The Anthropocene is functionally and stratigraphically distinct from the Holocene', Science 351 (2016), p. 262; M. Subramanian, 'Anthropocene now: influential panel votes to recognize Earth's new epoch', *Nature* 21 (2019), https://www.nature.com/articles/d41586-019-01641-5

나가는 글

1. Y. M. Bar-On, R. Phillips and R. Milo, 'The biomass distribution on Earth', *Proceedings of the National Academy of Sciences* 115 (2018), pp. 6506~6511.

2. 'The size of the World Wide Web (the internet)', World Wide Web Size, accessed 26 July 2021, https://www.worldwidewebsize.com/

3. J. McCormick, 'Worldwide AI spending to hit 35.8 billion in 2019', *Wall Street Journal*, 13 March 2019, https://www.wsj.com/articles/worldwide-ai-spending-to-hit-35-8-billion-in-2019-11552516291

4. 다음 논문에서 보고된 바다. S. Ulam, 'John von Neumann 1903–1957', *Bulletin of the American Mathematical Society* 64 (1958), pp. 1~49, https://www.ams.org/journals/bull/1958-64-03/S0002-9904-1958-10189-5/S0002-9904-1958-10189-5.pdf

5. 보도에 따르면 일론 머스크가 실제로 한 말은 이렇다. "나는 인공지능을 매우 조심해

서 다뤄야 한다고 생각합니다. 우리에게 가장 큰 실존적 위협이 무엇인지 추측해 보라고 한다면, 나는 아마 인공지능이라고 답할 것입니다. 그래서 매우 조심해야 한다는 것이죠 . ... 인공지능으로 우리는 악마를 소환하고 있는 겁니다. 오각형과 성수를 든 남자가 나오는 이야기를 보세요. 그래요, 거기서 그 남자는 그걸로 자신이 악마를 제어할 수 있을 거라 확신합니다만, 제어하지는 못합니다." 'Elon Musk: artificial intelligence is our biggest existential threat', Guardian, 27 Oct. 2014, https://www.theguardian.com/technology/2014/oct/27/elon-musk-artificial-intelligence-ai-biggest-existential-threat

6. S. Russell, *Human Compatible: Artificial Intelligence and the Problem of Control* (London: Penguin, 2019).

7. 'Top 6 best chess engines in the world in 2021', *iChess*, 3 June 2021, https://www.ichess.net/blog/best-chess-engines/

8. D. Silver, J. Schrittwieser, K. Simonyan, I. Antonoglou, A. Huang, A. Guez et al., 'Mastering the game of Go without human knowledge', *Nature* 550 (2017), pp. 354~359.

9. AlphaStar Team, 'AlphaStar: mastering the real-time strategy game Starcraft II', Research (blog), *DeepMind*, 24 Jan. 2019, https://deepmind.com/blog/article/alphastar-mastering-real-time-strategy-game-starcraft-ii

10. 비기술적 관점에서 GPT-3가 지닌 능력을 개괄적으로 설명한 글을 보려면 다음을 참고하라. W. D. Heaven, 'OpenAI's new language generator GPT-3 is shockingly good – and completely mindless', *MIT Technology Review*, 20 July 2020, https://www.technologyreview.com/2020/07/20/1005454/openai-machine-learning-language-generator-gpt-3-nlp/. 우리와 다른 시각을 가지고 있는 AI 이전 세대에 대한 회의적 관점은 다음을 보라. H. Dreyfus, *What Computers Can't Do: The Limits of Artificial Intelligence* (Cambridge, MA: MIT Press, 1972).

11. T. Brown, B. Mann, N. Ryder, M. Subbiah, J. Kaplan, P. Dhariwal et al., 'Language models are few-shot learners', *OpenAI*, submitted 28 May 2020, updated 22 July 2020, https://arxiv.org/abs/2005.14165v4. 인간 뇌에 들어 있는 시냅스의 수는 훨씬 더 많아서 대뇌피질에서만 200조 개 이상으로 추정된다. 사례는 다음을 보라. C. Koch, *Biophysics of Computation: Information Processing in Single Neurons* (New York: Oxford University Press, 1999), p. 87.

12. 전체 이야기가 실려 있는 링크는 다음과 같다. https://drive.google.com/file/d/1qtPa1cGgzTCaGHULvZIQMC03bk2G-YVB/view. 읽으면 읽을수록 이 이야기는 더

일관성이 없어 보이기 시작하는데 그것은 이야기의 실마리나 전체적인 요점에 대한 힌트 없이 상투적인 구절과 단어 패턴만을 한데 모아 영리하게 짜 맞추었기 때문이다.

13. 트위터에서 아이디 우마이스(@Maizek)와 2021년 6월 2일에 한 인터뷰다. 'You mention that most of the HENRY prompts are yours', Twitter, 21 July 2020, 9:55 a.m., https://twitter.com/Maizek_/status/1285604281761095685

14. K. Lacker, 'Giving GPT-3 a Turing test', Kevin Lacker's Blog, 6 July 2020, https://lacker.io/ai/2020/07/06/giving-gpt-3-a-turing-test.html

15. J. C. Wong, '"A white-collar sweatshop": Google Assistant contractors allege wage theft', *Guardian*, 25 June 2019, https://www.theguardian.com/technology/2019/may/28/a-white-collar-sweatshop-google-assistant-contractors-allege-wage-theft

그림 출처

CHAPTER 1 제스처 게임으로서의 언어

그림 1 'A view of Endeavour's watering place in the Bay of Good Success', Tierra del Fuego: f. 11 – BL Add MS 23920.jpg. 1769년에 처음 출판된 *A Collection of Drawings made in the Countries visited by Captain Cook in his First Voyage, 1768-1771*에서 가져온 이미지. 영국 국립 도서관이 소장하고 디지털 자료화한 이 이미지는 다음 주소에 업로드되어 있다. Flickr Commons, Wikimedia Commons, https://commons.wikimedia.org/wiki/File:Endeavour%27s_watering_place_in_the_Bay_of_Good_Success,_Tierra_del_Fuego_-_Drawings_made_in_the_Countries_visited_by_Captain_Cook_in_his_First_Voyage_(1769),_f. 11_-_BL_AdD_MS_23920.jpg. 그림의 캡션은 다음과 같다. 'A view of the Endeavour's watering place in the Bay of Good Success, Tierra del Fuego, with natives. January 1769'.

CHAPTER 2 언어의 찰나적 속성

그림 1 이 그림은 그림 1.C를 기초로 했다. S. C. Levinson, 'Turn-taking in human communication – origins and implications for language processing', *Trends in Cognitive Sciences* 20 (2016), pp. 6~14.

CHAPTER 3 참을 수 없는 의미의 가벼움

그림 1 그림의 출처는 다음에서 가져왔다. https://upload.wikimedia.org/wikipedia/commons/e/e7/ Booba-Kiki.svg.

CHAPTER 4 혼돈의 경계에 선 언어 질서

표 1 표의 출처는 다음과 같다. H. Diessel, 'Construction grammar and first language acquisition', in T. Hoffmann and G. Trousdale, eds, *The Oxford Handbook of Construction Grammar* (Oxford: Oxford University Press, 2013), pp. 347~364. 원본 데이터는 다음 책에서 가져왔다. M. Tomasello, *First Verbs: A Case Study of Early Grammatical Development* (Cambridge: Cambridge University Press, 1992).

표 2 다음 논문에 나오는 표를 수정했다. H. Hammarstrom, 'Linguistic diversity and language evolution', *Journal of Language Evolution* 1 (2016), pp. 19–29.

표 3 위키피디아의 다음 문서를 수정했다. Wikipedia, 'Old English Grammar', last modified 25 July 2021, https://en.wikipedia.org/wiki/Old_English_grammar.

CHAPTER 5 언어는 생물학적으로 진화하지 않는다

그림 1 언어학적 가계도의 출처는 다음과 같다. A. Schleicher, 'Die ersten Spaltungen des indogermanischen Urvolkes', *Allgemeine Monatsschrift fur Wissenschaft und Literatur* 3 (1853), pp. 786–7 at p. 787. 생명 계통도의 출처는 다음과 같다. C. Darwin, *On the Origin of Species by Means of Natural Selection* (London: John Murray, 1859), pp. 116–17.

진화하는 언어

초판 1쇄 발행 2023년 4월 15일
초판 8쇄 발행 2024년 5월 20일

지은이 모텐 H. 크리스티안센, 닉 채터
옮긴이 이혜경
펴낸이 권미경
편집장 이소영
기획편집 김효단
마케팅 심지훈, 강소연, 김재이
디자인 THISCOVER
펴낸곳 ㈜웨일북
출판등록 2015년 10월 12일 제2015-000316호
주소 서울시 마포구 토정로47 서일빌딩 701호
전화 02-322-7187   팩스 02-337-8187
메일 sea@whalebook.co.kr   인스타그램 instagram/whalebooks

소중한 원고를 보내주세요.
좋은 저자에게서 좋은 책이 나온다는 믿음으로, 항상 진심을 다해 구하겠습니다.